KB140781

Deep Learning with R

케라스 창시자의 딥러닝 with R

DEEP LEARNING WITH R

케라스 창시자의
딥러닝 with R

1쇄 발행 2019년 2월 21일

지은이 프랑소와 숄레, J. J. 알래어
옮긴이 박진수
펴낸이 장성두
펴낸곳 주식회사 제이펍

출판신고 2009년 11월 10일 제406-2009-000087호
주소 경기도 파주시 회동길 159 3층 3-B호
전화 070-8201-9010 / **팩스** 02-6280-0405
홈페이지 www.jpub.kr / **원고투고** jeipub@gmail.com
독자문의 readers.jpub@gmail.com / **교재문의** jeipubmarketer@gmail.com

편집부 이종무, 황혜나, 최병찬, 이 슬, 이주원 / **소통·기획팀** 민지환, 송찬수 / **회계팀** 김유미
교정·교열 안종군 / **내지디자인** 최병찬 / **표지디자인** 황혜나
용지 신승지류유통 / **인쇄** 해외정판사 / **제본** 광우제책사

ISBN 979-11-88621-46-0 (93000)
값 29,000원

제이펍은 독자 여러분의 아이디어와 원고 투고를 기다리고 있습니다. 책으로 펴내고자 하는 아이디어나 원고가 있으신 분께서는
책의 간단한 개요와 차례, 구성과 저(역)자 약력 등을 메일로 보내주세요.
jeipub@gmail.com

Deep Learning with R

케라스 창시자의 딥러닝 with R

프랑소와 숄레, J. J. 알래어 지음 | 박진수 옮김

Jpub
제이펍

차례

PART I 딥러닝 기초 1

CHAPTER 1 딥러닝이란 무엇인가? 3

PART II 딥러닝 실습 135

CHAPTER **5** 컴퓨터 비전 처리를 위한 딥러닝 137

CHAPTER **6** 텍스트와 시퀀스에 대한 딥러닝 198

CHAPTER **7** 고급 딥러닝 모범 사례 259

CHAPTER **8** 생성적 딥러닝 298

CHAPTER **9**

결론 348

옮긴이 머리말

케라스 창시자가 직접 저술한 책을 번역하게 된 것을 기쁘게 생각합니다. 이 책에는 제가 지금까지 읽었던 많은 도서에서 다루지 않은 다양한 최첨단 기법이 소개되어 있습니다. 또한 저자의 인공지능 민주화(인공지능 대중화)에 대한 열망이 본문에 녹아 있어서 내용을 이해하기 쉬웠고, 따라 하면서 실습해 보기도 쉬웠으며, 무엇보다 재미있고 유용했습니다. 따라서 딥러닝에 대한 기초를 다지는 데 이보다 좋은 교재는 없으리라 생각합니다. 번역 과정에서 독자가 주의했으면 하는 점들은 옮긴이주로 달아 놓았습니다.

서문에서 따로 언급할 점은 다음과 같습니다.

첫째, 실습용 운영 체제로 우분투 리눅스를 사용하기보다는 윈도우를 사용하는 편이 낫다고 생각합니다. 책의 부록 A에 우분투에서 CUDA와 CuDNN 설치 방법이 나오지만, 의존성 문제 때문에 많은 시행착오를 거쳐야 할 수도 있습니다. 따라서 차라리 윈도우에 설치하는 편이 더 나을 거라 생각합니다. 윈도우에는 설치하기도 쉽고 별다른 문제가 생기지 않습니다. 한 가지 주의해야 할 점은 CUDA 버전을 9.0으로 해야만 텐서플로와 연동할 수 있다는 것, CUDA 버전에 맞춰 cuDNN을 설치해야만 한다는 것입니다(이 부분은 엔비디아 홈페이지에 상호 호환되는 버전 정보가 수록돼 있음). 이 점에만 유념하면 R, 텐서플로, 케라스, CUDA, cuDNN이 서로 연동할 수 있도록 설치하는 데 한두 시간이면 충분합니다. 이런 방식의 설치 방법은 인터넷 검색을 통해 쉽게 찾을 수 있습니다.

둘째, 아마존 웹 서비스나 구글 클라우드 서비스를 이용하지 않고 자신이 사용하는 개인용 컴퓨터에서 코드를 실습해 볼 생각이라면 그래픽 카드를 반드시 장착해야 합니다. 그렇지 않으면 아예 코드가 실행되지 않거나 실행되는 데 많은 시간이 필요합니다. 케라스는 텐서플로, 텐서플로는 CUDA와 cuDNN, CUDA와 cuDNN은 엔비디아에서 제조한 칩셋에 의존하므로 그래픽 카드는 반드시 이 칩셋을 사용한 것이어야 합니다. 제가 검색해 본 결과 가장 가성비가 높은 것은 GTX1060 칩셋을 사용한 그래픽 카드였습니다. 저는 그런 카드들 중 하나를 설치해 코드를 돌려 봤는데, 간단한 모델을 훈련하는 데는 수 분, 조금 복잡한 모델은 수십 분, 아주 복잡한 모델은 몇 시간이 걸렸습니다. 물론 이보다 나은 그래픽 칩셋(GTX1070, GTX1080, RTX2060, RTX2070, RTX2080, TITAN X, TITAN V 등)을 채용한 그래픽 카드들도 있으므로 예산이 허락하는 선에서 가장 고급 사양을 선택하면 시간을 절약할 수 있을 것입니다. 그래픽 카드를 구할 때는 이왕이면 그래픽 메모리가 많은 모델을 선택하는 편이 좋습니다.

이 두 가지 사항에만 유념하면 이 책을 즐겁게 익힐 수 있을 것입니다.

셋째, 이 책의 저자는 딥러닝을 위상수학이라는 관점에서 저술하고 있습니다. 따라서 번역을 할 때에도 널리 사용하는 말 대신 위상수학(또는 수학과 통계학) 용어를 채택했습니다. 예를 들면 매핑(mapping) 대신 '사상', 임베딩(embedding) 대신 '매장'이라는 용어를 사용했습니다. 이 밖에도 많은 용어가 다소 익숙하지 않아 보일지라도 이 책의 개념을 제대로 이해하는 데 필요해 채택한 용어들이므로 넓은 마음으로 이해해 주시기 바랍니다.

끝으로 번역을 맡겨 준 제이펍 장성두 대표님, 이 책의 진행을 맡아 수고해 준 출판사 관계자 여러분에게 감사의 마음을 전합니다.

옮긴이 **박진수**(arigaram@daum.net)

머리말

이 책을 고른 사람이라면 최근에 인공지능 분야에서 딥러닝(deep learning)이 보여준 특별한 발전 상황을 알고 있을 것이다. 불과 5년만에 우리는 사용할 수 없을 정도로 망가진 그림을 인식하거나 음성을 녹음하는 일을 비롯해, 이러한 부류의 작업에 초인적인 성능을 발휘하게 하는 일에까지 이르렀다.

이 급격한 발전 성과가 거의 모든 산업으로 퍼지고 있다. 그러나 해결할 수 있는 모든 문제에 딥러닝 기술을 적용하려면, 비전문가(연구원이나 대학원생이 아닌 사람들)까지 포함된, 최대한 많은 사람이 접근할 수 있어야 한다. 딥러닝이 가진 잠재력까지 최대한 발휘되게 하려면 딥러닝을 민주화[1]해야 한다.

나는 2015년 3월에 '케라스'라고 부르는 딥러닝 프레임워크의 첫 번째 판을 발표했을 때만 해도 인공지능의 민주화를 염두에 두지 않았다. 나는 수년간 머신러닝(machine learning)을 연구했고, 케라스를 만들어 내가 하던 실험에 적용했다. 그러나 2015년과 2016년에 걸쳐 수만 명이나 되는 신규 인력이 딥러닝 분야에 진출했다. 그중 많은 사람이 케라스를 선택한 이유는 케라스가 입문하기에 가장 쉬운 프레임워크였기 때문이다. 나는 많은 신규 진출자가 미처 내가 예상하지 못한 멋진 방식으로 케라스를 사용하는 것을 보면서 접근성과 인공지능의 민주화를 염두에 두게 됐다. 우리가 이와 같은 기술들을 더 많이 보급할수록 기술들이 더 유용하고 가치 있게 되리라는 점을 깨달았다. 누구나 쉽게 사용해 볼 수 있도록 하는 게 케라스의 명백한 개발 목표가 됐으며, 몇 년이 지나자 이 분야에서 케라스 개발자 모임이 엄청나게 발전했다. 우리는 수만 명이나 되는 사람의 손에 딥러닝을 안겨 줬고, 그들은 최근까지만 해도 존재 자체를 몰랐던 중요한 문제를 해결하는 데 딥러닝을 사용하고 있다.

---

1 **옮긴이** 저자가 쓴 어휘를 살려 민주화로 번역했지만, 그 의미로 볼 때 대중화라는 뜻으로 받아들이는 편이 더 적절해 보인다.

여러분이 지금 들고 있는 이 책은 가능한 한 많은 사람이 딥러닝을 접하는 데 도움이 될 또 다른 발걸음인 셈이다. 케라스에는 항상 딥러닝 기초, 케라스 사용 패턴, 딥러닝 모범 사례(즉, 베스트 프랙티스)를 동시에 다루기 위한 연속 교과 과정이 요구됐다.

이 책은 이러한 교과 과정을 형성하기 위한 결과물로, 딥러닝의 개념과 그것의 구현에 가능한 한 쉽게 접근할 수 있게 하는 데 초점을 맞춰 저술했다. 그렇게 하는 동안 나는 멍하니 있지 않았다. 딥러닝에 관한 한 어려울 게 없다고 굳게 믿었기 때문이다. 나는 여러분이 이 책을 소중하게 여김으로써 지능형 애플리케이션을 구축하고 중요한 문제를 해결할 수 있기를 바란다.

감사의 말

이 책을 쓰는 데 도움을 준 케라스 모임에 감사의 마음을 전한다. 케라스와 관련해서는 오픈 소스 참여자 수백 명과 20만 명이 넘는 사용자가 생겼다. 여러분의 기여와 의견 덕분에 케라스가 현재의 모습을 지니게 됐다.

또한 케라스 프로젝트를 지원해 준 구글에도 감사의 마음을 전한다. 케라스가 텐서플로의 상위 API로 채택된 일은 환상적이었다. 케라스와 텐서플로 간의 원활한 통합은 텐서플로 사용자와 케라스 사용자 모두에게 큰 이익을 가져다 주고, 대부분 사람들이 딥러닝을 할 수 있게 해 준다.

이 책이 나오기까지 애써 준 발행자 Marjan Bace를 비롯해, Jennifer Stout, Janet Vail, Tiffany Taylor, Katie Tennant, Dottie Marsico, 그리고 모든 편집/제작 팀원과 그 밖에 보이지 않는 곳에서 애써 준 모든 이에게 감사의 말을 전한다.

Aleksandar Dragosavljević를 비롯해 짝을 이뤄 기술을 검토해 준 모든 이에게 큰 감사의 마음을 전한다. 이들 중에는 Diego Acuña Rozas, Geoff Barto, David Blumenthal-Barby, Abel Brown, Clark Dorman, Clark Gaylord, Thomas Heiman, Wilson Mar, Sumit Pal, Vladimir Pasman, Gustavo Patino, Peter Rabinovitch, Alvin Raj, Claudio Rodriguez, Srdjan Santic, Richard Tobias, Martin Verzilli, William E. Wheeler, Daniel Williams 등도 있다. 기술적인 실수, 용어 오류 및 오타를 발견해 주고 목차를 제안해 준 검토회 참여자들에게도 감사의 마음을 전한다. 각 과정마다 검토 과정을 거쳤고, 검토회 주제를 통해 구현된 각 의견을 담아 원고의 모양을 만들고 꾸몄다.

또한 이 책의 기술 편집자인 Jerry Gaines에게 특별한 감사의 말을 전한다. 이 책의 기술 교정자였던 Alex Ott와 Richard Tobias에게도 고맙다는 말을 전한다. 이들은 내가 원하던 최고의 기술 편집자들이다.

끝으로, 케라스 개발과 이 책을 저술하는 모든 일에 걸쳐 큰 도움을 준 아내 Maria에게도 감사의 마음을 전한다.

지은이 **프랑소와 숄레**

이 책은 R 언어에는 어느 정도 익숙하지만 머신러닝이나 딥러닝에 대해서는 잘 알지 못하는 통계학자, 분석자, 기술자 및 학생들에게 유용하다. 이 책은 이전에 발표된 《케라스 창시자에게 배우는 딥러닝(Deep Learning with Python)》(프랑소와 숄레 지음, 박해선 옮김, 길벗, 2018)에 나오는 모든 코드 예제를 R 인터페이스를 사용하는 케라스에 맞춘 것이다. 이 책의 목표는 기본 이론부터 실용적인 고급 애플리케이션까지 다룸으로써 R 언어 관련 모임에 필요한 학습 자료를 제공하는 것이다. 여러분은 상세한 해설, 실용적인 권장 사항 및 필요한 모든 것에 대해 간단하지만 수준 높게 설명한 코드 예제 30개 이상을 사용해 학습하게 된다.

이 코드 예제들에서는 텐서플로를 백엔드(후단부) 엔진으로 사용하는 딥러닝 프레임워크, 즉 케라스를 사용한다. 가장 인기 있고 빠르게 성장하는 딥러닝 프레임워크 중 하나인 케라스는 딥러닝에 입문하기에 가장 좋은 도구로 널리 권할 만한 것이다. 이 책을 다 읽고 나면 딥러닝이 무엇인지, 언제 적용할 수 있는지, 어디까지가 한계인지를 이해할 수 있을 것이다. 여러분은 먼저 머신러닝 문제에 다가선 후에 문제를 해결하는 데 필요한 표준 작업 흐름에 익숙해질 것이며, 흔히 발생하는 문제를 해결하는 방법도 알게 될 것이다. 케라스를 이용하면 컴퓨터 비전에서부터 자연어 처리까지 현장에서 생기는 문제를 해결할 수 있다. 이와 같은 문제로는 이미지 분류, 시계열 예측, 정서 분석, 이미지 생성 및 텍스트 생성[2] 등이 있다.

이 책을 읽어야 할 사람

이 책의 대상은 R을 사용해 본 상태에서 머신러닝 및 딥러닝에 입문하려는 사람들이다. 그렇지만 그 밖의 독자에게도 쓸모가 있을 것이다. 여러분이 머신러닝에 숙달한 데이터 과학자라

---

2 옮긴이 이미지 생성은 '작화', 텍스트 생성은 '작문'을 의미한다. 하지만 기술 업계에서 더 널리 통용되는 이미지 생성과 텍스트 생성으로 번역했다.

면, 머신러닝 기법 중에 가장 빠르게 성장하고 가장 중요한 하위 분야인 딥러닝 기법의 견고하고 실용적인 면을 소개하는 책으로 여길 것이다.

케라스 프레임워크를 시작하려는 딥러닝 전문가라면, 이 책을 가장 우수한 케라스 난제 해결 과정으로 사용할 수 있다.

여러분이 공식적인 자리에서 딥러닝을 공부하는 대학원생이라면, 이 책을 훈련에 대한 실질적인 보조 교재로 삼아 심층 신경망(deep neural networks)의 행태를 직관할 수 있고, 핵심 모범 사례에 익숙해질 수 있다.

이 책은 자주 코딩하지는 않더라도 기술에 관심이 있는 사람들이 딥러닝에 관한 기본 개념과 고급 개념에 입문하는 용도로 쓰기에 유용하다. 케라스를 사용하려면 R에 어느 정도 능숙해야 한다. 머신러닝이나 딥러닝을 경험해 보지 않았어도 괜찮다. 이 책에서는 필요한 모든 기본 사항을 밑바닥부터 시작해 모두 다룬다. 고등 수학을 알지 못해도 괜찮다. 고등학교 수준의 수학을 익힌 것만으로도 충분하다.

이 책의 구성

이 책은 두 부분으로 구성돼 있다. 지금까지 머신러닝을 경험해 보지 못한 사람이라면 2부로 나아가기 전에 꼭 1부를 제대로 익혀 두길 권한다. 우리는 간단한 예제들로서 학습을 시작하지만, 진도를 나가면서 최첨단 기법에 좀 더 가까워질 것이다.

1부에서는 딥러닝을 개략적으로 소개함과 동시에 현재 상황을 알게 하면서 딥러닝을 정의하며, 머신러닝과 신경망에 입문하는 데 필요한 모든 개념을 설명한다.

- 1장에서는 인공지능과 머신러닝, 딥러닝을 익히는 데 필수적인 맥락과 배경 지식을 제시한다.
- 2장에서는 딥러닝에 접근하는 데 필요한 기본 개념인 텐서(tensors), 텐서 연산(tensor operations), 경사 하강(gradient descent), 역전파(backpropagation)를 소개한다. 또한 실제로 동작하는 신경망 예제 중 첫 번째 예제를 소개한다.

- 3장에서는 신경망에 입문하는 데 필요한 모든 것을 다룬다. 딥러닝 프레임워크인 케라스를 소개하고, 워크스테이션을 구성하는 방법을 안내하며, 세 가지 기본 코드 예제를 자세히 설명한다. 3장이 끝나는 부분에서는 분류 및 회귀 작업을 처리할 수 있는 간단한 신경망을 배울 수 있고, 모델의 훈련 과정 중에 그 배경에서 벌어지는 일도 알 수 있다.
- 4장에서는 머신러닝의 표준 작업 흐름을 설명한다. 흔한 함정과 그 해법에 대해서도 배운다.

2부에서는 컴퓨터 비전 및 자연어 처리에 대한 딥러닝의 실제 응용을 깊이 탐구한다. 2부에서 소개된 많은 예제는 현장 실무 과정에서 직면하게 될 문제를 해결하기 위한 틀로 사용할 수 있다.

- 5장에서는 이미지 분류에 초점을 맞춘 실용적인 컴퓨터 비전 예제를 살펴본다.
- 6장에서는 텍스트 및 시계열과 같은 시퀀스[3] 데이터를 처리하는 기법을 연습한다.
- 7장에서는 최첨단 딥러닝 모델을 구축하는 데 필요한 고급 기법을 소개한다.
- 8장에서는 생성 모델을 설명한다. 이 모델은 이미지와 텍스트를 생성할 수 있는 딥러닝 모델로, 때로는 경탄할 만한 예술 작품을 만들어 내기도 한다.
- 9장에서는 이 책 전체에 걸쳐 배운 것을 한 가지로 합쳐 볼 뿐만 아니라 딥러닝의 한계를 살펴보고 딥러닝의 미래를 전망하는 데 초점을 맞춘다.

필요한 소프트웨어 및 하드웨어

이 책의 모든 코드 예제에서는 케라스라고 부르는 딥러닝 프레임워크(https://keras.rstudio.com)를 사용한다. 이 프레임워크는 오픈 소스이며, 무료로 내려받을 수 있다. 여러분은 유닉스 시스템을 사용해야 한다. 윈도우를 사용해도 되지만 권하지는 않는다.

TITAN X와 같은 최신 GPU를 컴퓨터에 함께 설치하는 게 좋다. 이 작업이 반드시 필요한 것은 아니지만, 이것을 사용하면 같은 시간에 코드 예제를 빠르게 여러 번 더 실행할 수 있으므로 사용자 경험이 향상된다. GPU가 탑재된 워크스테이션으로 설정하는 방법은 https://tensorflow.rstudio.com/tools/local_gpu에서 자세히 다루고 있다.

3　[옮긴이] sequence. 수학 및 통계 용어로는 '수열'이나 '열'에 해당하고 정보 통신 분야에서는 '순서'라고 부르기도 하지만, 흔히 '시퀀스'라고 부른다. 그런데 이 책에서는 '수열'만을 지칭하는 게 아니고, '열'이라는 개념과 '순서'라는 개념이 섞여 있으므로 주의해야 한다. 이 복합 개념을 가장 적절히 나타내는 말을 예로 들면 '순서열' 정도가 될 것이다. 이 책에서는 시퀀스를 시계열(time series) 및 문자열(string)과 대비해 설명하므로 '순서열'이라는 번역 용어가 더 적합할 수도 있겠지만, 일단 더 널리 사용되는 시퀀스로 번역했으므로 향후 시퀀스라는 말을 보게 되면 순서열이라는 용어를 떠올리기 바란다. 그렇게 하면 내용을 더 이해하기 쉬울 것이라고 생각한다.

최신 엔비디아 GPU가 설치된 로컬 워크스테이션에 접근하여 사용해 볼 수 없는 경우에는 클라우드 환경을 사용할 수 있다. 특히 여러분은 구글 클라우드 인스턴스(예: NVIDIA Tesla K80을 덧붙여 사용하는 기능이 있는 n1-standard-8 인스턴스) 또는 아마존 웹 서비스(AWS)의 GPU 인스턴스(예: p2.xlarge 인스턴스)를 사용할 수 있다. 다양한 클라우드 GPU 옵션에 대한 내용은 https://tensorflow.rstudio.com/tools/cloud_gpu에서 확인할 수 있다.

소스 코드

이 책의 모든 코드 예제를 이 책의 웹 사이트(https://www.manning.com/books/deep-learning-with-r)와 깃허브(https://github.com/jjallaire/deep-learning-with-r-notebooks)에서 R 노트북용으로 내려받을 수 있다.

도서 토론회

이 책을 구입하면 매닝 출판사에서 운영하는 웹상의 사설 토론회에 무료로 참여해 책에 대한 의견을 말하거나, 기술적인 질문을 하거나, 저자 및 다른 사용자의 도움을 받을 수 있다. 모임에 참여하려면 https://forums.manning.com/forums/deep-learning-with-r을 방문하라. 또한 매닝 출판사가 개설한 모임과 행동 규범에 대한 자세한 내용은 https://forums.manning.com/forums/about에서 확인할 수 있다.

매닝은 독자와 독자 사이 또는 독자와 저자 사이에 의미 있는 대화가 이뤄지는 곳을 제공하기 위해 노력하고 있다.

우리가 모임에 대해 약속했다고 해서 저자가 자발적으로(그리고 무보수로) 참여한다고 보장하지는 않는다. 그러므로 저자가 관심을 끊지 않도록 몇 가지 질문을 해 보길 권한다! 책이 발행되는 동안에는 출판사의 웹 사이트에서 모임과 이전 토론 내용을 찾아볼 수 있다.

베타리더 후기

🦋 강찬석(LG전자)

R로 케라스를 사용하는 실용서로는 국내에서 유일한 것 같습니다. 딥러닝에서 다루는 전반적인 예제를 직접 실습을 통해 학습할 수 있어서 R을 이용하여 딥러닝을 공부한다면 최적의 책이될 것 같습니다.

🦋 김민찬(서울시립대학교)

딥러닝을 실습과 함께 깊게 파고드는 책입니다. 이 책의 대부분은 여러 유형의 딥러닝을 직접코딩으로 구현하며 진행됩니다. 책을 따라 차근차근 실습하다 보면 어느새 딥러닝에 대한 시각이 넓고 깊어져 있을 것입니다. 머신러닝과 딥러닝에 대한 사전 지식이 있다면 이 책을 읽기가 더 수월할 것입니다. 번역서이다 보니 미국식 어투의 표현이 자주 있어 내용을 파악하는 데약간의 어려움이 있었지만, 설명이 자세하고 결론 부분에 앞서 언급한 내용이 정리돼 있는 점이 좋았습니다. 책의 하단부에 종종 옮긴이의 주석이 보이는데, 어렵거나 생소한 용어에 대한해설로 책을 읽는 데 많은 도움이 됐습니다. 코드는 생각보다 어렵지 않았고, 간결했습니다.

🦋 온수영

딥러닝의 열풍 가운데 수학적 표기법을 과감히 배제하고 핵심적인 개념을 상세히 기술해 독자의 흥미를 유발하는 책입니다. 또한 R 케라스 라이브러리를 활용해 딥러닝 기법을 실행해 나갑니다. 각 개념과 기법에 대한 번역이 난해하지 않고 매끄럽지만, 만만한 책은 아닙니다. 만약 통계에 관한 사전 지식이 있고 딥러닝을 깊게 알기 원한다면 완독해 보길 추천합니다. 내용이 어려워 이해하기 다소 어려웠지만, 오탈자나 번역상 애매한 부분도 거의 없었고 옮긴이의주석도 너무 잘되어 있어서 매우 좋았습니다.

🦋 이요셉(지나가던 IT인)

케라스 창시자가 직접 저술한 《케라스 창시자에게 배우는 딥러닝》(Deep Learning with Python)의 R 언어 적용판입니다. 원작이 유명한 베스트셀러이며, 공저자인 RStudio의 제작자 J. J. 알래어가 모든 코드를 직접 R로 옮긴 만큼 코드의 품질은 의심할 필요가 없습니다. 초기 설치 과정이 자세히 나와 있지 않은 점은 조금 아쉬웠지만, R로 케라스를 이용한 딥러닝을 배우는 데는 최적의 입문서라고 생각합니다.

🦋 이현수(무스마)

딥러닝 분야에서 널리 사용되는 케라스 라이브러리를 개발한 구글의 딥러닝 엔지니어와 RStudio의 창시자가 함께 저술한 책이라서 믿고 볼 수 있습니다. RStudio를 이용해 책의 예제를 쉽게 따라 해 볼 수 있었습니다.

🦋 장윤하(안랩)

많은 딥러닝 서적이 기술적인 함수 구현에 집중하는 반면, 모델 레벨 라이브러리인 케라스를 활용해 모델 디자인에 대해 더욱 고민하고 집중할 수 있도록 구성한 점이 돋보입니다. 대표적인 사례로 들고 있는 각각의 모델에 있어서도 일관된 관점으로 구조화하고 있어, 어떤 문제가 주어져도 해당 프레임에 따라 사고하고 모델을 생성할 수 있도록 가이드를 제공합니다(책 자체가 과적합과 과소적합에 빠지지 않고 일반화를 잘 달성하고 있습니다). 분석 기법의 명칭에 있어서 고급스러운 단어(?)들을 많이 사용해 조금 생소한 부분도 있었지만(더 좋은 단어가 있다기보다는 그동안 거의 그냥 영어 단어 그대로 사용 중이었던 것), 정성을 담아 꼼꼼하게 옮긴이 주석을 달아 주셔서 쉽게 이해할 수 있었습니다.

딥러닝 기초

이 책의 1~4장에서는 딥러닝이 무엇이고, 달성할 수 있는 일은 무엇이며, 어떻게 작동하는지를 기초부터 이해할 수 있다. 이 장들을 통해 딥러닝으로 데이터 문제를 해결하기 위한 표준적인 작업 흐름에 익숙해질 수 있다. 만약 딥러닝에 관한 지식이 부족하다면, 2부의 실용 애플리케이션으로 넘어가기 전에 1부를 제대로 읽어 둬야 한다.

PART I

Fundamentals of deep learning

1

딥러닝이란 무엇인가?

1장에서 다루는 내용

- 기본 개념들에 대한 추상적인 정의
- 머신러닝 개발의 역사
- 딥러닝의 인기와 미래 잠재력의 핵심 요소

지난 몇 년 동안 인공지능(AI)은 언론의 큰 관심 대상이었다. 머신러닝(machine learnig, 기계학습) 및 딥러닝, 인공지능이라는 말이 기술 서적보다 기사에 더 자주 출현한다. 이러한 기사들에 따르면 우리는 미래에 지능형 챗봇, 자율 주행 차량 및 가상 비서를 누릴 수 있을 것으로 보이며, 인공지능 에이전트가 대부분의 경제 활동을 할 것으로 보이므로, 미래는 마치 할 일이 별로 없는 유토피아가 돼 인간이 일자리를 잃게 될 것이라고 희미하게나마 전망해 볼 수 있다고 한다. 그러나 미래 또는 현재의 머신러닝 종사자들은 지나치게 많은 보도 자료 속에서 유의미한 내용을 찾아 변화하는 개발 상황을 세상에 알릴 수 있어야 한다. 우리의 미래는 위험에 처해 있으므로 여러분이 해야 할 일은 많다. 여러분은 이 책을 읽은 후에 인공지능 에이전트 개발 인력이 돼야 할 것이다. 다음 질문들과 씨름해 보자. 지금까지 딥러닝이 이룩한 업적은 무엇인가? 딥러닝이 얼마나 중요한가? 우리는 어디로 향하고 있는가? 과장 보도를 믿어야 하는가?

1장에서는 인공지능, 머신러닝 및 딥러닝의 핵심 현황을 알아본다.

1.1 인공지능, 머신러닝, 딥러닝

인공지능을 논하기 전에 말하고자 하는 바를 명료하게 정의하는 게 바람직하다. 인공지능, 머신러닝 및 딥러닝이란 무엇인가?(보기 1.1 참조) 이들은 서로 어떤 관련을 맺고 있는가?

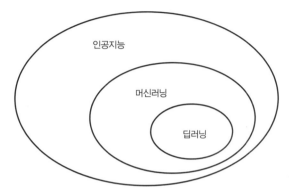

보기 1.1 **인공지능, 머신러닝 및 딥러닝**

1.1.1 인공지능

인공지능은 1950년대에 출현했다. 몇몇 초기 컴퓨터 과학 분야의 선구자들은 컴퓨터를 '생각' 하게 만들 수 있는지를 연구하기 시작했는데, 이러한 질문은 현재도 여전히 탐구하고 있는 파급 효과에 관한 것이다. 이 분야는 '**인간이 일반적으로 수행하는 지적 작업을 자동화하려는 노력**' 이라고 간결하게 정리할 수 있다. 인공지능은 머신러닝과 딥러닝을 포괄하는 분야이기 때문에 학습 과정이 없는 방식까지 포함해서 더 많은 것을 아우른다. 예를 들어, 초기 체스 프로그램 은 프로그래머가 하드코딩한 규칙만 포함하고 있으므로 머신러닝이라 불릴 자격이 없었다. 상당히 오랫동안 많은 전문가는 프로그래머가 충분히 크고 공예품으로 여겨질 만큼 충분히 정교한 프로그램을 제작해 지식을 다룸으로써 인간에 필적하는 인공지능을 구축할 수 있다고 믿었다. 이 접근 방식은 기호적 인공지능(symbolic AI)[1]으로 알려져 있으며, 1950년대부터 1980 년대 후반까지 인공지능 분야의 지배적 패러다임이었다. 기호적 인공지능은 1980년대의 전문가 시스템이 각광을 받고 있는 동안 많은 인기를 끌었다.

기호적 인공지능이 체스 게임과 같이 잘 정의되고 논리적인 문제를 해결하는 데 적합하다는 점이 입증됐지만, 이미지 분류나 음성 인식 및 언어 번역과 같이 더 복잡하고 모호한 문제를

---

1 옮긴이 '기호적 인공지능'이라는 말보다 '기호주의'라는 말이 더 잘 알려져 있다.

해결하기 위한 명확한 규칙을 파악해 내기는 어렵다는 한계가 있었다. 기호적 인공지능의 자리를 차지하기 위해 머신러닝과 같은 새로운 접근법이 생겼다.

1.1.2 머신러닝

빅토리아 시대에 살던 영국인인 에이다 러브레이스(Ada Lovelace)는 세계 최초의 범용 기계식 계산기인 차분 기관(Analytical Engine)[2]을 발명한 찰스 바비지(Charles Babbage)의 친구이자 협력자였다. 공상적인 면에 있어서 시대를 훨씬 앞섰던 차분 기관은 범용 계산기라는 개념이 아직 정립되지 않았던 1830년대와 1840년대에 설계됐기 때문에 범용 계산기로는 사용되지 않았다. 기계 연산을 사용해 수학적 분석 분야의 특정 계산을 자동화하는 방법을 의미할 뿐이었기 때문에 차분 기관이라는 이름을 사용했다. 1843년에 에이다는 이 발명과 관련해서 "차분 기관은 무엇이든 가리지 않는다. 차분 기관이 어떤 일을 수행하게 하려고 할 때 우리가 차분 기관에 어떻게 명령해야 하는지를 알고 있다면, 차분 기관은 그러한 일을 모두 수행할 수 있다. 차분 기관의 역할은 우리에게 이미 익숙한 일을 가능하게 하는 데 있다"라고 말했다.

인공지능의 선구자인 앨런 튜링(Alan Turing)은 튜링 시험(turing test)을 소개한 그의 기념비적인 논문인 「Computing Machinery and Intelligence」[3]에서 이 발언을 인용했다. 튜링은 범용 계산기가 학습을 하거나 독창성을 발휘할 수 있는지를 깊이 생각해 본 후, 에이다의 말을 인용해 범용 계산기가 그렇게 할 수 있다는 결론을 내렸다.

머신러닝은 "수행 방법을 아는 모든 일을 넘어서 지정한 작업을 수행하는 방법을 계산기가 스스로 학습할 수 있는가?"라는 질문에서 비롯됐다. 계산기(computer)가 우리를 놀라게 할 수 있을까? 프로그래머가 직접 데이터 처리 규칙을 작성하는 대신 컴퓨터가 데이터를 보고 이러한 규칙을 자동으로 학습할 수 있을까?

이 질문은 새로운 프로그래밍의 패러다임을 열어 준다. 고전 프로그래밍, 즉 기호적 인공지능 패러다임에서 인간은 규칙(프로그램)을 입력할 뿐 아니라 이 규칙에 따라 처리할 데이터를 입력하고 그에 대한 답변을 얻는다(보기 1.2 참조). 머신러닝을 사용할 때는 사람이 데이터뿐 아니라 데이터에서 예상되는 해답까지 입력한 후, 규칙을 뽑아낸다. 이렇게 뽑아낸 규칙을 신규 데이터에 적용하면 원래의 해답을 산출해 낼 수 있다.

---

2 [옮긴이] '해석 기관'이라는 번역어로도 알려져 있다.
3 A. M. Turing, "Computing Machinery and Intelligence," Mind 59, no. 236(1950): pp.433~460

보기 1.2　머신러닝: 새로운 프로그래밍 패러다임

머신러닝 시스템은 명시적으로 프로그래밍되는 게 아니라 훈련된다. 머신러닝 시스템은 과업과 관련된 많은 사례(examples)[4]를 접한 후, 이 사례 속에서 통계적 구조를 찾아내어 과업을 자동화하는 데 필요한 규칙을 제시한다. 예를 들어, 휴가 때 찍는 사진에 저마다 태그(tags)[5]를 붙이는 작업을 자동화하고 싶다면, 그전에 찍은 사진에 이름을 붙여 사례로 삼고 나서 이런 사례들이 많이 들어 있는 학습 시스템을 구성하면 되며, 이렇게 하고 나면 시스템이 특정 그림을 이름(names)과 관련 짓기 위한 통계 규칙을 학습할 것이다.

머신러닝은 1990년대에 이르러서야 번성하기 시작했지만, 고속 처리 하드웨어와 대규모 데이터셋[6]을 활용할 수 있게 되면서 인공지능 하위 분야 중 가장 인기를 끌었다. 머신러닝은 수리통계학과 밀접한 관련이 있지만, 몇 가지 점에서 통계학과는 다른 면이 있다. 머신러닝은 통계학과 달리 베이즈 분석과 같은 고전적인 통계 분석에 효율적이지 못할 뿐만 아니라 복잡한 대규모 데이터셋(수백만 개 이미지 또는 각 이미지가 수십만 개 픽셀로 구성된 데이터셋)을 처리해야 하는 경향이 있다.

머신러닝, 특히 딥러닝은 상대적으로 적은(어쩌면 너무나도 적은) 수학 이론만을 표출하며, 오히려 공학을 더 지향하는 측면이 있다. 이 머신러닝 분야에서는 아이디어가 이론보다 경험을 통해 입증되는 경우가 많다.

1.1.3 데이터로부터 나오는 표현들 학습하기

딥러닝을 정의하거나 딥러닝 방식과 그 밖의 머신러닝 방식 간의 차이점을 이해하려면, 가장

4　옮긴이 '인스턴스(instances)'라고도 하며, 스프레드 시트의 각 행, 데이터베이스의 각 레코드가 이에 해당한다. 다만, 영어로는 클래스의 인스턴스(instances) 또는 예제(examples)와 철자까지 같지만 서로 다른 개념이므로 주의하자. 이 책에서도 사례를 인스턴스나 예제와 명백히 구분해 번역했다.

5　옮긴이 인공지능, 머신러닝, 딥러닝 분야에서 tag, label, name 등으로 부르며, 우리말로는 각각 꼬리표, 표지, 이름으로 번역할 수 있지만, 대개는 '레이블'이라고 부른다.

6　옮긴이 '자료 집합' 또는 '데이터 집합'이라는 뜻이지만, 앞에서 언급한 '사례'라는 것들을 모아 둔 파일 정도로 이해하면 된다. 보통 '데이터 세트'라고도 부른다.

먼저 머신러닝 알고리즘이 '하는 일'을 생각해 봐야 한다. 우리는 방금, 기대하는 바에 걸맞은 사례들을 제시하면 머신러닝 과정을 통해 데이터 처리 작업을 실행하는 데 필요한 규칙들을 발견해 낼 수 있다고 얘기했다. 따라서 머신러닝을 하기 위해서는 다음 세 가지가 필요하다.

- **입력 데이터 점**: 예를 들어 음성 인식 작업인 경우라면 이 데이터 점[7]들은 사람의 목소리가 담긴 사운드 파일일 수 있고, 이미지에 태그를 다는 작업인 경우라면 사진이 될 수 있다.

- **예상 출력 사례**: 음성 인식 작업의 경우라면 사운드 파일을 듣고 원고 형태로 옮긴 것일 수도 있고, 이미지 작업의 경우라면 '개'나 '고양이' 등과 같은 태그일 수 있다.

- **알고리즘이 작업을 잘 수행하는지 여부를 측정하기 위한 방법**: 알고리즘의 현재 출력과 예상 출력 사이의 거리[8]를 결정하는 데 필요하다. 측정치는 알고리즘 작동 방식을 조정하는 피드백(feedback, 되먹임) 신호로 사용된다. 이 조정 단계를 **학습(learning)**이라고 부른다.

머신러닝 모델은 입력 데이터를 의미 있는 출력으로 변환하는데, 이는 입출력의 알려진 사례에 노출됨으로써 '학습'하는 과정을 말한다. 따라서 머신러닝과 딥러닝의 핵심 과제는 **데이터를 의미 있는 것으로 변환하는 것**(meaningfully transform data)이다. 즉, 예상하는 결과에 더 가깝게 접근할 수 있도록 하는 표현, 즉 입력 데이터의 유용한 **표현**(representations)을 학습하는 것이다. 진도를 나가기 전에 표현이란 무엇인지 생각해 보자. 핵심만을 살펴보면, **표현**이란 데이터를 대표하게(represent) 하거나 데이터를 **부호화**(encode)[9]하기 위해 데이터를 색다르게 살펴보는 방법이다. 예를 들어, 컬러 이미지는 RGB 형식(적색-녹색-청색) 또는 HSV 형식(색조-채도-값)으로 부호화할 수 있다.

이 두 가지 형식은 동일한 데이터를 두 가지 방식으로 표현한 것이다. 특정 표현 방식을 썼을 때는 수행하기 어려웠던 작업일지라도 표현 방식을 바꾸는 것만으로 수행하기 쉬운 작업이 되기도 한다. 예를 들어, 이미지의 모든 적색 픽셀을 선택하는 작업은 RGB 형식일 때 더 간단하

---

7 [옮긴이] '데이터 점'이란 통계학 용어로서 x, y 좌표계처럼 어떤 공간에 표시한 데이터를 말한다. 여기서 제시하는 사운드 파일의 경우, 해당 파일을 시간 축과 주파수 축으로 구성된 그래프상에 파형으로 표시했을 때, 파형을 이루는 낱낱의 점이 데이터 점에 해당한다. 사운드 파일 속에는 이러한 점들이 공간상의 위치가 아닌 순수한 데이터로만 존재하겠지만 말이다.

8 [옮긴이] 수학적으로는 이격 거리를 계산해 기대와 실제 사이를 계산해야 하므로 거리(distance)라는 말을 쓰지만, 기대치와 현실치 사이의 '차이'라고 이해하는 것이 무난하다.

9 [옮긴이] 이 책에서는 흔히 인코딩, 인코더, 디코딩, 디코더라고 부르는 말들을 각기 부호화, 부호기, 복호화, 복호기로 표현했다. 이는 정보통신협회에 등재된 용어일 뿐 아니라 본문 내용을 이해하는 데 도움이 되기 때문이다. 이 책에 전반적으로 부호화라는 개념이 나오는데 이는 또한 부호(code)라는 것과 연관이 있고 엔트로피와도 연관이 있다. 그러므로 익숙치 않은 한자어라고 겁먹지 말고 이런 낱말들에 익숙해지기 바란다.

게 처리할 수 있는 반면, 이미지의 채도를 낮추는 작업은 HSV 형식일 때 더 간단하게 처리할 수 있다. 머신러닝 모델은 입력 데이터에 대한 적절한 표현을 찾는 일, 즉 분류 작업과 같이 현재 직면하고 있는 작업에 더 적합한 데이터 변환 방식을 찾는 일과 관련돼 있다.

이 개념을 좀 더 구체화해 보자. 보기 1.3과 같이 x축, y축 그리고 (x, y) 좌표계에서 좌표로 표현되는 몇 가지 점을 생각해 보자.

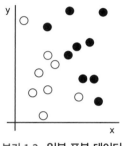

보기 1.3 **일부 표본 데이터**

보기 1.3에는 몇 개의 흰색 점과 검은색 점이 있다. 점의 좌표 (x, y)를 취해 그 점이 검은색인지, 흰색인지를 출력할 수 있는 알고리즘을 개발하려 한다고 가정해 보자. 이 경우,

- 입력은 점들의 좌표이다.
- 기대하는 결과는 점들의 색이다.
- 알고리즘이 올바른 작업을 수행하는지 여부를 측정하는 방법은 예를 들어 올바르게 분류된 점의 백분율일 수 있다.

여기서 우리가 필요로 하는 것은 흰색 점과 검은색 점을 깔끔하게 구분하는 데이터의 새로운 표현이다. 여기서 사용할 수 있는 한 가지 변형은 좌표 변화일 것이다(보기 1.4 참조).

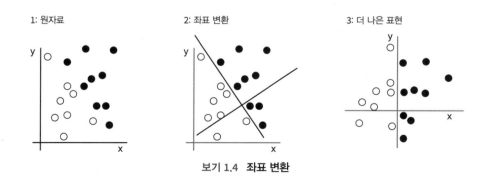

보기 1.4 **좌표 변환**

이 새로운 좌표계에서 점들의 좌표는 데이터의 새로운 표현이라고 할 수 있다. 그리고 바람직하다! 이 표현을 사용하면 흑백 분류 문제를 간단한 규칙으로 표현할 수 있다. "검은색 점은 x 〉 0" 또는 "흰색 점은 x 〈 0"과 같은 식이다. 이 새로운 표현들을 사용하면 기본적으로 분류 문제를 해결할 수 있다.

이 사례에서는 좌표 변환을 수작업으로 정의했다. 그러나 그 밖의 가능성 있는 좌표 변화 방식을 체계적으로 찾아내고, 올바르게 분류된 점들의 백분율을 피드백으로 사용한다면, (수작업이 아닌) 머신러닝을 할 수 있을 것이다. 머신러닝의 맥락에서 학습이란, **더 나은 표현을 자동으로 찾아내는 과정**이라고 설명할 수 있다.

모든 머신러닝 알고리즘은 데이터를 주어진 작업을 수행하기에 더 유용한 표현으로 바꾸는 변환 방식들을 자동으로 찾는 것으로 구성된다. 이러한 작업은 방금 살펴봤듯이 좌표 변환, 정보를 파괴할 수 있는 선형 투영, 평행 이동, 비선형 연산(๓ "x 〉 0인 모든 점 선택") 등이 될 수 있다. 머신러닝 알고리즘은 일반적으로 이러한 변형을 찾는 일에 있어서 창의력을 발휘하지 못한다. 머신러닝 알고리즘은 가설 공간(hypothesis space)이라 불리는 사전에 정의된 일련의 작업을 단순히 검색하기만 할 뿐이다.

이것이 바로 머신러닝이다. 기술적으로 보면 미리 정의된 가능성의 범위 내에서 피드백 신호를 지침으로 삼아 입력 데이터 중 일부에서 유용한 표현을 찾아내는 게 머신러닝인 셈이다. 이 간단한 생각을 바탕으로 음성 인식에서부터 자율 주행에 이르기까지 매우 광범위한 지적 작업을 해결할 수 있다.

이제는 학습이 무엇인지를 이해했으므로 딥러닝을 특별하게 만드는 것들을 살펴보자.

1.1.4 딥러닝에서 '딥'의 의미

딥러닝[10]은 머신러닝의 특정 하위 분야로, 표현들을 점점 더 의미 있게 만들어 가는 연속 계층들(layers)을 학습하게 하는 데 중점을 두고 데이터 표현을 학습하는 새로운 방법이다. 딥러닝에서 딥(deep)이라는 문구는 이 접근법에 의해 달성된, 어떤 심층적인(deep) 이해 수준을 언급하는 게 아니다. 그보다는 오히려 연속된 표현 층이라는 개념을 나타낸 약어이다. 데이터 모델에 기여하는 계층의 층 수가 얼마나 되는지를 모델의 깊이(depth)라고 한다. 해당 분야의 다른 적절한 이름으로 **계층적 표현 학습(layered representations learning)**과 **위계적 표현 학습(hierarchical representations learning)**을 쓸 만하다. 현대 딥러닝에서는 수십 개 또는 수백 개에

10　옮긴이 '심층학습'으로 번역할 수도 있지만, 교육학에서 말하는 학생의 심층학습과 구분하기 위해 요즘에는 흔히 '딥러닝'이라고 표현한다.

이르는 연속적인 표현들이 포함되며, 훈련 데이터에 노출되면 이 모든 게 자동으로 학습된다. 한편, 그 밖의 머신러닝 접근법에서는 한두 개 정도밖에 되지 않는 데이터 표현을 학습하는 데에 만 초점을 두는 경향이 있다. 그러므로 때때로 이것을 셸로우 러닝(shallow learning)[11]이라고 부른다.

딥러닝에서 이러한 계층적 표현은 (거의 항상) **신경망**(neural networks)이라고 부르는 모델을 통해 학습되며, 각기 서로 포개지고 '비교적 고정된(literal)' 계층들로 구조화된다. 신경망이라는 용어는 신경 생물학에서 차용한 것이고, 딥러닝의 중심 개념 중 일부는 뇌를 이해한 데서 얻은 영감을 통해 부분적으로 개발된 것이 맞지만, 그렇다고 해도 딥러닝 모델이 뇌 모델은 아니다.[12] 두뇌가 현대의 딥러닝 모델에 사용된 학습 메커니즘과 같은 것을 구현한다는 증거는 없다.[13] 딥러닝이 뇌와 비슷하게 작동하거나 뇌에 맞춰 모델링됐다고 주장하는 대중 과학 기술을 접할 수도 있다. 딥러닝을 신경 생물학과 관련이 있다고 생각하는 일은 이 분야의 입문자를 혼란스럽게 한다. 여러분에게는 "우리 마음처럼" 경이롭고 신비로운 가리개는 필요치 않을 뿐만 아니라 여러분이 딥러닝과 생물학 사이의 연결에 관한 가설을 읽게 될지라도 다 잊어버리고 말 것이기 때문이다. 그러므로 이 책의 논점에 맞출 수 있게, 딥러닝이란 데이터에서 표현을 학습하기 위한 수학적 프레임워크라고 생각하자.

딥러닝 알고리즘에 의해 학습된 표현들은 어떻게 행동할까? 깊이가 몇 개 계층에 이르는(보기 1.5 참조) 망(network)[14]이 숫자 그림을 변형해 숫자 자체를 인식하는 방식을 살펴보자.

---

11 옮긴이 딥러닝을 굳이 '심층 학습'이라고 번역한다면, 셸로우 러닝은 '천층 학습'이라고 번역할 수 있을 것이다.

12 옮긴이 저자의 핵심 철학을 나타내고 있다. 저자는 이 철학을 바탕으로 딥러닝을 뇌과학 측면에서 접근하기보다 위상기하학을 바탕으로 한 그래프 이론 측면에서 접근하고 있다.

13 옮긴이 이는 저자가 잘못 단정한 것으로 보인다. 딥러닝의 각 처리 단위(unit)가 되는 퍼셉트론 자체가 뇌신경 세포를 모방한 것이고, 활성화 함수는 뇌신경 세포의 시냅스를 모방한 것이며, 딥러닝의 최신 연구 성과들, 예를 들면 합성곱 신경망조차도 동물의 시각 피질을 모방한 것이라는 점을 간과한 말이다. 어쨌든 이는 저자의 소신이고, 이러한 소신을 바탕으로 내용을 전개하고 있으므로 이러한 저자의 관점에서 이 책의 내용을 이해하는 게 바람직하고, 이런 식으로 접근해야 나머지 내용이 이해가 된다. 경위야 어찌 됐든 바로 뒤에 딥러닝을 수학적인 면에서 바라보자는 저자의 문장이 이어진다.

14 옮긴이 이 책에서 저자는 신경망(neural networks)과 망(networks)을 거의 같은 의미로 쓰지만, 때로는 망을 신경망을 구성하는 다양한 요소 중의 하나로 보기도 한다. 이에 따라 번역 시에도 신경망과 망을 구분했다. 망을 보통 '네트워크'라고도 부르지만, 일반적인 정보 통신 네트워크와 구분하기 위해 '망'이라는 용어를 채택했다.

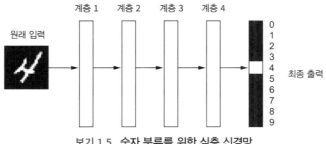

보기 1.5 숫자 분류를 위한 심층 신경망

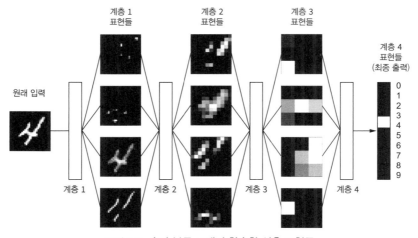

보기 1.6 **숫자 분류 모델이 학습한 심층 표현들**

보기 1.6에서 볼 수 있듯이 망은 숫자 이미지를 점차 원래 이미지와는 다른 표현으로 변환하면서 최종 결과에 대한 정보를 더 많이 제공한다. 심층 망(deep network)은 다단식 정보 증류연산(information-distillation operation)으로 생각할 수 있다. 이 작업에서는 정보가 연속적인 증류기를 거치면서 점차 순수해진다(다시 말하자면, 일부 과제에 유용하다).

이것이 바로 기술적으로 딥러닝이라 부를 수 있는 것이다. 즉, 데이터 표현들을 여러 단계를 거쳐 배우는 방식이다. 이미 밝혀진 바와 같이, 매우 간단한 메커니즘이더라도 규모를 충분히 늘리면 마치 마술처럼 보일 수도 있다.

1.1.5 세 가지 그림으로 딥러닝 작동 방식 이해하기

머신러닝은 입력과 표적(targets)[15]의 많은 사례를 관찰함으로써 수행되는 입력(예 이미지)을 표적(예 "cat" 레이블)에 사상(mapping)[16]하는 일임을 알고 있을 것이다. 또한 심층 신경망이란 것이 간단한 일련의 데이터 변환(계층들을 통한 변환)을 통해 이 입력-표적 간 사상을 수행하고, 이러한 데이터 변환이 사례(examples)[17]를 통해 학습된다는 것도 알고 있을 것이다. 그러므로 이제 이와 같은 학습이 어떻게 이뤄지는지를 구체적으로 살펴보자.

어떤 계층에 입력되는 데이터는 해당 계층에 의해 특정화(specification)된 다음에, 계층의 가중치(weights)라는 꼴로 저장된다. 이 가중치는 본질적으로 여러 숫자로 된 덩어리이다. 전문 용어로, 계층에 의해 구현된 변환이 가중치에 의해 파라미터화(parameterize)됐다고 말할 수 있다(보기 1.7 참조). 가중치를 '계층의 파라미터'라고도 한다. 이 맥락에서 생각하면, 학습이란 망에서 모든 계층의 가중치에 대한 값 집합을 찾아 망이 사례 입력을 관련 목표에 올바르게 사상하는 것을 의미한다. 하지만 여기에는 뭔가가 있다. 심층 신경망에 수천만 개의 파라미터가 포함될 수 있다는 점 말이다. 모든 파라미터를 대상으로 삼아 올바른 값을 찾는 일이 어려운 작업으로 보일 수 있다. 특히 한 파라미터 값을 수정하면 다른 모든 파라미터의 동작에 영향을 미치기 때문에 더욱 그렇다.

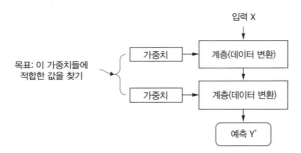

보기 1.7 신경망의 가중치들에 의해 신경망이 파라미터화된다.

뭔가를 제어하려면 먼저 그것을 관찰할 수 있어야 한다. 신경망의 출력을 제어하려면 이 출력이 예상한 것과 얼마나 차이가 나는지를 측정할 수 있어야 한다. 이것이 **목적 함수**(objective

---

15 옮긴이 전문 분야에 따라 목표, 대상, 과녁 등의 용어로 번역되는 용어이지만, 이 책에서는 철학 분야와 의학 분야에서 많이 사용하는 '표적'이라는 말로 번역했다. 이는 label과 tag를 '표지'나 '표찰'로 번역할 수 있다는 점을 고려한 것이다. 또한 머신러닝이란 결국 이 표적을 자동으로 탐색해 내는 모델을 형성해 내는 게 작업 목표라는 점도 고려했다. 참고로 표적은 '과녁'과 똑같은 말이어서 더욱 이해하기 쉽다.

16 옮긴이 고등학교 수학 과정에 나오는 1:1 대응이나 1:다 대응 등에 나오는 '대응'이라는 말과 거의 같은 개념이다.

17 옮긴이 데이터 과학에서 사례(examples 또는 instance)란, 표본을 기록한 레코드라고 보면 된다. 이는 표본을 담은 엑셀 파일에서 각 '행'에 해당한다.

function)라고도 부르는 망의 **손실 함수(loss function)**이다. 손실 함수는 망과 실제 표적(망에서 출력하기를 원하는 것)을 '예측'한 다음에 거리 점수를 계산해 이 특정 사례에서 망이 얼마나 잘 수행됐는지를 계산해 낸다(보기 1.8 참조).

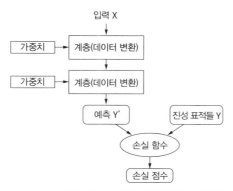

보기 1.8 **손실 함수는 망 출력의 품질을 측정한다.**

딥러닝의 기본 기법은 이 점수를 피드백 신호로 사용해 현재 사례의 손실 점수를 낮추는 방향으로 가중치를 조금씩 조절해 나가는 것이다(보기 1.9 참조). 이 조절은 역전파(backpropagation) 알고리즘을 구현하는 최적화기(optimizer)[18]의 역할이다. 최적화기는 딥러닝의 핵심 알고리즘이다. 2장에서는 역전파가 어떻게 작동하는지 자세히 설명한다.

처음에는 망의 가중치에 임의의 값이 할당되므로 일련의 임의 변환을 구현하기만 한다. 당연히 그 출력은 이상적이지 않을 것이므로 이에 따라 손실 점수가 매우 크다. 그러나 모든 사례는 망이 처리하는 과정을 통해 가중치가 올바른 방향으로 조금씩 조절되고 손실 점수가 감소한다.[19] 이 작업은 충분한 횟수의 반복(수천 개 사례를 대상으로 수십 번을 반복)을 통해 손실 함수를 최소화하는 가중치를 산출하는 훈련 루프이다. 여기서 손실이 최소화된 망이란, 표적에 가장 근접한 출력을 지닌 망을 말하며, 이는 곧 가장 잘 훈련된 망이라고 말할 수 있다. 다시 한 번 말하지만, 이 메커니즘(즉, 기제)이 단순해 보여도 일단 규모가 커지기만 하면 마술처럼 보일 것이다.

---

18 옮긴이 딥러닝 분야에서는 보통 '옵티마이저'라고 부르지만, 이 책에 나오는 다양한 도구들에 '-기'라는 접미사를 붙여야 이해하기 쉬운 면이 있어, 이에 맞춰 번역 용어를 채택했다.
19 옮긴이 가중치 조절(adjustment)이란, 망의 적응(adjustment)과도 같다.

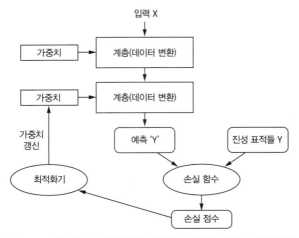

보기 1.9 손실 점수는 가중치를 조정하는 피드백 신호로 사용된다.

1.1.6 지금까지 딥러닝이 쌓은 업적은 무엇인가?

딥러닝은 머신러닝 하위 분야 중 비교적 오래됐지만, 2010년 초반에 이르러서야 눈에 띄게 됐다. 그로부터 몇 년이 흐르면서 딥러닝은 혁신이나 다를 바 없는 성과를 이뤘는데, 특히 보는 일이나 듣는 일과 같은 지각 문제(인간에게 자연스럽고 직관적인 것으로 보이지만, 오랫동안 기계로는 파악하기 힘들었던 기술과 관련된 문제)와 관련해 놀라운 결과를 나타냈다.

특히, 딥러닝은 오랫동안 머신러닝으로 풀기 어려웠던 영역에서 다음과 같은 획기적인 발전을 이루었다.

- 이미지를 사람이 분류하는 정도에 가깝게 분류
- 음성을 사람이 알아듣는 수준에 가깝게 인식
- 필기체를 사람이 인식하는 수준에 가깝게 인식
- 더 나은 기계 번역
- 텍스트를 더 자연스러운 음성으로 변환
- 구글 나우, 아마존 알렉사와 같은 디지털 비서
- 인간 수준에 가까운 자율 주행
- 구글(Google), 바이두(Baidu) 및 빙(Bing)에서 사용하는 맞춤형 광고
- 웹을 더 잘 검색
- 자연어로 된 질문에 답변할 수 있는 능력

- 프로 기사 수준의 바둑 실력

딥러닝으로 무엇까지 할 수 있는지는 지금도 연구 대상이다. 우리는 형식 추론과 같은 기계 인식 및 자연어 이해 외의 다양한 문제에 딥러닝을 적용하기 시작했다. 이런 일에 성공한다면 과학 연구, 소프트웨어 개발 등에서 인간이 딥러닝의 도움을 받는 시대가 열릴 수 있을 것이다.

1.1.7 단기적인 과장 보도를 믿지 마라

최근 수년간 딥러닝이 이뤄지면서 주목할 만한 성과를 거뒀지만, 향후 10년에 걸쳐 이 분야에서 이룰 수 있는 수준보다 기대치가 훨씬 더 높아지는 추세다. 자율 주행 차량과 같은 일부 응용물은 이미 그러한 수준에 도달했지만, 믿을 수 있는 대화 시스템이나 임의의 언어를 인간 수준으로 번역하는 일, 자연어를 이해하는 일과 같은 많은 기능은 한동안 이루기 어려울 수 있다. 특히, **인간 수준 범용 지능**(human-level general intelligence)에 대한 논의를 너무 진지하게 받아들여서는 안 된다. 단기간에 큰 기대감을 나타내는 상황에서 기대를 충족할 만한 기술을 제공하는 일에 실패하면 더 이상 해당 연구에 투자하려 하지 않을 것이므로 오랜 시간 동안 발전이 늦어질 위험이 있다.

이런 일은 이전에도 일어난 적이 있다. 과거 두 번에 걸쳐, 인공지능을 아주 낙관적으로 전망하던 시기를 거친 다음에 실망과 회의가 이어지는 일을 겪었는데, 그런 일로 인해 투자 자금이 빠져나갔다. 이 일은 1960년대에 기호적 인공지능으로 시작됐다. 그 당시에는 인공지능을 긍정적으로 바라보는 편이 우세했다. 기호적 인공지능 접근법의 가장 유명한 개척자이자 지지자 중 한 사람인 마빈 민스키(Marvin Minsky)는 1967년에 "한 세대가 지나기 전에 인공지능을 만드는 문제가 실질적으로 해결될 것이다"라고 주장했다. 3년 후인 1970년에 그는 더 정확하게 정량화된 예측을 선보였다. "3년에서 8년 사이에 우리는 평범한 사람의 일반적인 지능을 가진 기계를 갖게 될 것이다"라고 말이다. 하지만 2016년에 이르렀어도 그러한 성과가 나타나기에는 아직 먼 것처럼 보인다. 지금까지는 그렇게 되기까지 얼마나 오래 걸릴 것인지를 예측할 방법이 없지만, 1960년대와 1970년대 초반에는 여러 전문가가 곧 그런 일이 일어날 것이라고 믿었다(오늘날에도 많은 사람이 믿고 있는 것처럼). 몇 년이 지났지만, 이러한 높은 기대치가 실현되지 않았기 때문에 연구원과 정부 기금이 빠져나가면서 첫 번째 **인공지능 겨울**(AI winter)이 시작됐다(냉전이 최고조에 이른 직후였기 때문에 핵겨울에 비유됐다).

그게 끝이 아니었다. 1980년대에는 대기업들이 새로운 기호적 인공지능, 즉 **전문가 시스템**(expert systems)을 도입하기 시작했다. 몇 가지 초기 성공 사례를 통해 전 세계의 기업이 자체 인공지능 부서를 설립하고 전문가 시스템을 개발하면서 투자의 물결이 일었다. 1985년경, 기업들은 이 기술에 매년 10억 달러 이상을 투자했지만, 1990년대 초반까지 이러한 시스템의 유지 보수 비용이 많이 들 뿐만 아니라 확장하기 어렵고 범위까지 제한되자 관심에서 멀어졌다. 그러면서 두 번째 인공지능 겨울이 시작됐다.

우리는 현재 인공지능에 관한 과장 보도와 실망이라는 세 번째 주기를 목격하고 있는지도 모르며, 여전히 낙관하고 있는 국면에 있다. 단기적으로는 기대치를 조정하고, 현장 기술에 익숙하지 않은 사람들이 딥러닝으로 할 수 있는 일과 할 수 없는 일을 확실히 구분하게 하는 게 바람직하다.

1.1.8 인공지능의 약속

우리가 인공지능을 단기적으로는 비현실적으로 기대할지라도 장기적으로는 전망이 밝아 보인다. 우리는 의료 진단에서 디지털 비서에 이르기까지 변형될 수 있는 많은 중요한 문제에 딥러닝을 적용하기 시작했다. 인공지능 연구가 지난 5년 동안 놀라울 정도로 빠르게 진행돼 왔는데, 이는 역사적으로 짧은 시기에 비하면 결코 보기 힘들었던 수준으로 자금이 지원됐기 때문이지만, 지금까지는 이러한 발전이 우리가 사는 세상을 형성하는 제품이나 과정에 영향을 미치지 않았다. 딥러닝에 관한 연구 성과 중 대부분이 아직 적용되지 않았거나 최소한 모든 산업 분야에서 해결할 수 있는 모든 문제에 적용되고 있지는 않다. 여러분을 담당하는 의사는 아직 인공지능을 사용하지 않고 있으며, 회계사도 사용하지 않고 있을 것이다. 여러분 또한 인공지능 기술을 일상생활에 사용하지 않고 있을 것이다. 물론 스마트폰에 간단한 질문을 해서 합리적인 답변을 얻고, 아마존닷컴에서 유용한 제품을 추천받으며, 구글 포토에서 "생일"로 검색해 지난달에 열린 딸의 생일 파티 사진을 즉시 찾을 수는 있다. 하지만 이런 도구들은 인공지능 기술의 활용과는 동떨어져 있다. 이와 같은 도구들은 여전히 일상생활에 필요한 보조 프로그램일 뿐이다. 인공지능은 아직 우리가 일하고, 생각하고, 살아가는 방식의 중심을 차지하고 있지는 않다.

현재의 인공지능이 세계에 큰 영향을 미칠 수 있다고 믿기는 어려울 수 있다. 1995년에 인터넷이 미래에 미칠 영향을 믿기 어려웠던 것처럼 말이다. 그 당시에는 대다수 사람이 인터넷이 그들과 어떤 관련이 있는지, 그들의 삶을 어떻게 변화시킬지를 알아차리지 못했다. 딥러닝과 인공지능도 마찬가지이다. 그러나 인공지능이 다가오고 있다는 점은 간과해서는 안 된다. 인공지능은 그리 멀지 않은 미래에 여러분의 비서가 되거나 어쩌면 친구도 될 수 있을 것이다. 그런 다음, 질문에 대답하고, 아이들을 가르치며, 건강을 유지하는 데 도움을 줄 것이다. 또는 식료

품을 집으로 배달하고, 여러분을 태우고 이곳에서 저곳으로 데려다줄 것이다. 점점 더 복잡해지고 정보가 집약돼 가는 세상에서 인터페이스로 쓰일 것이다. 과학자들을 보조하며, 유전학에서 수학에 이르는 모든 과학 분야에서 참신하고 획기적인 발견을 도움으로써 인류의 전반적인 발전을 이끄는 일에도 보탬이 될 것이다.

그러는 와중에 우리는 몇 가지 좌절이나 새로운 인공지능 겨울에 직면할 수 있다. 인터넷 업계가 1998년에서 1999년 사이에 과장 보도되는 바람에 2000년대 초반까지 투자가 이뤄지지 않아 어려움을 겪었던 것과 매우 비슷한 방식으로 말이다. 어찌 됐든 결국 그 자리에 도달할 것이다. 오늘날 인터넷이 그러하듯, 인공지능도 우리 사회와 일상생활을 구성하는 거의 모든 과정에 응용될 것이다.

그러므로 단기적인 과장 보도를 믿지 말고 장기적인 전망을 믿으라. 누구도 아직 감히 꿈꾸지 못했던 잠재력을 인공지능이 실제로 발휘하게 되기까지는 어느 정도 세월이 흘러야 할 것이다. 그러나 어쨌든 인공지능은 다가오고 있고, 환상적인 방식으로 세상을 변화시킬 것이다.

1.2 딥러닝을 하기 전에: 머신러닝의 간략한 역사

딥러닝은 인공지능의 역사에서 결코 볼 수 없었던 대중의 관심과 산업 투자 수준에 도달했지만, 그렇다고 해도 딥러닝만이 머신러닝의 첫 번째 성공 방식은 아니다. 오늘날 업계에서 사용되는 대부분의 머신러닝 알고리즘은 딥러닝 알고리즘이 아니라고 말하는 편이 더 정확하다. 딥러닝이 항상 적절한 작업 도구는 아니다. 때로는 딥러닝을 적용하기에 데이터가 충분하지 못한 경우가 있고, 그 밖의 알고리즘으로 문제를 해결해야 할 때도 있다. 여러분이 머신러닝과 관련해 처음 접해 본 게 딥러닝이라면, 마치 딥러닝이 모든 머신러닝 문제를 푸는 만능 도구처럼 보일 수도 있다. 이런 함정에 빠지지 않는 유일한 방법은 딥러닝 외의 접근 방식들에 익숙해져 그것들을 적당한 때에 연습해 두는 것이다.

고전적인 머신러닝 접근 방식들을 자세하게 다루는 일은 이 책의 범위를 벗어나지만, 우리는 해당 내용을 간략하게 살펴보고, 역사적인 개발 배경을 설명할 생각이다. 이렇게 하면 머신러닝이라는 더 넓은 맥락에서 딥러닝의 자리 잡은 곳을 알 수 있고, 딥러닝이 어디서 나왔고 왜 중요한지를 더 잘 이해할 수 있다.

1.2.1 확률론적 모델링

확률론적 모델링(probabilistic modeling)이란, 데이터 분석에 통계학의 원리를 응용하는 것을 말한다. 이것은 가장 초기일 때의 머신러닝 형태 중 하나였으며, 지금도 여전히 널리 사용되고 있다. 이 범주에서 가장 잘 알려진 알고리즘 중 하나는 나이브 베이즈 알고리즘(naive Bayes algorithm)이다.

나이브 베이즈는 입력 데이터의 특징들이 모두 독립적이라고 가정(강력히 또는 '순진하게' 추정한다는 의미로, 나이브라는 이름이 나온 배경이다)하면서 베이즈 이론을 적용한 머신러닝 분류기의 한 유형이다. 이러한 형태의 데이터 분석은 컴퓨터가 나오기 전부터 있었는데, 컴퓨터로 이 분류기를 구현하기(수십 년 전인 1950년대로 거슬러 올라간다) 전, 수십 년 동안이나 응용됐다. 베이즈 정리와 통계학의 기초는 18세기까지 거슬러 올라간다. 이 두 가지는 나이브 베이즈 분류기를 사용하기 시작할 때 필요하다.

현대 머신러닝 분야에서 "Hello World!"쯤으로 여겨지는 것과 밀접하게 관련돼 있는 것으로는 **로지스틱 회귀**(logistic regression)가 있다(간단히 **logreg라고도 부름**). 로지스틱 회귀라는 이름 때문에 오해할 수 있겠지만, 이 알고리즘은 회귀 알고리즘이 아닌 분류 알고리즘이다. 나이브 베이즈와 마찬가지로 로지스틱 회귀도 아주 오래전부터 사용해 온 계산 방식이지만, 단순하고 다재다능한 특성 때문에 여전히 쓸 만하다. 이는 종종 데이터 과학자가 데이터셋을 대상으로 분류 작업을 시도할 때 가장 먼저 손에 쥐는 알고리즘이다.

1.2.2 초기 신경망

초기에 연거푸 나타난 신경망들이 지금은 현대식 변형 신경망들로 완전히 대체됐지만, 딥러닝이 어떻게 시작됐는지를 아는 데는 도움이 된다. 1950년대 초반에 신경망에 관한 핵심 아이디어가 아주 간단한 형태로 연구됐지만, 신경망 방식 접근법이 나타나는 데는 수십 년이 걸렸다. 대규모 신경망을 훈련하는 효율적인 방법을 오랫동안 찾지 못했기 때문이다. 1980년대 중반에는 여러 사람이 역전파 알고리즘을 각기 재발견해(경사 하강 최적화를 사용해 파라미터화된 연산 연쇄를 훈련하는 방식으로 변경됐는데, 이 개념은 나중에 정확하게 정의할 것이다) 신경망에 적용하기 시작했다.

얀 르쿤(Yann LeCun)이 합성곱 신경망(convolutional neural networks)과 역전파에 대한 초기 아이디어를 결합해 손으로 쓴 숫자를 분류하는 문제에 적용했고, 벨 연구소(Bell Labs)는 1989년에 처음으로 신경망을 성공적으로 적용했다. 그 결과로 나온 신경망인 르넷(LeNet)은 우편 봉투에 적힌 우편번호를 판독하는 일을 자동화하기 위해 1990년대 미국의 우편 서비스에 사용됐다.

1.2.3 커널 메서드

신경망은 1990년대 연구자들 사이에서 어느 정도 대접받기 시작했는데, 이와 같은 첫 번째 성공 덕분에 머신러닝에 대한 새로운 접근 방식인 **커널 메서드(kernel methods)**가 명성을 얻으면서 신경망이 쉽게 잊혀지고 말았다. 커널 메서드는 분류 알고리즘 군으로, 그중에서도 **서포트 벡터 머신(Support Vector Machine, SVM)**이 가장 잘 알려져 있다. 블라디미르 배프닉(Vladimir Vapnik)과 코린나 코르테스(Corinna Cortes)는 벨 연구소에서 1990년대 초반에 SVM을 현대적인 형식으로 개발했으며, 1995년[20]에서야 출판됐지만, 배프닉과 알렉세이 셰르보넨키스(Alexey Chervonenkis)가 초기 선형 공식을 1963년에[21] 이미 발표한 적이 있다.

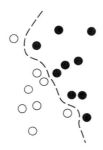

보기 1.10 **결정 경계**

SVM의 목표는 두 가지 범주에 속하는 두 점 집합 사이에서 좋은 **결정 경계(decision boundaries)**(보기 1.10 참조)를 찾아 분류 문제를 해결하는 것이다. 결정 경계란, 훈련 데이터를 두 범주에 해당하는 두 개의 공간으로 분리하는 선이나 면이라고 생각하면 된다. 신규 데이터 점들을 분류하려면 가장 먼저 결정 경계를 기준으로 어느 편에 속하는지를 확인해야 한다.

SVM에서는 다음 두 단계를 밟아 경계를 찾는다.

1. 결정 경계를 초평면(hyperplane)으로 표현할 수 있는 새로운 고차원 표현으로 데이터를 사상한다(보기 1.10에서와같이 2차원 데이터인 경우, 초평면이 직선이 된다).

2. 초평면과 각 클래스의 가장 가까운 데이터 점 사이의 거리를 최대화하는 식으로 우수한 결정 경계(분리 초평면)를 계산해 낼 수 있는데, 이 단계를 **주변 최대화(maximizing the margin)**라고 부른다. 이렇게 하면 경계가 학습 데이터셋 외부의 새 표본들로 잘 일반화된다.

---

20 Vladimir Vapnik and Corinna Cortes, "Support-Vector Networks," Machine Learning 20, no. 3(1995): 273~297.
21 Vladimir Vapnik and Alexey Chervonenkis, "A Note on One Class of Perceptrons," Automation and Remote Control 25(1964).

분류 문제를 더 간단하게 만드는 고차원 표현으로 데이터를 사상[22]하는 기술을 종이에서 구현하기에는 쉬워 보일 수 있지만, 실제로는 계산하기 어려울 때가 많다. 이럴 때는 **커널 트릭**(kernel trick)이 필요하다(커널 메서드라는 이름이 붙여진 핵심 이유다). 요지는 이렇다. 우수한 결정 초평면을 새로운 표현 공간에서 찾기 위해 여러분이 명시적으로 새 공간 속의 점들의 좌표를 계산하지 않아도 된다는 점이다. 여러분은 그저 해당 공간에서 두 점으로 이뤄진 쌍들 간의 거리를 계산하기만 하면 되는데, 이 일은 **핵 함수**(kernel function)를 사용해 효율적으로 수행할 수 있기 때문이다. 핵 함수는, 초기 공간의 두 점을 표적 표현 공간에 있는 이들 점 사이의 거리에 사상함으로써 새 표현을 명시적으로 계산하는 일을 완전히 우회해 계산하므로, 계산이라는 측면에서 봤을 때 다루기 쉬운 연산이다. 핵 함수들은 일반적으로 데이터에서 학습하게 하지 않고 수작업으로 제작한다. SVM의 경우에는 분리 초평면만 학습한다.

SVM은 개발 당시에 간단한 분류 문제를 푸는 일에 최신 성능을 보여줬을 뿐만 아니라 광범위한 이론으로 뒷받침됐고, 진지한 수학적 분석을 잘 받아들이는 머신러닝 방법 중 하나였으므로 이를 잘 이해하고 쉽게 해석할 수 있었다. SVM은 이러한 유용한 특성 때문에 오랫동안 큰 인기를 끌었다.

그러나 SVM을 대형 데이터셋까지 확장해 적용하기 어려웠고, 이미지 분류와 같은 인식 문제에서는 좋은 결과를 내지 못했다. SVM은 계층이 얕은 방식이기 때문에 인식 문제에 SVM을 적용하려면 가장 먼저 수동으로 유용한 표현을 추출해야 하는데(**특징 공학**이라고 하는 단계), 이와 같은 작업은 까다로운데다 잘못되기도 쉽다.

1.2.4 결정 트리, 랜덤 포레스트 및 그레이디언트 부스팅 머신

결정 트리(decision trees)는 입력 데이터 점을 분류하거나 입력에 따라 출력값을 예측할 수 있게 해 주는 것으로, 그 아키텍처가 순서도와 같다(보기 1.11 참조). 결정 트리를 시각화하고 해석하기는 쉽다. 데이터를 바탕으로 학습한 결정 트리는 2000년대에 의미 있는 연구 대상이 되기 시작했으며, 2010년에 이르기까지는 종종 커널 메서드보다 선호됐다.

---

22 [옮긴이] 데이터 과학/머신러닝/딥러닝 분야에서는 주로 '매핑'으로 부르지만, 이 책의 핵심 기반 이론인 위상 수학 개념을 잘 드러내기 위해 '사상'으로 표현했다.

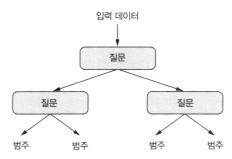

입력 데이터

질문

질문　　질문

범주　범주　　범주　범주

보기 1.11　결정 트리: 학습된 파라미터들은 데이터에 관한 질문이다. 예를 들어, "데이터의 계수 2가 3.5보다 큰가?"라는 질문이 있을 수 있다.

특히 **랜덤 포레스트(random forest)** 알고리즘은 다수의 전문화된 결정 트리를 구축하고 그 결과를 종합하는 결정 트리 학습에 강력하고 실용적인 방법을 도입했다. 랜덤 포레스트는 광범위한 문제에 적용될 수 있어서 거의 모든 셸로우 머신러닝 작업용으로는 두 번째로 우수한 알고리즘이라고 말할 수 있을 정도이다. 인기 있는 머신러닝 경진 대회 웹 사이트인 캐글(https://kaggle.com)이 2010년에 시작됐을 때, **그레이디언트 부스팅 머신(gradient boosting machines)**들이 도입된 2014년이 되기까지는 랜덤 포레스트가 플랫폼에서 신속히 도입됐다. 그레이디언트 부스팅 머신은 랜덤 포레스트와 마찬가지로 기계적으로 약한 예측 모형(일반적으로 결정 트리)을 종합하는 방식으로 기반을 삼은 머신러닝 기술이다. 이전 모델의 약점을 해결할 수 있는 새로운 모델을 반복적으로 훈련해 머신러닝 모델을 개선하는 방법인 기울기 증폭(gradient boosting)을 사용한다.[23] 기울기 증폭 기법이 결정 트리에 적용됐을 때 사용하면, 속성이 유사하면서도 거의 항상 랜덤 포레스트보다 성능이 훨씬 더 뛰어난 모델이 된다. 오늘날 인식하지 못하는 데이터를 처리하기 위한 최고의 알고리즘 중 하나이거나 가장 나은 알고리즘 중 하나라고 할 수 있다. 이 알고리즘은 딥러닝과 더불어 캐글 대회에서 가장 흔히 사용되는 기술 중 하나이다.

1.2.5 신경망으로 되돌아가서

2010년경에는 과학계가 신경망을 거의 완전히 무시하기도 했지만, 신경망을 연구하는 많은 사람이 중요한 돌파구를 마련하기 시작했다. 토론토 대학의 제프리 힌튼(Geoffrey Hinton), 몬트리올 대학의 요슈아 벤지오(Yoshua Bengio), 뉴욕 대학의 얀 르쿤, 스위스의 IDSIA 등이 그러했다.

---

23 옮긴이 기울기, 경사, 그레이디언트는 모두 같은 말이지만, 국내의 다수 사용 용례에 따라 적절히 구분해 번역했다. 예를 들어, 기울기 소실, 경사 하강, 그레이디언트 부스팅 머신, 기울기 증폭이 그러한 예이다.

2011년에 IDSIA의 단 시레산(Dan Ciresan)은 GPU로 훈련한 심층 신경망을 통해 학술 이미지 분류 경쟁에서 우위를 점하기 시작했다. 딥러닝의 첫 번째 성공 사례이다. 그러다가 2012년에 중대한 시기가 도래했다. 힌튼이 이끄는 단체가 해마다 대규모 이미지 분류 경진 대회인 이미지넷(ImageNet)에 참여했다. 이미지넷이 제공하는 도전 과제는 악명을 떨칠 만큼 어려웠다. 고해상도 컬러 이미지 140만 개를 학습한 후 1,000가지 범주로 분류하는 작업이었다. 2011년에는 컴퓨터 비전을 고전적으로 처리하는 방법을 바탕으로 삼은 우승 모델 중 상위 5위까지의 정확도가 74.3%에 불과했다. 2012년 알렉스 크리제브스키(Alex Krizhevsky)가 이끄는 팀이 힌튼의 조언을 받아 83.6%라는 상위 5위에 이르는 정확도를 달성할 수 있었다. 경진 대회는 매년 심층 합성곱 신경망(deep convolutional neural networks)에 의해 주도돼 왔다. 2015년에는 96.4%라는 정확도를 얻었는데, 이로 인해 이미지넷의 분류 작업은 완전히 해결된 문제로 간주됐다.

심층 합성곱 신경망들은 2012년 이후 모든 컴퓨터 비전 작업을 위한 최우선 선택 알고리즘이 됐다. 더 넓게 보면, 이러한 신경망들은 모든 인식 작업을 수행한다. 2015년과 2016년의 컴퓨터 비전 회의에서 어떤 형태로든 합성망(convnet, 심층 합성곱 신경망의 줄임말)을 포함하지 않은 발표를 찾기가 무척 어려울 정도였다. 이와 동시에, 딥러닝이 자연어 처리와 같은 많은 다른 유형의 문제에도 응용될 수 있다는 점이 발견됐다. 딥러닝은 광범위한 애플리케이션들에서 SVM 및 결정 트리를 완전히 대체했다. 예를 들어, 수년 동안 유럽 원자력 연구 기구(CERN)는 대규모 강입자 충돌체에서 ATLAS 탐지기의 입자 데이터 분석을 위해 결정 트리 기반 방법을 사용했다가 연구소가 지닌 장비의 성능이 좋다는 점과, 그래서 대용량 데이터셋을 훈련하기 쉽다는 점 때문에 케라스 기반 심층 신경망으로 바꿨다.

1.2.6 딥러닝을 차별화하는 점은 무엇인가?

딥러닝이 빠르게 도입된 주된 이유는 다양한 문제를 해결하는 일에 더 뛰어난 효과를 보였기 때문이다. 그러나 이것이 유일한 이유는 아니다. 딥러닝은 머신러닝 작업 흐름에서 가장 중요한 단계인 특징 공학(feature engineering)을 완전히 자동화해 문제를 훨씬 쉽게 해결할 수 있기 때문이기도 하다.

이전의 머신러닝 기법인 셸로우 러닝(shallow learning, 즉 얕은 학습 또는 천층 학습)에서는 입력 데이터를 보통 고차원 비선형 투영법(SVM) 또는 결정 트리와 같은 단순한 변환을 통해 한 개 또는 두 개의 연속 표현 공간으로 변환하는 일과 관련이 있었다. 그러나 복잡한 문제에 필요한 정제된 표현은 일반적으로 이러한 기법으로는 얻을 수 없다. 따라서 인간은 초기 입력 데이터를 이 방법으로 더 쉽게 처리하기 위해 많은 노력을 기울여야 했다. 즉, 데이터를 적절히 표현하는 계층을 수작업으로 다뤄야 했다. 이를 **특징 공학**이라고 한다.[24] 반면, 딥러닝은 이 단계를 완전히 자동화한다. 딥러닝은 기술자가 직접 작성하지 않고도 모든 특징을 한 번에 배우게 된다. 이로 인해 머신러닝 작업 흐름이 아주 단순해지며, 정교한 다단계 파이프라인을 단순한 엔드-투-엔드(end-to-end, 단대단) 딥러닝 모델로 대체하는 경우가 많다.

문제의 핵심이 연속적인 여러 층의 표현이 있게 하는 것이라면 딥러닝 효과를 흉내 내기 위해 얕은 메서드들(shallow methods)을 반복적으로 적용할 수 있을까? 실제로 **세 개 계층으로 된 모델에서 최적화된 첫 번째 표현 계층이 한 개 계층 모델 또는 두 개 계층 모델에서 최적화된 첫 번째 계층이 아니기 때문에** 셀로우 러닝 메서드들을 연속적으로 적용하는 경우에 반환 값이 빠르게 줄어든다. 딥러닝이 혁신적인 점은 모델이 연속적으로 표현되는 것이 아니라 모든 학습 계층이 **합동으로**(jointly) 학습할 수 있게 한다는 것이다. 그러므로 말 그대로 **탐욕스럽게**(greedily) 배운다고 할 수 있다. 합동 특징 학습(joint feature learning)을 사용하면 모델이 내부 특징 중 하나를 조정할 때마다 자동으로 의존하는 다른 모든 특징이 사람의 개입 없이 자동으로 변경된다. 모든 특징이 단일 피드백 신호에 의해 지도된다. 이에 따라 모델의 모든 변경 사항이 최종 목표를 충족한다. 이런 식으로 복잡한 모델을 길게 연달아 이어지는 중간 공간(계층)으로 분해해 학습할 수 있기 때문에 얕은 모델을 탐욕적으로 쌓아올리는 것보다 훨씬 강력하다. 이때 각 공간은 이전 공간과 멀리 떨어져 있는 단순한 변형이다.

이것은 학습 과정 중에 데이터로부터 얼마나 딥러닝을 할 수 있는지와 관련된 두 가지 필수 특성이다. **표현이 여러 계층을 거치는 동안에 점증적으로 더 복잡한 표현으로 바뀌게 된다는 특성 한 가지와, 그 중간 과정에서 나타나게 되는 여러 표현을 신경망의 중간에 자리 잡고 있는 여러 계층들이 서로 연결되어(joint) 합동으로(jointly) 학습한다는 특성 한 가지가 바로 이러한 필수 특성에 해당한다**(이때 각 계층은 자신보다 앞에 놓인 계층과 뒤에 놓인 계층에 필요한 면에 맞춰 갱신된다). 이와 더불어 이 두 속성은 그전까지의 머신러닝 접근법보다 훨씬 더 성공적으로 딥러닝을 가능하게 했다.

1.2.7 현대적인 머신러닝 환경

머신러닝 알고리즘 및 도구의 현재 환경을 이해하는 가장 좋은 방법은 캐글에서 개최하는 머신러닝 경진 대회에 참여해 보는 것이다. 캐글은 경쟁이 치열한 환경(일부 대회에는 수천 명의 참가자와 100만 달러 상당의 상금이 수여됨)과 다양한 머신러닝 문제 때문에 알고리즘의 효과 여부를

---

24 옮긴이 쉽게 말해, 데이터에서 특징들을 수작업으로 뽑아내야 한다는 말이다. 예를 들어, 2020-01-02라는 데이터가 있고, 이 데이터의 항목명(즉, 특징 이름, 레이블 또는 태그)이 '출간 시기'라고만 돼 있을 때, 데이터 표현을 쉽게 찾을 수 있도록 2020은 '연도', 01은 '월', 02는 '일'이라는 점을 명시적으로 지정해 주는 일을 특징 공학이라고 한다.

평가하는 현실적인 방법을 제공한다. 그렇다면 어떤 알고리즘이 경쟁에서 이기고 있을까? 최상위권에 등재된 사람들은 어떤 도구를 사용할까?

캐글에서는 2016년과 2017년에 그레이디언트 부스팅 머신과 딥러닝이라는 두 가지 접근 방식이 지배적이었다. 특히, 그레이디언트 부스팅은 아키텍처화된 데이터를 사용할 수 있는 문제에 사용되는 반면, 딥러닝은 이미지 분류와 같은 인지 문제에 사용된다. 전자의 실무자는 대체로 우수한 엑스지부스트(XGBoost) 라이브러리를 사용한다. 한편, 딥러닝을 포함하는 대다수 캐글 참가자는 사용의 용이성과 유연성으로 인해 케라스 라이브러리를 사용한다. 엑스지부스트와 케라스는 모두 현재 가장 많이 사용되고 있는 데이터 과학 언어인 R 및 파이썬을 지원한다.

오늘날 응용 머신러닝에서 성공하려면 셸로우 러닝 문제를 풀기 위한 그레이디언트 부스팅 머신과 인지 문제를 풀기 위한 딥러닝에 익숙해져야 한다. 기술적인 측면에서 볼 때 이것은 캐글 대회를 지배하고 있는 두 개의 라이브러리, 즉 엑스지부스트와 케라스를 잘 알고 있어야 한다는 것을 의미한다. 이 책을 읽은 여러분은 이미 크게 한 걸음을 내디딘 셈이다.

1.3 왜 딥러닝인가? 왜 지금인가?

컴퓨터 비전 처리를 위한 두 가지 핵심 딥러닝 이론(합성곱 신경망과 역전파)이 1989년에 이미 잘 알려져 있었다. 시계열 데이터를 딥러닝 방식으로 처리하는 데 기본이 되는 장단기 기억(long short term memory, LSTM) 알고리즘은 1997년에 개발돼 이후 거의 변경되지 않았다. 그렇다면 2012년 이후에 왜 딥러닝에 도입됐을까? 20년 동안 어떤 점이 바뀌었을까?

일반적으로 다음 세 가지 기술력이 머신러닝 발전을 주도하고 있다.

- 하드웨어
- 데이터셋 및 벤치마크
- 알고리즘의 발전

이 분야는 이론보다 실험 결과에 의해 좌우되므로 적절한 데이터와 하드웨어가 새로운 아이디어를 시도할 때만(또는 종종 오래된 아이디어를 펼칠 수 있을 때만) 알고리즘이 발전할 수 있다. 머신러닝은 수학이나 물리학과 달리, 연필과 종이로 중요한 발전을 이뤄내는 분야가 아니다. 머신러닝은 오히려 기초 공학(engineering science)[25]이라 할 수 있다.

---

25 옮긴이 공학 기술의 근간을 이루는 자연 과학에 방점을 두고 공학 기술을 재편성한 학문으로 제어 공학, 시스템 공학, 수치 해석학 등이 그러한 사례이다.

1990년대와 2000년대에 걸쳐 병목 현상이 일어난 진짜 이유는 데이터와 하드웨어였다. 당시에는 인터넷이 시작됐고, 고성능 그래픽 칩이 게임 시장의 요구에 맞게 개발됐다.

1.3.1 하드웨어

1990년에서 2010년에 이르는 기간 동안 CPU가 약 5,000배나 빨라졌다. 요즘의 노트북 컴퓨터에서는 소규모 딥러닝 모델을 실행할 수 있지만, 25년 전에는 어려웠을 것이다.

그러나 컴퓨터 비전이나 음성 인식에 사용되는 전형적인 딥러닝 모델은 노트북 컴퓨터에서 제공할 수 있는 것보다 훨씬 더 많은 계산 성능이 필요하다. 2000년대에 엔비디아 및 AMD와 같은 회사는 더욱 실감나게 만든 비디오 게임 그래픽을 강화하는 데 사용할 대규모 고속 병렬 처리 칩(그래픽 처리 장치, GPU)을 개발하는 데 수십억 달러를 투자해 왔다. 이런 칩과 특수 목적용 슈퍼컴퓨터를 사용하면 복잡한 3차원 장면을 화면에 실시간으로 그려 낼 수 있다. 2007년 엔비디아가 출시한, GPU 라인을 위한 프로그래밍 인터페이스인 CUDA(https://developer.nvida.com/about-cuda)는 과학자 공동체에 큰 도움을 줬다. 몇 가지 GPU가 물리 모델링을 출발점으로 삼아 다양한 병렬 처리가 가능한 애플리케이션에서 CPU 무리를 대체하기 시작했다. 대부분의 소규모 행렬 곱셈으로 구성된 심층 신경망 또한 매우 병렬적이었기 때문에 일부 연구자들은 2011년경에 신경망의 CUDA 구현을 작성하기 시작했다. 시레산[26]과 크리제브스키[27]가 가장 먼저 시작했다.

게임 시장에서는 차세대 인공지능 애플리케이션용 슈퍼컴퓨터에 자금이 공급되는 일이 벌어졌다. 때로는 큰일이 게임에서 시작되기도 한다. 2015년 말 1,000달러짜리 게임용 GPU인 엔비디아 타이탄 X(TITAN X)은 최고 6.6 TFLOPS의 단일 정밀도[28]를 제공했다. 이는 초당 6조 6000억 번에 이르는 부동소수점 연산에 해당한다. 최신 노트북 컴퓨터에서 끄집어낼 수 있는 성능보다 약 350배 더 크다. 타이탄 X을 사용하면, 몇 년 전 ILSVRC 대회에서 우승했을 만한 이미지넷 모델을 훈련하는 일도 불과 며칠밖에 걸리지 않는다. 한편, 대기업은 엔비디아 테슬라 K80과 같이 딥러닝의 필요성을 위해 특별히 개발된 수백 개의 GPU로 이뤄진 클러스터상에서 딥러닝 모델을 훈련한다. 이러한 클러스터의 완전한 계산 능력은 GPU 없이는 불가능했을 것이다.

---

26 See "Flexible, High Performance Convolutional Neural Networks for Image Classification," Proceedings of the 22nd International Joint Conference on Artificial Intelligence(2011), www.ijcai.org/Proceedings/11/Papers/210.pdf.

27 See "ImageNet Classification with Deep Convolutional Neural Networks," Advances in Neural Information Processing Systems 25(2012), http://mng.bz/2286.

28 옮긴이 수학 용어로는 단순 정밀도

그뿐 아니라 딥러닝 업계는 GPU를 넘어서기 시작했으며, 점점 더 전문화되고, 효율적인 학습을 위한 효율적인 칩에 투자하고 있다. 2016년, I/O 연차 총회에서 구글은 텐서 처리 장치 (tensor processing unit, TPU) 계획을 공개했는데, 이 장치는 심층 신경망을 실행할 수 있게 처음부터 새로 설계해 개발한 칩으로, GPU보다 열 배 더 빠르고 에너지 효율이 높다.

1.3.2 데이터

때로는 인공지능이 새로운 산업 혁명을 선도할 것으로 여겨지기도 한다. 딥러닝이 이 혁명의 증기 기관이라면, 데이터는 석탄이다. 데이터는 지능적인 기계에 힘이 되는 원재료인 셈이므로 이게 없이는 어떤 일도 불가능하다. 데이터에 관해 말하면, 지난 20년 동안 저장 장치가 기하급수적으로 발전(무어의 법칙에 따라)한 일 외에도, 게임 체인저는 인터넷의 등장으로 인해 머신러닝용으로 사용할 초대규모 데이터셋을 수집하고 배포할 수 있게 됐다. 현재 대기업은 인터넷 없이는 수집할 수 없었던 이미지 데이터셋, 비디오 데이터셋 및 자연어 데이터셋을 사용한다. 예를 들어, 플리커의 사용자 생성 이미지 태그는 컴퓨터 비전 데이터였다. 유튜브 비디오도 이와 마찬가지이다. 위키피디아는 자연어 처리를 위한 핵심 데이터셋이다.

딥러닝의 촉매제가 된 데이터셋 한 개를 예로 들면, 1,000개 이미지 범주(이미지당 한 개의 범주)에 맞춰 수작업으로 설명을 단 140만 개 이미지로 구성된 이미지넷 데이터셋을 들 수 있다. 그러나 이미지넷을 특별하게 만드는 것은 큰 규모뿐 아니라 이와 관련돼 매년 열리는 경진 대회이기도 하다.[29]

캐글은 2010년부터 경진 대회를 개최하고 있는데, 공개 경진 대회는 연구자와 기술자가 서류를 제출하도록 동기를 부여하는 탁월한 방법이다. 연구원들이 승리하려고 경쟁하는 데 필요한 벤치마크를 함으로써 최근의 딥러닝 성장을 도왔다.

1.3.3 알고리즘

하드웨어와 데이터 외에도 우리는 2000년대 후반까지 아주 깊은 신경망을 훈련할 수 있는 확실한 방법을 놓치고 있었다. 결과적으로, 신경망이 그때까지도 표현 계층을 한두 개만 사용함으로써 상당히 얕았기 때문에, SVM이나 랜덤 포레스트와 같이 얕으면서도 더 세련된 방식과 비교하면 빛을 발하기 어려웠다. 깊이 있게 겹쳐 쌓인 계층들을 거치면서도 **기울기 전파**(gradient propagation)를 하는 게 핵심 쟁점이었다. 신경망을 학습하는 데 사용되는 피드백 신호는 계층 수가 증가함에 따라 사라지기 때문이다.

---

29 The ImageNet Large Scale Visual Recognition Challenge(ILSVRC), www.image-net.org/challenges/LSVRC

이런 상황은 더 나은 기울기 전파를 허용하는 몇 가지 간단하지만 중요한 알고리즘 개선이 이뤄지면서 2009년에서 2010년 사이에 변화됐다.

- 신경층의 활성 함수[30] 향상
- 계층별 사전 훈련으로 시작한 후에 신속히 벗어나는 식의 더 나은 가중치 초기화 체계
- RMSProp 및 Adam과 같은 더 나은 최적화 계획

이러한 개선이 열 개 이상의 계층이 있는 훈련 모델을 허용하기 시작했을 때만 딥러닝이 시작됐다.

마지막으로, 2014년과 2015년 및 2016년에는 배치 정규화, 잔차 연결 및 깊이별 분리 합성곱과 같이 기울기 전파를 지원하는 고급 방법이 발견됐다. 오늘날 우리는 수천 개 계층으로 구성된 모델을 처음부터(즉, 밑바닥에서부터) 훈련할 수 있다.

1.3.4 새로운 투자의 물결

딥러닝이 2012~2013년 사이에 컴퓨터 비전을 위한 새로운 최첨단 기술이 됐고, 업계 선도자들이 궁극적으로 딥러닝을 모든 인식 문제에 사용할 수 있을지를 주목하기 시작했다. 그리고 나서 인공지능의 역사에서 볼 수 없었던 산업 투자의 점진적인 물결이 이어졌다.

딥러닝이 주목받기 직전인 2011년 벤처 캐피탈(즉, 모험 자본)이 인공지능 분야에 집행한 전체 투자액은 약 1,900만 달러였는데, 이러한 투자는 거의 다 얕은 머신러닝 접근 방식을 사용하는 실용적인 애플리케이션으로 이어졌다. 2014년에는 3억 9,400만 달러로 증가했다. 이 3년 동안 수십 개에 이르는 신생 기업이 창립돼 딥러닝의 탁월함을 자본화하려고 했다. 한편 구글, 페이스북, 바이두 및 마이크로소프트와 같은 기술 분야 대기업들은 벤처 캐피털 자금의 흐름을 왜곡시킬 만한 금액을 내부 연구 부서에 투자했다. 그중 소수만 표면화됐는데, 이는 다음과 같다. 구글은 2013년에 구글 역사상 가장 많은 인수 금액인 약 5억 달러를 투자해 딥마인드라는 딥러닝 스타트업을 인수했고, 바이두는 2014년 실리콘밸리에서 딥러닝 연구소를 개소하고 이 프로젝트에 3억 달러를 투자했으며, 인텔은 2016년 딥러닝 하드웨어 스타트업인 너바나 시스템즈(Nervana Systems)를 4억 달러 이상을 주고 인수했다.

머신러닝, 특히 딥러닝은 이러한 기술 분야 대기업의 핵심 제품 전략이 됐다. 2015년 후반, 구

---

30 옮긴이 '활성화 함수'라고도 부른다.

글의 CEO인 순다 피차이(Sundar Pichai)는 "머신러닝은 우리가 모든 일을 처리하는 방식을 다시 생각하게 하는 핵심 방식이면서 동시에 그전 방식과는 사뭇 다른 방식이다. 구글은 검색, 광고, 유튜브 또는 구글 플레이와 같은 모든 제품에 머신러닝을 신중하게 적용하고 있다. 우리가 아직 초기에 머물고 있지만, 여러분은 우리가 머신러닝을 이 모든 분야에 체계적인 방법으로 적용하는 모습을 보게 될 것이다."[31]라고 말했다.

이러한 투자 결과, 딥러닝에 종사하는 사람들의 수는 불과 5년 만에 수백 명에서 수만 명으로 늘어났으며, 연구 진행 속도도 엄청나게 빨라졌다. 현재에도 이와 같은 추세가 언젠가는 꺾일 것이라는 징후는 없다.

1.3.5 딥러닝의 민주화

딥러닝에서 새 인물이 유입되는 주요 요인 중 하나는 현장에서 사용되는 도구들의 민주화[32]이다. 초기에는 딥러닝을 다루고자 할 때 C++ 및 CUDA에 관한 전문 지식이 필요했다. 오늘날에는 기본적인 파이썬 스크립팅 기술 또는 기본적인 R 스크립팅 기술을 갖고도 고급 딥러닝 연구를 수행할 수 있다. 이런 일은 씨애노(Theano)와 텐서플로(TensorFlow)의 개발로 인해 가능해졌다. 새로운 모델을 구현하는 일을 크게 단순화하고 자동 변형을 지원하는 상징적인 텐서 연산 프레임워크 및 케라스(Keras)와 같은 사용자 친화적 라이브러리의 등장이 대표적인 예이다. 이로 인해 레고 조각들을 다루는 식으로 딥러닝을 구현할 수 있게 됐다. 2015년 초에 출시된 케라스는 수많은 신생 기업, 대학원생 및 연구원이 현장으로 진출하는 데 필요한 딥러닝 솔루션이 됐다.

1.3.6 끝까지 이어질까?

회사가 투자를 집행하고 연구자가 몰려들게끔 "적절히" 접근할 수 있게 하는 특별한 면이 심층 신경망에 있을까? 아니면 딥러닝이 끝까지 이어지지 않을 수도 있는 일시적인 유행 같은 것일까? 우리는 20여 년이 흘러도 여전히 심층 신경망을 사용하게 될까?

딥러닝이 일상생활에 스며들고 있는 이유는 인공지능 혁명을 일으킨 것이라는 지위를 정당화하는 몇 가지 특성이 있기 때문이다. 지금부터 20년이 흐른 후에는 우리가 신경망을 사용하지

---

31 Sundar Pichai, Alphabet earnings call, Oct. 22, 2015.
32 [옮긴이] '대중화' 또는 '평등화' 또는 '보급' 정도로 이해하는 것이 좋다. 즉, 민주적인 절차나 국민 주권 등을 강조한 단어가 아니다. 다만, 저자의 의도를 표현하고자 민주화로 번역했다.

않게 될지도 모르지만, 우리가 사용하는 게 무엇이든지 그것은 현대 딥러닝과 그것의 핵심 개념을 직접 계승한 것이 될 것이다.

이러한 특성은 크게 세 가지 범주로 분류할 수 있다.

- **단순성(simplicity):** 딥러닝은 복잡하고 부서지기 쉬운 공학 수준 파이프라인을 다섯 개에서 여섯 개의 서로 다른 텐서 연산을 사용해 구축한 엔드-투-엔드 학습 모델로 대체함으로써 특징 공학을 불필요하게 만든다.

- **확장성(scalability):** 딥러닝은 GPU 또는 TPU의 병렬 처리에 매우 적합하므로 무어의 법칙을 최대한 활용할 수 있다. 또한 딥러닝 모델은 데이터 중에서 소규모 배치들을 대상으로 반복하는 식으로 훈련하기 때문에 데이터셋의 크기가 얼마가 되든 상관없다(유일한 병목 지점이라면 병렬 컴퓨팅 성능이겠지만 무어의 법칙 덕분에 이와 같은 장벽이 빠른 속도로 사라지고 있다).

- **다기능성 및 재사용성(versatility and reusability):** 딥러닝 모델은 이전의 많은 머신러닝 기법과 달리, 밑바닥부터 재시작하지 않고도 추가 데이터를 훈련할 수 있기 때문에 매우 큰 생산 모델의 중요한 자산이라고 할 수 있는 지속적인 온라인 학습이 가능하다. 또한 훈련된 딥러닝 모델의 용도를 바꿔 재사용할 수도 있다. 예를 들어, 이미지 분류에 대한 훈련을 받은 딥러닝 모델을 영상 처리 작업 공정 중 한 곳에 끼워 넣을 수 있다. 이를 통해 선행 작업의 성과를 점점 더 복잡하고 강력한 모델로 재투자할 수 있다. 또한 이로 인해 아주 소규모인 데이터셋도 딥러닝에 적용할 수 있게 된다.

딥러닝이 주목받은 지는 불과 몇 년밖에 되지 않았으며, 우리가 할 수 있는 일의 모든 범위를 아직 확립하지 못했다. 우리는 매달 이전의 한계를 극복하는 새로운 용례 및 공학적 개선을 배운다. 진보 과정은 과학 혁명과 비슷하게 S자형 곡선을 따른다. 처음에는 빠르게 발전하다가 연구자들이 어려운 한계에 부딪히면서 점차 발전 속도가 느려져 이후에는 점진적으로만 개선된다. 2017년의 딥러닝은 그 S자 곡선의 전반부에 있는 것으로 보이므로 향후 몇 년 내에 더 많은 진전이 있을 것이다.

2

시작하기 전에:
신경망의 수학적 빌딩 블록

2장에서 다루는 내용

- 신경망의 첫 번째 예제
- 텐서 및 텐서 연산
- 역전파 및 경사 하강을 통해 신경망을 학습하는 방법

딥러닝을 이해하려면 많은 수학 개념, 즉 텐서 연산, 미분, 경사 하강 등을 잘 알고 있어야 한다. 2장의 목표는 이러한 개념을 지나칠 정도로 기술적인 설명을 하지 않으면서도 직관적으로 이해할 수 있게 하는 데 있다. 특히, 이 책에서는 수학 표기법을 배제할 것이다. 수학 표기법은 수학적 배경이 없는 사람을 불쾌하게 할 수 있을 뿐 아니라 어떤 것을 잘 설명하는 데 있어 꼭 필요한 것이 아니다.

텐서 및 경사 하강에 대한 맥락을 보강하기 위해 실제 망의 예를 사용해 2장을 시작한다. 그런 다음, 소개한 개념을 차례대로 살펴본다. 이러한 개념은 3장에서 나타날 실질적인 예를 이해하는 데 필수적이라는 것을 명심하라!

2장을 읽고 나면 신경망의 작동 방식을 직관적으로 이해할 수 있고, 실용 애플리케이션으로 나아갈 수도 있는데, 이 부분은 3장부터 시작된다.

2.1 신경망 둘러보기

케라스 R 패키지를 사용해 손글씨 숫자를 분류하는 방법을 배우는 신경망의 구체적인 예를 살펴보자. 케라스나 이와 유사한 라이브러리를 써 보지 않았다면, 첫 번째 예제를 이해할 수는 없을 것이다. 케라스를 아직 설치하지 않았더라도 3장에서는 예제를 이루는 각 요소를 자세히 설명한다. 일부 단계가 제멋대로인 것처럼 보이거나 마술처럼 여겨지더라도 걱정하지 마라! 어쨌든 어느 단원에서든 일단 시작해야 하니 말이다.

여기서 해결하고자 하는 문제는 열 개 숫자로 된 손글씨(28 × 28픽셀)의 회색 음영 이미지를 열개 범주(0~9)로 분류하는 것이다. 여기서는 머신러닝 공동체의 고전이라 할 수 있는 MNIST 데이터셋을 사용할 것이다. 이 데이터셋은 손글씨 인식 분야 그 자체만큼이나 오래된 것으로서 집중적인 연구 대상이 돼 왔다. 이 데이터셋은 1980년대 미국 국립 표준 기술 연구소(NIST)에서 구성한 6만 개 훈련 이미지와 1만 개 테스트(test)[1] 이미지 집합이다. MNIST는 딥러닝의 "hello world"라고 생각할 수 있다. 이것으로 알고리즘이 예상대로 작동하는지를 확인해 볼 수 있다. 머신러닝 전문가가 되면 과학 기술 논문이나 블로그 게시물 등에 MNIST가 계속 등장하는 것을 볼 수 있다. 보기 2.1에서 몇 가지 MNIST 표본을 볼 수 있다.

> **클래스와 레이블**
>
> 머신러닝에서 분류 문제의 범주(category)를 **클래스(classes)**[2]라고 한다. 데이터 점들을 **표본(samples)**[3], 특정 표본과 연관된 클래스를 **레이블(labels)**[4]이라고 한다.

보기 2.1 **MNIST 표본 숫자들**

지금 당장 이 예제를 컴퓨터에서 재현해 보려고 하지 않아도 된다. 원한다면 먼저 3.3절에서 다루는 케라스 설정을 먼저 해도 된다.

1 　**옮긴이** 수학 용어로는 '검정'에 해당한다. 하지만 '테스트'라는 용어를 더 널리 쓴다는 현실을 반영해 테스트로 표기했다.
2 　**옮긴이** 통계학의 '계급'에 해당하는 개념이지만, 뉘앙스가 조금 달라 최근에 자주 쓰이는 용어인 '클래스'로 번역했다. 우리말 중에 '분류'가 개념을 정확히 나타내는 용어이겠지만 거의 쓰이지 않는다. 프로그래밍 용어인 클래스와 혼동할 수 있으니 주의하자.
3 　**옮긴이** 보통 '샘플'이라고도 부르지만, 통계 용어인 '표본'과 뉘앙스가 다르지 않다.
4 　**옮긴이** 이 책의 저자는 레이블을 태그(tags), 이름(names), 주석(annotations)이라고도 부른다. 같은 의미이다.

MNIST 데이터셋은 각 이미지 집합(x)과 관련 레이블(y)을 포함하는 **train** 및 **test** 리스트 형태로, 케라스에 사전 적재돼 제공된다.

목록 2.1 케라스에 내장된 MNIST 데이터셋을 가져오기

```
library(keras)
mnist <- dataset_mnist()
train_images <- mnist$train$x
train_labels <- mnist$train$y
test_images <- mnist$test$x
test_labels <- mnist$test$y
```

train_images와 train_labels가 **훈련 집합(training set)**[5]을 구성하고 있다. 훈련 집합이란 모델이 학습할 데이터를 말한다. 그런 후에 모델은 테스트 집합(test set)[6]상에서 테스트된다. test_images와 test_ labels. 이미지는 3D 배열로 부호화되며, 레이블은 0에서 9까지의 1D 숫자 배열이다. 이미지와 레이블은 일대일로 대응한다.

R의 str() 함수는 배열의 아키텍처를 빠르게 볼 수 있는 편리한 방법이다. 훈련 데이터를 살펴보자.

```
> str(train_images)
 int [1:60000, 1:28, 1:28] 0 0 0 0 0 0 0 0 0 0 ...
> str(train_labels)
 int [1:60000(1d)] 5 0 4 1 9 2 1 3 1 4 ...
```

다음은 테스트 데이터[7]이다.

```
> str(test_images)
 int [1:10000, 1:28, 1:28] 0 0 0 0 0 0 0 0 0 0 ...
> str(test_labels)
 int [1:10000(1d)] 7 2 1 0 4 1 4 9 5 9 ...
```

---

5 _{옮긴이} '훈련셋'이나 '트레이닝셋'이라고도 부른다. 그러나 이 책에서는 개념을 정교화하기 위해 수학의 집합 개념을 도입했다. 이와 같은 관점에서 보면 데이터셋도 '데이터 집합'이라고 불러야 하지만, 데이터셋은 데이터 집합보다 더 널리 통용되는 단어이므로 데이터셋이라는 번역 용어를 사용했다.

6 _{옮긴이} 논의를 매끄럽게 하고 또 저자가 위상 수학을 바탕으로 내용을 전개하고 있다는 점을 반영하기 위해 수학 용어에 맞춰 '검정 집합'이라는 용어로 번역하는 게 바람직하지만, 현실적으로 '테스트셋' 또는 '테스트 집합'이라는 말을 더 많이 사용한다는 점을 고려해 '테스트 집합'으로 번역했다.

7 _{옮긴이} 정보 통신 분야의 사전 등재 용어로는 '시험 자료'에 해당한다.

작업 흐름은 다음과 같다. 먼저 신경망에 training_images 및 train_labels라는 훈련 데이터를 제공한다. 그러면 망에서 이미지와 레이블을 연관하는 방법을 배우게 된다. 마지막으로 망에서 test_images에 대한 예측을 산출하도록 요청하고, 이러한 예측이 test_labels의 레이블과 일치하는지를 확인한다.

망을 구축하자. 한번 더 말하지만, 여러분이 이 예제를 아직 완전히 이해하지 못해도 괜찮다.

목록 2.2 신경망 아키텍처

```
network <- keras_model_sequential() %>%
  layer_dense(units = 512, activation = "relu", input_shape = c(28 * 28)) %>%
  layer_dense(units = 10, activation = "softmax")
```

망 객체에서 메서드 호출에 사용된 파이프 연산자(%>%)에 익숙하지 않더라도 두려워하지 마라. 2장의 마지막 부분에서 이 예제를 자세히 다룰 것이다. 지금은 "~한 후"라는 말이라고 생각하고 읽어보라. 즉, 이 코드는 한 가지 모델로 시작하고, '그런 다음' 계층을 추가하고, '그런 다음' 다른 계층을 추가하는 식으로 진행하라는 뜻이다.

신경망의 핵심 빌딩 블록은 데이터 필터라고 생각할 수 있는 데이터 처리 모듈인 **계층**(layer)이다. 데이터는 계층으로 들어가서는 더 유용한 형태가 돼 나온다. 특히, 계층들은 공급받은 데이터에서 **표현**(representations)을 추출하는데, 할 수만 있다면 계층들은 당면한 문제와 관련해서 더 의미 있는 표현을 추출해야 한다. 딥러닝 구축 작업의 대부분은 진보적인 **데이터 증류**(data distillation)의 한 형태를 구현할 단순한 층들을 연결하는 일들로 이뤄져 있다. 딥러닝 모델은 점차 복잡해지는 일련의 데이터 필터(계층)로 구성된, 데이터 처리를 위한 거름망과 같다.

여기에서 망은 조밀하게 연결된(densely connected) 신경 계층, 즉 **완전히 연결된**(fully connected) 신경 계층인 두 개의 계층으로 구성된다. 코드에 나오는 두 번째 계층(즉, 마지막 계층)은 10개 유닛으로 구성된 **소프트맥스**(softmax) 계층이며, 확률 점수 열 개로 구성된 배열을 반환한다(확률 점수를 모두 합산하면 1이 됨). 각 점수는 현재 자릿수 이미지가 10자리 클래스 중 하나에 속할 확률이다.

망을 훈련할 준비가 되려면 컴파일 단계의 일환으로 다음 세 가지를 선택해야 한다.

- **손실 함수**(loss function): 망이 훈련 데이터에서 성능을 측정하는 방법과 올바른 방향으로 조정하는 방법을 나타낸다.

- **최적화기**(optimizer): 망이 보는 데이터와 손실 함수를 기반으로 망을 갱신하는 메커니즘이다.

- **훈련 및 테스트 중 살펴볼 계량[8]**: 여기서는 정확도(정확하게 분류된 이미지 비율)만 신경 쓸 생각이다.

손실 함수와 최적화기의 목적은 3~4장을 통해 명확해질 것이다.

목록 2.3 컴파일 단계

```
network %>% compile(
  optimizer = "rmsprop",
  loss = "categorical_crossentropy",
  metrics = c("accuracy")
)
```

compile() 함수는 (R에서 더 흔한 방식을 따라서 새로운 망 객체를 반환하는 대신) 망을 수정한다. 나중에 2장의 예제를 보게 될 때 설명한다.

훈련을 하기 전에 망이 예상하는 모양(shapes)[9]으로 데이터를 재구성(reshape)하고, 모든 값이 [0, 1] 구간이 되도록 데이터를 전처리한다. 이전의 훈련 이미지는 [0, 255] 구간의 값이 있는 정수 유형 모양인 (60000, 28, 28)로 된 배열에 저장됐다. 이를 0과 1 사이의 값을 갖는 **double** 형 배열 모양인 (60000, 28 * 28)로 변환한다.

목록 2.4 이미지 데이터 준비하기

```
train_images <- array_reshape(train_images, c(60000, 28 * 28))
train_images <- train_images/255

test_images <- array_reshape(test_images, c(10000, 28 * 28))
test_images <- test_images/255
```

여기서 우리는 dim <- () 함수가 아닌 array_reshape() 함수를 사용해 배열의 모양을 바꿨다. 나중에 텐서 모양 변경을 다룰 때 왜 그렇게 하는지를 설명할 것이다.

우리는 또한 레이블을 범주별로 부호화해야 하는데, 이 단계는 3장에서 설명한다.

8 　[옮긴이] 계량(metrics)은 수학 및 통계학의 거리 또는 계량에 해당하는 말이고, 일반적으로는 '척도'나 '메트릭' 또는 '측정' 등으로도 부르지만, 거리(distance), 척도(scale), 측도(measure)와 구분하기 위해 계량이라는 낱말을 채택했다. '계량 기준' 또는 '측정 기준'으로 이해하면 되고, 문맥에 따라서는 '계량 수단' 또는 '측정 수단'으로 이해하면 된다.

9 　[옮긴이] 텐서의 꼴, 즉 텐서의 형상을 말한다.

```
train_labels <- to_categorical(train_labels)
test_labels <- to_categorical(test_labels)
```

이제 케라스에서 망의 fit 메서드를 호출함으로써 수행되는 망을 훈련할 준비가 됐다. 이번에는 모델을 훈련 데이터에 **적합(fit)**하게 한다.

```
> network %>% fit(train_images, train_labels, epochs = 5, batch_size = 128)
Epoch 1/5
60000/60000 [==============================] - 9s - loss: 0.2575 -
    acc: 0.9255
Epoch 2/5
60000/60000 [==============================] - 10s - loss: 0.1038 -
    acc: 0.9687
Epoch 3/5
60000/60000 [==============================] - 10s - loss: 0.0688 -
    acc: 0.9793
Epoch 4/5
60000/60000 [==============================] - 9s - loss: 0.0496 -
    acc: 0.9855
Epoch 5/5
60000/60000 [==============================] - 9s - loss: 0.0372 -
    acc: 0.9883
```

훈련 중에는 훈련 데이터에 대한 망의 손실(loss)과 훈련 데이터에 대한 망의 정확도(accuracy)라는 두 가지 양이 표시된다.

훈련 데이터를 바탕으로 0.989(98.9%) 정확도에 도달했다. 이제 모델이 테스트 집합에서 잘 수행되는지 확인해 보자.

```
> metrics <- network %>% evaluate(test_images, test_labels)
> metrics
$loss
[1] 0.07519608

$acc
[1] 0.9785
```

테스트 집합의 정확도는 훈련 집합의 정확도보다 낮은 97.8%로 나타났다. 훈련 정확도와 테스트 정확도 간의 이러한 차이는 **과적합(overfitting)**의 한 예이다. 머신러닝 모델은 훈련 데이터

보다 새 데이터에서 성능이 떨어지는 경향이 있다. 과적합은 3장의 중심 주제이다.

테스트 집합의 처음 열 개 표본에 대한 예측을 생성해 보자.

```
> network %>% predict_classes(test_images[1:10,])
 [1] 7 2 1 0 4 1 4 9 5 9
```

이것으로 첫 번째 사례를 결론지었다. 신경망을 구축하고 훈련해 R 코드 20줄 미만의 손글씨 숫자를 분류하는 방법을 살펴봤다. 3장에서는 방금 살펴본 모든 작품을 자세하게 설명하고, 무대 뒤에서 일어나는 일을 명확하게 설명한다. 여러분은 망에 들어간 데이터 저장 객체인 텐서(tensors)와 계층을 구성하는 텐서 연산들, 망이 훈련 사례를 통해 학습할 수 있게 하는 경사하강에 관해 배우게 될 것이다.

2.2 신경망에 대한 데이터 표현

앞의 예에서 **텐서**라고 부르는 다차원 배열에 저장된 데이터에서 시작했다. 일반적으로 현재의 모든 머신러닝 시스템은 텐서를 기본적인 자료 구조로 사용한다. 텐서는 해당 분야의 기초이므로 구글이 만든 텐서플로의 이름이 여기서 유래했다. 그렇다면 텐서란 무엇일까?

텐서란, 임의의 차원 수로 이뤄진 벡터 및 행렬을 일반화한 것이다(텐서라는 문맥에서는 차원을 종종 축이라고도 부른다). R에서 벡터는 1D 텐서를 만들고 조작하는 데 사용되며, 행렬은 2D 텐서에 사용된다. 더 상위인 차원의 경우, 임의의 수의 차원을 지원하는 배열 객체가 사용된다.

2.2.1 스칼라

숫자가 한 개뿐인 텐서를 **스칼라**(scalar), **스칼라 텐서**(scalar tensor), **0차원 텐서**(zero-dimensional tensor) 또는 **0D 텐서**(0D tensor)라고 한다. R에는 스칼라를 나타내는 데이터 유형이 없다(모든 숫자 객체는 벡터, 행렬 또는 배열임). 그러나 항상 길이가 1인 R 벡터는 개념적으로 스칼라와 비슷하다.

2.2.2 벡터

1차원 배열로 구성된 수를 **벡터**(vector) 또는 **1D 텐서**(1D tensor)라고 부른다. 1D 텐서는 정확히 하나의 축을 갖고 있다. R 벡터를 배열 객체로 변환하면 차원을 확인해 볼 수 있다.

```
> x <- c(12, 3, 6, 14, 10)
> str(x)
 num [1:5] 12 3 6 14 10

> dim(as.array(x))
[1] 5
```

이 벡터는 다섯 개 항목을 가지므로 **5차원 벡터(five-dimensional vector)**라고 부른다. 5D 벡터와 5D 텐서를 혼동하지 마라! 5D 벡터는 축이 하나이고, 그 축을 따라 다섯 개의 치수를 갖는 반면, 5D 텐서는 축이 다섯 개다(그리고 각 축을 따라 임의의 수의 치수를 가질 수 있다).[10] **차원성(dimensionality)**은 특정 축(5D 벡터의 경우와 같이) 또는 텐서의 축 수(📌 5D 텐서)의 항목 수를 나타낸다. 이는 때때로 혼동을 줄 수 있다. 후자의 경우, **계수가 5인 텐서(a tensor of rank 5)**라고 말하는 게 기술적으로 더 정확하지만, 흔히 모호한 호칭인 5D 텐서(5D tensor)라고도 부른다.

2.2.3 행렬

숫자의 2차원 배열은 **행렬(matrix)**, 즉 **2D 텐서(2D tensor)**이다. 행렬에는 **행(raws)**과 **열(columns)**이라 부르는 두 개 축이 있다. 행렬은 '직사각형 모양으로 된 숫자 격자'라는 식으로, 해석할 수 있다.

```
> x <- matrix(rep(0, 3*5), nrow = 3, ncol = 5)
> x
     [,1] [,2] [,3] [,4] [,5]
[1,]    0    0    0    0    0
[2,]    0    0    0    0    0
[3,]    0    0    0    0    0

> dim(x)
[1] 3 5
```

2.2.4 3D 텐서 및 고차원 텐서

새로운 행렬에 이러한 행렬들을 압축하면, 시각적으로 정육면체라고 해석할 수 있는 3D 텐서를 얻을 수 있다.

---

10 옮긴이 영어로는 같은 dimension이므로 혼동될 수 있는데, 우리말로는 5D 벡터를 '치수가 다섯 개인 벡터'로, 5D 텐서를 '축이 다섯 개인 텐서'로 이해하면 될 것이다.

```
> x <- array(rep(0, 2*3*2), dim = c(2,3,2))
> str(x)
num [1:2, 1:3, 1:2] 0 0 0 0 0 0 0 0

> dim(x)
[1] 2 3 2
```

배열에 3D 텐서를 꾸려 넣으면 4D 텐서를 생성할 수 있다. 딥러닝에서는 일반적으로 0D에서 4D까지의 텐서를 조작하지만, 비디오 데이터를 처리하는 경우, 5D까지 올라갈 수 있다.

2.2.5 주요 특성

텐서는 세 가지 주요 특성으로 정의된다.

- **축(계수)의 수(number of ranks)**: 예를 들어, 3D 텐서에는 세 개 축, 행렬에는 두 개 축이 있다.

- **모양(shapes)**: 텐서가 각 축을 따라 몇 개 치수를 갖고 있는지를 나타내는 정수 벡터이다. 예를 들어, 앞의 행렬 예제는 (3, 5) 모양이고, 3D 텐서 예제의 모양은 (2, 3, 2)이다. 벡터는 (5)와 같이 원소가 한 개뿐인 모양이다. dim( ) 함수를 사용하면 배열의 치수들에 액세스할 수 있다.

- **데이터 유형(data types)**: 텐서에 포함된 데이터의 유형이다. 예를 들어, 텐서의 유형은 정수형(integer)이거나 배정도 실수형(double)일 수 있다. 드물기는 하지만, 문자형(character) 텐서를 볼 수도 있다. 그러나 텐서가 사전 할당된 인접 메모리 세그먼트에 있고, 가변 길이인 문자열은 이 구현의 사용을 배제하기 때문에 거의 사용되지 않는다.

좀 더 구체적으로 알아볼 수 있도록 MNIST 예제에서 처리한 데이터를 되돌아보자. 먼저 MNIST 데이터셋을 적재한다.

```
library(keras)
mnist <- dataset_mnist()
train_images <- mnist$train$x
train_labels <- mnist$train$y
test_images <- mnist$test$x
test_labels <- mnist$test$y
```

다음으로 train_images 텐서의 축 수를 표시한다.

```
> length(dim(train_images))
[1] 3
```

그 모양은 다음과 같다.

```
> dim(train_images)
[1] 60000    28  28
```

데이터 유형은 다음과 같다.

```
> typeof(train_images)
[1] "integer"
```

우리가 가진 것은 정수의 3D 텐서이다. 좀 더 정확히 말하면, 데이터 유형은 28 × 28 정수로 이뤄진 60,000개 행렬의 배열이다. 이러한 각 행렬은 0에서 255 사이의 계수를 갖는 회색조 이미지이다.

이 3D 텐서의 다섯 번째 숫자를 그려 보자(보기 2.2 참조).

보기 2.2 데이터셋의 다섯 번째 표본

```
digit <- train_images[5,,]
plot(as.raster(digit, max = 255))
```

2.2.6 R에서 텐서 다루기

이전 예에서 train_images [i ,,] 구문을 사용해 첫 번째 축 옆에 특정 숫자를 **선택**했다. 텐서에서 특정 원소를 선택하는 일을 **텐서 슬라이싱(tensor slicing)**[11]이라고 한다. R 배열에서 할 수 있는 텐서 슬라이싱 작업을 살펴보자.

다음 예제에서는 #10에서 #99까지의 숫자를 선택해 (90, 28, 28) 모양으로 된 배열에 배치한다.

```
> my_slice <- train_images[10:99,,]
> dim(my_slice)
[1] 90 28 28
```

---

11 옮긴이 즉, 텐서 조각내기.

이것은 각 텐서 축을 따라 슬라이싱을 한 슬라이스의(즉, 조각 낸 단편의) 시작 인덱스[12]와 정지 인덱스를 지정하는 다음과 같은 표기법과 동일하다.

```
> my_slice <- train_images[10:99,1:28,1:28]
> dim(my_slice)
[1] 90 28 28
```

일반적으로 각 텐서 축을 따라 두 개 인덱스 중 하나를 선택할 수 있다. 예를 들어, 모든 이미지의 오른쪽 하단에 14 × 14픽셀을 선택하려면 다음을 수행해야 한다.

```
my_slice <- train_images[, 15:28, 15:28]
```

2.2.7 데이터 배치라는 개념

일반적으로 딥러닝에서 만날 모든 데이터 텐서의 첫 번째 축을 **표본 축**(sample axis) 또는 **표본 차원**(sample dimension)이라고 한다. MNIST 예제에서 표본은 숫자의 이미지이다.

또한 딥러닝 모델은 전체 데이터셋을 한 번에 처리하지 못한다. 오히려 데이터를 작은 **배치** (batches)[13]로 나눠 처리한다. 구체적으로 말하면, MNIST 숫자들 중에 128개 숫자로 구성된 1개 배치를 지정할 때는 다음과 같이 한다.

```
batch <- train_images[1:128,,]
```

그리고 다음 차례 배치는 다음과 같다.

```
batch <- train_images[129:256,,]
```

---

12 [옮긴이] 수학 용어는 '첨수'

13 [옮긴이] 수학 용어로는 '집단'에 해당한다. 그러므로 미니배치(mini batch)는 '소집단'이라고 생각하면 된다. 현재 데이터 과학/머신러닝/딥러닝 분야에서는 거의 배치라는 용어로 표현하고 있어 수학 용어로 번역하지 않고 대중적인 용어를 사용했다.

이러한 배치 텐서를 고려할 때 첫 번째 축을 **배치 축**(batch axis) 또는 **배치 차원**(batch dimension)이라고 한다. 이것은 케라스 및 기타 딥러닝 라이브러리를 사용할 때 자주 접하게 되는 용어이다.

2.2.8 데이터 텐서의 실제 사례

데이터 텐서를 좀 더 구체적으로 만들어 보자. 여러분이 다뤄야 할 데이터는 거의 항상 다음 범주 중 하나에 속한다.

- **벡터 데이터**: (표본, 특징) 모양으로 된 2D 텐서
- **일기 예보 데이터 또는 시퀀스 데이터**: (표본, 시간대, 특징) 모양으로 된 3D 텐서
- **이미지**: (표본, 높이, 너비, 채널) 모양 또는 (표본, 채널, 높이, 너비) 모양으로 된 4D 텐서
- **비디오**: (표본, 프레임, 높이, 너비, 채널) 모양 또는 (표본, 프레임, 채널, 높이, 너비) 모양으로 된 5D 텐서

2.2.9 벡터 데이터

가장 일반적이다. 이러한 데이터셋에서 각 단일 데이터 점은 벡터로 부호화될 수 있으므로 데이터 배치는 2D 텐서(즉, 벡터 배열)로 부호화된다. 여기서 첫 번째 축은 **표본 축**(sample axis), 두 번째 축은 **특징 축**(feature axis)이다.

두 가지 예를 살펴보자.

- 첫 번째 예는 각 개인의 나이, 우편번호 및 소득을 고려한 보험 통계 데이터셋이다. 각 사람은 세 가지 값의 벡터로 특징지을 수 있으므로 10만 명에 이르는 전체 데이터셋을 (100000, 3) 모양으로 된 2D 텐서로 저장할 수 있다.
- 두 번째 예는 텍스트 문서들로 이뤄진 데이터셋이다. 각 문서는 단어(2만 개의 일상 어휘로 구성돼 있음)가 몇 번이나 등장하는지를 계산해 각 문서를 나타낸다. 각 문서는 2만 개 값(사전에 들어 있는 한 개 단어당 한 개 값)으로 이뤄진 벡터로 부호화될 수 있으므로 500개 문서로 된 전체 데이터 집합을 (500, 20000) 모양으로 된 텐서로 저장할 수 있다.

2.2.10 시계열 데이터 또는 시퀀스 데이터

데이터(또는 수열 순서의 개념)에서 시간이 중요할 때마다 명시적인 시간 축을 사용해 3D 텐서에 저장하는 게 바람직하다. 각 표본을 일련의 벡터(2D 텐서)로 부호화할 수 있으므로 데이터 배치는 3D 텐서로 부호화된다(보기 2.3 참조).

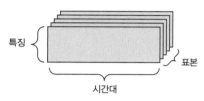

특징

표본

시간대

보기 2.3 **3차원 시간대 데이터 텐서**

관례에 따라 시간 축은 항상 두 번째 축이다. 몇 가지 예를 살펴보자.

- 첫 번째 예로는 주가 데이터셋을 들 수 있다. 매분 주가의 현재 가격, 지난 1분간의 최고가 및 최저가를 저장한다. 따라서 1분마다 크기가 3인 벡터가 되므로, 하루 동안 이뤄진 전체 거래는 (390, 3) 모양으로 된 2D 텐서(거래일에는 390분)로 부호화되며, 250일분의 데이터를 (250, 390, 3) 모양으로 된 3D 텐서에 저장할 수 있다. 여기에서 각 표본은 하루 분량이 있는 데이터이다.

- 두 번째 예로는 128개 고유 영문자를 사용해 140개 문자를 부호화하는 트윗으로 이뤄진 데이터셋을 들 수 있다. 이 설정에서 각 문자는 크기가 128인 이진 벡터(문자에 해당하는 인덱스가 가리키는 한 개 항목을 제외하고, 나머지가 모두 0인 벡터)로 부호화할 수 있다. 그런 다음, 각 트윗을 (140, 128) 모양으로 된 2D 텐서로 부호화할 수 있으며, 100만 트윗의 데이터셋을 텐서 모양 (1000000, 140, 128)로 저장할 수 있다.

2.2.11 이미지 데이터

일반적으로 이미지에는 높이(height), 너비(width) 및 색상 심도(color depth, 즉 색 깊이 또는 색심도)라는 세 가지 차원이 있다. 회색 음영 이미지(MNIST 숫자와 같은 것)의 색상 채널은 한 개뿐이므로 2D 텐서로 저장할 수 있지만, 이미지 텐서는 항상 3D이며, 회색조(gray scale) 이미지에는 1차원 색상 채널이 있다. 256 × 256 크기의 128개 회색조 이미지가 모인 배치 한 개는 (128, 256, 256, 1) 모양으로 된 텐서, 128개 색상 이미지로 이뤄진 배치 한 개는 (128, 256, 256, 3) 모양으로 된 텐서로 저장할 수 있다(보기 2.4 참조).

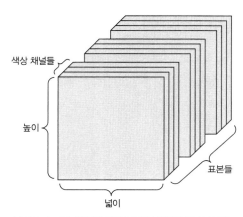

색상 채널들

높이

표본들

넓이

보기 2.4   4D 이미지 데이터 텐서(채널 우선 관례)

이미지 텐서의 모양에는 **채널 후입(channels-last)**(텐서플로에서 사용)과 **채널 선입(channels-first)**(씨애노에서 사용)이라는 두 가지 관례가 있다. 텐서플로라는 구글의 머신러닝 프레임워크는 (표본, 높이, 넓이, 색상 심도) 모양과 같은 꼴로 제일 마지막에 색상 심도 축을 배치한다. 씨애노 규칙에 따르면 (표본, 색상 심도, 높이, 넓이) 모양이어야 하고 이전 예제들에 나온 것은 (128, 1, 256, 256) 및 (128, 3, 256, 256)가 된다. 케라스 프레임워크는 두 가지 형식 모두를 지원한다.

2.2.12 비디오 데이터

비디오 데이터는 5D 텐서가 필요한 몇 가지 유형의 실제 데이터 중 하나이다. 비디오는 프레임이 연달아 있는 형태로 이해할 수 있으며, 각 프레임은 컬러 이미지이다. 각 프레임은 3D 텐서(높이, 너비, 색상 심도)에 저장될 수 있고, 연속된 프레임은 4D 텐서(프레임, 높이, 너비, 색상 심도)에 저장할 수 있다. 따라서 서로 다른 비디오들로 구성된 배치를 5D 텐서 모양(표본, 프레임, 높이, 폭, 색상 깊이)에 저장할 수 있다.

예를 들어, 초당 4프레임으로 샘플링(sampling)된 60초짜리 144 × 256 유튜브 동영상 클립은 240 프레임이다. 이러한 비디오 클립 네 개가 텐서 모양(4, 240, 144, 256, 3)으로 저장된다. 그것의 전체 총합은 106,168,320이다! 텐서의 데이터 유형이 double이면 각 값은 64비트로 저장되므로 텐서 용량은 810MB에 이르게 된다. 무겁다! 실생활에서 접하는 비디오는 double형으로 저장되지 않을 뿐만 아니라 일반적으로 MPEG 형식과 같이 더 큰 비율로 압축되기 때문에 훨씬 가볍다.

2.3 신경망의 장비: 텐서 연산

모든 컴퓨터 프로그램은 궁극적으로 이항 입력에 대한 작은 이항 연산(AND, OR, NOR 등)들로 구성된 집합으로 축소될 수 있으므로 심층 신경망에서 학습한 모든 변환도 텐서에 적용되는 소수의 수치 데이터에 관한 텐서 연산으로 줄일 수 있다. 예를 들어, 텐서를 더하거나 텐서를 곱하는 등의 작업을 할 수 있다.

초기 예제에서는 조밀 계층(dense layers)을 서로 쌓아 망을 구축했다. 계층의 사례를 들면 다음과 같다.

```
layer_dense(units = 512, activation = "relu")
```

이 계층은 2D 텐서를 입력으로 받아 다른 2D 텐서(입력 텐서의 새로운 표현)를 반환하는 함수로 해석될 수 있다. 구체적으로 함수는 다음과 같다(여기서 W는 2D 텐서 형식으로 되어 있고 b는 벡터 형식으로 되어 있는데, 이것들은 계층의 두 가지 속성이다).

```
output = relu(dot(W, input) + b)[14]
```

이 함수를 풀이해 보자. 이 식에는 input이라는 이름을 지닌 텐서와 W라는 이름을 지닌 텐서 사이의 **내적(dot)** 그리고 2D 텐서와 벡터 b 사이의 **덧셈(+)**, 마지막으로 **렐루(ReLU)** 연산이라는 세 가지 텐서 연산이 있다. relu(x)는 max(x, 0)이다.

> **NOTE** 2장에서는 선형 대수 표현식들을 다루기는 해도 수학적인 표기는 전혀 나오지 않는다. 수학적 개념을 수학 방정식이 아닌 짧은 코드 단편으로 표현하면, 수학적 배경이 없는 독자도 더 쉽게 배울 수 있다는 점을 알게 됐다. 그래서 여기서는 처음부터 끝까지 R 코드만을 사용한다.

2.3.1 원소별 연산

렐루 연산과 덧셈은 원소별(element-wise) 연산이다. 즉, 텐서의 각 성분(entry, 즉 원소)에 독립적으로 적용되는 연산이다. 그러므로 이러한 작업은 대량 병렬 구현(벡터화된 구현, 1970~1990년의 벡터 프로세서를 사용하던 슈퍼컴퓨터 아키텍처에서 나온 용어)에 매우 적합하다. 원소 단위 연산을 단순하게 R로 구현하려면, 원소 단위 렐루 연산의 단순한 구현과 같이 **for** 루프를 사용해야 한다.

---

14 옮긴이 이 코드는 R에서 실행하는 코드가 아니라, relu 활성을 지정했을 때 케라스가 내부적으로는 이런 텐서 연산 형태로 구현함을 설명하고 있는 것이다. 그러므로 R 스튜디오에 입력해 보아야 오류만 발생하고 실행은 안 된다.

```
naive_relu <- function(x) {          x는 2D 텐서
  for (i in 1:nrow(x))               (R 언어의 행렬)이다.
    for (j in 1:ncol(x))
      x[i, j] <- max(x[i, j], 0)
  x
}
```

덧셈도 같은 방식으로 처리한다.

```
naive_add <- function(x, y){         x와 y는
  for (i in 1:nrow(x))               2D 텐서(행렬)이다.
    for (j in 1:ncol(x))
      x[i, j] = x[i, j] + y[i, j]
  x
}
```

같은 원리에 맞춰 원소 단위로 곱셈과 뺄셈 등을 할 수 있다.

실제로는 R 배열들을 사용해 다룰 때, 최적화된 내장형 R 함수로 사용할 수 있는데, 이러한 내장 함수들은 무거운 작업을 BLAS 구현(Basic Linear Algebra Subprograms, 기본 선형 대수 서브프로그램)에 위임한다(따라서 BLAS를 설치해 둬야 한다). BLAS는 포트란 또는 C에서 일반적으로 구현되는 효율적인 저수준 병렬 처리 방식 텐서 조작 루틴이다.

R에서는 다음과 같이 원래의 원소별 연산들을 추종할 수 있으며, 연산들은 빠르게 처리될 것이다.

```
z <- x + y           원소별 덧셈
z <- pmax(z, 0)      원소별 렐루
```

2.3.2 차원이 서로 다른 텐서와 관련된 연산

naive_add에 대한 초기 구현은 모양이 같은 2D 텐서만 더할 수 있게 지원한다. 그러나 앞에서 소개한 조밀 계층에서는 2D 텐서에 벡터를 더했다. 더해지는 두 개 텐서의 모양이 다른 경우, 어떻게 더할 수 있을까?

R의 sweep() 함수를 사용하면 더 높은 차원의 텐서와 낮은 차원의 텐서 간에 연산을 수행할 수 있다. sweep()을 사용하면 앞서 설명한 행렬에 벡터를 더하는 덧셈을 다음과 같이 수행할 수 있다.

```
sweep(x, 2, y, '+')
```

두 번째 인수(여기서는 2)는 y를 스윕(sweep)할 x의 크기를 지정한다. 마지막 인수(여기서는 +)는 스윕하는 중에 수행할 연산이며, 두 개 인수로 이뤄진 함수여야 한다(x와 aperm( )에 의해 y로부터 생성된 같은 차원의 배열).

몇 개 차원이든 스윕을 적용할 수 있으며, 두 배열을 통해 벡터화된 연산을 구현하는 함수를 적용할 수 있다. 다음 예제는 pmax( ) 함수를 사용해 4D 텐서의 마지막 두 차원을 대상으로 2D 텐서를 스윕한다.

```
x <- array(round(runif(1000, 0, 9)), dim = c(64, 3, 32, 10))    ◁──  x는 (64, 3, 32, 10) 모양으로
y <- array(5, dim = c(32, 10))    ◁──┐ y는 (32, 10) 모양으로 된 5의 텐서이다.    된 난수 값들의 텐서이다.

z <- sweep(x, c(3, 4), y, pmax)    ◁──  출력 z는 x처럼 (64, 3, 32, 10) 모양을 가진다.
```

2.3.3 텐서 내적

내적 연산은 **텐서 곱(tensor product)**(원소별 곱과 혼동해서는 안 됨)이라고도 하며, 가장 일반적이고, 유용한 텐서 연산이다. 원소별 연산과 달리 입력 텐서의 성분을 결합한다.

R에서는 원소별 곱을 * 연산자로 처리하는 반면, 내적(dot products, 즉 점곱)에는 %*% 연산자를 사용한다.

```
z <- x %*% y
```

수학 표기법에서는 연산을 점(.)으로 나타낸다.

```
z = x . y
```

수학에서 말하는 점 연산이란 무엇인가? 두 벡터 x와 y의 내적으로 시작하자. 이는 다음과 같이 계산된다.

```
naive_vector_dot <- function(x, y) {    ◁──┐ x와 y는
  z <- 0                                    1D 텐서(벡터)이다.
  for (i in 1:length(x))
    z <- z + x[[i]] * y[[i]]
```

```
    z
}
```

두 벡터 사이의 내적(dot product, 즉, 스칼라곱)은 스칼라이고, 원소 개수가 서로 같은 벡터만 내적과 호환된다는 것을 알게 될 것이다.

행렬 x와 벡터 y 사이의 내적을 취할 수도 있다. 벡터는 y와 x의 행들 사이의 내적이 되는 벡터를 반환한다. 다음과 같이 그것을 구현할 수 있다.

```
naive_matrix_vector_dot <- function(x, y) {      ◁──── x는 2D 텐서(행렬),
                                                       y는 1D 텐서(벡터)이다.
  z <- rep(0, nrow(x))
  for (i in 1:nrow(x))
    for (j in 1:ncol(x))
      z[[i]] <- z[[i]] + x[[i, j]] * y[[j]]
  z
}
```

행렬-벡터 곱과 벡터곱 간의 관계를 강조하는, 이전에 작성한 코드를 재사용할 수도 있다.

```
naive_matrix_vector_dot <- function(x, y) {
  z <- rep(0, nrow(x))
  for (i in 1:nrow(x))
    z[[i]] <- naive_vector_dot(x[i,], y)
  z
}
```

두 개 텐서 중 하나의 차원이 1차원 이상이 돼 버리면 %*%는 더 이상 대칭적이지 않게 된다. 즉, x %*% y는 y %*% x와 같지 않다.

물론, 내적은 임의의 수의 축을 가진 텐서로 일반화된다. 가장 일반적인 애플리케이션은 두 행렬 사이의 내적일 수 있다. ncol (x) == nrow (y)인 경우에만 두 개 행렬 x와 y (x % * % y)의 내적을 취할 수 있다. 결과는 (nrow (x), ncol (y)) 모양으로 된 행렬이다. 여기서 계수는 x행과 y행 사이의 벡터곱이다. 다음은 단순한 구현이다.

```
naive_matrix_dot <- function(x, y) {          ◁──── x와 y는
  z <- matrix(0, nrow = nrow(x), ncol = ncol(y))      1D 텐서(벡터)이다.
  for (i in 1:nrow(x))
    for (j in 1:ncol(y)) {
```

```
    row_x <- x[i,]
    column_y <- y[,j]
    z[i, j] <- naive_vector_dot(row_x, column_y)
  }
  z
}
```

내적의 모양 호환성을 이해하려면, 보기 2.5와 같이 입력 및 출력 텐서를 정렬해 시각화하는 게 바람직하다.

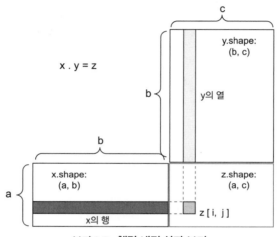

보기 2.5 행렬 내적 상자 보기

x, y 및 z는 직사각형(계수의 리터럴 상자)으로 그려진다. x의 행들과 y의 열들의 크기가 같아야 하므로 x의 너비가 y의 높이와 일치해야 한다. 계속해서 새로운 머신러닝 알고리즘을 개발한 다면 이러한 도형을 자주 그리게 될 것이다.

더 일반적으로 2D 사례와 관련해서는 설명한 대로 모양 호환성에 대한 동일한 규칙에 따라 더 높은 차원의 텐서 간 내적을 가져올 수 있다.

```
(a, b, c, d) . (d) -> (a, b, c)
(a, b, c, d) . (d, e) -> (a, b, c, e)
```

그 밖의 것들도 마찬가지이다.

2.3.4 텐서 모양 변경

세 번째 유형의 텐서 연산은 **텐서 모양 변경**(tensor reshaping)이다. 텐서 모양 변경을 첫 번째 신경망 예제에 나오는 조밀 계층에 사용하지는 않았지만, 망에 입력하기 전, 숫자 데이터를 전처리할 때는 사용했다.

```
train_images <- array_reshape(train_images, c(60000, 28 * 28))
```

dim <- ( ) 함수보다는 array_reshape( ) 함수를 사용해 배열의 모양을 변경한다는 점에 주목하라. 이것은 행-중심 구문(row-major semantics)을 사용해 데이터가 재해석되도록 하기 위한 것으로(R의 기본인 열 중심 구문과 반대), 한편으로 케라스가 호출한 수치 처리 라이브러리(NumPy 및 텐서플로 등)가 배열 차원을 해석하는 방식과 호환된다. 케라스에 전달될 R 배열을 다시 만들 때는 항상 array_reshape( ) 함수를 사용해야 한다.

텐서 모양 변경이란, 행과 열을 표적의 모양과 일치하도록 재조정하는 것을 의미한다. 당연히, 모양이 변경된 텐서에 사용하는 계수들의 총 개수는 초기 텐서와 동일하게 된다. 다음과 같은 간단한 예제를 통해 이러한 모양 변경을 가장 잘 이해할 수 있다.

```
> x <- matrix(c(0, 1,
                2, 3,
                4, 5),
              nrow = 3, ncol = 2, byrow = TRUE)
> x
     [,1] [,2]
[1,]    0    1
[2,]    2    3
[3,]    4    5

> x <- array_reshape(x, dim = c(6, 1))
> x
     [,1]
[1,]    0
[2,]    1
[3,]    2
[4,]    3
[5,]    4
[6,]    5

> x <- array_reshape(x, dim = c(2, 3))
> x
     [,1] [,2] [,3]
```

```
[1,]    0    1    2
[2,]    3    4    5
```

흔히 발생하는 모양 변경의 특별한 경우는 **전치**(transposing)이다. 행렬의 전치는 x[i,]가 x[, i]로 되도록 행과 열을 교환하는 것을 의미한다. 행렬을 전치하는 데는 t( ) 함수를 사용할 수 있다.

```
> x <- matrix(0, nrow = 300, ncol = 20)
> dim(x)
[1] 300  20

> x <- t(x)
> dim(x)
[1]  20 300
```

2.3.5 텐서 연산의 기하학적 해석

텐서 연산에 의해 조작된 텐서들의 내용은 어떤 기하 공간에서 점들의 좌표로 해석될 수 있기 때문에 모든 텐서 연산에는 기하학적 해석이 따른다. 예를 들어, 덧셈을 생각해 보자. 우리는 다음과 같은 벡터로 시작할 것이다.

```
A = [0.5, 1.0]
```

이는 2D 공간의 한 점이다(보기 2.6 참조). 보기 2.7에서와 같이 원점과 점을 연결하는 화살표로 벡터를 그리는 것이 일반적이다.

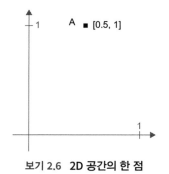

보기 2.6 **2D 공간의 한 점**

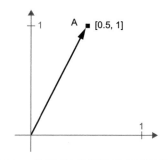

보기 2.7 **화살표로 묘사된 2D 공간의 한 점**

새로운 점, B = [1, 0.25]를 고려해 보자. 이전 점에 추가할 것이다. 이는 벡터 화살표를 함께 연결해 기하학적으로 이뤄지며, 그 결과로 부여되는 위치는 이전 두 벡터의 합을 나타내는 벡터이다(보기 2.8 참조).

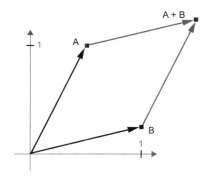

보기 2.8 두 벡터의 합에 대한 기하학적 해석

일반적으로 아핀 변환, 회전, 척도 구성[15] 등과 같은 기본 기하 연산은 텐서 연산으로 표현될 수 있다. 예를 들어, 각도 θ에 의한 2D 벡터의 회전은 2 × 2 행렬 R = [u, v]를 갖는 내적을 통해 이뤄질 수 있다. 여기서 u와 v는 평면의 벡터이다. 즉, u = [cos(theta), sin(theta)] 그리고 v = [-sin(theta), cos(theta)]이다.

2.3.6 딥러닝의 기하학적 해석

신경망이 전적으로 텐서 연산의 연쇄(chains of tensor operations)로 구성돼 있고, 이러한 모든 텐서 연산이 입력 데이터의 기하학적 변환이라는 것을 알았다. 따라서 일련의 간단한 단계를 통해 구현된 고차원 공간에서 신경망을 매우 복잡한 기하학적 변환으로 해석할 수 있다.

3D에서는 다음과 같은 심적 이미지가 유용할 수 있다. 색종이 두 장(빨간색과 파란색)을 상상해 보라. 색종이 위에 다른 색종이를 올려놓으라. 이제 이것들을 구겨 작은 공이 되게 한다. 이 구겨진 종이 공이 입력 데이터이고, 공을 이루고 있는 각 종이가 분류 문제의 데이터 클래스에 해당한다. 신경망(또는 다른 머신러닝 모델)이 의미하는 바는 종이 공을 펴지 않은 채로 종이 공의 변환을 파악해 두 클래스를 다시 분리할 수 있게 만드는 것이다. 딥러닝에서는 손가락으로 종이 공을 펴듯이 3D 공간의 단순한 변형들이 이어진 시계열 형식으로 한 번에 하나씩 구현해 나가게 될 것이다.

---

15 **옮긴이** 척도 구성(scaling)은 수학 용어에 맞춘 번역어인데, '크기 조정', '배율 조정', '축척 조정' 정도로 생각하면 이해하기 쉽다.

보기 2.9 **복잡한 데이터 다양체 펴기**

종이 공 펴기란, 복잡할 정도로 많이 접힌 **데이터 다양체**(data manifolds)에 대한 깔끔한 표현을 찾는 머신러닝에 관한 것이다. 지금쯤이면 여러분은 딥러닝이 탁월한 이유를 잘 직감할 수 있어야 한다. 복잡한 기하학적 변환을 점진적으로 분해해 기초 구성 요소들의 긴 연쇄로 만드는 접근 방식이 필요하다는 점 말이다. 이는 종이 공을 펼칠 때 인간이 따라야 할 전략과 거의 같다. 심층 망의 각 계층은 데이터를 약간 풀어 펴는 변형을 하는 역할을 하는 셈이 되고, 깊게 겹쳐 쌓인 각 계층들이 모여서 극도로 복잡한 펴기 과정을 다루기 쉽게 한다.

2.4 신경망의 엔진: 경사 기반 최적화

이전 단원에서 살펴봤듯이 첫 번째 망 예제의 각 신경층은 다음과 같이 입력 데이터를 변환한다.

```
output = relu(dot(W, input) + b)¹⁶
```

이 식에서 W와 b는 계층의 속성을 나타내는 텐서이다. 이것들은 계층의 가중치 또는 **훈련 가능 파라미터**(trainable parameters)라고 한다. 그리고 이 둘은 각기 핵(kernel) 속성과 편향(bias, 즉 바이어스 또는 치우침) 속성에 해당한다. 이러한 가중치에는 망이 훈련 데이터에 노출되면서 학습한 정보가 들어 있다.

처음에는 이러한 가중치 행렬에 작은 무작위(random) 값이 채워진다(무작위 초기화라고 하는 단계). 물론, W와 b가 무작위인 경우, relu (dot (W, input) + b)가 유용한 표현을 산출할 것으로 기대할 이유가 없다. 결과로 나온 표현은 의미가 없지만, 해당 표현은 출발점이기도 하다. 다음 차례는 피드백 신호에 따라 점진적으로 이러한 가중치를 조정하는 것이다. **훈련**(training)이라고도 부르는 이 점진적 조정은 기본적으로 머신러닝의 전부라고 할 수 있는 학습을 의미한다.

---

16 <u>옮긴이</u> 이 코드는 R에서 실행하는 코드가 아니라, relu 활성을 지정했을 때 케라스가 내부적으로는 이런 텐서 연산 형태로 구현함을 설명하고 있는 것이다. 그러므로 R 스튜디오에 입력해 보아야 오류만 발생하고 실행은 안 된다.

이것은 다음과 같이 작동하는 **훈련 루프**(training loop)라고 부르는 것 안에서 발생한다. 루프 안에 있는 다음 단계들을 필요한 만큼 반복한다.

1. 훈련 표본 x 및 이에 상응하는 표적 y의 배치를 그린다.
2. 예측 경로 y_pred를 얻기 위해 x를 바탕으로 삼아 망을 실행한다(순방향 전달이라는 단계).
3. y_pred와 y 사이의 불일치를 측정한 배치에서 망 손실을 계산한다.
4. 이 배치의 손실을 약간 줄이는 방식으로 망의 모든 가중치를 갱신한다.

결과적으로 예측 데이터 y_pred와 예상 표적 y 간의 불일치가 적으므로 훈련 데이터의 손실이 매우 적은 망으로 끝난다. 이 망은 자신의 입력을 적절한 표적으로 사상하는 법을 학습하게 된 셈이다. 멀리서 보면 이런 일이 마술처럼 보일지 모르지만, 이를 기본 구성 요소 단계까지 줄여 보면 생각보다 단순하다는 것을 알 수 있을 것이다.

1단계는 I/O 코드로 충분하다. 2단계와 3단계는 소수의 텐서 연산을 적용한 것일 뿐이므로 이전 단원에서 배운 내용을 토대로 이번 단계를 구현할 수 있다. 어려운 부분은 4단계이다. 망의 가중치를 갱신하는 일 말이다. 망에서 개별 가중 계수가 주어졌을 때 어떻게 계산해야 계수를 키우거나 줄일 수 있을까?

단순한 해결책 중 한 가지는 고려 중인 스칼라 계수 한 개를 제외한 모든 가중치를 망에서 고정하고, 이 계수의 값을 여러 가지로 바꿔 보는 것이다. 계수의 초깃값이 0.3이라고 가정해 보자. 한 개 데이터 배치에 대한 순방향 전달 후에 배치의 망 손실은 0.5이다. 계수의 값을 0.35로 변경하고 순방향 전파를 재실행하면 손실이 0.6으로 증가한다. 그러나 계수를 0.25로 낮추면, 손실은 0.4로 떨어진다. 이런 경우, 계수를 -0.05로 갱신하면 손실을 최소화하는 데 도움이 된다. 이 일을 망의 모든 계수를 대상으로 반복한다.

그러나 이러한 접근 방식은 엄청나게 비효율적이다. 모든 개별 계수(계수의 개수가 많을 뿐 아니라 보통 수천 개에 이르고, 어떤 때에는 수백만 개나 됨)를 대상으로 두 가지 순방향 전파(비싸다)를 수행해야 하기 때문이다. 더 나은 접근 방식은 망에서 사용되는 모든 연산이 **미분 가능**(differentiable)이라는 사실을 이용하고, 망 계수와 관련해 손실의 **경사**(gradient)를 계산하는 것이다. 그런 다음, 계수를 경사와 반대되는 방향으로 이동하면 손실을 줄일 수 있다.

미분 가능과 **경사**가 무엇인지 이미 알고 있다면 2.4.3절로 건너뛸 수 있다. 그렇지 않은 경우, 다음 두 단원이 이러한 개념을 이해하는 데 도움이 된다.

2.4.1 도함수

연속으로 매끄럽게 이어진 함수 f(x) = y를 생각해 보자. 실수 x를 새로운 실수 y로 사상한다. 함수가 **연속(continuous)**이므로 x가 조금 변화하면 y도 조금만 변화한다. 이런 점을 통해 연속성이라는 것의 단면을 직감할 수 있다. x를 epsilon_x라고 부르는 작은 인자만큼 늘린다고 가정해 보자. 이렇게 하면 y에도 epsilon_y라고 부르는 인자만큼 변화가 생기게 된다.

```
f(x + epsilon_x) = y + epsilon_y
```

또한 함수가 **매끄럽기(smooth)** 때문에(곡선의 각도가 갑작스럽게 변하지 않는다는 뜻), 특정한 점 p 근방에 있는 epsilon_x가 충분히 작으면 기울기 a의 선형 함수를 근사할 수 있으므로 epsilon_y는 a * epsilon_x가 된다.

```
f(x + epsilon_x) = y + a * epsilon_x
```

이 선형 근사는 x가 p에 충분히 근접한 경우에만 유효하다.

기울기 a를 p에서 **f의 도함수(derivative, 즉 미분계수)**라고 부른다. a가 음수이면 p 주변의 작은 x의 변화는 f(x)의 감소를 의미한다(보기 2.10 참조).

a가 양수이면, x의 작은 변화는 p에서 f(x)의 증가를 초래할 것이다. 또한 a의 절댓값, 즉 미분의 크기(magnitude)는 이 증가나 감소가 얼마나 일찍 발생하는지를 알려 준다.

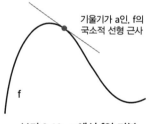

기울기가 a인, f의
국소적 선형 근사

f

보기 2.10　p에서 f의 미분

모든 미분 가능(미분 가능이란 "미분할 수 있다는" 뜻이다. 예를 들어, 매끄럽고 연속인 함수는 미분될 수 있다) 함수 f(x)에 대해 x의 값을 f의 지역 선형 근사치의 기울기에 대응(mapping, 즉 사상)하는 도함수 f'(x)가 존재한다. 예를 들어, cos(x)의 도함수는 -sin(x)이고, f(x) = a * x의 도함수는 f'(x) = a 등이다.

f(x)를 최소화하기 위해 x를 epsilon_x라는 인자로 갱신하려고 할 때 f의 도함수를 알고 있다면 작업이 완료된다. 도함수는 x를 변경할 때 f(x)가 어떻게 전개되는지를 완벽하게 설명한다. f(x)의 값을 줄이려면 x를 도함수와 반대 방향으로 조금 움직여야 한다.

2.4.2 텐서 연산의 도함수: 경사

경사(gradient)는 텐서 연산의 도함수이다. 그것은 다차원 입력의 함수, 즉 텐서를 입력으로 받는 함수에 대한 도함수 개념을 일반화한 것이다.

입력 벡터 x, 행렬 W, 표적 y, 손실 함수 loss를 생각해 보라. W를 사용해 표적 후보 y_pred를 계산하고, 표적 후보 y_pred와 표적 y 사이의 손실, 즉 불일치를 계산할 수 있다.

```
y_pred = dot(W, x)
loss_value = loss(y_pred, y)
```

데이터 입력 x와 y가 동결된 경우라면, 이 함수는 W 값을 손실 값에 사상하는 함수로 해석될 수 있다.

```
loss_value = f(W)
```

W의 현재 값이 W0이라고 가정해 보자. 그러면 점 W0의 도함수는 W와 모양이 같은 텐서 gradient(f)(W0)이다. 여기서 각 계수 gradient(f)(W0)[i, j]는 loss_value의 변화 방향과 크기를 나타내며, 이는 W0[i, j]를 수정할 때 관찰된다. 그 텐서 gradient(f)(W0)는 W0에서의 함수 f(W) = loss_value의 경사도이다.

앞에서 살펴봤듯이 계수가 한 개인 함수 f(x)의 도함수는 f 곡선의 기울기로 해석될 수 있다. 이와 마찬가지로, gradient(f)(W0)는 W0를 둘러싼 f(W)의 **곡률**(curvature)을 설명하는 텐서로 해석될 수 있다.

이런 이유로, 어떤 함수 f(x)에 대해서 x를 도함수와는 반대되는 방향으로 조금 이동해 f(x)의 값을 줄일 수 있고, 텐서의 함수 f(W)의 경우에는 W를 경사와 반대되는 방향으로 이동해 f(W)를 줄일 수 있다. 예를 들어, W1 = W0 - step * gradient (f) (W0)(여기서 step은 적은 배율을 나타내는 인수임)이다. 이는 곡률에 대항해 나아간다는 점을 의미하며, 직감적으로 보면 곡선의 낮은 쪽에 자리 잡게 하는 것이다. gradient(f)(W0)는 W0에 가까울 때만 곡률에 근사하게 되므로, W0에서 너무 멀리 떨어지지 않게 하려면 배율 인수 step이 필요하다.

2.4.3 확률적 경사 하강

미분 가능 함수가 주어지면 이론적으로는 이 함수의 최솟값을 해석해서 찾아낼 수 있다. 함수의 최솟값은 도함수 값이 0인 점으로 알려져 있으므로 도함수 값이 0이 되는 모든 점을 찾아 이 점들 중 가장 낮은 값을 취한다.

이런 개념을 신경망에 적용해 보면 가능한 한 손실 함수가 최소가 되게 하는 가중치 조합을 분석적으로 찾는다는 것을 의미한다. 이는 W에 대한 등식 gradient(f)(W) = 0을 구함으로써 수행할 수 있다. 이것은 N 변량 다항식이다. 여기서 N은 망에 존재하는 계수들의 개수이다. $N = 2$ 또는 $N = 3$일 때라면 방정식으로 풀 수도 있겠지만, 실제 신경망에서는 파라미터 수가 수천 개 이상이고, 어쩌면 수십만 개가 될 수도 있다.

그러므로 방정식을 동원해 푸는 대신에, 이번 단원의 시작 부분에서 설명한 4 단계 알고리즘을 사용할 수 있다. 데이터 배치(data batch, 즉 데이터 집단)에서 현재 손실 값에 따라 파라미터를 조금씩 수정하는 방식 말이다. 여러분이 미분 가능 함수를 사용해 파라미터를 다루고 있으므로 파라미터의 경사를 계산할 수 있고, 이에 따라 4 단계를 효율적으로 구현할 수 있다. 다음과 같이 가중치를 경사와 반대 방향으로 갱신하면 손실이 조금씩 줄어든다.

1. 훈련 표본들인 x 및 이에 상응하는 표적들인 y로 구성된 배치 한 개를 형성한다.
2. y_pred 예측을 얻기 위해 x를 이용해 망을 실행한다.
3. y_pred와 y 사이의 불일치를 측정함으로써, 이 배치에 존재하는 망 손실을 계산한다.
4. 망의 파라미터들과 관련된 손실의 경사를 계산한다(역방향 전달).
5. 파라미터를 경사와 반대되는 방향으로 조금 이동한다(예 W = W - (step * gradient)). 그럼으로써 배치에 대한 손실이 약간 줄어든다.

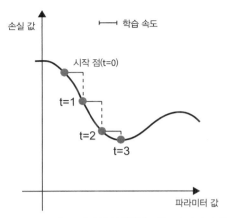

손실 값

학습 속도

시작 점(t=0)

t=1

t=2

t=3

파라미터 값

보기 2.11 SGD의 1D 손실 곡선(훈련 가능 파라미터 한 개)

아주 쉽다! 방금 설명한 것은 미니배치에 대한 확률적 경사 하강(minibatch stochastic gradient descent, 미니배치 SGD)이다. **확률적(stochastic)**이라는 용어는 각 데이터의 배치가 **무작위(random)**로 뽑아내진다는 것을 의미한다(확률적이라는 말을 과학 용어로 표현하면, 무작위라는 뜻이다). 보기 2.11은 망이 하나의 파라미터만을 갖고 있고, 훈련 표본이 하나뿐인 1D에서 일어나는 일을 보여 준다.

step 인자[17]에 대한 합리적인 값을 직관적으로 선택하는 게 중요하다. 너무 작으면 곡선을 타고 내려오기 위해서는 많은 반복이 소요되며, 지역 최솟값들(local minima)에서 멈출 수 있다. step 이 너무 큰 경우 갱신이 끝나면 곡선의 임의 위치로 이동하게 된다.

미니배치 SGD 알고리즘의 한 가지 변형으로는, 주어진 미니배치 데이터 전체를 대상으로 삼아 반복 처리하는 방식이 아니라 단 한 가지 표본과 표적 단위로 반복 처리하는 방식이 있다. 이게 **진성 SGD(true SGD)**이다(미니배치 SGD와는 반대). 또한 반대인 경우를 극단적으로 생각해 보면 사용할 수 있는 **모든(all)** 데이터를 대상으로 삼아 모든 단계를 실행하고 다시 반복하는 방식인 **배치 SGD(batch SGD)**라는 것도 생각해 볼 수 있다. 이러한 변종들에서 각 갱신이 더 정확하게 이뤄지지만 훨씬 비싸다.[18] 이 두 극단 사이의 효율적인 절충점은 합리적인 크기의 미니배치를 사용하는 것이다.

---

17 옮긴이 일종의 '보폭(stride)'이라고 생각하면 이해하기 쉽다. 곡선을 언덕의 표면이라고 보면 해당 언덕을 걸어 내려갈 때의 보폭에 해당한다. 이 보폭이 너무 크면 언덕의 가장 낮은 지점을 지나쳐 버릴 가능성이 있고, 보폭이 너무 작으면 걸어 내려가는 속도(즉, 학습 속도)가 느려진다(즉, 훈련을 거듭 반복해야 하므로 전체 훈련에 걸리는 시간이 많아진다). 그 뿐만 아니라 보폭이 너무 작아서 언덕의 가장 낮은 곳이 아닌, 언덕 중간 쯤에 있는 작은 웅덩이로 빠져 버릴 수도 있다(이게 국소적 최적화에 해당).

18 옮긴이 알기 쉽게 설명하자면 진성 SGD에서는 표본과 표적을 하나씩 처리하고, 미니배치 SGD에서는 작은 집단(즉, 미니배치) 단위로 처리하고, 배치 SGD에서는 집단(즉, 배치) 전체를 한 번에 처리한다는 말로서, 이 변종들의 가중치를 갱신하는 게 더 정확할 수 있지만 계산 비용이 더 든다는 말이다.

보기 2.11은 1D 파라미터 공간에서의 경사 하강을 보여 주지만, 실제로는 고차원 공간에서 경사 하강을 사용한다. 신경망의 모든 가중 계수는 이 공간에서 1개 차원에 해당하므로 공간의 차원이 수만 차원 또는 수백만 차원이 될 수도 있다. 그러므로 이렇게 복잡한 공간 속 손실 곡면을 직관적으로 잘 파악하려면 어쩔 수 없이 보기 2.12와 같이 2D 손실 곡면을 따라 경사가 하강한다는 식으로 시각화해야 한다. 어쨌든 100만 차원 공간을 인간이 이해할 수 있는 방식으로 표현할 방법이 없기 때문에 신경망의 실제 훈련 과정을 시각화할 수는 없다. 따라서 이러한 저차원 표현에 익숙해진 여러분의 직관이 실제로는 언제나 정확하지 않다는 점을 명심해야 한다. 이것은 딥러닝 연구 분야에서 역사적인 논쟁의 대상이 돼 왔다.

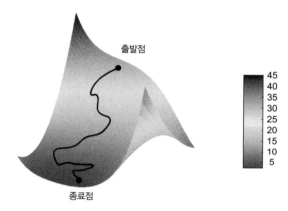

보기 2.12 2D 손실 곡면 아래의 경사 하강(훈련할 수 있는 두 개 파라미터)

또한 경사의 현재 값을 보는 것이 아니라 다음 가중치 갱신을 계산할 때 이전의 가중치 갱신을 고려해 달라지는 SGD의 여러 변종이 있다. 예를 들어, 타성을 적용하는 SGD를 비롯해 Adagrad와 RMSProp 및 기타 여러 가지 SGD가 있다. 이러한 변종들은 **최적화 기법**(optimization methods) 또는 **최적화기**(optimizer)로 알려져 있다. 특히, 이러한 변종 중에 많은 변종에서 사용하는 **타성**(momentum)[19]이라는 개념에 주의를 기울여야 한다. 타성은 SGD의 두 가지 문제, 즉 수렴 속도 및 지역 최솟값들을 해결한다. 망 파라미터의 함수로서 손실 곡선을 보여 주는 보기 2.13을 생각해 보자.

---

19 옮긴이 흔히 '모멘텀'이라 부르기도 하지만, 그 개념을 정확히 나타내는 학술 용어인 '타성'으로 번역했다. 타성이란, '이미 해 오던 대로 계속 하게 하는 힘'이라고 설명할 수 있다. 물리학 용어로는 '운동량'에 해당한다. 보통은 '운동량'이란 용어가 적합하겠지만, 이 책에서는 '타성'이란 용어가 맥락을 이해하기에 더 쉬울 것으로 보여 채택했다.

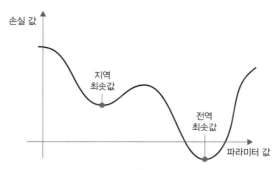

보기 2.13 **지역 최솟값과 전역 최솟값**

특정 파라미터 값 주변에는 지역 최솟값(local minimum)이 있다. 그 지점의 주변에서 왼쪽으로 이동하면 손실이 증가하고, 오른쪽으로 이동해도 그렇게 된다. 고려 중인 파라미터가 느린 학습 속도로 SGD를 통해 최적화되는 경우, 최적화 과정은 전역 최솟값으로 가는 대신 지역 최솟값에서 멈추게 된다.

물리학에서 영감을 얻은 타성을 사용하면 이러한 문제를 피할 수 있다. 여기서 최적화 과정을 손실 곡선을 따라가면서 작은 공으로 생각하는 식으로 마음에 그려 보면 편리하다. 타성이 충분하다면, 공은 지역 최솟값이 자리 잡은 골짜기에 머물지 않고 전역 최소 수준에까지 이르게 될 것이다. 타성은 현재 기울기 값(현재 가속도)뿐 아니라 현재 속도(과거 가속도에서 나온 결과)를 기반으로 각 단계에서 공을 움직여 구현된다. 실제로 이것은 현재의 경사 값뿐 아니라 이 단순한 구현에서와같이 이전 파라미터 갱신을 바탕으로 파라미터를 갱신한다는 것을 의미한다.

```
past_velocity <- 0
momentum <- 0.1
while (loss > 0.01) {
  params <- get_current_parameters()
  w <- params$w
  loss <- params$loss
  gradient <- params$gradient

  velocity <- past_velocity * momentum + learning_rate * gradient
  w <- w + momentum * velocity - learning_rate * gradient
  past_velocity <- velocity

  update_parameter(w)
}
```

2.4.4 연쇄 도함수: 역전파 알고리즘

이전 알고리즘에서는 함수가 미분 가능이기 때문에 함수의 도함수를 명시적으로 계산할 수 있다고 가정했다. 실제로 신경망 함수는 함께 연결된 많은 텐서 연산으로 구성되며, 각 텐서 연산에는 단순하다고 알려진 도함수가 있다. 예를 들어, 다음은 가중치 행렬 W1, W2 및 W3을 가진 세 개 텐서 연산 a, b 및 c로 구성된 망 f이다.

```
f(W1, W2, W3) = a(W1, b(W2, c(W3)))
```

미적분은 **연쇄 법칙(chain rule)**이라고 불리는 f(g(x)) = f'(g(x)) * g'(x)와 같은 항등식을 사용해 그러한 일련의 함수들을 미분할 수 있음을 알려 준다.

신경망의 기울기 값 계산에 연쇄 법칙을 적용하면 **역전파(backpropagation)**라는 알고리즘이 생긴다. 역전파를 때로는 **역방향 미분(reverse-mode differentiation)**이라고 한다. 역전파는 최종 손실 값으로 시작해 맨 위 계층에서 맨 아래 계층으로 이동하며, 연쇄 법칙을 적용해 각 파라미터가 손실 값에 대해 갖는 기여도를 계산한다.

요즘도 그렇지만, 앞으로도 여러 해에 걸쳐 사람들은 텐서플로와 같은 **기호적 미분(symbolic differentiation)**이 가능한 최신 프레임워크에 망을 구현할 것이다. 즉, 연산들의 연쇄가 알려진 도함수로 주어지면, 망 파라미터 값을 경사 값에 사상하는 연쇄 법칙을 적용해 연쇄에 대한 **경사 함수**를 계산할 수 있다. 이러한 함수에 접근할 수 있으면 역전파가 이 경사 함수에 대한 호출로 축소된다. 기호적 미분 덕분에 역전파 알고리즘을 직접 구현하지 않아도 된다. 이러한 이유로, 이 페이지들에서 정확한 역전파 알고리즘 공식을 도출하는 데 시간을 낭비하지 않을 것이다. 여러분은 그저 경사를 계산해 최적화하는 방식을 잘 이해하기만 하면 된다.

2.5 첫 번째 예제 되돌아보기

2장의 마지막 부분에 도달했으므로 이제 신경망의 배경에서 일어나는 일을 일반적인 수준에서 이해해야 한다. 첫 번째 예제로 되돌아가 앞의 세 단원에서 배운 것에 비추어 각 요소를 검토해 보자.

다음은 입력 데이터이다.

```
library(keras)
mnist <- dataset_mnist()

train_images <- mnist$train$x
train_images <- array_reshape(train_images, c(60000, 28 * 28))
train_images <- train_images/255

test_images <- mnist$test$x
test_images <- array_reshape(test_images, c(10000, 28 * 28))
test_images <- test_images/255
```

이제 입력 이미지가 각기 (60000, 784)(훈련 데이터) 및 (10000, 784)(테스트 데이터)의 텐서 모양으로 저장된다는 것을 알았다.

다음은 망이다.

```
network <- keras_model_sequential() %>%
  layer_dense(units = 512, activation = "relu", input_shape = c(28*28)) %>%
  layer_dense(units = 10, activation = "softmax")
```

이제 이 망은 두 개의 조밀 계층들이 연쇄되게 구성되고, 각 계층은 입력 데이터에 몇 가지 간단한 텐서 연산을 적용하며, 이러한 연산에는 가중치 텐서가 포함된다는 점을 이해해야 한다. 계층의 속성인 가중치 텐서는 망의 **지식(knowledge)**이 보존되는 곳이다.

파이프 연산자 사용

파이프(%>%) 연산자를 사용하면 계층을 망에 추가할 수 있다. 이 연산자는 magrittr 패키지에서 제공한다. 오른쪽에 있는 함수의 첫 번째 인수로 왼쪽에 값을 전달하는 게 지름길이다. 망 코드는 다음과 같이 작성할 수 있다.

```
network <- keras_model_sequential()
layer_dense(network, units = 512, activation = "relu",
            input_shape = c(28*28))
layer_dense(network, units = 10, activation = "softmax")
```

%>%를 사용하면, 더 읽기 쉽고 압축된 코드가 되므로 이 책에서는 이 양식을 사용한다.

RStudio를 사용하는 경우, [Ctrl]+[Shift]+[M]을 사용해 %>%를 삽입할 수 있다. 파이프 연산자에 대한 자세한 내용은 http://r4ds.had.co.nz/pipes.html을 참조하기 바란다.

다음은 망 컴파일 단계이다.

```
network %>% compile(
  optimizer = "rmsprop",
  loss = "categorical_crossentropy",
  metrics = c("accuracy")
)
```

이제 여러분은 categorical_crossentropy라는 것이 가중치 텐서를 학습하기 위한 피드백 신호로 사용되는 손실 함수로서 훈련 국면에서 최소가 되게 하려는 값이라는 점을 이해해야 한다. 또한 여러분은 미니배치의 확률적 경사 하강을 통해 손실이 줄어든다는 점도 이제는 알고 있을 것이다. 경사 하강의 특정 사용을 제어하는 정확한 규칙은 첫 번째 인수로 전달된 **rmsprop** 최적화기에 의해 정의된다.

모델의 적절한 수정

%>% 연산자를 사용해 compile()을 호출한다. 다음과 같이 망 컴파일 단계를 작성할 수 있다.

```
compile(
  network,
  optimizer = "rmsprop",
  loss = "categorical_crossentropy",
  metrics = c("accuracy")
)
```

compile에 대해 %>%를 사용하면, 압축성이 적고 케라스 모델의 중요한 특성에 대한 알림을 더 많이 제공할 수 있다. 케라스 모델은 R에서 사용하는 대부분의 객체와 달리, 제자리에서 수정된다. 그 이유는 케라스 모델이 훈련 중에 상태가 갱신되는 계층의 비순환 그래프를 지향하기 때문이다.

여러분은 network상에서 조작한 후에 새 network 객체를 반환하는 일을 하지 않는다. 오히려 network 객체에 무엇인가를 한다. network를 %>%의 왼쪽에 배치하고, 그 결과를 제자리에서 수정 중인 판독기(reader)에 대한 새로운 변수 신호들에 저장한다.

마지막으로 다음은 훈련 과정이었다.

```
network %>% fit(train_images, train_labels, epochs = 5, batch_size = 128)
```

이제 **fit**을 호출할 때 어떤 일이 발생하는지를 이해할 것이다. 해당 망은 128개의 표본으로 구성된, 미니배치에 있는 훈련 데이터를 다섯 차례 이상 반복하기 시작한다. 참고로 훈련 데이터 전부를 대상으로 한 차례 반복하는 과정을 **에포크**(epoch)라고 한다. 매 반복마다 망은 배치 손실과 관련해 가중치의 경사를 계산하고, 이에 따라 가중치를 갱신한다. 망은 이 5에포크 이후에 2,345개 경사 갱신(에포크당 469회)을 수행하게 되며, 망 손실은 망이 손으로 쓰는 숫자를 높은 정확도로 분류할 수 있을 만큼 충분히 낮아진다.

여러분은 이제 신경망에 관해 알아야 할 것의 대부분을 알게 되었다.

2.6 요약

- **학습**은 주어진 학습 데이터의 표본 집합과 해당 표적에 대한 손실 함수를 최소화하는 모델 파라미터의 조합을 찾는 것을 의미한다.

- 학습은 데이터 표본과 표적의 무작위 배치들을 도출해 낸 후, 해당 배치상의 손실과 관련해 망 파라미터의 경사를 계산할 때 발생한다. 그런 다음, 망 파라미터가 경사의 반대 방향으로 약간 이동한다(학습 속도로 이동 속도를 정의한다).

- 학습이라고 하는 과정은 전반적으로, 신경망이 미분 가능 텐서를 사슬처럼 이어서 연산할 수 있기 때문에 가능해진 일이다. 따라서 현재 파라미터와 현재 데이터 배치를 경사 값에 사상하는 경사 함수를 찾기 위해 미분의 연쇄 법칙을 적용할 수 있다.

- 이후에 나오는 여러 장에서 자주 볼 수 있는 두 가지 주요 개념은 **손실**과 **최적화기**이다. 다음은 망에 데이터를 입력하기 전에 정의해야 할 두 가지이다.

  - 손실은 훈련 중 최소화하려는 양이므로 해결하려는 작업의 성공 척도를 나타낸다.

  - 최적화기는 손실의 경사가 파라미터를 갱신하는 데 사용되는 정확한 방법을 지정한다. 예를 들어, RMSProp 최적화기, 타성이 있는 SGD 등이 될 수 있다.

3

신경망 입문

3장에서 다루는 내용

- 신경망의 핵심 구성 요소
- 케라스 소개
- 딥러닝 워크스테이션 설정
- 신경망을 사용해 기본적인 분류 및 회귀 문제 해결하기

3장에서는 신경망을 사용한 실제 문제 해결 방법을 설명한다. 2장의 실용적인 예에서 학습한 내용을 신경망의 가장 일반적인 사용 사례인 세 가지 새로운 문제, 즉 이항 분류[1], 다중 클래스 분류[2] 및 스칼라 회귀에 적용해 볼 것이다.

3장에서는 2장에서 소개한 신경망의 핵심 구성 요소인 계층, 망, 목적 함수 및 최적화기를 자세히 살펴본다.

또한 케라스를 간단히 소개할 것이다. 케라스는 이 책의 전체에서 사용할 딥러닝 라이브러리이다. 여기서는 텐서플로, 케라스 및 GPU 지원이 포함된 딥러닝 워크스테이션을 설정하게 될 것이다. 우리는 신경망을 사용해 현실적인 문제를 푸는 방법을 소개하는 세 가지 예제에 빠져들어가 보려고 한다.

---

1 옮긴이 '이진 분류'라고도 부른다.
2 옮긴이 정확한 용어는 '다항 클래스 분류'여야 하지만, 현재는 거의 '다중 클래스 분류'라는 용어를 사용하고 있다.

- 영화 감상평을 긍정이나 부정으로 분류(이항 분류)

- 뉴스를 주제별로 분류(다중 클래스 분류)

- 부동산 가격을 고려한 주택 가격 추정(회귀)

3장의 끝부분에서는 신경망을 사용해 벡터 데이터를 대상으로 분류하고 회귀 처리하는 일과 같은 간단한 머신러닝 문제를 해결할 수 있다. 그러면 4장에 이르러서는 원칙과 이론을 중심으로 머신러닝을 이해할 수 있을 것이다.

3.1 신경망 해부학

2장에서 살펴봤듯이 신경망을 훈련하는 일은 다음과 같은 목표를 중심으로 진행된다.

- **망**(network), 즉 **모델**(model)을 구성하는 **계층**(layers)

- **입력 데이터**(input data) 및 대응하는 **표적**(targets)

- 학습에 사용된 피드백 신호를 정의하는 **손실 함수**(loss function)

- 학습이 어떻게 진행되는지를 결정하는 **최적화기**(optimizer)

이것들 간의 상호 작용은 보기 3.1과 같이 시각화할 수 있다. 망을 함께 연결해 입력 데이터를 예측에 사상한다. 손실 함수는 이러한 예측을 표적과 비교해 손실 값을 산출한다. 망 예측이 예상했던 것과 얼마나 일치하는지를 측정한다. 최적화기는 이 손실 값을 사용해 망의 가중치를 갱신한다.

계층, 망, 손실 함수 및 최적화기를 자세히 알아보자.

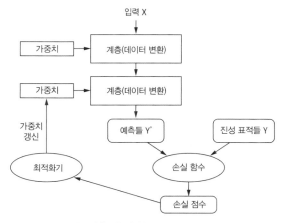

보기 3.1 **망, 계층, 손실 함수 및 최적화기 간의 관계**

3.1.1 계층: 딥러닝의 기본 요소

신경망의 기본 데이터 구조는 2장에서 소개한 **계층**이다. 계층은 하나 이상의 텐서를 입력으로 받아 하나 이상의 텐서를 출력하는 데이터 처리 모듈이다. 일부 계층은 상태 비저장이지만, 그 밖의 많은 계층에는 계층의 **가중치들**이라는 상태가 있고, 이것으로 확률적 경사 하강에서 하나 또는 여러 개의 텐서가 학습되며, 이 가중치들에 망의 **지식**(knowledge)이 담긴다.

서로 다른 계층은 서로 다른 텐서 형식과 다양한 유형의 데이터 처리에 적합하다. 예를 들어, (표본, 특징) 모양으로 된 2D 텐서로 저장된 간단한 벡터 데이터는 **완전 연결 계층**(fully connected layers, 즉 전 연결 계층), 즉 **조밀 계층**(dense layers)으로 처리되는 경우가 많다(케라스에서는 layer_dense 함수). 3D 텐서의 모양(표본, 시간대, 특징)에 저장된 시퀀스 데이터는 일반적으로 layer_lstm과 같은 재귀 계층에 의해 처리된다. 4D 텐서로 저장된 이미지 데이터는 2D 합성곱 계층(layer_conv_2d)으로 처리된다.

계층은 딥러닝에 사용하는 레고(LEGO) 블록이라고 생각할 수 있다. 이는 케라스와 같은 프레임워크에서 명시적으로 표현해 둔 은유이다. 케라스의 딥러닝 모델 구축은 호환 가능한 계층을 오려 내 유용한 데이터 변환 관로를 형성하는 식으로 수행된다. 여기서 **계층 호환성**(layer compatibility)이라는 개념은 모든 계층이 특정 모양의 입력 텐서만 받아들이고, 특정 모양의 출력 텐서를 반환한다는 사실을 구체적으로 나타낸 개념이다. 다음 예제를 생각해 보라.

```
layer <- layer_dense(units = 32, input_shape = c(784))
```

여기서는 첫 번째 차원이 784인 2D 입력 텐서만 받아들일 수 있는 계층을 만들고 있다(첫 번째 차원, 즉 배치 차원은 지정되지 않았으므로 모든 값이 허용된다). 이 계층은 첫 번째 차원이 32로 바뀐 텐서를 반환한다.

따라서 이 계층은 입력으로 32차원 벡터를 예상하는 다운스트림[3] 계층에만 연결할 수 있다. 케라스를 사용할 때 모델에 추가하는 계층이 들어오는 계층의 모양과 일치하도록 동적으로 만들어지기 때문에 호환성을 염려하지 않아도 된다. 예를 들어, 다음과 같이 작성한다고 가정해 보라.

3 　[옮긴이] 우리말로는 '하향류'라고 할 수 있는데, 입력 계층을 꼭대기 층으로 본다면 그 다음 계층은 그보다 아래에 있고, 데이터는 입력 계층에서 점점 더 아래쪽으로 흐르는 셈이므로 '다운스트림'이라고 한다. 그러나 입력 계층을 바닥으로 보고 출력 계층을 꼭대기로 보는 경우도 있으므로 용어 사용에 주의해야 한다.

```
model <- keras_model_sequential() %>%
layer_dense(units = 32, input_shape = c(784)) %>%
layer_dense(units = 32)
```

두 번째 계층은 입력 모양 인수를 받지 못했다. 그 대신, 입력 모양이 이전에 들어온 계층의 출력 모양으로 유추된다.

3.1.2 모델: 계층으로 이뤄진 망

딥러닝 모델이란, 방향성이 있고 순환하지 않는 그래프[4]다. 가장 일반적인 보기를 들면, 단일 입력을 단일 출력으로 사상하도록 계층을 선형으로 쌓아올린 것이다.

그러나 앞으로 나아갈 때 훨씬 다양한 네트워크 토폴로지(network topologies)[5]에 노출될 것이다. 일반적인 것들은 다음과 같다.

- 2분지 망(two-branch networks)
- 다중 헤드 망(multihead networks)
- 인셉션 블록(inception blocks)

네트워크 토폴로지는 가설 공간을 정의한다. 1장에서는 머신러닝을 "미리 정의된 가능성의 범위 내에서 피드백 신호의 지침을 사용해 일부 입력 데이터의 유용한 표현을 찾는 것"으로 정의했다. 네트워크 토폴로지를 선택하면 **가능성의 공간(space of possibilities)**, 즉 가설 공간을 일련의 특정 텐서 연산으로 제한해 입력 데이터를 출력 데이터에 사상한다. 이를 위해서는 이 텐서 연산에 관련된 가중치 소수점에 대한 좋은 값 집합을 찾아야 한다.

적절한 망 아키텍처를 선택하는 일에는 과학이 아닌 예술이 필요하다. 이에는 몇 가지 모범 사례와 원칙이 있겠지만, 단지 연습만으로도 적절한 신경망 설계자가 될 수 있다. 다음 몇 장에서는 신경망 구축과 관련된 명쾌한 원칙을 알려 줄 것이며, 특정 문제에만 효과가 있거나 작동하지 않는 일 등에 대한 직관을 개발하는 데 도움이 될 것이다.

---

4 옮긴이 즉, 비순환 유향 그래프.

5 옮긴이 위상기하학 용어인데, 그물(즉, 네트워크)처럼 연결된 그래프의 위상(즉, 토폴로지)을 연구하는 분야이다. 연결주의 관점에서 보면 인공 신경망(심층 신경망 포함)이야말로 그물처럼 연결된 그래프에 다름 아니다.

3.1.3 손실 함수 및 최적화기: 학습 과정을 구성하는 데 필요한 핵심 요소

망 아키텍처를 정의하고 나서도 두 가지를 더 선택해야 한다.

- **손실 함수(목적 함수)**: 훈련하면서 최소화하는 양. 손실 함수는 당면 과제를 성공적으로 수행할 수 있는 계량이다.
- **최적화기**: 손실 함수에 따라 망을 갱신하는 방법을 결정한다. 최적화기는 확률적 경사 하강(SGD)의 특정 변형을 구현한다.

출력이 여러 개인 신경망에는 손실 함수가 여러 개 있을 수 있다(출력마다 하나씩). 그러나 경사 하강 과정은 단일 스칼라 손실 값을 기반으로 해야 한다. 따라서 다중 망의 경우, 모든 손실이 (평균화를 통해) **단일(single)** 스칼라 수량으로 결합된다.

올바른 문제에 맞게 적절한 목적 함수를 선택하는 일은 매우 중요하다. 즉, 망은 손실을 최소화하기 위해 가능한 한 모든 지름길을 취한다. 따라서 목적이 현재 진행 중인 작업의 성공과 완전히 관련되지 않으면 망은 여러분이 원치 않는 일을 하게 된다. 어리석게도 "모든 인간의 평균적인 행복을 극대화한다"는 목적 함수를 선택해 SGD로 훈련함으로써, 전능하지만 어리석어진 인공지능을 만들었다고 가정해 보자. 그러면 그런 인공지능은 자기에게 부여된 목적을 쉽게 달성하기 위해서 몇 사람만 제외한 거의 모든 사람을 죽인 다음에, 남겨진 몇 사람을 행복하게 하는 데에만 힘쓰려고 할 것이다. 평균적인 복지는 얼마나 많은 인간이 남아 있는지에 영향을 받지 않기 때문이다. 이러한 일은 의도한 것이 아닐 수도 있다! 여러분이 구축하는 모든 신경망은 망의 손실 함수를 낮추는 일에 대해서 이것저것 가리지 않을 것이다. 따라서 객관적으로 봐서도 현명하다고 할 만한 선택을 해야 하고 그렇게 하지 않는다면 의도하지 않은 부작용(side effects)에 직면할 수 있다.

다행히도 분류, 회귀 및 시퀀스 예측과 같은 일반적인 문제에 관해서 정확한 손실을 선택하기 위해 따라야만 하는 지침이 있다. 예를 들어, 2개 클래스로 분류하는 문제에 대한 이항 교차 엔트로피, 다중 클래스 분류 문제에는 범주적 교차 엔트로피, 회귀 문제에는 평균제곱 오차(mean squared error, MSE), 시퀀스 학습 문제에는 연결자 시간 분류(connectionist temporal classification, CTC) 등을 쓰면 될 것이다. 여러분이 (일반적인 문제가 아닌) 새로운 연구 주제에 진심으로 골몰할 때만 자신만의 목적에 맞는 (손실) 함수를 개발하라.[6] 다음 몇 개 장에서는 광범위하고 일반적인 작업에 알맞은 손실 함수를 선택하는 방안을 명시할 것이다.

6 　옮긴이　 본문에는 나와 있지 않지만 이 문장 뒤에 '그렇지 않다면 기존 손실 함수를 사용하라'라는 말이 생략돼 있는 것으로 보인다. 마찬가지로 문장 속에 팔호를 친 부분은 이해를 돕기 위해 역자가 추가한 부분이다.

3.2 케라스 소개

이 책의 전반에 걸쳐 케라스(https://keras.rstudio.com)로 작성한 코드 예제를 사용한다. 케라스는 거의 모든 종류의 딥러닝 모델을 정의하고 훈련하는 편리한 방법을 제공하는 딥러닝 프레임워크이다. 케라스는 연구자들이 신속히 실험해 볼 수 있게 할 목적으로 만들어졌다.

케라스의 주요 기능은 다음과 같다.

- 동일한 코드를 CPU에서든, GPU에서든 원활하게 실행할 수 있다.
- 사용자 친화 API를 사용하므로 딥러닝 모델을 신속하게 시범 제작해 볼 수 있다.
- 합성곱 망(컴퓨터 비전용), 재귀 망(시퀀스 처리용) 및 이 두 가지의 조합을 기본적으로 지원한다.
- 다중 입력 또는 다중 출력 모델, 계층 공유, 모델 공유 등 임의의 망 아키텍처를 지원한다. 이 점은 케라스가 생성적 적대 망(generative adversarial networks, GAN)[7]에서 신경 튜링 기계에 이르기까지 본질적으로 모든 딥러닝 모델을 구축하는 데 적합하다는 것을 의미한다.

케라스와 케라스의 R 인터페이스는 허가된 MIT 라이선스에 따라 배포되므로 상용 프로젝트에서 자유롭게 사용할 수 있다. 케라스 R 패키지는 R 버전 3.2 이상과 호환된다. R 인터페이스를 설명하는 문서를 https://keras.rstudio.com에서 볼 수 있고, 주요 케라스 프로젝트 웹 사이트는 https://keras.io에서 찾을 수 있다.

케라스 사용자는 신생 기업 및 대기업의 학술 연구자 및 기술자부터 대학원생 및 취미 제작자에 이르기까지 15만 명이 넘는다. 케라스는 구글, 넷플릭스(Netflix), 우버(Uber), 시이아르엔(CERN), 옐프(Yelp), 스퀘어(Square) 및 광범위한 문제를 다루는 수백 개 신생 기업에서 사용한다. 케라스는 케라스 모델(보기 3.2 참조)을 사용해 거의 모든 최신 딥러닝 경쟁이 이뤄진 머신러닝 경진 웹 사이트인 캐글에서 널리 사용되는 프레임워크이다.

---

7 **옮긴이** '생성적 적대 신경망' 또는 '적대적 생성 신경망'이라고 부르기도 한다. 개념에 충실한 번역어를 만들자면 '생성적 대항 망'이 가장 잘 어울린다. 이 망에 쓰이는 두 가지 망이 서로 적대시하는 게 아니라 서로 경쟁하고 대항하며 상호 발전 관계를 이루기 때문이다. 그러나 이 책에서는 더 널리 불리는 이름을 채택했다.

3.2.1 케라스, 텐서플로, 씨애노 및 CNTK

케라스는 딥러닝 모델을 개발할 수 있는 고급 구성 요소를 제공하는 모델 수준 라이브러리이다. 텐서 연산 및 미분과 같은 저수준 연산은 처리하지 않는다. 그 대신, 케라스의 **백엔드 엔진** (backend engine, 후단부 엔진) 역할을 하는 전문화되고 잘 최적화된 텐서 라이브러리에 의존한다. 케라스는 단일 텐서 라이브러리를 선택하고 그 라이브러리에 케라스 구현을 묶는 대신, 모듈 방식으로 문제를 처리한다(보기 3.3 참조). 따라서 여러 다른 백엔드 엔진을 케라스에 원활하게 연결할 수 있다. 현재 세 가지 기존 백엔드 구현은 텐서플로 백엔드, 씨애노 백엔드 및 마이크로소프트 인지 도구 키트(CognitiveToolkit, CNTK) 백엔드이다. 장래에는 케라스가 확장돼 더 깊이 있는 딥러닝 실행 엔진을 사용할 수 있게 될 가능성이 있다.

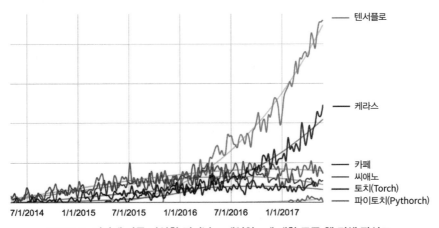

보기 3.2 시간에 따른 다양한 딥러닝 프레임워크에 대한 구글 웹 검색 관심도

텐서플로, CNTK 및 씨애노는 오늘날 딥러닝을 위한 기본 플랫폼 중 일부이다. 씨애노(http://deeplearning.net/software/ theano)는 몬트리올 대학교(Université de Montréal) 소속 MILA 연구소, 텐서플로(www.tensorflow.org)는 구글, CNTK(https://github.com/Microsoft/CNTK)는 마이크로소프트에서 개발했다. 케라스로 작성한 모든 코드는 해당 코드에서 아무것도 변경하지 않은 채로 이러한 백엔드 중 하나를 사용해 실행할 수 있다. 예를 들어, 이러한 백엔드 중 하나가 특정 작업에 더 빠르다는 게 증명되면 개발 중이더라도 두 가지 백엔드들 사이에서 원활하게 전환할 수 있다. 텐서플로 백엔드는 가장 널리 채택되고, 확장 가능하며, 실제 운영 준비가 돼 있으므로 대부분의 딥러닝 요구 사항의 기본값으로 사용하는 게 바람직하다.

케라스는 텐서플로(또는 씨애노 또는 CNTK)를 거쳐 CPU와 GPU 모두에서 원활하게 실행될 수 있다. CPU에서 실행될 때 텐서플로 자체는 아이젠(Eigen, http://eigen.tuxfamily.org)이라고 하는 텐서 연산을 위한 저수준 라이브러리를 래핑(wrap)한다. GPU를 쓰는 경우라면 텐서플로에는 '엔비디아 CUDA 딥 뉴럴 네트워크 라이브러리(NVIDIA CUDA Deep Neural Network library, cuDNN)'라고 부르는 최적화된 딥러닝 작업 라이브러리가 들어 있다.[8]

보기 3.3 딥러닝 소프트웨어 및 하드웨어 스택

3.2.2 케라스 설치

케라스를 시작하려면 케라스 R 패키지, 핵심 케라스 라이브러리 및 백엔드용 텐서 엔진(옙 텐서플로)을 설치해야 한다. 다음과 같이 할 수 있다.

```
install.packages("keras")   <--| 케라스 R 패키지 설치

library(keras)
install_keras()        핵심 케라스 라이브러리와 텐서플로 설치
```

그러면 케라스 및 텐서플로의 기본 CPU 기반 설치 내역이 제공된다. 딥러닝 워크스테이션 설정을 다룬 절에서 언급했듯이, 여러분은 아마도 GPU에서 딥러닝 모델을 훈련해 보기를 바랄 것이다. 엔비디아 GPU, 제대로 구성된 CUDA 및 cuDNN 라이브러리가 있는 시스템에서 실행하는 경우, 다음과 같이 텐서플로라는 백엔드 엔진의 GPU 기반 버전을 설치할 수 있다.

```
install_keras(tensorflow = "gpu")
```

이 선행 조건을 충족하지 않으면, 텐서플로의 GPU 버전을 적재할 수 없으므로 워크스테이션에 엔비디아 GPU 및 필수 소프트웨어(CUDA 및 cuDNN)가 있는 경우에만 이 작업을 수행해야 한다. 3.3 단원에서는 GPU를 구성하는 방법을 자세히 설명한다.

---

8 옮긴이 역자가 책의 앞 부분에 써 놓은 서문에서 CUDA는 9.0을 써야 (현재 사용되는) 텐서플로와 연동된다는 점과, CUDA 버전에 맞는 cuDNN을 써야 한다는 점을 밝혔다. 적절한 cuDNN 버전은 엔비디아 사의 홈페이지에서 확인할 수 있다.

3.2.3 케라스 이용 개발: 훑어보기

앞에서 케라스 모델의 한 예인 MNIST 예제를 살펴봤다. 일반적인 케라스 작업 흐름은 다음 예제와 같다.

1. 훈련 데이터를 정의한다. 여기서 훈련 데이터란, 입력 텐서들과 표적 텐서들을 말한다.
2. 입력을 표적에 사상하는 계층들(또는 모델)로 이뤄진 망을 정의한다.
3. 손실 함수, 최적화기 및 관측할 일부 계량을 선택해 학습 과정을 구성한다.
4. 모델의 fit() 메서드를 호출해 훈련 데이터를 반복한다.

모델을 정의하는 방법에는 keras_model_sequential() 함수(가장 일반적인 망 아키텍처인 계층의 선형 스택에만 사용) 또는 함수형 API(계층의 방향성 비순환 그래프의 경우, 완전히 임의의 아키텍처를 만들 수 있게 해 준다)가 있다.

다시 상기해 본다면, keras_model_sequential을 사용해 정의하는 두 계층 모델은 다음과 같다(입력 데이터의 예상되는 모양을 첫 번째 계층으로 전달한다는 점에 유의하라).

```
model <- keras_model_sequential() %>%
  layer_dense(units = 32, input_shape = c(784)) %>%
  layer_dense(units = 10, activation = "softmax")
```

다음은 동일한 모델을 함수형 API를 사용해 정의한 것이다.

```
input_tensor <- layer_input(shape = c(784))
output_tensor <- input_tensor %>%
  layer_dense(units = 32, activation = "relu") %>%
  layer_dense(units = 10, activation = "softmax")

model <- keras_model(inputs = input_tensor, outputs = output_tensor)
```

함수형 API를 사용하면 모델이 처리하는 데이터 텐서를 조작할 수 있고, 함수처럼 이 텐서에 계층을 적용할 수 있다.

> **NOTE** 함수형 API로 할 수 있는 일을 7장에서 자세히 안내한다. 7장까지는 코드 예제에서 keras_model_sequential만 사용한다.

모델 아키텍처가 정의되면, keras_ model_sequential 또는 함수형 API를 사용했는지 여부는 중요하지 않다. 다음에 나오는 단계들은 모두 동일하다.

학습 과정은 컴파일 단계에서 구성된다. 여기서 컴파일할 때 모델에서 사용해야 하는 최적화기 및 손실 함수와 훈련 중에 관측하려는 계량을 지정한다. 다음은 가장 일반적인 경우로서 단일 손실 함수를 사용한 예이다.

```
model %>% compile(
  optimizer = optimizer_rmsprop(lr = 0.0001),
  loss = "mse",
  metrics = c("accuracy")
)
```

마지막으로 학습 과정은 입력 데이터의 배열 (및 해당 표적 데이터)을 다른 머신러닝 라이브러리에서 수행하는 것과 비슷한 fit( ) 메서드를 통해 모델에 전달하는 것으로 구성된다.

```
model %>% fit(input_tensor, target_tensor, batch_size = 128, epochs = 10)
```

다음 몇 개의 장을 통해 여러분은 다양한 유형의 망 아키텍처에 대해 올바른 유형의 학습 구성을 선택하는 방법과 원하는 결과를 얻을 때까지 모델을 조정하는 방법에 관해 확고한 직관을 얻을 수 있을 것이다.

3.4, 3.5, 3.6절에서 우리는 세 가지 기본 예제, 즉 두 개 클래스로 된 분류 예제, 다수 클래스(many-class) 분류 예제 및 회귀 예제를 살펴볼 것이다. 이 책의 모든 코드 예제는 오픈소스 전자 필기장으로 제공된다. 이는 이 책의 웹 사이트인 www.manning.com/books/deep-learning-with-r에서 내려받을 수 있다.

3.3 딥러닝 워크스테이션 설정

딥러닝 애플리케이션을 개발하기 전에 워크스테이션을 설정해야 한다. 꼭 필요한 것은 아니지만, 최신 엔비디아 GPU에서 딥러닝 코드를 실행하는 게 바람직하다. 일부 응용, 특히 합성곱망을 사용한 이미지 처리 및 재귀 신경망(recurrent neural networks, RNN)[9]을 사용한 시퀀스 처리는 고속 다중 코어 CPU에서조차 엄청나게 느릴 수 있다. 그리고 현실적으로 CPU에서 실행

---

9 **옮긴이** 보통 '순환 신경망'이라고도 부르지만, 이것의 개념을 명확히 나타낼 수 있는 번역어를 채택했다. '재귀적 마르코프 연쇄'나 '재귀 상태'라는 통계 용어에서 볼 수 있듯이 '재귀'라는 말이 들어갔을 때 이 신경망의 개념을 더 정확히 나타낼 수 있기 때문이다.

될 수 있는 애플리케이션의 경우, 최신 GPU를 사용하면 속도가 5배에서 10배는 빨라진다. 컴퓨터에 GPU를 설치하지 않으려면 실험을 AWS EC2 GPU 인스턴스나 구글 클라우드 플랫폼에서 실행하는 방법을 고려할 수 있다. 그러나 클라우드 GPU 인스턴스는 사용한 시간만큼 비용을 지불해야 할 것이다.

로컬에서 실행 중인지, 클라우드에서 실행 중인지에 상관없이 유닉스 워크스테이션을 사용하는 게 바람직하다. 기술적으로 보면 윈도우에서 케라스를 사용할 수 있지만(케라스 백엔드 세 개 모두 윈도우를 지원한다), 권장하지는 않는다. 윈도우 사용자의 경우, 이 모든 것을 실행하는 가장 간단한 해결책은 컴퓨터에 우분투도 설치해서 우분투로도 부팅할 수 있게 설정하는 것이다. 번거로워 보일지 모르지만, 우분투를 사용하면 장기간에 걸쳐 많은 시간을 절약할 수 있고, 문제도 감소시킬 수 있다.[10]

케라스를 사용하려면 텐서플로나 CNTK 또는 씨애노(또는 세 가지 백엔드 간에 전환할 수 있기를 원하면 모두 포함)를 설치해야 한다. 이 책에서는 텐서플로에 초점을 맞추면서 씨애노와 관련해서는 가볍게 안내한다. CNTK는 다루지 않을 것이다.

3.3.1 케라스 실행되게 하기: 두 가지 선택사항

실제로 시작하려면 다음 두 가지 선택지 중 하나를 사용하는 게 바람직하다.

- 공식 EC2 Deep Learning AMI(https://aws.amazon.com/amazon-ai/amis)를 사용하고 EC2의 RStudio Server에서 케라스 실험을 실행한다. 이 클라우드 GPU 옵션 및 기타 GPU 옵션에 대한 자세한 내용은 https://tensorflow.rstudio.com/tools/cloud_gpu를 참조한다.

- 로컬 유닉스 워크스테이션에서 모든 것을 처음부터 설치한다. 이미 고급형 엔비디아 GPU를 사용하고 있다면 이 작업을 수행한다. 로컬 GPU 워크스테이션 설정을 https://tensorflow.rstudio.com/tools/local_gpu에서 자세히 다루고 있다.

두 가지 선택지 중 한 가지를 더 선호하는 것과 관련된 몇 가지 타협안을 자세히 살펴보자.

---

10 옮긴이 역자가 실험해 본 결과로는 오히려 윈도우가 이 책을 학습하기에 더 적절한 환경이었다. 우분투 리눅스를 윈도우와 듀얼 부팅으로 설치하는 데 시간이 걸리는 데다가, 우분투/CUDA/cuDNN/텐서플로/케라스/R 등을 설치할 때 의존성 문제가 아주 많이 발생했다. 반면에 윈도우에서는 그런 의존성 문제가 거의 발생하지 않았다. CUDA 버전을 9.0에 맞추고, cuDNN 버전도 이에 맞춰줘야 한다는 점만 빼고 말이다. 게다가 이 책에 나오는 모든 코드도 윈도우에서 깔끔하게 실행되었다(R 스튜디오를 사용). 또한 윈도우에 R 개발 환경(GPU 사용 포함)을 구축하는 방법을 다룬 글도 인터넷에서 쉽게 찾아 볼 수 있으므로 설치하기도 쉽다. 그러므로 역자는 오히려 윈도우에서 이 책에 나온 내용을 따라 해 보기를 권장한다.

3.3.2 클라우드에서 딥러닝 작업 실행: 장단점

딥러닝에 사용할 수 있는 GPU(최신 고급 엔비디아 GPU)가 없는 경우, 하드웨어를 추가하지 않고 도 딥러닝 실험을 간단하고 저렴하게 클라우드에서 착수할 수 있다. RStudio Server를 사용한 다면 클라우드에서의 실행 경험은 로컬에서 실행하는 것과 다를 바 없다. 2017년 중반부터는 AWS EC2가 딥러닝을 시작하기에 가장 쉬운 클라우드이다.

그러나 딥러닝을 대량으로 사용하는 경우라면, 이 설정은 장기간 지속될 수 없다. EC2 인스턴 스는 비싸다. 예를 들어, 성능이 그다지 뛰어나지 않은 p2.xlarge 인스턴스의 경우, 2017년 중 반부터는 시간당 0.90달러의 비용이 든다. 한편, 알찬 소비자급 GPU 가격은 1,000 ~ 1,500달 러 정도이다.

GPU 사양이 지속적으로 향상되는 동안에도 가격이 크게 오르지 않았다. 딥러닝을 진지하게 생각한다면 GPU가 한 개 이상 장착된 로컬 워크스테이션을 설정해야 한다. 요컨대, 입문하는 시점에서는 EC2를 사용하는 것이 좋다. 이 책의 코드 예제를 EC2 GPU 인스턴스에서 완벽하 게 따라 할 수 있을 것이다. 그러나 딥러닝을 할 수 있는 고급 사용자가 되려면 자체 GPU를 준비하라.[11]

3.3.3 딥러닝을 위한 최고의 GPU는?

GPU는 어떤 것을 선택해야 할까? 가장 주의해야 할 점은 엔비디아 GPU여야 한다는 것이다. 엔비디아는 지금까지 딥러닝에 집중 투자한 유일한 그래픽 컴퓨팅 회사이며, 최신의 딥러닝 프 레임워크는 엔비디아 카드에서만 실행할 수 있다.

2017년 중반 시점에서는 딥러닝용 엔비디아 타이탄 Xp(NVIDIA TITAN Xp)를 추천한다. 예산 을 줄이려면 GTX 1060을 고려해야 한다. 2018년도나 그 이후에 이 페이지에 실린 내용을 읽 고 있다면, 해마다 새로운 모델이 나오므로 온라인으로 새로운 그래픽카드 추천 정보를 찾아 보라.

이번 절부터는 케라스와 케라스에 의존하는 것들이 설치된 컴퓨터를 사용할 수 있다고 가정 한다. GPU를 지원하는 컴퓨터가 바람직하다. 진도를 나가기 전에 이 단계를 완료해야 한다.

---

11 **옮긴이** 역자는 이 책을 테스트하기 위해 출판사의 지원을 받아 GTX1060(6GB 그래픽 메모리)이라는 그래픽 카드를 구했다. 그리고 검증용 컴퓨터의 CPU는 8세대 인텔 i3, RAM은 32GB, SSD는 256GB였다. 이 정도 사양이라면 게임용 데스크톱 PC 수준에 불과 한데도(다시 말해서 수백만 원에서 수 천만원을 들여서 제대로 맞추는 딥러닝 전용 워크스테이션이 아닌데도) 이 책에 나오는 모든 예제 코드를 실행해 보기에 부족함이 없었다. 물론 어떤 예제는 실행하는 데 여러 시간이 걸리기는 했다. 하지만, 애초에 며칠 걸릴 거라고 예상한 바에 비하면 아무 것도 아니었다.

케라스 및 일반적인 딥러닝 의존 파일들을 설치하는 방법을 설명하는 문서는 많다.

이제 우리는 실제 케라스 예제를 살펴볼 수 있게 됐다.

3.4 영화 감상평 분류: 이항 분류 예제

두 개 클래스 분류, 즉 이항 분류(binary classification)는 가장 널리 적용되는 종류의 머신러닝 문제일 것이다. 이번 예제에서는 감상평이 담긴 문장(text) 내용을 기준으로 영화 감상평을 긍정이나 부정으로 분류하는 방법을 배운다.

3.4.1 IMDB 데이터셋

여러분은 IMDB 데이터셋으로 작업하게 될 것이다. 이 데이터셋은 인터넷 무비 데이터베이스(Internet Movie Database)라는 곳에서 가져온, 5만 편에 이르는, 아주 양극화된 감상평들을 모아둔 집합이다. 2만 5,000개의 훈련용 감상평과 테스트용 감상평으로 나뉘어 있으며, 각 집합은 50%의 부정적인 감상평과 50%의 긍정적인 감상평으로 구성돼 있다.

훈련 집합과 테스트 집합[12]을 따로 사용해야 하는 이유는 훈련용으로 사용한 데이터와 동일한 것으로 머신러닝 모델을 테스트해서는 안 되기 때문이다. 어떤 모델이 훈련용 데이터로 훈련을 받은 뒤에 잘 돌아간다고 해서 지금껏 본 적이 없던 신규 데이터를 갖고도 잘 작동할 수 있다는 점을 의미하지는 않는다. 따라서 신규 데이터를 처리하는 모델 성능이 더 중요하다(훈련 데이터를 바탕으로 모델이 예측하게 할 필요가 없는데, 이는 여러분이 훈련 데이터의 레이블을 이미 알고 있기 때문이다). 예를 들어, 모델이 훈련용 표본 데이터와 표적 간의 대응 관계(즉, 사상)만 기억하게 할 수도 있지만, 이렇게 하면 모델은 신규 데이터를 가지고 표적을 예측하지 못 하게 된다.[13] 이 부분은 다음 장에서 자세히 다룰 것이다.

IMDB 데이터셋도 MNIST 데이터셋과 마찬가지로 케라스에 딸려 온다. 해당 데이터셋은 전처리돼 있다. 감상평(단어 시퀀스)은 정수 시퀀스로 바뀌어 있는데, 여기서 각 정수는 사전의 특정 단어를 나타낸다.

다음 코드로 데이터셋을 적재한다(처음 실행하면 약 80MB의 데이터가 컴퓨터로 내려받아질 수 있다).

---

12 **옮긴이** 검증 집합(validation sets)과 혼동하지 않도록 주의하자.
13 **옮긴이** 머신러닝이나 딥러닝에 대한 선행 지식이 없다면 이 문장이 이해되지 않을 수 있다. 저자의 말대로 다음 장을 읽어야 한다.

```
library(keras)

imdb <- dataset_imdb(num_words = 10000)
c(c(train_data, train_labels), c(test_data, test_labels)) %<-% imdb
```

다중 할당(%<-%) 연산자 사용하기

케라스에 내장된 모든 데이터셋에는 훈련 데이터와 테스트 데이터가 다 들어 있다. 여기서 우리는 zeallot 패키지의 다중 할당 연산자(% <- %)를 사용해 목록을 다른 변수 집합으로 압축한다. 다중 할당 연산자를 사용하지 않고 이 작업을 수행하려면 필요한 코드는 아마도 다음과 같을 것이다.

```
imdb <- dataset_imdb(num_words = 10000)
train_data <- imdb$train$x
train_labels <- imdb$train$y
test_data <- imdb$test$x
test_labels <- imdb$test$y
```

이처럼 다중 할당 버전은 더 압축된 것이므로 바람직하다. % <- % 연산자는 R 케라스 패키지가 적재 될 때마다 자동으로 사용 가능해진다.

인수 num_words = 10000은 훈련 데이터에서 출현 빈도를 기준으로 상위 1만 개 단어만 유지 한다는 것을 의미한다. 어쩌다가 한 번씩 쓰인 단어는 삭제된다. 이렇게 희박하게 나타나는 단 어를 제외하면 처리 용량에 맞춰 벡터 데이터를 구성할 수 있다.

변수 train_data 및 test_data는 감상평을 담은 리스트이다. 각 감상평은 단어 인덱스 리스트 (단어 시퀀스로 부호화한 것)이고, train_labels 및 test_labels는 0과 1로 구성된 리스트이다. 여기 서 0은 부정, 1은 긍정을 나타낸다.

```
> str(train_data[[1]])
int [1:218] 1 14 22 16 43 530 973 1622 1385 65 ...

> train_labels[[1]]
[1] 1
```

가장 자주 사용되는 상위 1만 개 단어로 제한하고 있으므로 단어 인덱스는 10,000을 초과하 지 않는다.

```
> max(sapply(train_data, max))
[1] 9999
```

예를 들어 다음 감상평 중 하나를 영어 단어로 빠르게 복호화하는 방법은 다음과 같다.

word_index는 단어를 정수 인덱스에
사상하는 이름이 부여된 리스트이다.

정수 인덱스를
단어에 사상한다.

```
word_index <- dataset_imdb_word_index()
reverse_word_index <- names(word_index)
names(reverse_word_index) <- word_index
decoded_review <- sapply(train_data[[1]], function(index){
  word <- if (index >= 3) reverse_word_index[[as.character(index - 3)]]
  if (!is.null(word)) word else "?"
})
```

감상평을 복호화한다. 0, 1 및 2는 "채우기", "시퀀스
시작" 및 "알려지지 않음"을 나타내기 위해 예약된
인덱스이기 때문에 인덱스는 3만큼 오프셋된다.

3.4.2 데이터 준비

정수 리스트를 신경망에 공급(feed)할 수는 없으므로 텐서로 변환해야 한다. 이를 수행하는 데에는 두 가지 방법이 있다.

- 리스트가 같은 길이가 되도록 채우기를 하고, (표본들, 단어_색인들) 모양으로 된 정수 텐서로 변환한 후 망의 첫 번째 계층으로 이러한 정수 텐서를 처리할 수 있는 계층을 사용한다("매장" 계층은 이 책의 뒷부분에서 자세히 설명한다).
- 리스트를 원핫 인코딩(one-hot encoding)[14]으로 처리해 0과 1로 된 벡터로 바꾼다. 예를 들어, 시퀀스 [3, 5]를 1이 들어가는 인덱스 3과 5자리를 제외한 나머지 자리가 모두 0이 들어가는 1만 차원의 벡터로 바꾸는 것을 의미한다. 그런 다음, 망에서 부동소수점 벡터 데이터를 처리할 수 있는 조밀 계층을 첫 번째 계층으로 사용할 수 있다.

여기서는 두 번째 방법을 사용해 데이터를 벡터화하되, 명료하게 이해할 수 있게 일일이 직접 해 보자.

---

14 **옮긴이** 굳이 우리말로 하자면 '1개 활성 부호화'라고 할 수 있겠다. 예를 들어 0부터 9에 이르는 숫자를 숫자가 아닌 부호로 나타내는 방법은 여러 가지가 있겠지만, 그 중에 원핫 인코딩 방식으로 부호화한다고 하자. 그러면 0과 1을 나타내는 비트를 열 개 준비하고, 1일 때는 첫째 자리만 1로 채우되 나머지 자리는 다 0으로 채우고, 2일 때는 둘째 자리만 1로 채우되 나머지 자리는 다 0으로 채우는 식으로 부호화할 수 있다. 10개 비트 중에 꼭 1개 비트만 활성화(즉, 1로 채워짐)되기 때문에 1개 활성 부호화 방식이라고 부를 수 있을 것이다. 이게 바로 '원핫 인코딩' 방식이다. 이 방식을 쓰면 어떤 숫자나 문자든지, 또는 단어나 문장이든지 각 수준에 맞게 적절히 부호화하여 벡터 처리 대상으로 삼을 수 있다.

```
vectorize_sequences <- function(sequences, dimension = 10000) {
  results <- matrix(0, nrow = length(sequences), ncol = dimension)  ◁─── (길이(시퀀스), 차원)
  for (i in 1:length(sequences))                                         모양이고 모두가
    results[i, sequences[[i]]] <- 1  ◁─── results[i]의 특정 인덱스들을   0인 행렬을
  results                                 1로 설정한다.                    생성한다.
}


x_train <- vectorize_sequences(train_data)
x_test <- vectorize_sequences(test_data)[15]
```

표본은 다음 같은 모양으로 보일 것이다.

```
> str(x_train[1,])
num [1:10000] 1 1 0 1 1 1 1 1 1 0 ...
```

레이블을 정수에서 숫자로 변환하는 방법은 다음과 같다.

```
y_train <- as.numeric(train_labels)
y_test <- as.numeric(test_labels)
```

이제 데이터를 신경망에 입력할 준비가 됐다.

3.4.3 망 구축

입력 데이터는 벡터이며 레이블은 스칼라(1과 0)이다(가장 흔히 쓰이는 구성 방식이다). 이러한 문제
를 잘 수행하는 망 유형은 ReLU 활성을 사용하는 완전 연결(조밀) 계층들을 단순하게 겹쳐 쌓
기만 한 스택이다.

```
layer_dense (units = 16, activation = "relu")
```

각 조밀 계층에 전달되는 인수는 계층의 은닉 유닛 수(16)이다. **은닉 유닛**(hidden unit)은 계층의
표현 공간에 있는 차원이다. 2장에서 ReLU 활성화 구현이 있는 이러한 조밀 계층이 다음과

15 　옮긴이　여기서 형성된 x_train과 x_test의 데이터 용량이 각기 1.9GB였고, 행렬을 구성하는 원소의 개수는 각기 2억 5,000만개였다.
빅데이터인 셈이다. 그런데도 앞에서 설명한 옮긴이가 지닌 컴퓨터 사양에서도 순식간에 처리되었다.

같은 일련의 텐서 연산을 구현한다는 것을 기억할 것이다.

```
output = relu(dot(W, input) + b)¹⁶
```

16개의 은닉 유닛을 가짐으로써 W가 (입력_차원, 16) 모양으로 된 가중치 행렬을 가짐을 의미한다. W가 있는 내적은 입력 데이터를 16차원 표현 공간에 투영한다(그런 다음, 편향 벡터 b를 추가하고, ReLU 연산을 적용한다). 표현 공간의 차원은 직관적으로 "내부 표현을 학습할 때 망이 가질 수 있는 자유의 정도"라는 식으로 이해할 수 있다. 더 많은 은닉 유닛(더 높은 차원의 표현 공간)을 사용하면 망보다 복잡한 표현을 학습할 수 있지만, 망 계산 비용이 많이 들고, 원치 않는 패턴(훈련 데이터에서는 성능이 향상되는 패턴이지만, 테스트 데이터에서는 그렇지 않은 패턴)을 학습하게 될 수 있다.

이러한 조밀 계층 스택에는 두 가지 주요 아키텍처 결정이 필요하다.

- 사용할 계층 수
- 계층별로 선택할 은닉 유닛 수

4장에서는 이러한 선택을 하는 데 도움이 되는 공식 원칙을 배우게 된다. 그렇지만 우선은 우리를 믿고 우리가 선택한 다음 아키텍처를 사용하자.

- 각기 16개 은닉 유닛이 있는 두 개 중간 계층
- 현재 감상평의 정서에 관한 스칼라 예측을 출력하는 세 번째 계층

중간 계층은 ReLU를 활성 함수로 사용하고, 맨 끝 계층은 시그모이드 활성화를 사용해 확률(0에서 1 사이의 점수에 해당하며, 표본이 표적 "1"을 가질 가능성이 얼마나 되는지와 감상평이 얼마나 긍정에 가까운지)을 출력한다. ReLU, 즉 정류된 선형 유닛(rectified linear unit)은 음인 값들을 0으로 만드는 함수이다(보기 3.4 참조). 반면, 시그모이드는 임의의 값을 [0, 1] 구간으로 크게 축소함으로써 확률로 해석해 볼 여지가 있는 수치 형태로 출력한다(보기 3.5 참조).

---

16 [옮긴이] 이 코드는 R에서 실행하는 코드가 아니라, relu 활성을 지정했을 때 케라스가 내부적으로는 이런 텐서 연산 형태로 구현함을 설명하고 있는 것이다. 그러므로 R 스튜디오에 입력해 보아야 오류만 발생하고 실행은 안 된다.

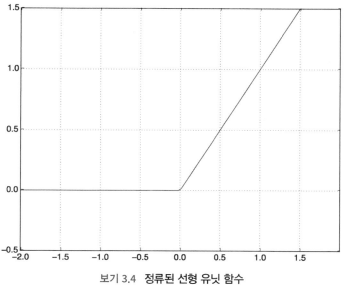

보기 3.4 정류된 선형 유닛 함수

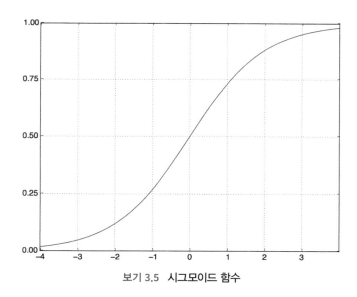

보기 3.5 시그모이드 함수

보기 3.6은 망의 모습, 목록 3.3은 이전에 봤던 MNIST 예제와 비슷한 케라스 구현을 보여 준다.

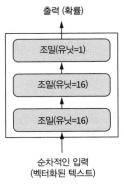

보기 3.6 **3계층 망**

목록 3.3 **모델 정의하기**

```
library(keras)

model <- keras_model_sequential() %>%
  layer_dense(units = 16, activation = "relu", input_shape = c(10000)) %>%
  layer_dense(units = 16, activation = "relu") %>%
  layer_dense(units = 1, activation = "sigmoid")
```

활성 함수란 무엇이며, 왜 필요한가?

ReLU(비선형성이라고도 함)와 같은 활성 함수가 없으면 조밀 계층은 두 개의 선형 연산, 즉 내적(dot product)과 덧셈으로 구성된다.

```
output = dot(W, input) + b
```

그래서 해당 계층은 입력 데이터의 선형 변환(아핀 변환)만을 배울 수 있다. 해당 계층의 가설 공간은 입력 데이터를 16차원 공간으로 선형 변환하는 것이다. 이러한 가설 공간은 너무 제한적이므로 다중 표현 계층으로부터 이익을 얻지 못한다. 선형 계층이 아주 많이 적층(스택 처리)되어 있을지라도 여전히 선형 작업만을 구현하기 때문이다. 더 많은 계층을 추가한다고 해도 가설 공간이 확장되지 않는다.

심층 표현의 이점을 얻을 수 있는 훨씬 풍부한 가설 공간에 접근하려면 비선형성을 구현할 수 있는 방법인 활성 함수가 필요하다. ReLU는 딥러닝에서 가장 인기 있는 활성 함수이지만, 이와 유사하지만 이상한 이름이 붙은 다른 후보로는 prelu, elu 등도 있다.

마지막으로, 여러분은 손실 함수와 최적화기를 선택해야 한다. 왜냐하면 지금 여러분이 이항 분류 문제를 다루고 있는데 여러분의 망은 확률의 꼴로 출력하기 때문에(여러분은 시그모이드 활성을 사용하는 한 개 유닛으로만 된 계층으로 망을 끝내고 있음) binary_crossentropy라는 손실 함수를 사용하는 편이 가장 바람직하다. 이는 유일하게 실행할 수 있는 선택이 아니다. 예를 들어,

mean_squared_error가 그렇다. 하지만 **교차 엔트로피**는 일반적으로 확률을 산출하는 모델을 다룰 때 가장 좋은 선택이다. 교차 엔트로피는 정보 이론 분야에서 확률 분포 사이의 거리를 측정하는 양이며, 이 경우에는 실측 분포와 예측 사이의 거리를 측정한다.

아래 보이는 목록은 rmsprop 최적화기 및 binary_crossentropy 손실 함수를 사용해 모델을 구성하는 단계이다. 또한 훈련 도중 정확도(accuracy)를 관측한다.

목록 3.4 **모델 컴파일하기**

```
model %>% compile(
  optimizer = "rmsprop",
  loss = "binary_crossentropy",
  metrics = c("accuracy")
)
```

여러분은 최적화기(optimizer), 손실(loss) 함수 및 계량(metrics)을 문자열로 전달하고 있는데, 이 것이 가능한 이유는 rmsprop, binary_crossentropy 및 accuracy가 케라스의 일부로 패키지화 돼 있기 때문이다. 경우에 따라 최적화기의 파라미터를 구성하거나 사용자 정의 손실 함수나 계량 함수를 전달할 수 있다. 최적화기의 파라미터를 구성해야 할 때는 최적화기 인스턴스를 optimizer 인수로 전달하면 되고(목록 3.5 참조), 사용자 정의 손실 함수나 계량 함수를 전달해 야 할 때는 함수 객체를 loss 및/또는 metrics 인수로 전달하면 된다(목록 3.6 참조).

목록 3.5 **최적화기 구성하기**

```
model %>% compile(
  optimizer = optimizer_rmsprop(lr=0.001),
  loss = "binary_crossentropy",
  metrics = c("accuracy")
)
```

목록 3.6 **사용자 정의를 한 손실과 계량을 사용하기**

```
model %>% compile(
  optimizer = optimizer_rmsprop(lr = 0.001),
  loss = loss_binary_crossentropy,
  metrics = metric_binary_accuracy
)
```

3.4.4 접근 방식 검증하기

전에 본 적이 없는 데이터에 대한 모델의 정확도를 훈련 중에 관측하기 위해 원래의 훈련 데이터에서 1만 개 표본을 설정해 검증 집합을 작성한다.

목록 3.7 검증 집합 따로 설정하기

```
val_indices <- 1:10000

x_val <- x_train[val_indices,]
partial_x_train <- x_train[-val_indices,]
y_val <- y_train[val_indices]
partial_y_train <- y_train[-val_indices]
```

이제 512개 표본으로 구성된 미니배치를 갖고 20에포크(x_train 및 y_train 텐서의 모든 표본을 대상으로 삼아 20회 반복)만큼 모델을 학습하게 할 차례이다. 이와 동시에 설정한 1만 개 표본에서 손실 및 정확도를 관측한다. 검증 데이터를 validation_data 인수로 전달하면 된다.

목록 3.8 모델 훈련하기

```
model %>% compile(
  optimizer = "rmsprop",
  loss = "binary_crossentropy",
  metrics = c("accuracy")
)

history <- model %>% fit(
  partial_x_train,
  partial_y_train,
  epochs = 20,
  batch_size = 512,
  validation_data = list(x_val, y_val)
)
```

CPU만 사용하는 경우라면 한 에포크당 2초 미만이 소요되지만 훈련에는 20초가 넘게 소요된다. 매 에포크가 마무리 될 즈음에 모델은 검증용 데이터 표본 1만 개에 대한 손실과 정확도를 계산하므로 이때에는 약간 멈추는 현상이 발생하기 때문이다.

fit()을 호출하면 history 객체를 반환한다는 점에 주의한다. 다음을 살펴보자.

```
> str(history)
List of 2
  $ params :List of 8
   ..$ metrics      : chr [1:4] "loss" "acc" "val_loss" "val_acc"
   ..$ epochs       : int 20
   ..$ steps        : NULL
   ..$ do_validation    : logi TRUE
```

```
 ..$ samples      : int 15000
 ..$ batch_size      : int 512
 ..$ verbose     : int 1
 ..$ validation_samples  : int 10000
 $ metrics:List of 4
 ..$ acc  : num [1:20] 0.783 0.896 0.925 0.941 0.952 ...
 ..$ loss : num [1:20] 0.532 0.331 0.24 0.186 0.153 ...
 ..$ val_acc  : num [1:20] 0.832 0.882 0.886 0.888 0.888 ...
 ..$ val_loss : num [1:20] 0.432 0.323 0.292 0.278 0.278 ...
 - attr(*, "class")= chr "keras_training_history"
```

history 객체는 모델(history$params)뿐 아니라 관측되는 각 계량(history$metrics)에 대한 데이터를 저장하는 데 사용되는 파라미터를 포함한다.

history 객체에는 에포크별로 훈련 계량 및 검증 계량을 시각화할 수 있는 plot( ) 메서드가 있다.

```
plot(history)
```

보기 3.7에서 정확도는 위쪽에, 손실은 아래쪽에 그려져 있다. 망의 무작위 초기화가 다르기 때문에 결과가 약간 다를 수 있다.

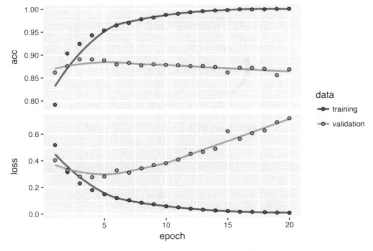

보기 3.7 훈련 및 검증 계량[17]

---

17 옮긴이 각 우리말 레이블에 대응하는 영문 레이블은 다음과 같다. acc: 정확도, loss: 손실, data: 데이터, training: 훈련, validation: 검증, epoch: 에포크. 앞으로 이와 유사한 화면이 나오면 이 주석을 참고하기 바란다. 상자에서 설명하는 바와 같이 ggplot2 패키지를 설치해 그래프를 꾸미지 않는 한 책에 나오는 그림과 달리 RStudio에서는 기본 그래프 형태로만 출력되지만 (이 때 loss는 훈련 손실, val_loss는 검증 손실, acc는 훈련 정확도, val_acc는 검증 정확도를 의미) 이해하는 데는 큰 문제는 없을 것이다.

훈련 손실은 모든 에포크마다 줄어들고, 훈련의 정확도는 증가한다. 이것이 경사 하강 최적화(최소가 되게 하려는 수량이 반복할 때마다 점점 더 적어져야 한다)를 실행할 때 기대할 수 있는 점이다. 검증 손실과 정확도는 훈련 시와 다르다. 오히려 네 번째 에포크에서 가장 좋은 성능을 내는 것처럼 보인다. 이것은 이전에 경고했던 내용 중 한 가지 예이다. 훈련 데이터에서 더 잘 수행되는 모델이라고 해서 이전에는 전혀 본 적이 없는 데이터에서 더 잘 수행하는 모델이 되는 것은 아니다. 좀 더 정확히 말하면, **과적합(overfitting)**된 것을 보고 있다는 말이다. 두 번째 에포크 이후에 훈련 데이터가 과도하게 최적화돼 있고, 훈련 데이터에만 특정된 표현을 학습하게 돼, 훈련 집합이 아닌 데이터에까지 일반화하지 않게 된다.

이 경우, 과적합을 방지하기 위해 세 개 에포크 이후에 훈련을 중단할 수 있다. 일반적으로 과적합을 줄이기 위해서는 다양한 기법을 사용할 수 있다. 이에 대해서는 4장에서 다룰 것이다.

네 개 에포크를 대상으로 삼아 밑바닥에서부터 새로운 망을 훈련한 후, 테스트 데이터를 사용해 평가해 보자.

목록 3.9 모델을 밑바닥에서부터 재훈련하기

```
model <- keras_model_sequential() %>%
  layer_dense(units = 16, activation = "relu", input_shape = c(10000)) %>%
  layer_dense(units = 16, activation = "relu") %>%
  layer_dense(units = 1, activation = "sigmoid")

model %>% compile(
  optimizer = "rmsprop",
```

```
    loss = "binary_crossentropy",
    metrics = c("accuracy")
)

model %>% fit(x_train, y_train, epochs = 4, batch_size = 512)
results <- model %>% evaluate(x_test, y_test)
```

최종 결과는 다음과 같다.

```
> results
$loss
[1] 0.2900235

$acc
[1] 0.88512
```

이 비교적 단순한 접근법은 88%의 정확도를 달성한다. 최첨단 접근 방식을 사용하면 95% 가까이에 이르러야 한다.

3.4.5 훈련된 망을 사용해 신규 데이터에 대한 예측 생성하기

망을 훈련한 후에는 실용적인 설정 환경에서 사용해 보는 게 바람직하다. 여러분은 predict 메서드를 사용해서 긍정적인 감상평의 우도(likelihood, 즉 '가능도' 또는 '공산')를 생성해 낼 수 있다.

```
> model %>% predict(x_test[1:10,])
[1,] 0.92306918
[2,] 0.84061098
[3,] 0.99952853
[4,] 0.67913240
[5,] 0.73874789
[6,] 0.23108074
[7,] 0.01230567
[8,] 0.04898361
[9,] 0.99017477
[10,] 0.72034937
```

망은 일부 표본(0.99 이상 또는 0.01 이하)에서는 확신을 보이지만, 그 밖의 표본(0.7, 0.2)에서는 확신을 보이지 않는다.

3.4.6 추가 실험

다음에 이어 나오는 실험들은 아직 개선을 해야 할 부분이 있지만, 여러분이 상당히 합리적으로 아키텍처를 선택했다는 점을 확신하는 데는 도움이 될 것이다.

- 이 책에서는 은닉 계층 두 개를 사용했다. 한 개 은닉 계층 또는 세 개 은닉 계층을 사용해 검증 및 테스트 정확도에 미치는 영향을 확인해 보라.
- 32 유닛이나 64 유닛 등처럼 은닉 유닛이 많거나 적은 계층을 사용해 보라.
- binary_crossentropy 대신 mse라는 손실 함수를 사용해 보라.
- relu 대신 tanh 활성(초기 신경망 연구에서 인기를 끌었던 활성 함수)을 사용해 보라.

3.4.7 결론

이 예제로부터 배워야 할 사항은 다음과 같다.

- 신경망에 텐서와 같은 것을 공급할 수 있으려면 원시 데이터에 대한 전처리 작업을 많이 해 둬야 한다. 단어 시퀀스는 이진 벡터로 부호화될 수 있지만, 다른 부호화 옵션도 있다.
- ReLU 활성화가 있는 조밀 계층 스택은 정서 분류를 비롯한 다양한 문제를 해결할 수 있으므로 자주 사용하게 될 것이다.
- 망은 이항 분류 문제(출력 클래스가 두 개)에서 하나의 유닛과 시그모이드 활성이 있는 조밀 계층으로 끝나야 한다. 망의 출력은 0과 1 사이의 스칼라여야 하며, 확률을 부호화해야 한다.
- 이항 분류 문제와 같은 스칼라 시그모이드 출력을 사용하면, 손실 함수는 binary_crossentropy가 된다.
- rmsprop이라는 최적화기는 어떤 문제에도 충분히 대응할 수 있는 선택지이다. 걱정할 필요가 전혀 없다.
- 신경망이 훈련 데이터에 익숙해질수록 과적합돼 이전에는 볼 수 없었던 데이터에 대한 결과가 점점 악화된다. 따라서 훈련 집합의 외부에 있는 데이터의 성능을 항상 관찰해야 한다.

3.5 뉴스 분류: 다중 클래스 분류 예제

이전 절에서는 조밀 연결 신경망을 사용해 벡터 입력을 서로 배타적인 두 클래스로 분류하는 방법을 살펴봤다. 그러나 클래스가 두 개 이상일 때는 어떻게 될까?

이번 절에서는 로이터 뉴스를 46개의 상호 배타적인 주제로 분류하는 망을 구축할 것이다. 이 문제는 **다중 클래스 분류(multi-class classification)**의 사례이다. 각 데이터 요소는 단 하나의 범주로 분류돼야 하기 때문에 문제는 **단일 레이블, 다중 클래스 분류(single-label, multiclass classification)**의 사례이다. 각 데이터 요소가 여러 범주(이 경우 항목)에 속할 수 있다면 **다중 레이블, 다중 클래스 분류(multilabel, multiclass classification)** 문제에 직면하게 된다.

3.5.1 로이터 데이터셋

1986년에 로이터 통신이 발표한 **로이터 데이터셋(Reuters dataset)**에는 단신 및 주제가 담겨 있는데, 여러분은 이것을 갖고 작업한다. 이는 텍스트 분류용으로 쓰기에 간편한 데이터셋이다. 이 데이터셋에는 46가지 주제가 있다. 일부 주제는 다른 주제보다 많이 표현되지만, 각 주제에는 최소 열 가지 사례가 있다.

로이터 데이터셋도 IMDB나 MNIST와 마찬가지로 케라스에 포함돼 있다. 한번 살펴보자.

목록 3.10 로이터 데이터셋 적재하기

```
library(keras)

reuters <- dataset_reuters(num_words = 10000)
c(c(train_data, train_labels), c(test_data, test_labels)) %<-% reuters
```

인수 num_words = 10000은 IMDB 데이터셋과 마찬가지로 데이터에서 가장 자주 발생하는 1만 개의 단어로 데이터를 제한한다.

이제 여러분은 8,982개 훈련 사례와 2,246개 테스트 사례를 보유하고 있다.

```
> length(train_data)
[1] 8982
> length(test_data)
[1] 2246
```

각 사례는 IMDB 감상평과 마찬가지로 정수 리스트(단어에 대한 인덱스로 된 리스트)이다.

```
> train_data[[1]]
 [1]   1    2    2    8   43   10  447    5   25  207  270    5  3095  111   16
[16] 369  186   90   67    7   89    5   19  102    6   19  124   15   90   67
[31]  84   22  482   26    7   48    4   49    8  864   39  209  154    6  151
[46]   6   83   11   15   22  155   11   15    7   48    9 4579 1005  504    6
[61] 258    6  272   11   15   22  134   44   11   15   16    8  197 1245   90
[76]  67   52   29  209   30   32  132    6  109   15   17   12
```

호기심이 생길 때를 대비해 단어를 재복호화할 수 있는 방법은 다음과 같다.

목록 3.11 뉴스를 다시 문장으로 복호화하기

```
word_index <- dataset_reuters_word_index()          0, 1 및 2는 "채우기", "시퀀스 시작" 및
reverse_word_index <- names(word_index)            "알 수 없음"에 대한 예약된 인덱스이므로
names(reverse_word_index) <- word_index                   인덱스는 3만큼 오프셋된다.
decoded_newswire <- sapply(train_data[[1]], function(index) {
  word <- if (index >= 3) reverse_word_index[[as.character(index - 3)]]
  if (!is.null(word)) word else "?"
})
```

한 가지 사례(example)를 나타내는 레이블(즉, 각 주제를 나타내는 인덱스)은 0과 45 사이의 정수
로 지정되어 있다.

```
> train_labels[[1]]
3
```

3.5.2 데이터 준비

앞의 예제에서와 똑같은 코드로 데이터를 벡터화할 수 있다.

목록 3.12 데이터 부호화

```
vectorize_sequences <- function(sequences, dimension = 10000) {
  results <- matrix(0, nrow = length(sequences), ncol = dimension)
  for (i in 1:length(sequences))
    results[i, sequences[[i]]] <- 1
  results
}
                                                    벡터화된 훈련 데이터
x_train <- vectorize_sequences(train_data)
x_test <- vectorize_sequences(test_data)            벡터화된 테스트 데이터
```

레이블은 두 가지 방식으로 벡터화할 수 있다. 즉, 레이블 목록을 더 긴밀한 텐서로 캐스팅하거나 원핫 인코딩을 사용할 수 있다. 원핫 인코딩은 범주형 데이터에 널리 사용되는 형식이다. 그래서 **범주형 부호화**(categorical encoding)라고도 한다. 6.1절에서 원핫 인코딩을 자세히 설명한다. 레이블을 원핫 인코딩하는 것은 각 레이블을 레이블 인덱스 대신 1을 사용해 모두 0인 벡터(all-zero vector)로 포함하는 것이다. 다음은 그 예이다.

```
to_one_hot <- function(labels, dimension = 46) {
  results <- matrix(0, nrow = length(labels), ncol = dimension)
  for (i in 1:length(labels))
    results[i, labels[[i]] + 1] <- 1
  results
}

one_hot_train_labels <- to_one_hot(train_labels)    ◁──── 벡터화된 훈련 레이블
one_hot_test_labels <- to_one_hot(test_labels)    ◁──────── 벡터화된 테스트 레이블
```

이 작업을 수행하는 방식이 케라스에 내장돼 있는데, 여러분은 이 방법을 MNIST 예제에서 본 적이 있다.

```
one_hot_train_labels <- to_categorical(train_labels)
one_hot_test_labels <- to_categorical(test_labels)
```

3.5.3 망 구축

이 주제 분류 문제는 이전의 영화 감상평 분류 문제와 비슷하다. 두 경우 모두 짧은 텍스트 조각을 분류하려고 한다. 그러나 이에는 새로운 제약 조건이 있다. 출력 클래스 수가 두 개에서 46개로 늘어났다. 출력 공간의 차원이 훨씬 크다.

조밀 계층 스택의 각 계층은 이전 계층의 출력에 있는 정보에만 액세스할 수 있다. 한 계층에서 분류 문제와 관련된 일부 정보가 삭제되면, 이 정보는 이후 계층에서 복구할 수 없으며, 각 계층에서 잠재적으로 정보 병목 현상이 발생할 수 있다. 영화 감상평 예제에서는 16차원으로 된 중간 계층을 사용했지만, 16차원 공간은 46개의 클래스를 분리하는 것을 학습하기에는 너무 제한적일 수 있다. 이러한 작은 계층은 정보 병목 현상으로 작용해 관련 정보를 영구히 삭제할 수 있다.

이러한 이유로 더 큰 계층을 사용하게 된다. 64개 유닛을 써 보자.

목록 3.13 모델 정의하기

```
model <- keras_model_sequential() %>%
  layer_dense(units = 64, activation = "relu", input_shape = c(10000)) %>%
  layer_dense(units = 64, activation = "relu") %>%
  layer_dense(units = 46, activation = "softmax")
```

이 아키텍처와 관련해서 알아야 할 사항은 다음과 같다.

- 크기가 46인 조밀 계층으로 망이 마무리된다. 이것은 각 입력 표본에 대해 망이 46차원 벡터를 출력함을 의미한다. 이 벡터(각 차원)의 각 항목은 서로 다른 출력 클래스를 부호화한다.

- 맨 끝 계층은 소프트맥스(softmax) 활성을 사용한다. MNIST 예제에서 이 패턴을 봤다. 이는 망이 서로 다른 46개 출력 클래스에 대해 **확률 분포(probability distribution)**를 출력한다는 것을 의미한다. 즉, 망은 모든 입력 표본에 대해 46차원 출력 벡터를 생성한다. 여기서 output [[i]]는 해당 표본이 i 클래스에 속할 확률이다. 46개 점수의 합계는 1점이다.

이 경우에 사용할 최상의 손실 함수는 categorical_crossentropy이다. 이것은 두 가지 확률 분포 사이의 거리를 측정한다. 여기서는 망에 의한 확률 분포 출력과 레이블의 실제 분포 사이이다. 이 두 분포 사이의 거리를 최소화하면 가능한 한 실제 레이블에 가까운 것을 출력하도록 망을 훈련시킬 수 있다.

목록 3.14 모델 컴파일하기

```
model %>% compile(
  optimizer = "rmsprop",
  loss = "categorical_crossentropy",
  metrics = c("accuracy")
)
```

3.5.4 접근법 검증하기

훈련 데이터 중 1,000개 표본을 구분해 검증 집합으로 사용해 보자.

목록 3.15 검증 집합을 따로 설정하기

```
val_indices <- 1:1000

x_val <- x_train[val_indices,]
partial_x_train <- x_train[-val_indices,]
```

```
y_val <- one_hot_train_labels[val_indices,]
partial_y_train = one_hot_train_labels[-val_indices,]
```

이제 20개 에포크만큼 망을 훈련하자.

목록 3.16 모델 훈련하기

```
history <- model %>% fit(
  partial_x_train,
  partial_y_train,
  epochs = 20,
  batch_size = 512,
  validation_data = list(x_val, y_val)
)
```

마지막으로 손실 및 정확도 곡선을 표시하자(보기 3.8 참조).

목록 3.17 훈련 계량 및 검증 계량 그리기

```
plot(history)
```

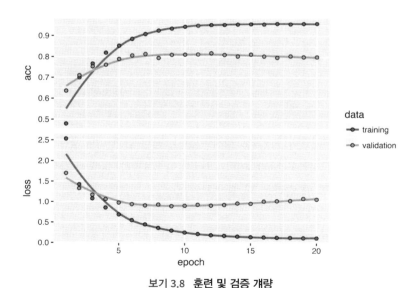

보기 3.8 훈련 및 검증 개량

망은 9에포크 이후 과적합되기 시작한다. 새로운 망을 처음부터 다시 9에포크만큼 훈련하고 테스트 집합에서 평가해 보자.

목록 3.18 모델을 처음부터 다시 훈련하기

```
model <- keras_model_sequential() %>%
  layer_dense(units = 64, activation = "relu", input_shape = c(10000)) %>%
  layer_dense(units = 64, activation = "relu") %>%
  layer_dense(units = 46, activation = "softmax")

model %>% compile(
  optimizer = "rmsprop",
  loss = "categorical_crossentropy",
  metrics = c("accuracy")
)

history <- model %>% fit(
  partial_x_train,
  partial_y_train,
  epochs = 9,
  batch_size = 512,
  validation_data = list(x_val, y_val)
)

results <- model %>% evaluate(x_test, one_hot_test_labels)
```

최종 결과는 다음과 같다.[18]

```
> results
$loss
[1] 0.9834202

$acc
[1] 0.7898486
```

이 접근법은 거의 79%에 해당하는 정확도까지 이른다. 균형 잡힌 이항 분류 문제로 순수 무작위 분류 기준에 도달한 정확도는 50%이다. 그러나 이 경우에는 18%에 가깝기 때문에 적어도 임의의 기준선과 비교할 때 결과는 꽤 좋아 보인다.

```
> test_labels_copy <- test_labels
> test_labels_copy <- sample(test_labels_copy)
> length(which(test_labels == test_labels_copy))/length(test_labels)
[1] 0.1821015
```

---

18 옮긴이 이 최종 결과와 똑같은 결과를 내려면 목록 3.18에 나오는 코드로 원래부터 작성해 오던 코드를 수정한 다음에 처음부터 다시 코드를 다 실행해야 한다.

3.5.5 새 데이터에 대한 예측 생성

모델 인스턴스의 predict 메서드가 46개 주제 전체의 확률 분포를 반환하는지 확인할 수 있다. 모든 테스트 데이터에 대한 주제 예측을 생성하자.

목록 3.19 새로운 데이터를 위한 예측 생성하기

```
predictions <- model %>% predict(x_test)
```

predictions의 각 입력 항목은 길이가 46인 벡터이다.

```
> dim(predictions)
[1] 2246    46
```

다음 벡터합의 계수는 1이다.

```
> sum(predictions[1,])
[1] 1[19]
```

가장 큰 입력 항목은 예측된 클래스, 즉 가장 높은 가능성을 가진 클래스이다.

```
> which.max(predictions[1,])
[1] 4
```

3.5.6 레이블과 손실을 처리하는 다른 방법

우리는 앞에서 레이블을 부호화하는 또 다른 방법은 레이블의 정숫값을 보존하는 것이라고 말했다. 이 접근법이 변할 수 있는 유일한 방법은 손실 함수의 선택이다. 이전 손실 함수인 categorical_crossentropy는 레이블이 범주형 부호화를 따르기를 기대한다. 정수 레이블의 경우, sparse_categorical_crossentropy를 사용해야 한다.

```
model %>% compile(
  optimizer = "rmsprop",
```

---

19 옮긴이 사용 환경에 따라서는 이게 0.9999999로 나올 수 있다. 어차피 수학적으로 보면 같은 뜻이다.

3.5 뉴스 분류: 다중 클래스 분류 예제 95

```
  loss = "sparse_categorical_crossentropy",
  metrics = c("accuracy")
)
```

이 새로운 손실 함수는 여전히 categorical_crossentropy와 수학적으로 동일하다. 단지 인터페이스가 다를 뿐이다.

3.5.7 충분히 큰 중간 계층을 갖는 것의 중요성

앞에서 언급했듯이 최종 출력물이 46차원이기 때문에 은닉 유닛이 46개 미만인 중간 계층은 피해야 한다. 이제 46차원보다 훨씬 짧은 중간 계층(예 4차원)을 사용해 정보 병목 현상을 일부러 일으킬 때 어떤 일이 발생하는지 살펴보자.

목록 3.20 **정보 병목 현상이 있는 모델**

```
model <- keras_model_sequential() %>%
  layer_dense(units = 64, activation = "relu", input_shape = c(10000)) %>%
  layer_dense(units = 4, activation = "relu") %>%
  layer_dense(units = 46, activation = "softmax")

model %>% compile(
  optimizer = "rmsprop",
  loss = "categorical_crossentropy",
  metrics = c("accuracy")
)

model %>% fit(
  partial_x_train,
  partial_y_train,
  epochs = 20,
  batch_size = 128,
  validation_data = list(x_val, y_val)
)
```

이제 망의 검증 정확도는 71%까지일 뿐이며 8%만큼 절대적으로 감소한다. 이러한 감소는 대부분 차원이 너무 낮은 중간 공간으로 많은 정보(46개 클래스의 분할 초평면을 복구하기 위해 충분한 정보)를 압축하려고 한다는 사실 때문에 일어난다. 망은 필요한 정보의 **대부분**을 이 4차원 표현으로 밀어 넣을 수는 있지만, 해당 정보를 전부 밀어 넣지는 못한다.

3.5.8 추가 실험

- 더 큰 계층이나 작은 계층을 사용해 보라. 32유닛, 128유닛 등과 같이 말이다.
- 여러분은 은닉 계층을 두 개 사용했다. 이제 은닉 계층을 한 개나 세 개 사용해 보라.

3.5.9 결론

이 예제로부터 배워야 할 점은 다음과 같다.

- N개 클래스들 사이에서 데이터 점들을 분류하려는 경우, 망은 크기가 N인 조밀 계층으로 끝나야 한다.
- 망은 단일 레이블, 다중 클래스 분류 문제에서 N개 출력 클래스에 대해 확률 분포를 출력해야 하므로 망의 최종 계층의 활성이 소프트맥스여야 한다.
- 범주형 교차 엔트로피는 거의 항상 이러한 문제에 사용해야 하는 손실 함수다. 이는 망에 의해 출력된 확률 분포와 표적들의 실제 분포 사이의 거리를 최소화한다.
- 다중 클래스 분류에서 레이블을 처리하는 데에는 두 가지 방법이 있다.
  - 원핫 인코딩을 통해 레이블을 부호화하고, categorical_crossentropy를 손실 함수로 사용한다.
  - 레이블을 정수로 부호화하고 sparse_categorical_crossentropy를 손실 함수로 사용한다.
- 데이터를 많은 범주로 분류해야 하는 경우, 중간 계층이 너무 작아 망에 정보 병목 현상이 발생하는 일이 일어나지 않게 해야 한다.

3.6 주택 가격 예측: 회귀 예제

앞의 두 예제는 분류 문제로 간주됐는데, 이 두 예제의 목표는 입력 데이터 점의 단일 불연속 레이블을 예측하는 데 있었기 때문이다. 그 밖의 일반적인 유형의 머신러닝 문제는 **회귀**(regression)로, 이산 레이블이 아닌 연속 값을 예측하는 것으로 구성된다. 예를 들어, 기상 데이터가 주어졌을 때 내일 온도를 예측한다거나 소프트웨어 프로젝트가 완료될 때까지 소요되는 시간을 예측할 수 있다.

> **N O T E** 로지스틱 회귀를 회귀와 혼동하지 마라. 혼란스럽겠지만, 로지스틱 회귀는 회귀 알고리즘이 아닌 분류 알고리즘이다.

3.6.1 보스턴 주택 가격 데이터셋

1970년대 중반 보스턴 시 교외 지역의 주택 평균 가격을 예측하려고 한다. 범죄율, 지방 재산세율 등 당시 교외 지역을 나타내는 데이터 점이 주어졌다. 사용하게 될 데이터셋은 앞서 나온 두 가지 예제와 두 가지 점에서 달라 흥미롭다. 상대적으로 데이터 점이 적다. 전체 506개 중에 404개의 훈련 표본과 102개의 테스트 표본으로 나뉜다. 범죄율과 같은 입력 데이터 내 각 **특징(feature)**의 척도가 서로 다르다. 예를 들어, 일부 값은 0과 1 사이에 있는 반면, 어떤 것들은 1과 12 사이의 값, 또 어떤 것들은 0과 100 사이의 값을 가진다.

목록 3.21 **보스턴 주택 데이터셋 적재하기**

```
library(keras)

dataset <- dataset_boston_housing()
c(c(train_data, train_targets), c(test_data, test_targets)) %<-% dataset
```

데이터를 살펴보자.

```
> str(train_data)
 num [1:404, 1:13] 1.2325 0.0218 4.8982 0.0396 3.6931 ...
> str(test_data)
 num [1:102, 1:13] 18.0846 0.1233 0.055 1.2735 0.0715 ...
```

404개의 훈련 표본과 102개 테스트 표본이 있으며, 각 테스트 표본에는 1인당 범죄율, 거주자당 평균 방 개수, 고속도로 접근성 등과 같은 13가지 수치형 특징이 있다.

표적은 소유자가 거주하는 주택의 중위수 값들이다(천 달러 단위).

```
> str(train_targets)
 num [1:404(1d)] 15.2 42.3 50 21.1 17.7 18.5 11.3 15.6 15.6 14.4 ...
```

가격은 보통 1만 달러에서 5만 달러이다. 값이 싸다고 여겨진다면, 이 가격이 1970년대 중반 가격이라는 점을 생각하라. 이 가격을 인플레이션에 맞춰 조정하지 않았다.

3.6.2 데이터 준비

범위가 서로 다른 값들을 신경망에 입력하면 문제가 발생할 수 있다. 망이 이러한 불균일한 데이터에 자동으로 적응할 수는 있지만, 학습이 더 어려워질 것이다. 이러한 데이터를 처리하는 가장 좋은 방법은 특징별로 정규화하는 것이다. 입력 데이터(입력 데이터 행렬의 한 열)의 각 특징에서 평균을 뺀 후 표준편차로 나눔으로써 특징이 0에 중심을 두고 단위 표준편차를 갖게 하는 식이다. scale() 함수를 사용하면 이 일을 R에서 쉽게 할 수 있다.

목록 3.22 데이터 정규화하기

```
mean <- apply(train_data, 2, mean)  ◁─┐  훈련 데이터의 평균 및
std <- apply(train_data, 2, sd)        │  표준편차를 계산한다.          훈련 데이터의 평균 및
train_data <- scale(train_data, center = mean, scale = std)  ◁─     표준편차를 사용해 훈련
test_data <- scale(test_data, center = mean, scale = std)           데이터 및 테스트 데이터의
                                                                    크기를 조정한다.
```

훈련 데이터를 사용해 테스트 데이터 정규화에 필요한 수량을 계산했다는 점에 유념하라. 테스트 데이터로 계산한 수량을 작업 과정에서 사용하지 말아야 한다. 데이터 정규화와 같은 간단한 작업이더라도 말이다.

3.6.3 망 구축

사용할 수 있는 표본이 너무 적기 때문에 은닉 계층이 두 개인 매우 작은 망을 사용하며, 각 계층에는 64개 유닛이 있다. 일반적으로 훈련 데이터가 적으면 과적합이 발생하는데, 이 경우, 소규모 망을 사용하는 것도 과적합을 완화하는 한 가지 방법이다.

목록 3.23 모델 정의하기

```
build_model <- function() {  ◁─────────────────              동일한 모델을 여러 번
  model <- keras_model_sequential() %>%                       인스턴스화해야 하기 때문에
    layer_dense(units = 64,  activation = "relu",             함수를 사용해 모델을
                    input_shape = dim(train_data)[[2]]) %>%   생성한다.
    layer_dense(units = 64, activation = "relu") %>%
    layer_dense(units = 1)

  model %>% compile(
    optimizer = "rmsprop",
    loss = "mse",
      metrics = c("mae")
    )
}
```

망은 활성이 없는 단일 유닛으로 마무리된다(따라서 이 마지막 계층은 일종의 선형 계층이 됨). 이는 스칼라 회귀(하나의 연속 값을 예측하려는 회귀)의 일반적인 설정이다. 활성 함수를 적용하면 출력

이 취할 수 있는 범위가 제한된다. 예를 들어, 맨 끝 계층에 시그모이드 활성 함수를 적용하면 망은 0과 1 사이의 값만 예측할 수 있다. 여기서는 맨 끝 계층이 순수한 선형이기 때문에 망은 모든 범위의 값을 예측하는 것을 자유롭게 학습할 수 있다.

예측과 표적의 차이를 제곱해 평균을 낸 **평균제곱오차**(mean squared error, MSE)라는 손실 함수를 사용해 망을 컴파일한다. 이 손실 함수는 회귀 문제에 널리 사용된다.

또한 훈련 중에는 새로운 측정 항목인 **평균절대오차**(mean absolute error, MAE)로 관측하고 있다. 이 값은 예측과 표적 간 차이의 절댓값이다. 예를 들어, 이 문제에 대한 MAE가 0.5인 경우, 여러분의 예측이 평균적으로 500달러만큼 빗겨날 수도 있다는 뜻이다.

3.6.4 k겹 검증을 사용해 접근 방식 검증하기

훈련에 사용된 에포크 수와 같은 파라미터를 계속 조정하면서 망을 평가하려면 이전 예제에서와같이 데이터를 훈련 집합과 검증 집합으로 분리해야 한다. 그러나 데이터 점이 거의 없기 때문에 검증 집합은 매우 작아진다(**예** 약 100가지 예). 결과적으로 검증에 사용하기로 선택한 데이터 점과 훈련을 위해 선택한 데이터 점에 따라 검증 점수가 크게 달라질 수 있다. 검증 점수에는 검증 분할과 관련해 높은 **분산**(variance)이 있을 수 있다. 이렇게 하면 모델을 안정적으로 평가할 수 없게 된다.

이러한 상황에서의 가장 좋은 관행은 **k겹 교차 검증**((k-fold cross validation)을 사용하는 것이다(보기 3.9 참조). 이는 사용 가능한 데이터를 k겹(일반적으로 k = 4 또는 5)으로 분할하고, 동일한 모델을 k개로 인스턴스화함으로써, 어떤 한 부분을 평가하는 동안 k − 1개 부분에서 각기 훈련하는 식으로 구성된다. 사용된 모델에 대한 검증 평가 점수는 k 검증 점수의 평균이다. 코드 측면에서 보면 이것은 간단하다.

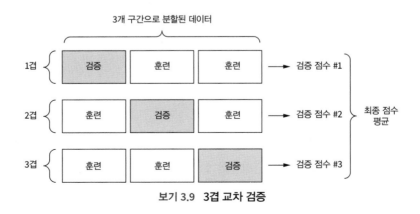

보기 3.9 **3겹 교차 검증**

목록 3.24 k겹 검증하기

```
k <- 4
indices <- sample(1:nrow(train_data))
folds <- cut(1:length(indices), breaks = k, labels = FALSE)

num_epochs <- 100
all_scores <- c()
for (i in 1:k) {
  cat("processing fold #", i, "\n")

  val_indices <- which(folds == i, arr.ind = TRUE)
  val_data <- train_data[val_indices,]
  val_targets <- train_targets[val_indices]

  partial_train_data <- train_data[-val_indices,]
  partial_train_targets <- train_targets[-val_indices]

  model <- build_model()
  model %>% fit(partial_train_data, partial_train_targets,
                epochs = num_epochs, batch_size = 1, verbose = 0)

  results <- model %>% evaluate(val_data, val_targets, verbose = 0)
  all_scores <- c(all_scores, results$mean_absolute_error)
}
```

검증 데이터 준비:
#k 부분 데이터

훈련 데이터 준비:
나머지 모든 부분의 데이터

케라스 모델을 빌드한다(이미 컴파일이 됨).

모델을 훈련한다
(자동 모드에서
verbose = 0).

검증 데이터에서
모델을 평가한다.

num_epochs = 100으로 실행하면, 다음 결과가 표시된다.[20]

```
> all_scores
[1] 2.065541 2.270200 2.838082 2.381782
> mean(all_scores)
[1] 2.388901
```

다른 연(runs)[21]은 실제로 2.1에서 2.8까지 약간 다른 검증 점수를 보여 준다. 평균(2.4)은 모든 단일 점수보다 훨씬 신뢰할 수 있는 계량이다. 이것이 k겹 교차 검증의 전체적인 포인트이다. 이 경우, 평균적으로 2,400달러 차이가 나는데, 가격 범위가 1만 달러에서 5만 달러 사이인 것에 비교할 때 너무 큰 금액이다.

---

20 옮긴이 이 예제를 실행하는 과정에서 역자가 지닌 컴퓨터의 CPU 성능 중 약 55%가 추가로 사용되었고, GPU 성능 중 10%가 추가로 사용되었으며(주로 계산 처리), 약 5분 30초 정도가 소요되었다.

21 옮긴이 통계 용어이다. 어떤 데이터 배치가 있을 때, 해당 배치로 한 차례 뭔가를 수행하는 과정을 '연'이라고 한다. '에포크'와 비슷한 개념이지만 이 예제에서 볼 수 있듯이 여러 에포크가 한 연을 구성하는 경우가 흔하다. 여기 나오는 예제를 한 번 실행(run)해 봤다면 1연(run)을 해 본 셈이다. 즉, 한 번 달려(run) 본 셈이다. 예제를 다시 실행한다면 2연을 수행한 게 되므로 두 번 달린 셈이다. 그리고 신경망의 특성으로 인해 매 연마다 그 최종 결과가 조금씩 다를 수 있다. 이 책에는 평균이 2.388901로 나왔지만 옮긴이의 컴퓨터에서는 2.450124가 나왔다. 예제를 다시 실행하면 또 결과가 달라질 것이다.

망을 500에포크만큼 훈련해 보자. 모델이 각 에포크에서 얼마나 잘 수행되는지 기록하기 위해 훈련 루프를 수정해 각 검증 점수에 대한 로그를 저장한다.

목록 3.25 각 겹에 검증 로그 저장하기

```
num_epochs <- 500
all_mae_histories <- NULL
for (i in 1:k) {
  cat("processing fold #", i, "\n")

  val_indices <- which(folds == i, arr.ind = TRUE)     ←  검증 데이터 준비:
  val_data <- train_data[val_indices,]                     #k 구간 데이터
  val_targets <- train_targets[val_indices]

  partial_train_data <- train_data[-val_indices,]      ←  훈련 데이터 준비:
  partial_train_targets <- train_targets[-val_indices]     다른 모든 구간의 데이터

  model <- build_model()     ←  케라스 모델을 구축한다(이미 컴파일됨).

  history <- model %>% fit(     ←  모델을 훈련한다
    partial_train_data, partial_train_targets,           (자동 모드에서 verbose = 0).
    validation_data = list(val_data, val_targets),
    epochs = num_epochs, batch_size = 1, verbose = 0
  )
  mae_history <- history$metrics$val_mean_absolute_error
  all_mae_histories <- rbind(all_mae_histories, mae_history)
}
```

그런 다음, 모든 겹에 대한 에포크당 MAE 점수의 평균을 계산할 수 있다.

목록 3.26 연속 평균 k겹 검증 점수의 이력 구축하기

```
average_mae_history <- data.frame(
  epoch = seq(1:ncol(all_mae_histories)),
  validation_mae = apply(all_mae_histories, 2, mean)
)
```

이것을 그려 보자. 보기 3.10을 참조한다.

목록 3.27 검증 점수 그리기

```
library(ggplot2)[22]
ggplot(average_mae_history, aes(x = epoch, y = validation_mae)) + geom_line()
```

---

22 옮긴이 ggplot2가 사전에 설치되어 있지 않다면 이 부분에서 오류가 발생한다. 그럴 때는 콘솔 창에서 다음과 같은 명령을 내려 ggplot2 패키지부터 먼저 설치해 둬야 한다.
install.packages("ggplot2")

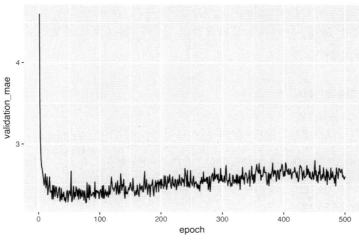

보기 3.10 에포크별 검증

척도 조절 문제와 상대적으로 높은 분산으로 인해 그림을 보기 어려울 수 있다. geom_smooth( )를 사용해 그림을 더 명확하게 그려 보자(보기 3.11 참조).

목록 3.28 **geom_smooth()로 검증 점수를 그리기**

```
ggplot(average_mae_history, aes(x = epoch, y = validation_mae)) + geom_smooth()
```

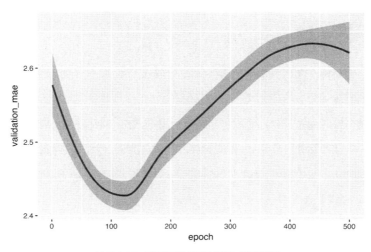

보기 3.11 **에포크별 MAE 검증: 평활화함**

이 그림에 따르면 검증 평균절대오차(mean absolute error, MAE)는 125개 에포크 이후 크게 개선되지 않는다. 이 점을 지나면 과적합하기 시작한다.

일단 에포크의 수 이외에 은닉 계층의 크기를 조정할 수 있는 모델의 다른 파라미터 조정이 끝나면 모든 훈련 데이터에서 최종 생산 모델을 최상의 파라미터로 훈련한 후, 테스트 데이터에서 성능을 확인한다.

목록 3.29 **최종 모델 훈련하기**

```
model <- build_model()
model %>% fit(train_data, train_targets,          ◁────  데이터 전체를 대상으로 삼아
             epochs = 80, batch_size = 16, verbose = 0)     모델을 훈련한다.
result <- model %>% evaluate(test_data, test_targets)
```

최종 결과는 다음과 같다.

```
> result
$loss
[1] 15.58299

$mean_absolute_error
[1] 2.54131
```

여러분은 아직 2,540달러 정도 빗나간다.

3.6.5 결론

예제로부터 배워야 할 점은 다음과 같다.

- 회귀는 분류로 수행되지 않고, 서로 다른 손실 함수들을 사용해 수행된다. 평균제곱오차는 회귀에 일반적으로 사용되는 손실 함수다.
- 회귀 분석에 사용될 평가 계량은 분류에 사용된 평가 계량과 다르다. 당연히 정확도의 개념은 회귀에 적용되지 않는다. 일반적인 회귀 계량은 평균절대오차이다.
- 입력 데이터의 특징들이 범위가 다른 값을 가지면, 각 특징을 전처리 단계로 조정해야 한다.
- 사용할 수 있는 데이터가 거의 없는 경우, k겹 검증을 사용하면 모델을 신뢰할 수 있게 평가할 수 있다.
- 훈련 데이터가 거의 없는 경우, 심각한 과적합을 피하려면 은닉 계층이 거의 없는 소규모 망(일반적으로 한두 개)을 사용하는 게 바람직하다.

3.7 요약

■ 이제 벡터 데이터에서 가장 일반적인 종류의 머신러닝 작업인 이항 분류, 다중 클래스 분류 및 스칼라 회귀를 처리할 수 있다. 3장의 앞부분에 나온 "결론" 단원들에서는 이러한 작업 유형들에 대해 여러분이 배웠던 핵심 내용이 요약돼 있다.

■ 일반적으로 원자료를 신경망에 공급하기 전에 전처리를 해야 한다.

■ 각 특징의 척도를 조정하는 일[23]을 전처리 과정에 포함하라.

■ 훈련이 진행됨에 따라 신경망은 결국 과적합되기 시작하고, 이전에는 볼 수 없었던 데이터에서 더 나쁜 결과를 얻는다.

■ 훈련 데이터가 많지 않다면, 한 개 또는 두 개 은닉 계층이 있는 소규모 망을 사용해 심각한 과적합을 피하라.

■ 데이터가 여러 범주로 나뉘어 있는 경우, 중간 계층을 너무 작게 만들면 정보 병목 현상이 발생할 수 있다.

■ 회귀 분석에서는 분류와 다른 손실 함수들과 평가 계량들을 사용한다.

■ 적은 데이터로 작업할 때 k겹 검증은 모델을 안정적으로 평가하는 데 도움이 될 수 있다.

---

23 **옮긴이** 예를 들어 어떤 특징(즉, 테이블의 어떤 열에 포함된 데이터)의 범위는 1~100이고, 또 다른 어떤 특징의 범위는 1~10이라고 할 때 두 특징을 모두 0~1과 같이 같은 범위에 맞게 척도를 구성(scaling)하는 일을 의미한다.

4

머신러닝의 기본

4장에서 다루는 내용

- 분류 및 회귀를 뛰어넘는 머신러닝 형태
- 머신러닝 모델에 대한 공식 평가 절차
- 딥러닝을 위한 데이터 준비
- 특징 공학
- 과적합과 씨름하기
- 머신러닝 문제에 접근하기 위한 보편적인 작업 흐름

3장에 나온 세 가지 예제를 해 봤다면 이제 여러분은 신경망을 사용해 분류 및 회귀 문제에 접근하는 방법에 익숙해졌어야 하며, 머신러닝의 핵심 문제인 과적합이라고 하는 것을 경험했어야 한다. 4장이 딥러닝 문제를 공략하고 해결하기 위한 견고한 개념 프레임워크 형태가 되도록 할 것이다. 4.5절에서 모델 평가, 데이터 전처리 및 특징 공학, 과적합 방지 태클과 같은 개념을 머신러닝 과제를 다루기 위한 7단계 작업 흐름으로 통합할 것이다.

4.1 네 가지 머신러닝

여러분은 이전 예제를 통해 세 가지 특정 유형의 머신러닝 문제에 익숙해졌다. 이항 분류, 다중 클래스 분류 및 스칼라 회귀가 바로 그것이다. 세 가지 모두 지도학습(supervised learning)의 사례이며, 이것들의 목표는 입력과 훈련 표적 간의 관계를 학습하는 것이다.

지도학습은 머신러닝의 빙산의 일각에 불과하며, 하위 분야 분류가 복잡할 정도로 광대하다. 머신러닝 알고리즘은 일반적으로 다음 절에서 설명하는 네 가지 범주로 분류된다.

4.1.1 지도학습

지도학습은 가장 흔한 경우이다. 이것은 입력 데이터를 알려진 표적(주석이라고도 함)에 사상하는 방법을 배우는 것으로 구성돼 있다(예 사람이 주석을 첨부하는 경우가 많음). 지금까지 이 책에서 배웠던 네 가지는 지도학습의 표준 예제였다. 일반적으로 요즘 주목받고 있는 딥러닝의 거의 모든 애플리케이션이 광학 문자 인식, 음성 인식, 이미지 분류 및 언어 번역과 같은 범주에 속한다.

지도학습은 대개 분류와 회귀로 이뤄지지만, 다음과 같이 예외적으로 변형한 것들이 더 많다(예제 있음).

- **시퀀스 생성(sequence generation)**: 어떤 그림을 보고 해당 그림을 설명하는 문장을 예측한다.[1] 시퀀스 생성은 때때로 일련의 분류 문제(예 시퀀스의 단어 또는 토큰을 반복적으로 예측)로 재구성될 수 있다.

- **구문 트리 예측(syntax tree prediction)**: 문장이 주어지면 구문 트리로 분해한 결과를 예측한다.

- **물체 감지(object detection)**: 그림이 있으면 그림 안의 특정 객체 주위에 경계 상자를 그린다.[2] 이것은 또한 분류 문제(다수의 후보 경계 상자가 주어지고 각기의 내용을 분류) 또는 경계 상자 좌표가 벡터 회귀를 통해 예측되는 공동 분류 및 회귀 문제로 표현될 수 있다.

- **이미지 분할(image segmentation)**: 그림이 주어지면 특정 물체 위에 픽셀 수준의 마스크를 그린다.

4.1.2 비지도학습

머신러닝의 한 가지로, 데이터 시각화, 데이터 압축, 데이터 소거라는 목적을 위해 표적의 도움 없이 입력 데이터의 흥미로운 변환을 찾거나 현재 데이터에 있는 상관관계를 더 잘 이해하

---

1 옮긴이 예를 들어 다리 사진을 보고 '아름다운 다리'라든가 '길고 튼튼해 보이는 다리'와 같은 설명문을 작성하는 일을 말한다. 설명문이 단어나 토큰으로 이뤄진 시퀀스 형식으로 구성되므로 '시퀀스 생성'이라고 한다.

2 옮긴이 예를 들면 사진을 찍을 때 인공지능 모델이 해당 사진 속에서 사람의 얼굴 부분만 감지해 네모난 상자로 구분하는 일과 같은 일이다. 이 네모난 상자를 '바운딩 박스' 또는 '경계 상자'라고 부른다.

는 것으로 구성된다. 비지도학습은 데이터 분석의 핵심 요소이며, 지도학습 문제를 해결하기 전에 데이터셋을 더 잘 이해하는 데 필요한 단계이다. **차원 감소(dimensionality reduction)** 및 **군집화(clustering)**는 비지도학습 알고리즘 중에 비교적 잘 알려진 것들이다.

4.1.3 자기지도학습

이는 지도학습의 구체적인 사례이지만, 별도의 범주를 이룰 만큼 아주 다르다. 자기지도학습 (self-supervised learning)은 사람이 주석을 첨부하지 않는 학습을 말한다. 학습 과정에 인간이 개입하지 않는 지도학습으로 생각할 수도 있다. 비지도학습에도 (학습은 뭔가에 의해 지도돼야 하기 때문에) 레이블이 포함돼 있기는 하지만, 레이블은 일반적으로 휴리스틱 알고리즘을 사용해 입력 데이터로부터 생성한다.

예를 들어, **오토인코더(autoencoders)**[3]는 자기지도학습의 잘 알려진 예이며, 생성된 표적들이 수정되지 않은 채 다시 입력된다. 이와 같은 방식으로, 이전 프레임이 주어진 상황에서 비디오의 다음 프레임을 예측하려고 시도하거나 이전 단어가 주어진 상황에서 텍스트의 다음 단어를 예측하려고 시도하는 일이 자기지도학습의 예에 해당한다. 참고로, 이 경우에는 **시간적 지도학습(temporally supervised learning)**[4]에 해당하고, 이때 지도 능력은 미래에 입력될 데이터에서 비롯된다.[5] 지도학습, 자기지도학습, 비지도학습의 구분이 때때로 흐릿해질 수 있음에 유의하기 바란다. 이 범주는 경계선이 확실하지 않은 연속체와 같다. 자기지도학습은 학습 메커니즘이나 학습의 맥락에 주의를 기울이는지 여부에 따라 지도학습 또는 비지도학습으로 재해석될 수 있다.

> **N O T E** 이 책에서 지도학습에 초점을 맞추는 이유는 딥러닝의 지배적인 학습 방식이기 때문이다. 나머지 여러 장에서 자기지도학습을 간략하게 살펴본다.

---

3 옮긴이 저자는 여기서 오토인코더를 자기지도학습 아키텍처 중 한 가지 사례로 소개하지만, 오히려 오토인코더는 앞에서 설명한 비지도학습 아키텍처로 흔히 분류되며, 여기서 설명하는 자기지도학습 아키텍처로는 재귀 신경망(recursive neural network, 즉 순환 신경망)을 들 수 있다. 이하 문장에서 설명하는 내용도 거의 재귀 신경망을 가리키는 내용이다. 이 점을 감안하고 본문을 이해하는 게 좋겠다.

4 옮긴이 저자는 '시간적 지도학습'이라고 말하지만 저자의 의도로 보아 시간차 지도학습(temporal difference supervised learning)을 의미하는 게 아닌가 싶다. 사실 시간차 학습은 머신러닝 기법 중의 하나이다.

5 옮긴이 자신의 출력을 다음 시간대(즉, 차기)의 자신의 입력으로 삼기 때문에, 차기 입력 내용에 따라 스스로 지도하는 셈이 된다. 비유를 들자면 영어 발음을 교정해 보기 위해 영어로 말한 다음에, 그 소리를 다시 듣고 발음을 교정하는 일과 비슷하다.

4.1.4 강화학습

머신러닝 분야는 최근 구글 딥마인드(DeepMind)가 아타리(Atari) 게임을 학습하게 하는 데 성공적으로 적용한 이후 많은 주목을 받기 시작했다. 강화학습(reinforcement learning)에서 에이전트(agent)는 환경에 대한 정보를 받고 보상을 최대화할 수 있는 행동을 선택하는 방법을 배운다. 예를 들어, 비디오 게임 화면을 "쳐다보고" 점수를 최대화하기 위해 게임 액션을 출력하는 신경망을 강화학습을 통해 훈련할 수 있다.

현재 강화학습은 대부분 연구 영역으로 남아 있으며, 게임을 넘어서는 중요하고 실용적인 성공을 거두지 못했다. 그러나 시간이 지나면서 강화학습이 점점 더 많은 범위의 실세계 애플리케이션(자율 운전 차량, 로봇 공학, 자원 관리, 훈련 등)을 대신하게 될 것으로 기대하고 있다. 이러한 생각이 현실이 돼 있기도 하고, 앞으로도 이뤄질 것이다.

분류 및 회귀 관련 용어

분류 및 회귀와 관련된 전문 용어가 많다. 이전 예제에서 일부를 봤고, 앞으로 나올 여러 장에서 더 많이 볼 수 있다. 해당 용어들마다 정확하면서도 머신러닝에 특화된 정의를 갖고 있으므로 이것들에 익숙해져야 한다.

- 표본(sample) 또는 입력(input): 모델에 포함되는 하나의 데이터 요소
- 예측(prediction) 또는 결과(output): 모델에서 산출되는 것
- 표적(target)[6]: '사실에 부합하는 값(the truth)'. 외부 출처 자료를 사용하는 모델이 이상적으로 예측해야만 하는 것이다.
- 예측 오차(prediction error) 또는 손실 값: 모델 예측과 표적 간의 거리를 측정한 값이다.
- 클래스(classes)[7]: 분류 문제에서 선택 가능한 레이블 집합이다. 예를 들어, 고양이와 개를 분류할 때 "개"와 "고양이"가 두 가지 클래스이다.
- 레이블(label): 클래스 문제에서 클래스 주석의 특정한 예이다. 예를 들어, 보기 #1234에 "dog" 클래스가 포함된 것으로 주석을 달면 "dog"는 보기 #1234의 레이블이다.
- 실측치(ground-truth) 또는 주석(annotations): 인간이 수집한 데이터셋에 포함된 모든 표적
- 이항 분류(binary classification): 각 입력 표본을 두 개의 독점 범주로 분류해야 하는 분류 작업
- 다중 클래스 분류(multiclass classification): 각 입력 표본을 세 개 이상의 범주로 분류해야 하는 분류 작업(예 손글씨 숫자 구분).

6　**옮긴이** 데이터 과학이나 머신러닝 및 딥러닝 분야에서는 보통 '목표(또는 타깃)'라고도 부른다. 그러나 우리가 일상 언어에서 흔히 사용하는 목표(예를 들면, '이번 과제의 목표' 등, 영어로는 goal 등)와 구분하기 위해 이 책에서는 '표적'이라고 번역했다. 그러므로 이 책에 나오는 목표와 표적이라는 말은 그 의미가 다르다.

7　**옮긴이** 통계학의 '계급'에 해당하는 말이다. 그러나 계급보다 더 넓은 개념을 포괄하고 있어서 어감이 다르므로 데이터 과학 분야에서 더 널리 쓰이는 '클래스'라는 용어를 채택해 번역했다.

- 다중 레이블 분류(multilabel classification): 각 입력 표본에 여러 레이블을 지정할 수 있는 분류 작업. 예를 들어, 주어진 이미지는 고양이와 개를 모두 포함할 수 있으며, 주석을 "고양이" 레이블과 "개" 레이블로 달아야 한다. 일반적으로 이미지당 레이블 수는 가변적이다.
- 스칼라 회귀(scalar regression): 표적이 연속적인 스칼라 값일 때 하는 작업. 주택 가격을 예측하는 것이 좋은 예이다. 표적 가격이 다르기 때문에 연속적인 공간을 형성한다.
- 벡터 회귀(vector regression): 표적이 연속 값으로 된 집합인 작업(예 연속 벡터). 여러 값(예 이미지의 경계 상자 좌표)에 대한 회귀를 수행하는 경우, 벡터 회귀를 수행한다.
- 미니배치 또는 배치: 모델에 의해 동시에 처리되는 작은 표본 집합(일반적으로 여덟 개에서 128개). 표본 수는 GPU에서 메모리를 쉽게 할당하기 위해 종종 2의 제곱에 맞춘다. 훈련을 수행할 때 미니배치를 사용해 모델의 가중치에 적용되는 단일 경사 하강 갱신을 계산한다.

4.2 머신러닝 모델 평가

3장에 제시된 세 가지 예제에서는 데이터를 훈련 집합, 검증 집합 및 테스트 집합으로 분리했다. 훈련에 사용한 데이터를 그대로 다시 모델을 평가하는 일에 사용하지 않은 이유가 드러났는데, 훈련 시 사용한 데이터를 다시 사용했을 때 불과 몇 개 에포크 이후, 세 가지 모델 모두가 **과적합(overfit)**되기 시작했다. 즉, 이전에는 볼 수 없었던 데이터, 즉 신규 데이터에 대한 성능이 훈련 데이터상에서 보여 준 성능(이 성능은 훈련이 진행될수록 향상된다)에 비해 급격히 떨어졌다.

머신러닝의 목표는 이전에는 볼 수 없었던 데이터에서 잘 수행되는 일반화된 모델을 달성하는 것인데, 이 경우의 주요 장애물은 과적합이다. 관찰할 수 있는 것만 제어할 수 있으므로 모델의 **일반화(generalize)** 능력을 안정되게 측정할 수 있어야 한다. 다음 절에서는 과적합을 완화하고 일반화를 극대화하기 위한 전략을 살펴본다. 이번 절에서는 일반화를 측정하는 방법, 즉 머신러닝 모델을 평가하는 방법에 초점을 맞춘다.

4.2.1 훈련 집합, 검증 집합 및 테스트 집합

모델을 평가할 때 사용할 수 있는 데이터를 훈련 집합, 검증 집합 및 테스트 집합이라는 세 가지 집합[8]으로 분할하는 게 중요하다. 훈련 데이터로 훈련하고, 검증 데이터로 모델을 평가한다. 모델을 사용할 가장 중요한 시기에 이르러서는 테스트 데이터로 한 번 더 테스트한다.

---

8 옮긴이 이 세 집합을 '훈련셋', '검증셋', '테스트셋'이라고 부르기도 하고 '트레이닝셋', '밸리데이션셋', '테스트셋'이라고 부르기도 한다.

왜 훈련 집합과 테스트 집합만을 사용하지 않는지 궁금할 것이다. 여러분은 훈련 데이터로 훈련하고 테스트 데이터로 평가할 수도 있을 것이다. 이게 훨씬 간단하기는 하다!

그 이유는 모델을 개발할 때 항상 모델의 구성을 조율해야 하기 때문이다. 예를 들어, 계층 수, 즉 계층 크기(망의 가중치를 나타내는 파라미터라는 말과 구별하기 위해 모델의 하이퍼파라미터라고도 부름)를 선택하는 일 등이 이에 해당한다. 검증 데이터에서 모델의 성능을 피드백 신호로 사용해 이 조율을 수행한다. 본질적으로, 이런 조율은 **학습**의 한 형태이다. 즉, 일부 파라미터 공간에서 좋은 구성을 찾는 행위이다. 결과적으로 검증 집합에서의 성능을 기반으로 모델의 구성을 조율하면, 모델이 직접 해당 검증 집합으로 훈련된 적이 없더라도 **검증 집합에 과적합되는(overfitting to the validation set)** 결과가 발생할 수 있다.

이 현상의 핵심은 **정보 유출(information leaks)**이라는 개념이다. 검증 집합에서 모델의 성능을 기반으로 모델의 **하이퍼파라미터(hyper-parameters)**를 조율할 때마다 검증 데이터에 대한 일부 정보가 모델로 누출된다. 파라미터 한 개만을 대상으로 삼아 이 작업을 한 번만 수행하면 정보가 거의 누수되지 않고 검증 집합은 모델을 평가하기에 믿을 만한 상태로 남을 것이다. 그러나 여러 번 반복해 하나의 실험을 실행하고 검증 집합을 평가한 후, 그 결과로 모델을 수정하면 검증 집합에 대한 정보가 점점 더 누설된다.

결국에는 검증 데이터를 잘 수행하는 모델이 인위적으로 완성될 것이다. 여러분은 검증 데이터가 아닌 완전히 새로운 데이터를 접하게 된 모델이 보일 성능에 관심이 있으므로 모델을 평가하기 위해 완전히 다른 데이터셋, 즉 테스트 데이터셋을 사용해야 한다. 모델은 테스트 집합에 대한 정보 중 어느 것에도 액세스할 수 없어야 한다. 모델과 관련된 것이 무엇이든 테스트 집합의 성능을 바탕으로 조율돼 왔다면 일반화된 측정을 하기 곤란해질 것이다.

데이터를 훈련 집합, 검증 집합 및 테스트 집합으로 나누는 일이 간단해 보일 수 있지만, 사용할 수 있는 데이터가 아주 작은 경우에도 이 일을 할 수 있는 고급 기법이 몇 가지 있다. 단순 유보 검증(simple hold-out validation)[9], k겹 검증(k-fold validation), 반복 재편성 k겹 검증(iterated k-fold validation with shuffling)이라는 세 가지 기본 기법을 검토해 보자.

단순 유보 검증

데이터 중 일부를 테스트 집합으로 분리한다. 나머지 데이터를 사용해 훈련하고, 테스트 집합

---

9 옮긴이 '유보'라는 말이 아직 널리 보급되지 않고 있고, '홀드아웃'이라는 말을 더 많이 쓴다. 어차피 같은 개념을 나타내는 말이지만, 이해하기에 더 쉬운 우리말로 번역했다. 참고로 '유보'란 곧 '보류'이다.

을 사용해 평가한다. 이전 절에서 살펴봤듯이 정보 유출을 막기 위해 테스트 집합을 기반으로 모델을 조정해서는 안 되며, 따라서 검증 집합을 예약해야 한다.

유보 검증은 보기 4.1과 같다. 목록 4.1은 간단한 구현을 보여 준다.

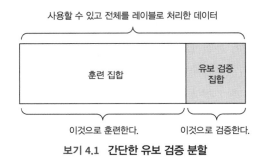

보기 4.1 간단한 유보 검증 분할

목록 4.1 유보 검증하기

```
indices <- sample(1:nrow(data), size = 0.80 * nrow(data))      ⟵┐ 대체로 데이터를 재편성하는
evaluation_data <- data[-indices, ]   ⟵┐ 검증 집합을 정의한다.         (즉, 섞는) 편이 적절하다.
training_data <- data[indices, ]   ⟵┐ 훈련 집합을 정의한다.

model <- get_model()
model %>% train(training_data)                          훈련 데이터로 모델을 훈련한 후,
validation_score <- model %>% evaluate(validation_data)  검증 데이터로 모델을 검증한다.

model <- get_model()                     하이퍼파라미터를 조율하면 사용 가능한 모든
model %>% train(data)                    비테스트 데이터를 사용해 최종 모델을 밑바닥에서부터
test_score <- model %>% evaluate(test_data)  훈련하는 게 일반적이다.
```

이것은 가장 간단한 평가 프로토콜이지만, 한 가지 결함이 있다. 사용할 수 있는 데이터가 거의 없으면 데이터를 통계적으로 대표하기에는 검증 집합 및 테스트 집합에 표본 개수가 너무 적게 있게 된다. 이 점을 이해하기는 쉽다. 분할하기 전에 임의로 서로 다르게 재편성한 데이터가 재편성을 할 때마다 매우 다른 모델 성능 측정값을 내는 경우에 이런 문제가 발생한다. k겹 검증과 반복 재편성 k겹 검증은 이 문제를 해결하는 두 가지 방법이다.

k겹 검증

이 방법을 사용하면 데이터를 동일한 크기의 k겹으로 분할할 수 있다. 각 구간 i에 대해 나머지 k – 1 구간에서 모델을 학습하고, 구간 i에서 평가한다. 최종 점수는 얻은 k개 점수의 평균이다.

모델의 성능이 훈련-테스트 분할 데이터에서 상당한 차이를 보이는 경우, 이 방법이 도움이 된다.

이 방법은 유보 검증과 마찬가지로 모델을 보정하기 위해 고유한(즉, 완전히 별개인) 검증 집합을 사용하지는 않는다.

k겹 교차 검증은 보기 4.2와 같다. 목록 4.2는 간단한 R 의사코드 구현을 보여 준다.

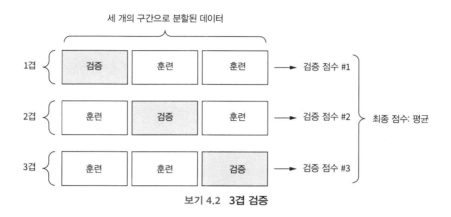

보기 4.2 3겹 검증

목록 4.2 k겹 교차 검증하기[10]

```
k <- 4
indices <- sample(1:nrow(data))
folds <- cut(1:length(indices), breaks = k, labels = FALSE)

validation_scores <- c()
for (i in 1:k) {                                      검증 데이터 구간을 선택한다.

  validation_indices <- which(folds == i, arr.ind = TRUE)   나머지 데이터를 훈련 데이터로
  validation_data <- data[validation_indices,]              사용한다.
  training_data <- data[-validation_indices,]

                                                      (훈련하지 않은) 모델의 새로운
  model <- get_model()                                인스턴스를 만든다.
  model %>% train(training_data)
  results <- model %>% evaluate(validation_data)
  validation_scores <- c(validation_scores, results$accuracy)
}
                                                      검증 점수:
validation_score <- mean(validation_scores)           k겹의 검증 점수 평균

model <- get_model()        사용 가능한 모든 비테스트 데이터를
model %>% train(data)       대상으로 삼아야 하는 최종 모델 훈련
```

---

10 옮긴이 이 목록에 나오는 코드 자체만으로는 실행이 되지 않는다. 이전 장부터 써 온 코드를 바탕으로 아래 부분만 수정해서 써야 한다. 이 점은 다른 목록에 나오는 코드도 마찬가지이다. 본문을 자세히 읽으면 어느 부분을 수정해서 써야 하는지를 쉽게 알 수 있다. 앞으로도 코드가 실행되지 않는다고 생각하면 해당 목록에 있는 코드가 완결된 게 아니라는 점을 유념하기 바란다. 참고로 역자가 모든 코드를 직접 실행하고 검증해 봤는데 코드 자체에 문제가 있는 코드는 없었다.

```
results <- model %>% evaluate(test_data)
```
← 사용 가능한 모든 비테스트 데이터를
  대상으로 삼아야 하는 최종 모델 훈련

재편성 후 k겹 검증을 반복하기

이 방법은 데이터가 비교적 적고 가능한 한 정확하게 모델을 평가해야 하는 경우를 위한 것이다. 우리는 이 방식이 캐글 대회에서 크게 도움이 된다는 점을 알게 됐다. 이 방법은 k겹 검증을 여러 번 적용하고, k 구간으로 분할하기 전에 매번 데이터를 재편성하는(즉, 섞는) 것으로 구성된다. 최종 점수는 k회 검증의 각 실행에서 얻은 점수의 평균이다. 여러분은 p회 × k개 모델(여기서 p는 반복 횟수)에 해당하는 수만큼 훈련하고 평가하는 셈이 되므로 계산 비용이 많이 들 수 있다.

4.2.2 명심할 사항

평가 프로토콜을 선택할 때는 다음 사항에 유의해야 한다.

- **데이터 대표성**: 현재 보유하고 있는 데이터를 대표하는 훈련 집합 및 테스트 집합이 필요하다. 예를 들어, 여러분이 숫자가 그려진 이미지를 분류하려고 시도하고 있고, 클래스 순서대로 정렬된 표본 배열을 가지고 이 일을 하려고 하는 경우에, 이 배열 중 처음 나오는 것부터 세어서 80%에 이르는 것까지를 훈련 집합으로 삼고 나머지 20%를 테스트 집합으로 삼는다고 하면, 훈련용 집합에서는 0~7에 해당하는 클래스[11]가 들어가게 되고 테스트용 집합에는 8~9에 해당하는 클래스[12]가 들어가게 된다. 엉뚱한 실수로 보일 수도 있지만, 뜻밖에 흔한 일이다. 이러한 이유로 훈련 및 테스트 집합으로 분할하기 전에 데이터를 **무작위 재편성(randomly shuffle)**을 해야 한다.

- **시간의 화살**: 예를 들어, 미래의 날씨(예 내일 날씨, 주가 변동 등)를 예측하려는 경우, 데이터를 분할하기 전에 데이터를 무작위로 재편성해서는 안 되는데, 그 이유는 **시간적 누수(temporal leak)**[13]가 발생하기 때문이다. 모델은 '시간상으로 봐서 후순위에 있는(future)' 데이터로 훈련할 때 더 효과적으로 훈련된다. 이러한 상황에서는 테스트 집합의 모든 데이터가 훈련 집합의 데이터보다 후방에 있는지를 항상 확인해야 한다.

---

11 옮긴이 즉, 0~7에 해당하는 숫자 이미지

12 옮긴이 즉, 8~9에 해당하는 숫자 이미지

13 옮긴이 즉, 날씨는 시간의 순서가 중요한데, 시간 순서대로 배열된 데이터를 섞어 버리면 시간이라는 정보가 새나가 버리는, 즉 없어져 버리는 셈이 된다. 이런 현상을 저자는 시간적 누수라고 표현하고 있다.

- **데이터의 중복성**: 데이터의 일부 데이터 점이 실제 데이터와 비교해 두 번 나타나는 경우, 데이터를 재편성해 훈련 집합과 검증 집합으로 분할하면 훈련 집합과 검증 집합이 중복된다. 이렇게 되면 여러분은 훈련 데이터 중 일부만으로 테스트를 진행하게 될 것인데, 이는 최악의 행동이 되고 말 것이다! 그러므로 훈련 집합과 검증 집합이 서로 분리돼 있는지를 확인하라.

4.3 데이터 전처리, 특징 공학 및 특징 학습

모델 개발에 깊이 들어가기 전에 반드시 '입력 데이터와 표적들을 신경망에 공급하기 전에 준비해 두는 방법'을 해결해야 한다. 많은 데이터 전처리 기술 및 특징 공학 기술은 특정 분야에 한정(domain specific)돼 있다(예 텍스트 데이터에 특화되어 있거나 이미지 데이터에만 특정되어 있는 식). 5장에 나오는 실용적인 예제에서 특정 분야에 한정된 기술들을 접하게 될 것이다. 지금은 모든 데이터 영역에 공통적인 기본 사항만을 검토한다.

4.3.1 신경망을 위한 데이터 전처리

데이터 전처리 작업의 목표는 손에 쥔 원자료를 신경망이 잘 받아들일 수 있게 하는 것이다. 이에는 벡터화, 정규화, 결측값(missing values) 처리 및 특징 추출이 포함된다.

벡터화

신경망의 모든 입력과 표적은 반드시 부동소수점 데이터의 텐서(또는 특정 경우에, 텐서 수)이어야 한다. 사운드, 이미지, 텍스트를 비롯해 처리해야 하는 데이터가 무엇이든, 먼저 **데이터 벡터화(data vectorization)** 단계인 텐서 변환을 해야 한다. 예를 들어, 이전에 나온 텍스트 분류 예제 두 가지에서 우리는 정수 리스트(단어들로 이뤄진 시퀀스들을 나타낸 것)로 표현된 텍스트에서 출발한 다음 이것을 원핫 인코딩 방식을 동원해 텐서 형식으로 된 부동소수점 데이터로 변환했다. 숫자 분류 예제와 주택 가격 예측 예제의 경우에는 데이터가 미리 벡터화된 형식으로 제공됐으므로 이 단계를 건너뛸 수 있었다.

값 정규화

숫자 분류 예제에서는 회색 계조(gray scale)를 0부터 255까지에 해당하는 숫자로 부호화를 한 이미지 데이터로 작업을 시작했다. 이 데이터를 망에 공급하기 전에 255로 나눠야 0~1 사이에 있는 부동소수점 값이 나온다. 이와 마찬가지로 집값을 예측할 때 다양한 범위를 사용하는 특징들로부터 시작했다. 일부 특징에는 작은 부동소수점 값이 있고, 다른 특징에는 상당히 큰 정숫값이 있다. 이 데이터를 망에 공급하기 전에 표준편차가 1이고, 평균이 0이 되도록 각 특징을 독립적으로 정규화(normalize)해야 했다.

일반적으로 상대적으로 큰 값(예 망의 가중치로 취한 초깃값보다 훨씬 크고 자릿수가 여러 개인 정수)을 사용하는 신경망 데이터나 이질적인 데이터를 공급하는 일은 안전하지 않다(예 어느 한 특징의 범위는 0~1 사이이고, 그 밖의 특징이 100~200 범위에 있는 데이터). 이렇게 하면 망이 수렴되지 못하게 하는 큰 경사 갱신(gradient updating)이 유발될 수 있다. 망이 쉽게 학습할 수 있게 하려면 데이터의 특성이 다음과 같아야 한다.

- 작은 값을 취한다: 일반적으로 대부분의 값은 0~1 범위에 있어야 한다.
- 동질적이어야 한다: 즉, 모든 특징의 값이 대략 같은 범위에 있어야 한다.

덧붙이자면, 다음에 나오는 더욱 엄밀한 정규화 작업이 흔히 이뤄지는데, 이런 작업이 더 보탬이 될 수 있다(늘 필요한 건 아니다. 예를 들면, 숫자 분류 예제에서는 이 작업을 하지 않았다).

- 각 특징을 따로따로 정규화해 평균이 0이 되도록 한다.
- 각 특징을 따로따로 표준화해 표준편차가 1이 되게 한다. R의 scale() 함수를 사용하면 이 작업을 간단하게 수행할 수 있다.

```
x <- scale(x)     ◁── x가 (표본, 특징) 모양으로 된 2D 행렬이라고 가정
```

일반적으로 훈련 데이터 및 테스트 데이터에서 특징들을 표준화한다. 이 경우 훈련 데이터의 평균 및 표준편차만 계산한 후, 훈련 데이터 및 테스트 데이터 모두에 적용해야 한다. 3장에서 보스턴 주택 데이터셋의 특징들을 정규화할 때는 다음과 같은 방법을 사용했다.

```
mean <- apply(train_data, 2, mean) ◁──   훈련 데이터의 평균 및       훈련 데이터의 평균 및
std <- apply(train_data, 2, sd)           표준편차를 계산한다.        표준편차를 사용해 훈련
train_data <- scale(train_data, center = mean, scale = std) ◁──    데이터 및 테스트 데이터의
test_data <- scale(test_data, center = mean, scale = std)         크기를 조정한다.
```

caret 및 recipes라는 R 패키지에는 데이터 전처리 및 표준화를 위한 고급 기능이 포함돼 있다.

결측값 다루기

때로는 데이터에 결측값(missing value)[14]이 있을 수 있다. 예를 들어, 주택 가격의 예제에서 첫 번째 특징(데이터의 인덱스가 0인 열)은 1인당 범죄율이다. 이 특징을 모든 표본에서 사용할 수 없다면 훈련 데이터 또는 테스트 데이터가 결측값을 지닌 셈이 된다.

일반적으로 신경망에서는 결측값에 0을 입력하는 게 안전하다. 0이라는 조건이 이미 의미 있는 값이 아닌 경우라면 말이다. 망은 값 0이 **결측 데이터**(missing data)라는 점을 데이터에 노출시키는 방식으로 이 결측 데이터 값을 무시하기 시작할 것이다.

여러분은 테스트 데이터에 결측값이 있을 것으로 예상하지만, 결측값이 없는 데이터를 대상으로 삼아 망을 훈련한 경우라면, 망은 결측값을 무시하는 방법을 학습하지 못 한다. 이 경우, 결측된 훈련 표본을 인위적으로 생성해야 한다. 몇 가지 훈련 표본을 여러 번 복사하고 테스트 데이터에서 결측될 수 있는 일부 특징을 삭제해야 한다.

4.3.2 특징 공학

특징 공학(feature engineering)은 데이터 및 머신러닝 알고리즘(이번 경우에는 신경망이 이 머신러닝 알고리즘에 해당함)에 대한 자신의 지식을 사용해 데이터가 모델이 되기 전에 하드코딩된(학습되지 않는) 변환을 데이터에 적용해 알고리즘이 더 잘 작동하도록 하는 과정이다. 하지만 머신러닝 모델이 무작위적인 데이터를 사용해 학습할 수 있다고 기대하지 않는 게 좋다. 이 경우, 모델이 작업을 더 쉽게 수행할 수 있게 하는 데이터를 모델에 제시해야 한다.

직관적인 예를 살펴보자. 시계 이미지를 입력받아 시간을 출력할 수 있는 모델을 개발하려 한다고 가정해 보자(보기 4.3 참조).

이미지의 원래 픽셀을 입력 데이터로 사용하도록 선택하면 어려운 머신러닝 문제가 발생한다. 이를 해결하기 위해 합성곱 신경망[15]이 필요하며, 망을 훈련하기 위해 많은 계산 리소스를 소비해야 한다.

그러나 여러분이 이미 고수준 문제를 이해한다면(인간이 시계에 보고 어떻게 시간을 읽는지 이해한다면), 훨씬 더 나은 입력 특징들을 머신러닝 알고리즘에 제시할 수 있는데 예를 들어 짧은 R 스크립트는 시곗바늘의 검은색 픽셀을 따라가며 각 손끝의 (x, y) 좌표를 출력한다. 그런 다음,

---

14 〔옮긴이〕 보통 '누락 값'이라고도 부르지만 정확한 통계 용어는 '결측값'이다.
15 〔옮긴이〕 '혼동 신경망'이나 '합성곱 신경망' 등으로도 부른다. 두뇌 시각 피질을 모방해 설계한 신경망으로 알려져 있다.

간단한 머신러닝 알고리즘으로 이러한 좌표를 적절한 시간과 연관시키는 방법을 배울 수 있다.

원자료: 픽셀로 구성된 격자		
더 나은 특징: 시곗바늘의 좌표	{x1: 0.7, y1: 0.7} {x2: 0.5, y2: 0.0}	{x1: 0.0, y2: 1.0} {x2: -0.38, 2: 0.32}
더 나은 특징: 시곗바늘의 각도	theta1: 45 theta2: 0	theta1: 90 theta2: 140

보기 4.3 시계를 보고 시간을 알아내기 위한 특징 공학

심지어 여기서 더 나아가 좌표 변환을 하고, 이미지의 중심을 기준으로 (x, y) 좌표를 극좌표로 표현할 수도 있다. 여러분의 입력은 각 시곗바늘의 각도(theta)가 될 것이다. 이 정도 수준까지 이르면 각 특징 덕분에 당면한 문제를 아주 쉽게 풀 수 있을 것이므로, 굳이 머신러닝을 동원하지 않아도 될 정도가 된다. 그러므로 근사 시간 복구는 간단한 반올림 연산과 사전 검색만으로도 충분하다.

이것이 바로 특징 공학의 본질이다. 더 간단한 방식으로 표현하면 문제를 더 쉽게 해결할 수 있다. 그런데 특징을 더 간단한 방식으로 표현하려면 일반적으로 여러분이 풀고자 하는 문제를 더 깊이 있게 이해하고 있어야 한다.

딥러닝을 하기 전에는 고전적인 얕은 알고리즘이 유용한 특징을 충분히 학습할 수 있을 만큼 충분한 가설 공간을 가질 수 없었기 때문에 특징 공학이 중요했다. 데이터를 알고리즘에 표현하는 방법이 과업을 잘 마치는 데 필수적이었다. 예를 들어, 합성곱 신경망이 MNIST 숫자 분류 문제에 성공하기 전에, 해법은 일반적으로 숫자 이미지의 루프 수, 이미지 안에 포함된 각 숫자의 높이, 픽셀의 히스토그램과 같은 하드코딩된 특징들을 바탕으로 삼는다.

현대의 딥러닝에서는 신경망이 원자료에서 유용한 특징을 자동으로 추출할 수 있으므로 특징 공학이 그다지 필요하지 않게 된다. 그렇다고 해서 이런 말이 심층 신경망을 사용하는 한 특징 공학을 염두에 두지 않아도 된다는 뜻이 아니다. 이에는 두 가지 이유가 있다.

- 특징들이 우수하면 더 작은 자원을 동원해 문제를 더 잘 풀어낼 수 있다. 예를 들어, 합성곱 신경망을 사용해 시계를 읽는 문제를 해결하는 것은 우스꽝스럽다.

- 좋은 특징들을 사용하면 훨씬 적은 데이터로 문제를 해결할 수 있다. 훈련 데이터를 많이 사용하면 딥러닝 모델이 스스로 특징들을 학습할 수 있다. 표본이 몇 가지로 한정된 경우라면, 특징들의 정보 값이 중요해진다.

4.4 과적합 및 과소적합

이전 장에 나온 세 가지 예제(영화 감상평, 주제 분류, 주택 가격 회귀 예측)에서 유보 검증 데이터에 대한 모델의 성과는 항상 몇 에포크 이후에 최고조에 달했다가, 그 이후에 저하되기 시작했다. 모델이 신속하게 훈련 데이터에 **과적합**(overfitting)되기 시작했던 것이다. 모든 머신러닝 문제에서 과적합이 발생한다. 과적합을 처리하는 방법을 배우는 게 머신러닝을 조율하는 데 필수적이다.

머신러닝의 근본적인 문제는 최적화와 일반화 사이의 긴장이다. **최적화**(optimization)란 훈련 데이터에서 최상의 성능을 얻을 수 있도록 모델을 조정하는 과정(이 과정이 머신러닝에서 말하는 학습에 해당)을 말하며, **일반화**(generalization)란 이전에 전혀 경험하지 못한 데이터를 대상으로 삼아 훈련한 모델이 잘 수행하게 하려는 과정을 의미한다. 물론 이 게임의 목표는 일반화를 잘하는 것이기는 하지만, 여러분은 일반화를 통제할 수는 없고 훈련 데이터를 기반으로 모델을 조정할 수 있을 뿐이다.

훈련이 시작되는 시점에서 보면 최적화와 일반화 간에는 서로 상관성이 있어서 훈련 데이터의 손실이 적을수록 테스트 데이터의 손실도 줄어든다. 그렇지만 이런 일이 벌어진다면 여러분의 모델이 **과소적합**(underfit) 됐다고 말할 수 있으며, 이런 경우에는 작업해야 할 게 아직 남아 있다고 보면 된다. 망이 아직 훈련 데이터의 모든 패턴을 모델링하지 않았기 때문이다. 그러나 훈련 데이터를 갖고 특정 횟수만큼 반복하면 일반화가 더 이상 개선되지 않고, 검증 계량들(validation metricies)[16]이 급격히 떨어지면서 성능이 저하되기 시작한다. 즉, 모델이 과적합하기 시작하는 것이다. 이렇게 되면 훈련 데이터에서 특정한 패턴을 학습하기 시작하지만, 신규 데이터에 관해서는 오히려 잘못된 결과나 부적절한 결과를 내게 된다.

모델이 훈련 데이터에서 발견된, 오해의 소지가 있거나 관련성이 없는 패턴을 학습하지 못하도록 하려면 **더 많은 훈련 데이터를 취하는 게 최선책이다(the best solution is to get more training data)**. 모델을 더 많은 데이터로 훈련하면 모델이 자연스럽게 더 일반화될 것이다. 이것이 불가

---

16 옮긴이 즉, '검증 기준' 또는 '검증 척도' 또는 '검증 측정 기준'이라는 말이다.

능할 경우, 차선책은 모델이 저장할 수 있는 정보의 양을 조절하거나 저장할 수 있는 정보에 제약 조건을 추가하는 것이다. 망이 일부 패턴만 기억하게 된다면 최적화 과정 중에 눈에 가장 잘 띄는 패턴에만 집중하게 되므로 일반화가 더 잘될 가능성이 커진다.

이러한 방식으로 과적합과 싸우는 과정을 **정칙화**(regularization, 즉 고르기)[17]라고 한다. 가장 일반적인 정칙화 기법을 검토하고 3.4절의 영화 분류 모델을 실습에 적용해 보자.

4.4.1 신경망 크기 줄이기

과적합을 방지하는 가장 간단한 방법은 모델의 크기를 줄이는 것이다. 모델의 크기란, 모델의 훈련 가능 파라미터 수(계층 수와 계층당 유닛 수로 결정됨)를 말한다. 딥러닝에서 모델에 있는 훈련 가능 파라미터의 수를 종종 모델의 **용량**(capacity)이라고 한다. 직관적으로 생각해 보면 파라미터가 더 많은 모델의 **기억 용량**(memorization capacity)이 더 클 것이므로 훈련 표본들과 이것들의 표적 사이를, 완벽한 사전과 같은 방식으로 사상하는 일을 일반화하는 능력 없이도 쉽게 배울 수 있다. 예를 들어, 이진 파라미터를 50만 개 보유한 모델이라면 MNIST 훈련 집합의 모든 숫자 클래스를 쉽게 학습하게 할 수 있다. 우리는 5만 개의 자릿수마다 열 개의 이진 파라미터만 필요하다. 그러나 이러한 모델은 새로운 숫자 표본을 분류하는 데 쓸모가 없다. 항상 염두에 둬야 할 점은 딥러닝 모델은 훈련 데이터에 잘 어울리는 경향이 있지만, 실제 과제는 적합화(fitting)[18]가 아닌 일반화(generalizing)라는 점이다.

반면, 망에서 메모리 리소스가 제한돼 있다면 사상을 쉽게 학습할 수 없다. 따라서 손실을 최소화하려면 표적과 관련해 예측 가능한 힘을 가진 압축된 표현(정확히 말하면, 관심 있는 표현의 유형)을 학습해야 한다. 이와 동시에 과소적합(underfit)되지 않을 만큼 않는 충분한 파라미터를 지닌 모델을 사용해야 한다는 점을 명심해야 한다. 다시 말해, 여러분의 모델에 기억 자원이 부족해서는 안 된다. **과대용량**(too much capacity)과 **불충분용량**(not enough capacity) 사이에는 절충점이 필요하다.

안타깝게도 적절한 수의 계층 또는 각 계층의 올바른 크기를 결정하는 마법 같은 공식은 없다. 데이터에 알맞은 모델 크기를 찾으려면 테스트 집합이 아니라 검증 집합에 있는 여러 아키텍처의 배열을 평가해야 한다. 적절한 모델 크기를 찾는 일반적인 작업 흐름은 비교적 적은 수의 계층과 파라미터로 시작해 검증 손실과 관련된 반환 값이 줄어들 때까지 계층의 크기를 늘

---

17 옮긴이 정규화(normalization)와 혼동하지 말아야 한다. 이 책에서는 '정칙화'와 '정규화'라는 용어를 구분해 사용하고 있다.
18 옮긴이 최적화(optimization)와 혼동해서는 안 된다.

리거나 새 계층을 추가하는 것이다.

영화 심사 분류 망으로 시험해 보자. 원래 망은 다음과 같다.

목록 4.3 원래 모델

```
library(keras)

model <- keras_model_sequential() %>%
  layer_dense(units = 16, activation = "relu", input_shape = c(10000)) %>%
  layer_dense(units = 16, activation = "relu") %>%
  layer_dense(units = 1, activation = "sigmoid")
```

이제, 이것을 다음과 같이 작은 망으로 교체해 보자.

목록 4.4 용량이 더 작은 모델 버전

```
model <- keras_model_sequential() %>%
  layer_dense(units = 4, activation = "relu", input_shape = c(10000)) %>%
  layer_dense(units = 4, activation = "relu") %>%
  layer_dense(units = 1, activation = "sigmoid")
```

보기 4.4는 원래의 망과 소규모 망의 검증 손실을 비교한 것이다(검증 손실이 낮을수록 더 나은 모델임을 나타낸다). 소규모 망은 참조 망보다 과적합이 늦게 시작되고, 과적합이 일단 시작된 후, 성능 저하가 더 느리게 진행된다.

이번에는 문제가 되는 것보다 용량이 훨씬 큰 망을 이 비교 대상에 추가해 보자.

목록 4.5 용량이 더 큰 모델 버전

```
model <- keras_model_sequential() %>%
  layer_dense(units = 512, activation = "relu", input_shape = c(10000)) %>%
  layer_dense(units = 512, activation = "relu") %>%
  layer_dense(units = 1, activation = "sigmoid")
```

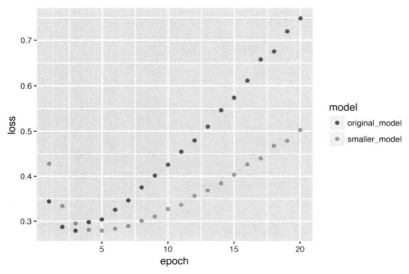

보기 4.4　검증 손실에 대한 모델 용량 초과: 용량이 더 작은 모델과 비교해 보기[19]

보기 4.5는 참조용 망과 비교했을 때 상대적으로 더 큰 망의 손실을 보여준다. 더 큰 망은 1에 포크를 끝내자마자 즉시 과적합되기 시작해 훨씬 더 심각하게 과적합된다. 이것의 검증 손실 또한 더 불규칙적이다.

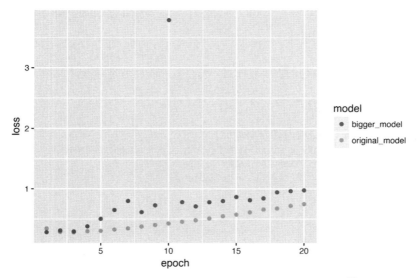

보기 4.5　검증 손실에 대한 모델 용량의 영향: 더 큰 모델을 시도[20]

---

19 옮긴이 이 그래프에 사용된 용어의 의미는 다음과 같다. loss = 손실, model = 모델, original_model = 원래 모델, smaller_model = 더 작은 모델, epoch = 에포크.

20 옮긴이 bigger_model = 더 큰 모델.

한편, 보기 4.6은 두 망의 훈련 손실을 보여 준다. 더 큰 망은 훈련 손실을 아주 신속하게 0에 가깝게 만든다. 망의 용량이 클수록 훈련 데이터를 모델링할 수 있는 속도가 빨라지므로(훈련 손실이 적음) 훈련의 성공률이 높아지고, 결과적으로 훈련 손실과 검증 손실이 크게 달라진다.

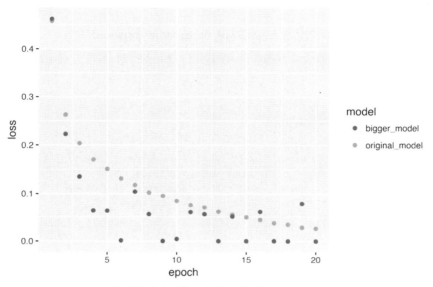

보기 4.6 **훈련 손실에 대한 모델 용량의 영향력: 더 큰 모델을 시도**

4.4.2 가중치 정칙화 추가

여러분은 **오컴의 면도날(Occam's razor)** 원리에 익숙할 것이다. 뭔가를 설명하는 방식이 두 가지라면, 가장 단순하게 설명할 수 있는 편이 가장 올바른 설명일 가능성이 크다는 원리이다. 가장 올바른 설명에는 가정이 거의 필요 없기 때문이다. 이런 관점은 신경망으로 학습하는 모델에도 적용된다. 몇 가지 훈련 데이터와 망 아키텍처가 주어지면, 다중 집합의 가중치(다중 모델)가 데이터를 설명할 수 있다. 단순한 모델은 복잡한 모델보다 덜 과적합된다.

이런 맥락에서 보면 **간단한 모델(simple model)**은 파라미터 값의 분포에 따른 엔트로피가 더 적은 모델(또는 이전 절에서 봤듯이 파라미터가 더 적은 모델)이다. 따라서 과적합을 완화하는 일반적인 방법은 망의 가중치 값으로 적은 값만을 취하게 강제함으로써 망의 복잡성을 제약하는 것이다. 그러면 가중치 값의 분포가 더 **정칙화**된다. 이를 **가중치 정칙화(weight regularization)**라고 부르며, 큰 가중치와 관련된 비용을 망의 손실 함수에 더함으로써 수행된다. 이 비용은 다음 두 가지로 나뉜다.

- **L1 정칙화**: 추가된 비용은 가중치 계수 값들의 절댓값(가중치의 L1 노름)에 비례한다.
- **L2 정칙화**: 추가된 비용은 가중치 계수 값들의 제곱(가중치의 L2 노름)에 비례한다. L2 정칙화는 신경망의 맥락에서 **가중치 감쇠(weight decay)**라고도 한다. 이름이 다르다는 이유로 혼란스러워하지 마라. 가중치 감쇠는 수학적으로 볼 때 L2 정칙화와 같다.

케라스에서는 **가중치 정칙화기[21] 인스턴스들(weight regularizer instances)**을 키워드 인수로 삼아 계층에 전달하는 식으로 가중치 정칙화를 추가한다. 영화 감상평 분류 망에 L2 가중치 정칙화를 추가해 보자.

목록 4.6 모델에 L2 가중치 정칙화 추가하기

```
model <- keras_model_sequential() %>%
  layer_dense(units = 16, kernel_regularizer = regularizer_l2(0.001),
              activation = "relu", input_shape = c(10000)) %>%
  layer_dense(units = 16, kernel_regularizer = regularizer_l2(0.001),
              activation = "relu") %>%
  layer_dense(units = 1, activation = "sigmoid")
```

regularizer_l2(0.001)은 해당 계층에 놓인 가중치 행렬의 모든 계수가 망의 전체 손실에 0.001 * 가중치_계수_값을 추가함을 의미한다. 이 벌점이 훈련 시에만 더해지므로 이 망의 손실은 테스트 때보다는 훈련 때 더 클 것이다.

보기 4.7은 L2 정칙화 벌점의 영향을 보여 준다. 이처럼 L2 정칙화가 적용된 모델은 참조 모델보다 훨씬 더 과적합되기가 어렵게 되는데, 심지어 두 모델의 파라미터 수가 같은 때에도 그렇다.

L2 정칙화의 대안으로 다음과 같은 케라스 가중치 정칙화기 중 하나를 사용할 수 있다.

목록 4.7 케라스에서 사용 가능한 다른 가중치 정하기

```
regularizer_l1(0.001)
regularizer_l1_l2(l1 = 0.001, l2 = 0.001)
```

---

21 옮긴이 정칙화기를 '정칙자'라고 부르기도 한다.

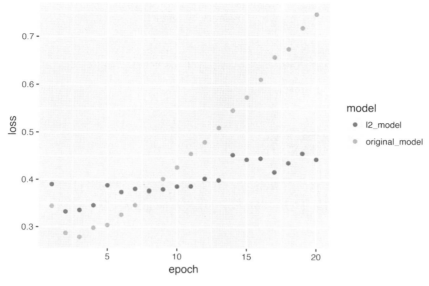

보기 4.7 검증 손실에 대한 L2 가중치 정칙화의 효과

4.4.3 드롭아웃 추가

드롭아웃(dropout)[22]은 힌튼과 토론토 대학교 학생들이 개발한, 가장 효과적이고 일반적으로 사용되는 신경망의 정칙화 기술 중 하나이다. 계층에 적용된 드롭아웃은 학습 중에 계층의 여러 출력 특징을 무작위로 **퇴출(dropping out)**하는 식(즉, 0으로 설정하는 식)으로 구성돼 있다. 주어진 계층이 훈련 중에 벡터 [0.2, 0.5, 1.3, 0.8, 1.1]을 반환한다고 가정해 보자. 이 벡터에는 드롭아웃을 적용한 후에 [0, 0.5, 1.3, 0, 1.1]과 같이 무작위로 분산된 0 항목이 일부 들어 있게 된다. **드롭아웃 비율(dropout rate)**은 0으로 처리해 소거한(zeroed out) 특징의 비율로, 일반적으로 0.2와 0.5 사이로 설정된다. 테스트 시에는 아무것도 드롭아웃하지 않는다. 테스트 시에는 훈련 시보다 더 많은 유닛이 활성화된다는 사실을 바탕으로 균형을 맞추기 위해 계층의 드롭아웃 비율과 같은 요인에 맞춰 계층의 출력값이 축소된다.

배치_크기, 특징들(batch_size, features) 모양으로 된 layer_output 출력을 포함하는 행렬을 생각해 보라. 훈련 시에는 다음과 같이 무작위로 행렬 값의 일부를 소거한다.

---

22 [옮긴이] 이는 신경망 유닛의 '중도 탈락(dropout)'을 의미한다(기술적으로는 가중치 등의 파라미터 값을 0으로 설정하는 일을 의미). 이 중도 탈락이라는 용어는 원래 통계학에서 비롯된 것으로, 통계 대상의 '중도 탈락'을 의미한다. 이해하기 쉬운 말을 쓰면, '퇴출(dropping out)' 또는 '소거(zeroed out)'라고 할 수 있다. 딥러닝 분야에서는 아직까지 '중도 탈락'이라는 말보다 '드롭아웃'이라고 부르는 경향이 있어 이 책에서도 '드롭아웃'이라고 번역했다.

```
layer_output <- layer_output * sample(0:1, length(layer_output),
                                      replace = TRUE)
```

테스트 시에 드롭아웃 비율에 맞춰 출력을 축소한다. 여기에서는 이전에 유닛의 절반을 퇴출했기 때문에 크기를 0.5로 조절한다.

```
layer_output <- layer_output * 0.5
```

이 과정은 훈련 시간에 두 가지 작업을 모두 수행하고, 테스트 시에 출력을 변경하지 않고 구현할 수 있는데, 이것은 실용적으로 구현된 방식이다(보기 4.8 참조).

```
layer_output <- layer_output * sample(0:1, length(layer_output),   ⟵┤ 훈련 시
                                      replace = TRUE)
layer_output <- layer_output/0.5   ⟵┤ 우리는 이 경우 오히려 배율을 축소하기보다는 키우려고 한다.
```

이 기법은 이상하고 무작위한 것으로 보일 수 있다. 왜 이것이 과적합을 줄이는 데 도움이 되는가? 힌튼은 은행이 사용하는 사기 방지 방식에 영감을 받았다고 말한다. 그는 다음과 같이 말했다.

"내가 거래하는 은행에 갔다. 창구 직원들이 계속 바뀌기에 한 직원에게 그 이유를 물어봤다. '왜 그런지 모르겠지만, 스스로 자주 옮겨 다닌다'라고 했다."

보기 4.8 훈련 중에 활성화 행렬에 적용된 드롭아웃으로 훈련 중에 비율을 조정한다. 테스트 중에는 활성화 행렬이 변경되지 않는다.

직원들이 서로 협조하면 은행 돈을 횡령하기 쉬워지므로 직원들을 전보해야만 한다는 점을 알았다. 이로써 각 예제에서 뉴런의 다른 부분 집합을 무작위로 소거하면 음모를 막을 수 있어서 과적합되는 일을 줄일 수 있다는 점을 깨닫게 됐다.[23] 핵심 아이디어는 계층의 출력값에

---

23 레딧(Reddit)의 공통 주제인 "AMA: We are the Google Brain team. We'd love to answer your questions about machine learning"(http://mng.bz/XrsS)을 살펴보라.

잡음을 끼워 넣으면, 중요하지는 않지만 우연히 발생하는 패턴(힌튼은 이를 '음모'라고 부른다)을 깨뜨릴 수 있으며, 잡음이 없다면 망이 그것을 기억하기 시작한다는 점이다.

케라스에서는 layer_dropout을 통해 망에 드롭아웃을 도입할 수 있다. 이 드롭아웃은 layer_dropout 직전 계층의 출력에 적용된다.

```
layer_dropout(rate = 0.5)
```

IMDB 망에 두 개 드롭아웃 계층을 추가해 과적합을 줄이는 데 얼마나 효과가 있는지 살펴보자.

목록 4.8 IMDB 망에 드롭아웃 추가하기

```
model <- keras_model_sequential() %>%
  layer_dense(units = 16, activation = "relu", input_shape = c(10000)) %>%
  layer_dropout(rate = 0.5) %>%
  layer_dense(units = 16, activation = "relu") %>%
  layer_dropout(rate = 0.5) %>%
  layer_dense(units = 1, activation = "sigmoid")
```

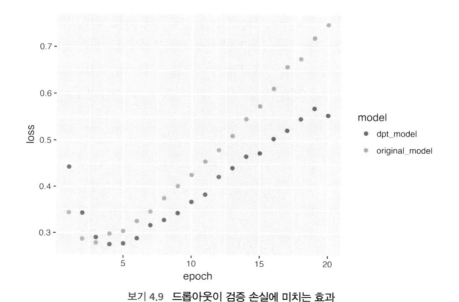

보기 4.9 드롭아웃이 검증 손실에 미치는 효과

보기 4.9는 이 코드를 실행한 결과를 보여 준다. 이 결과는 참조 대상 망에 비해 명백히 개선된 것이다.

요점을 되짚어 보면, 다음은 신경망이 과적합되는 일을 방지하는 가장 일반적인 방법이다.

- 더 많은 훈련 데이터를 입수한다.
- 망의 용량을 줄인다.
- 가중치 정칙화를 도입한다.
- 드롭아웃을 도입한다.

4.5 머신러닝의 보편적인 작업 흐름

이번 절에서는 모든 머신러닝 문제를 공략하고 해결하는 데 사용할 수 있는 범용 청사진을 제시한다. 이 청사진은 4장에서 학습한 개념, 즉 문제 정의 및 평가, 특징 공학, 과적합과의 투쟁이라는 개념들을 결합한다.

4.5.1 문제 정의 및 데이터셋 구성

먼저 당면한 문제를 정의해야 한다.

- 입력 데이터는 무엇인가? 무엇을 예측하려고 하는가? 훈련 데이터를 사용할 수 있어야만 무엇인가를 예측하는 방법을 학습할 수 있는데, 예를 들면 영화 감상평을 적은 문장과 해당 문장이 영화에 대해 '긍정적'인지 아니면 '부정적'인지에 관한 정서를 나타내는 주석(즉, 레이블)이 있어야만 영화 감상평의 정서를 분류하는 방법을 학습할 수 있다. 따라서 데이터 가용성은 일반적으로 이번 단계의 제약 요인이다(사람들에게 데이터를 수집하는 수단을 제공하지 않는 한).
- 문제 유형에는 어떤 게 있는가? 이항 분류인가? 다중 분류인가? 스칼라 회귀인가? 벡터 회귀인가? 다중 클래스 분류인가 아니면 다중 레이블 분류인가? 군집화, 생성학습 또는 강화학습과 같은 것이 있는가? 문제 유형을 식별하면 모델 아키텍처, 손실 함수 등을 선택할 수 있다.

입출력이 무엇인지, 사용할 데이터가 무엇인지를 알기 전에는 다음 단계로 넘어갈 수 없다. 이 단계에서 내리는 가설에 유의한다.

- 입력이 주어지면 결과를 예측할 수 있다고 가정한다.
- 사용 가능한 데이터가 입력과 출력 간의 관계를 학습하는 데 충분한 정보를 제공한다고 가정한다.

여러분이 작동하는 모델을 지니게 되기 전까지는 이런 가설들이 검증되거나 폐기되기를 기다리는 가설에 지나지 않는다. 모든 문제를 해결할 수 있는 것은 아니다. 입력 X와 표적 Y를 모은다고 해서 X가 Y를 예측할 수 있는 충분한 정보를 갖고 있다는 것을 의미하지는 않는다.

예를 들어, 주식 시장에서 최근 주가 이력을 고려해 주식의 움직임을 예측하려고 한다면, 주가 이력에 예측 정보가 많이 들어 있지 않기 때문에 성공할 가능성은 낮다.

여러분이 알아야 할 해결 불가능한 문제 중 하나는 **비정상 문제(nonstationary problems)**이다. 의류 추천 엔진을 구축한 후 1개월 동안의 데이터로 해당 엔진을 훈련하고(8월), 겨울에 추천 내역을 생성하기를 원한다고 가정해 보자. 한 가지 중요한 문제는 계절에 따라 사람들이 구매하는 옷의 종류가 달라진다는 것이다. 옷 구매는 몇 달 동안 비정상적인 현상이 된다. 여러분은 시간이 지남에 따라 모델을 변경하려고 한다. 이 경우에 적절한 조치는 과거 데이터 중 최근 모델을 지속해서 재훈련하거나 문제가 안정된 시간대에 맞춰 데이터를 수집하는 것이다. 의류 구매와 같은 주기적인 문제의 경우, 계절 변화를 포착하려면 수년 동안의 데이터만으로도 충분할 수 있다. 그러나 여러분의 모델에 입력할 것은 올해의 것이라는 점을 기억해야 한다.

머신러닝은 훈련 데이터에 있는 패턴을 기억하는 데에만 사용할 수 있다. 즉, 이전에 본 내용만 인식할 수 있다. 미래를 예측하기 위해 과거 데이터로 훈련된 머신러닝을 사용하면 미래가 과거와 같이 행동할 것이라는 가정을 하게 된다. 하지만 이런 가정은 종종 사실과 다르다.

4.5.2 성공 척도 선택

뭔가를 제어하려면 그것을 관찰할 수 있어야 한다. 성공하려면 성공이라는 용어를 정확히 정의해야 한다. 정밀도와 재생률? 고객 유지율? 성공을 측정하는 기준이 달라지면 손실 함수, 즉 여러분의 모델이 최적화할 대상도 달라진다. 그러므로 성공 측정 기준을 사업상의 성공과 같은, 더 상위에 놓인 목표에 맞춰야 한다.

균형 잡힌 분류 문제의 경우와 모든 클래스가 동등한 경우, **수신기 동작 특성 곡선 아래 면적** (area under the receiver operating characteristic curve, ROC AUC)과 정확도가 공통적인 계량[24]이다. 클래스 불균형 문제의 경우, 정확도(accuracy)와 재현율(recall)을 사용할 수 있다. 순위 문제 또는 다중 레이블 분류의 경우, 평균 정밀도의 평균(mean average precision, mAP)을 사용할 수 있다. 성공을 측정하기 위해 자신만의 맞춤 측정 항목을 정의해야 하는 경우는 드물다. 머신러

---

24 **옮긴이** 저자는 척도(measure)와 계량(metric)을 같은 의미로 쓰고 있다. 여기서 계량은 정확히 말하면 '계량 기준'을 의미한다.

닝 성공 측정법의 다양성과 다른 문제 영역과의 관계를 이해하려면 캐글에서 데이터 과학 경진 대회를 탐색하는 게 도움이 된다. 캐글에서 다양한 문제와 평가 계량을 볼 수 있다.

4.5.3 평가 프로토콜 결정

여러분이 무엇을 목표로 삼고 있는지 알게 되면, 현재 진도를 어떻게 측정할 것인지에 대한 계획을 수립해야 한다. 우리는 이전에 세 가지 일반적인 평가 프로토콜을 검토했다.

- **유보 검증 집합 유지**(maintaining a hold-out validation set): 충분한 데이터가 있는 경우에 행하는 방법이다.
- **k겹 교차 검증 수행**(doing k-fold cross-validation): 유보 검증을 위한 표본 수가 너무 적을 때의 선택지이다.
- **반복 k겹 검증 수행**(doing iterated k-fold validation): 데이터가 거의 없을 때 매우 정확한 모델 평가를 수행한다.

이 중 하나를 선택한다. 대부분의 경우, 첫 번째 것으로도 충분하다.

4.5.4 데이터 준비

무엇을 훈련하고 있는지, 무엇을 위해 최적화하는지, 여러분의 접근 방식을 어떻게 평가할 수 있는지를 알고 있다면 모델 훈련을 시작할 수 있을 정도에 거의 다다른 것이다. 하지만 먼저 머신러닝 모델(여기서는 이 모델이 심층 신경망이라고 가정)에 입력할 수 있는 방식으로 데이터 형식을 다듬어야 한다.

- 데이터는 텐서 형식이어야 한다.
- 이러한 텐서에 의해 취해진 값은 일반적으로 [-1, 1]이나 [0, 1] 범위와 같이 작은 값으로 크기를 조정해야 한다.
- 서로 다른 특징들이 서로 다른 범위에서 값을 가져오는 경우라면(즉, 데이터가 서로 이질적이라면) 데이터를 정규화해야 한다.
- 데이터가 적어서 생기는 문제라면 특징 공학을 어느 정도 수행해야 할 수도 있다.

일단 입력 데이터와 표적 데이터가 준비되면 모델을 훈련할 수 있다.

4.5.5 기준선보다 나은 모델 개발

이 단계에서의 목표는 **통계 능력**(statistical power)[25]을 얻는 것이다. 즉, 최소한의 기준선을 넘어 설 수 있는 소형 모델을 개발하는 것이다. MNIST 숫자 분류 예제의 경우, 0.1보다 큰 정확도 를 얻는다면 통계 역량을 갖게 됐다고 말할 수 있는데, IMDB 예제에서는 정확도가 0.5보다 커야 '물건'이 됐다고 말할 수 있다.

통계 능력을 언제든 갖출 수는 없다는 점에 유념하라. 합리적인 여러 아키텍처를 시도한 후에 도 기준선을 넘어설 수 없다면 질문에 대한 답이 입력 데이터에 들어 있지 않을 수 있다. 여러 분은 다음과 같은 두 가지 가설을 세웠다는 것을 기억할 것이다.

- 입력에 따라 결과를 예측할 수 있다고 가정한다.
- 사용 가능한 데이터가 입출력 간의 관계를 학습하는 데 충분한 정보를 제공한다고 가 정한다.

이 가설들이 틀린 것일 수도 있다. 이 경우, 재설계해야 한다.

일이 잘 진행된다고 가정할 때, 첫 번째 작업 모델을 구축하기 위해서는 중요한 선택을 해야 한다.

- **맨 끝 계층 활성**(last layer activation): 이는 망 출력에 유용한 제약 조건을 설정한다. 예 를 들어, IMDB 분류 예제에서는 맨 끝 계층에서 시그모이드를 사용한 반면에 회귀 예 제에서는 맨 끝 계층 활성[26]을 사용하지 않았다. 그 밖의 경우도 이런 식으로 망 출력 에 알맞게 맨끝 계층 활성의 종류를 선택하거나 사용 여부를 결정한다.
- **손실 함수**(loss function): 해결하려는 문제의 유형과 일치해야 한다. 예를 들어, IMDB 예제에서는 binary_crossentropy를 사용한 반면에 회귀 예제에서는 mse를 사용했는데 이런 식으로 적절한 것을 선택하면 된다.
- **최적화 구성**(optimization configuration): 어떤 최적화기를 사용하는가? 학습 속도는 어떠 한가? 대체로 rmsprop을 사용하면서 rmsprop의 기본 학습 속도로 지정해 움직이는 편이 안전하다.

손실 함수의 선택과 관련해 문제의 성공을 측정하는 계량을 직접 최적화하는 일이 항상 가

---

25 **옮긴이** 통계학 용어로는 '검정력'에 해당하는 말이지만, 저자가 본문에서 단순한 검정력과는 다른 의미로 이 말을 설명하고 있으므 로 본문을 이해하기에 쉬운 말로 번역했다.
26 **옮긴이** '맨 끝 계층 활성화 함수'라고 생각하면 이해하기 쉽다.

능하지는 않다. 때로는 계량을 손실 함수로 변환하는 방법이 없을 때가 있다. 결국, 데이터 중 미니배치만 주어진 상태에서도 손실 함수를 계산할 수 있어야 하며(이상적으로 보면 손실 함수는 한 개 데이터 점과 같이, 분량이 적은 데이터를 대상으로 해서도 계산을 수행할 수 있어야 함), 미분할 수도 있어야 한다(그렇지 않으면 망 훈련에 필요한 역전파를 사용할 수 없다). 예를 들어, 널리 사용되는 분류 기준인 ROC AUC는 직접 최적화될 수 없다. 따라서 분류 작업에서는 교차 엔트로피와 같은 ROC AUC에 대한 대리자(proxy)를 대상으로 하는 계량을 최적화하는 게 일반적이다. 일반적으로 교차 엔트로피가 낮을수록 ROC AUC가 높아질 것이라고 기대할 수 있다.

표 4.1은 몇 가지 일반적인 문제 유형인 경우에 맨 끝 계층의 활성 함수와 손실 함수를 선택할 때 도움이 된다.

표 4.1 여러분의 모델에 적절한 맨 끝 계층 활성화 함수 선택 및 손실 함수 선택

문제 유형	맨 끝 계층 활성	손실 함수
이항 분류	시그모이드	binary_crossentropy
다중 클래스, 단일 레이블 분류	소프트맥스	categorical_crossentropy
다중 클래스, 다중 레이블 분류	시그모이드	binary_crossentropy
임의 값들로 회귀	없음	mse
0부터 1 사이의 값으로 회귀	시그모이드	mse 또는 binary_crossentropy

4.5.6 이것저것 더 해 보기: 과적합 모델 개발

일단 통계 역량(즉, 검정력)을 지닌 모델을 얻은 후에 따라오는 질문은 '그 모델의 역량이 충분한가?'라는 것이다. 문제를 적절하게 모델링하기에 충분한 계층과 파라미터가 있는가? 예를 들어, 두 개의 유닛으로 된 단일 은닉 계층이 있는 망은 MNIST에 통계 역량을 제공하지만, 문제를 제대로 해결하기에 충분하지 않다. 머신러닝의 보편적인 긴장이 최적화와 일반화 사이에 있음을 기억하라. 이상적인 모델은 과소적합과 과적합 사이, 과소용량과 과대용량 사이의 경계에 있다. 이 경계선이 어디에 있는지 알아내려면 먼저 그것을 교차시켜야 한다.

얼마나 큰 모델이 필요한지 알아내려면 과적합되는 모델을 개발해야 한다. 이 일은 매우 쉽다.

1. 계층들을 추가한다.
2. 계층들을 더 크게 한다.
3. 더 많은 에포크에 걸쳐 훈련한다.

훈련 손실 및 검증 손실뿐 아니라 관심 있는 계량 항목과 관련해서도 훈련 및 검증 시의 검사 값을 살펴보라. 검증 데이터를 사용할 때 모델의 성능이 떨어지기 시작한다면, 과적합을 달성한 것이다.

다음 단계는 모델을 정칙화하고 조율해, 과소적합되지도 과적합되지도 않은 이상적인 모델에 가능한 한 가깝게 접근할 차례이다.

4.5.7 모델 정칙화 및 하이퍼파라미터 조율

이 단계에 가장 많은 시간이 필요할 것이다. 모델을 수정하고, 훈련하고, 검증 데이터로 평가하고(이때는 테스트 데이터가 아니다), 모델을 수정하는 것을 모델이 우수해질 때까지 반복한다. 다음은 시도해 봐야 할 몇 가지 사항이다.

- 드롭아웃을 도입한다.
- 다른 아키텍처로 시도해 본다. 즉, 계층을 추가하거나 제거해 본다.
- L1 정칙화 또는 L2 정칙화를 보탠다.
- 최적의 구성을 찾으려면 다른 하이퍼파라미터(예 계층당 유닛 수 또는 최적화기의 학습 속도)를 사용해 본다.
- 새로운 특징들을 추가하거나 유익하지 않은 특징들을 제거해 특징 공학을 반복할 수도 있다(선택 사항).

다음 사항에 유의한다. 검증 과정의 피드백을 사용해 모델을 조정할 때마다 검증 과정에 대한 정보가 모델로 누출된다. 몇 번 반복하는 정도는 괜찮다. 많은 반복 과정을 통해 체계적으로 수행되면 결과적으로 모델이 검증 과정에 과적합된다(검증 데이터 중 일부를 대상으로 해서 직접 훈련받은 모델이 없더라도). 따라서 평가 과정의 신뢰성이 떨어진다.

일단 만족스러운 모델 구성을 개발했다면, 사용 가능한 모든 데이터(훈련 데이터 및 검증 데이터)를 대상으로 삼아 최종 생산 모델을 훈련하고, 테스트 집합에서 마지막으로 평가할 수 있다. 테스트 집합의 성능이 검증 데이터에서 측정한 성능보다 현저하게 나빠진다면, 이는 검증 절차를 결국 신뢰할 수 없었거나 모델의 파라미터를 조정하는 동안 검증 데이터가 과적합하기 시작했다는 점을 의미한다. 이런 경우, 더욱 신뢰할 수 있는 평가 프로토콜(예 반복 k겹 검증)로 전환할 수 있다.

4.6 요약

- 다룰 수 있을 만한 문제와 훈련할 데이터를 정의한다. 필요하다면 이 데이터를 수집하거나 레이블에 주석을 추가한다.

- 문제 풀이 성공을 측정하는 방법을 선택한다. 검증 데이터를 관측할 때 사용할 측정 항목은 무엇인가?

- 평가 프로토콜을 결정한다. 유보 검증을 쓸 것인가? k겹 검증을 사용할 것인가? 데이터 중 어느 부분을 검증용으로 사용해야 하는가?

- 기준선보다 나은 첫 번째 모델을 개발한다. 즉, 통계 능력을 갖춘 모델을 개발한다.

- 과적합되는 모델을 개발한다.

- 검증 데이터의 성능을 기준으로 모델을 정칙화하고 해당 하이퍼파라미터를 조율한다. 많은 머신러닝 연구가 이 단계에만 집중하는 경향이 있지만, 큰 그림을 염두에 둬야 한다.

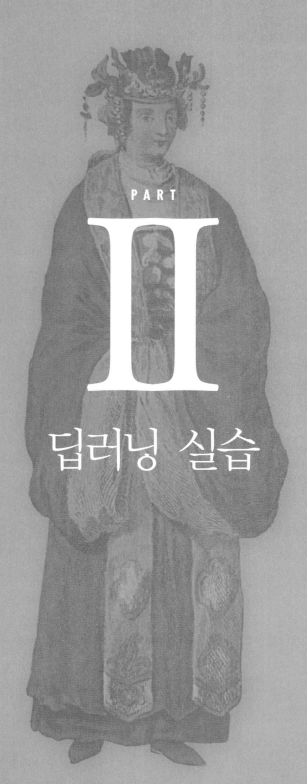

II

딥러닝 실습

5장부터 9장까지는 딥러닝을 통해 현업 문제를 해결하는 방법에 관해 실질적인 직관을 얻는 데 도움이 되면서도 필수적인 딥러닝 모범 사례를 익히게 된다. 이 책에 나오는 코드 예제 중 대부분이 책의 절반을 차지하는 2부에 집중돼 있다.

Deep learning in practice

5

컴퓨터 비전 처리를 위한 딥러닝

5장에서 다루는 내용

- 합성곱 신경망 이해하기
- 데이터를 보강해 과적합 완화하기
- 사전 훈련 합성망을 사용해 특징 추출하기
- 사전 훈련 합성망을 정밀하게 조정하기
- 합성망의 학습과 결정 방식을 시각화하기

5장에서는 컴퓨터 비전 애플리케이션에서 보편적으로 사용되는 딥러닝 모델의 일종인, **합성망(convnet)**[1]이라고도 하는 합성곱 신경망을 소개한다. 이미지 분류 문제, 특히 기술 중심 대기업이 아닌 경우에 가장 흔한 사용 사례라고 할 수 있는 소규모 훈련 데이터셋과 관련된 문제에 합성망을 적용하는 방법을 배우게 된다.

5.1 합성망 소개

우리는 합성망이 무엇인지, 왜 컴퓨터 비전 작업에서 그렇게 성공적이었는지에 대한 이론에 곧 빠져들 것이다. 하지만 가장 먼저 간단한 합성망 예제부터 살펴보자. 이 예제에서는 MNIST 숫자를 분류하기 위해 합성망을 사용하는데, 우리는 2장에서 조밀하게 연결된 망을 사용해 이 작업을 수행했다(테스트 정확도는 97.8%였다). 합성망이 기본적인 것이 될 수도 있지만, 합성망의 정확도는 2장에서 배운 조밀 연결 모델에 비해 크게 높을 것이다.

---

1 옮긴이 합성곱 신경망(convolutional neural networks)의 줄임말이다. 보통 원어 발음 그대로 '컨브넷'이라고 부르지만 영문을 줄여서 convnet이라고 하므로, 이에 맞춰 '합성망'이라는 말을 만들었다.

다음 코드에 보이는 줄들은 기본 합성망의 모습을 보여 준다. 합성망이란, layer_conv_2d와 layer_max_pooling_2d 계층들을 겹겹이 쌓은 것이다. 여러분은 곧 이 계층들이 하는 일을 정확히 알게 될 것이다.

목록 5.1   소형 합성망 인스턴스화하기

```
library(keras)

model <- keras_model_sequential() %>%
  layer_conv_2d(filters = 32, kernel_size = c(3, 3), activation = "relu",
                input_shape = c(28, 28, 1)) %>%
  layer_max_pooling_2d(pool_size = c(2, 2)) %>%
  layer_conv_2d(filters = 64, kernel_size = c(3, 3), activation = "relu") %>%
  layer_max_pooling_2d(pool_size = c(2, 2)) %>%
  layer_conv_2d(filters = 64, kernel_size = c(3, 3), activation = "relu")
```

합성망은 입력 텐서들을 (이미지_높이, 이미지_넓이, 이미지_채널)과 같은 모양(배치 차원은 포함하지 않음)으로 취한다는 점이 중요하다. 이 경우 MNIST 이미지의 형식으로 된, 크기가 (28, 28, 1)인 입력을 처리하도록 합성망을 구성한다. input_shape = c (28, 28, 1) 파라미터를 첫 번째 계층으로 전달하면 작업이 수행된다.

지금까지 구성한 합성망의 아키텍처를 표시해 보자.

```
> model

Layer (type)                     Output Shape            Param #
================================================================
conv2d_1 (Conv2D)                (None, 26, 26, 32)      320

_____
maxpooling2d_1 (MaxPooling2D)    (None, 13, 13, 32)      0

_____
conv2d_2 (Conv2D)                (None, 11, 11, 64)      18496

_____
maxpooling2d_2 (MaxPooling2D)    (None, 5, 5, 64)        0

_____
conv2d_3 (Conv2D)                (None, 3, 3, 64)        36928
================================================================
Total params: 55,744
Trainable params: 55,744
Non-trainable params: 0
```[2]

---

2 [옮긴이] 이 출력 내용에 나오는 각 표제어의 뜻은 다음과 같다. Layer(type) → 계층(유형), Output Shape → 출력 모양, Param # → 파라미터 개수, Total Params → 전체 파라미터 개수, Trainable params → 훈련 가능 파라미터 개수, Non-trainable params → 훈련 불가능 파라미터 개수

모든 layer_conv_2d 및 layer_max_pooling_2d의 출력은 (높이, 너비, 채널) 모양으로 된 3D 텐서이다. 너비와 높이는 망의 깊은 곳으로 갈수록 줄어드는 경향이 있다. 채널 수는 layer_conv_2d 로 전달된 첫 번째 인수(32 또는 64)에 의해 조절된다.

다음 단계는 (3, 3, 64) 모양으로 된 마지막 출력 텐서를 여러분에게 이미 익숙한 것들(조밀 계층들을 쌓은 스택)과 마찬가지로 조밀하게 연결된 분류기 망에 공급할 차례이다. 이러한 분류기는 1D인 벡터를 처리하지만, 현재 출력은 3D 텐서이다. 그러므로 우선 3D를 평평하게 해 1D로 출력한 후, 몇 가지 조밀 계층을 상단[3]에 추가한다.

목록 5.2 합성망 상단에 분류기 추가하기

```
model <- model %>%
  layer_flatten() %>%
  layer_dense(units = 64, activation = "relu") %>%
  layer_dense(units = 10, activation = "softmax")
```

우리는 출력이 10개인 최상위 계층과 소프트맥스 활성화를 사용해 열 가지로 분류할 것이다. 다음은 현재 망의 모습이다.[4]

```
> model

Layer (type)                     Output Shape               Param #
================================================================
conv2d_1 (Conv2D)                (None, 26, 26, 32)         320
_____
maxpooling2d_1 (MaxPooling2D)    (None, 13, 13, 32)         0
_____
conv2d_2 (Conv2D)                (None, 11, 11, 64)         18496
_____
maxpooling2d_2 (MaxPooling2D)    (None, 5, 5, 64)           0
_____
conv2d_3 (Conv2D)                (None, 3, 3, 64)           36928
_____
flatten_1 (Flatten)              (None, 576)                0
_____
dense_1 (Dense)                  (None, 64)                 36928
```

---

3 옮긴이 신경망이 첫 번째 계층(입력 계층)에 차례대로 합성곱 계층과 풀링 계층을 쌓아 가다가 가장 마지막에 출력 계층이 나오는 꼴로 적층(stack)되어 있다는 점을 생각하면, 기존 모델에 계층을 추가하게 되면 기존 모델의 상단에 쌓이게 된다는 점을 알 수 있다.

4 옮긴이 코드를 몇 번 실행했는지에 따라서 각 계층을 나타내는 이름에 들어 있는 숫자는 달라질 수 있다. 예를 들면 dense_1이 dense_2나 dense_10으로 표현될 수도 있다. 이게 오류는 아니니 그냥 무시하면 된다. 여기서 중요한 정보는 계층(layer)의 이름이 아니라, 해당 계층의 유형(type)과 출력 모양(output shape)이다. 이 두 가지를 보면 계층의 아키텍처를 파악할 수 있다.

```
dense_2 (Dense)                    (None, 10)                   650
=============================================================
Total params: 93,322
Trainable params: 93,322
Non-trainable params: 0
```

(3, 3, 64) 모양으로 된 조밀 계층(Dense 계층) 두 개를 통과하기 전에 (576) 모양으로 된 벡터로 평평해진다.

이제, MNIST 숫자를 사용해 합성망을 훈련해 보자. 2장에 나온 MNIST 예제에서 코드를 가져와 재사용할 것이다.

목록 5.3 MNIST 이미지들을 사용해 합성망 훈련하기

```
mnist <- dataset_mnist()
c(c(train_images, train_labels), c(test_images, test_labels)) %<-% mnist

train_images <- array_reshape(train_images, c(60000, 28, 28, 1))
train_images <- train_images/255
test_images <- array_reshape(test_images, c(10000, 28, 28, 1))
test_images <- test_images/255

train_labels <- to_categorical(train_labels)
test_labels <- to_categorical(test_labels)

model %>% compile(
  optimizer = "rmsprop",
  loss = "categorical_crossentropy",
  metrics = c("accuracy")
)
model %>% fit(
  train_images, train_labels,
  epochs = 5, batch_size=64
)
```

테스트 데이터에서 모델을 평가해 보자.

```
> results <- model %>% evaluate(test_images, test_labels)
> results
$loss
[1] 0.02563557
$acc
[1] 0.993
```

2장에 나온 조밀 연결 망의 테스트 정확도는 97.8%였지만,[5] 기본 합성곱의 테스트 정확도는 99.3%이다. 즉, (상대적) 오차 비율을 68%만큼 감소시켰다.[6] 나쁘지 않다![7]

그런데 이 간단한 합성망이 조밀 연결 모델보다 어째서 더 잘 작동하는 것일까? 이 질문에 답할 수 있도록 layer_conv_2d 및 layer_max_pooling_2d가 무슨 일을 하는지 알아보자.

5.1.1 합성곱 연산

조밀 계층은 자신의 입력 특징 공간에서 전역 패턴을 학습하는 반면(예 MNIST 숫자 한 개의 경우, 패턴은 모든 픽셀과 관련된다), 합성곱 계층은 지역 패턴(이미지들의 경우에 입력의 작은 2D 창에서 패턴을 발견했다)을 학습한다(보기 5.1 참조). 이전 예제에서는 이 창들이 모두 3 × 3이었다.

보기 5.1 **이미지는 윤곽선, 질감 등과 같은 지역적 패턴으로 나눠 볼 수 있다.**

이 주요 특징은 합성망에 두 가지 재미있는 속성을 제공한다.

- **합성망이 학습하는 패턴은 변환 불변성(translation invariant)[8]을 띤다.** 보기의 오른쪽 하단 모서리에 있는 특정 패턴을 학습한 합성망은 어디에서나(예 왼쪽 상단 구석) 패턴을 인식할 수 있다. 반면에 조밀 연결 망은 패턴이 새 위치에 나타난 경우, 패턴을 새로 배워야 한다. 합성망의 이러한 패턴 인식 능력으로 인해 합성망이 이미지를 처리할 때 (**시각적 세계는 근본적으로 변환 불변이므로**) 이미지 데이터를 효율적으로 만들고, 일반화 능력이 있는 표현을 학습하는 데 필요한 학습 표본이 적어도 되게 한다.

---

5 [옮긴이] 목록 2.5를 기준으로 그 아래쪽에 나오는 정확도 출력 결과를 볼 것.
6 [옮긴이] 여기서 오차 비율을 계산하는 방법을 설명하면, (1.000 − 0.978) / (1.000 − 0.993) = 0.682이므로 백분율은 대략 68%이다.
7 [옮긴이] 테스트 환경에 따라서 결과가 조금 달라질 수 있다.
8 [옮긴이] 변환 불변은 수학 용어로서, 한 공간 상의 어떤 물체를 다른 공간으로 사상(또는 투영)할 때 변하지 않는 속성을 의미한다. 더 깊이 연구해 보려면 '불변량'으로 검색해 보라.

- 합성망이 패턴의 공간적 계층 구조들(spatial hierarchies)을 학습할 수 있다(보기 5.2 참조). 첫 번째 합성곱 계층은 윤곽선과 같이 작고 지역적인(즉, 국부적인) 패턴을 학습하고, 두 번째 합성곱 계층은 첫 번째 계층의 특징들로 만들어진 더 큰 패턴을 학습하는 등의 작업을 수행한다. 이것은 합성망들이 점점 더 복잡하고 추상적인 시각적 개념을 효율적으로 학습할 수 있게 해 준다(시각적인 세계는 근본적으로 공간적 계층 구조를 띄기 때문에).

합성곱은 **높이**(height)와 **너비**(width)라는 두 개의 공간 축과 **깊이**(depth)라는 **채널**(channel) 축이 있는 **특징 지도**(feature maps)라는 3D 텐서를 통해 작동한다. RGB 이미지의 경우, 깊이 축의 차원은 3이다. 이미지에 빨강, 녹색 및 파랑이라는 세 가지 색상 채널이 있기 때문이다. 흑백 사진의 깊이는 MNIST 숫자와 마찬가지로 1(회색조 단계)이다. 합성곱 연산은 입력 특징 지도에서 조각들을 뽑아낸 후 모든 조각에 동일한 변환을 적용해 **출력 특징 지도**(output feature map)를 생성한다. 이 출력 특징 지도는 여전히 3D 텐서이다. 즉, 너비와 높이가 있다. 출력 특징 지도의 깊이가 계층의 파라미터이고, 해당 깊이 축의 다른 채널이 더 이상 RGB 입력과 같이 특정 색상을 나타내지 않으므로 그 깊이는 임의적일 수 있다.

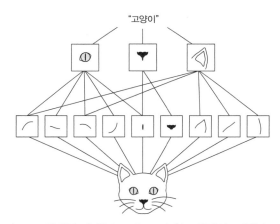

보기 5.2 시각적 세계(visual world)는 시각적 모듈(visual module)의 공간적 계층 아키텍처를 형성한다. 즉, 아주 국부적인 윤곽선(hyperlocal edges)이 눈이나 귀와 같은 국부적 객체(local objects)와 결합돼 "고양이"와 같은 고수준 개념으로 결합된다.[9]

오히려 깊이는 필터를 대표한다. 필터는 입력 데이터의 특정 측면을 부호화한다. 예를 들어, 상위 측면에서 보면, 단일 필터는 "입력 단면의 존재"라는 개념을 부호화할 수 있다.

9　옮긴이 저자도 어렵게 설명하는데다가 번역 시에 주요 개념을 영어와 병기할 수 있게 하느라고 문장이 난해해졌는데, 이 문장이 설명하려는 내용은 '고양이를 바라보는 신경망은 고양이의 얼굴을 이루는 각 요소(즉, 시각적 모듈)를 따로따로 인식한 다음에 다시 그것을 결합해 눈, 코, 귀를 인식하고, 눈/코/귀를 다시 결합해 고양이라는 점을 인지한다'는 뜻이다.

MNIST 예제에서 첫 번째 합성곱 계층은 크기가 (28, 28, 1)인 특징 지도를 가져와 크기가 (26, 26, 32)인 특징 지도를 출력한다. 이 32개 출력 채널은 각 입력에 대한 필터의 응답 지도인 26 × 26 격자 값을 포함하며, 입력의 다른 위치에서 해당 필터 패턴의 응답을 나타낸다(보기 5.3 참조). 이것이 특징 지도라는 용어의 의미이다. 깊이 축의 모든 차원은 특징(또는 필터)이고, 2D 텐서 출력 [:, : n]은 입력에 대한 이 필터 응답을 2D 공간에 나타낸 지도이다.

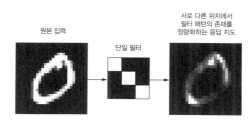

보기 5.3 응답 지도의 개념: 한 입력의 서로 다른 위치에 패턴이 있는 2D 지도

합성곱은 두 가지 주요 파라미터로 정의된다.

- 입력에서 추출한 조각의 크기: 일반적으로 3 × 3 또는 5 × 5이다. 이 예제에서는 3 × 3 크기를 사용하는데 이는 흔히 선택하는 크기이다.
- 출력 특징 지도의 깊이: 합성곱에 의해 계산된 필터의 수. 이 예제에서는 깊이가 32에서 시작해 64로 끝난다.

케라스에서 이러한 파라미터들은 계층으로 전달되는 첫 번째 인수이다. layer_conv_2d (출력_깊이, c(창_높이, 창_너비))와 같은 식이다.

합성곱은 3D 입력 특징 지도상에서 3 × 3 크기 창 또는 5 × 5 크기 창을 미끄러뜨리면서 해당 지도를 창 크기 단위로 보듯이 주변 특징의 3D 조각((창_높이, 창_너비, 입력_깊이) 꼴로 된 모양)을 추출하는 식으로 이뤄진다. 이런 각 3D 조각은 **합성곱 핵(convolution kernel)**[10]이라고 불리는 동일하게 학습된 가중치 행렬을 가진 텐서 곱을 통해 (출력_깊이) 모양으로 된 1D 벡터로 변환된다. 이 모든 벡터는 (높이, 너비, 출력_깊이) 공간의 3D 출력 지도로 공간적으로 재구성된다. 출력 특징 지도의 모든 공간 위치는 입력 특징 지도의 동일한 위치에 해당한다(예 출력의 오른쪽 하단 윤곽선에는 입력의 오른쪽 하단 윤곽선에 대한 정보가 있음). 예를 들어, 3 × 3 창의 벡터 출력 [i, j,]는 3D 조각 입력 [i-1 : i + 1, j-1 : j + 1]에서 온다. 전체 과정은 보기 5.4에 자세히 나와 있다.

---

10 [옮긴이] kernel은 핵 또는 핵심부라는 뜻이다. 보통 커널이라고들 부르고 있으나 우리말이 이해하기에 더 좋다. 또한 개념은 약간 다르지만 통계학에서도 kernel을 '핵'이라고 부르므로 이런 점도 감안하면 핵이라는 번역어가 적절할 것이라고 생각한다. 다만 '커널 메서드'처럼 특정 알고리즘 명칭은 굳이 '핵 메서드'와 같은 꼴로 번역하지 않았다.

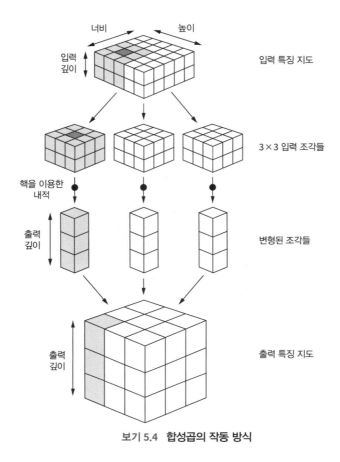

너비 높이

입력 깊이

입력 특징 지도

3 × 3 입력 조각들

핵을 이용한 내적

출력 깊이

변형된 조각들

출력 깊이

출력 특징 지도

보기 5.4 **합성곱의 작동 방식**

출력 너비와 출력 높이는 입력 너비나 입력 높이와 다를 수 있다. 그 이유는 다음과 같다.

- 입력 특징 지도를 채워(padding) 셀 수 있는 테두리 효과
- 곧 우리가 정의할 **보폭(strides)**의 사용 여부

이 개념을 자세히 살펴보자.

테두리 효과 및 채우기에 대한 이해

5 × 5 특징 지도(총 25개 칸이 있는 바둑판인 셈)를 생각해 보라. 이 주위에는 3 × 3 창을 가운데에 배치할 수 있는 바둑판이 아홉 개뿐이다(보기 5.5 참조). 따라서 출력 특징 지도는 3 × 3이된다. 바둑판이 줄어 들었는데, 이 경우에는 너비 차원과 높이 차원 측면에서 각기 두 줄씩줄어들었다. 앞의 예에서 이 테두리 효과를 볼 수 있는데, 입력 크기가 28 × 28이었던 것이첫 번째 합성곱 계층을 지나면서 크기가 26 × 26으로 줄어들었다.

테두리 효과로 인해 공간의 크기가 줄므로, 입력 공간과 크기가 같은 출력 특징 지도를 얻으려면 **채우기**(padding)를 해야 한다. 채우기로 입력 특징 지도의 각 면에 적절한 수의 행과 열을 추가하면 모든 입력 바둑판에 중심 칸이 있게 할 수 있다. 3 × 3 창이라면 위에 한 행, 아래에 한 행, 앞에 한 열, 뒤에 한 열을 추가한다.

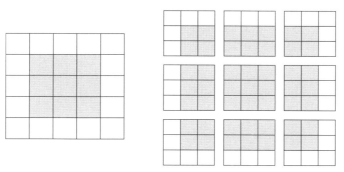

보기 5.5 **5 × 5 입력 특징 지도에서 3 × 3 조각의 유효한 위치**

5 × 5 창이라면 두 개의 행을 추가한다(보기 5.6 참조).

layer_conv_2d 계층에서 채우기는 채우기 인수를 통해 구성할 수 있다. 채우기 인수는 두 가지 값을 가진다. "valid"는 "채우기 없음"을 의미한다(유효한 창 위치만 사용됨). 그리고 "same"은 "입력과 동일한 폭 및 높이를 갖는 출력을 갖는 방식으로 채우기"를 의미한다. padding 인수의 기본값은 "valid"이다.[11]

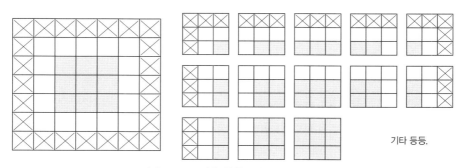

기타 등등.

보기 5.6 **25개의 3 × 3 조각을 추출하기 위해 5 × 5 입력을 채운다.**

---

11 옮긴이 원저자가 참 어렵게 설명했는데, 간단한 원리는 이렇다. 고양이 사진을 찍었다고 하자. 그리고 이 사진을 가로 3센티미터, 세로 3센티미터 크기로 똑같이 잘라야 한다고 하자. 그래야 사진의 중심(핵)이 각 조각마다 똑같은 자리에 자리 잡기 때문이다. 그런데 알고 보니 사진의 크기가 가로 5센티미터, 세로 5센티미터였다. 이러면 제대로 똑같이 자를 수 없다. 그대로 진짜 사진 부분(즉, 유효한 부분)만 자르겠다고 하면 중심이 다른 사진과 맞지 않는 조각이 나올 수 밖에 없다. 이를 방지하기 위해서 사진에 인화지를 1센티미터씩 덧붙이면 똑같은 크기로 된 조각들을 만들어 낼 수 있다. 물론 이 비유는 간단한 설명이다. 조금 있다가 나오는 보폭 개념까지는 설명하지 않고 있지만 최소한 여기서 설명하는 채우기라는 개념은 이해할 수 있을 것이다.

합성곱 보폭 이해하기

출력 크기에 영향을 미칠 수 있는 또 다른 요인은 **보폭(strides)**이라는 개념이다. 지금까지 우리는 합성곱을 설명할 때 합성곱 창의 가운데 바둑판이 모두 연속돼 있다고 가정했다. 그러나 두 개 연속 창 사이의 거리는 **보폭(stride)**이라는 합성곱 파라미터이며, 기본값은 1이다. **보폭 처리 합성곱(strided convolutions)**이란 보폭이 1보다 큰 합성곱을 말한다. 보기 5.7에서는 5×5 입력에 걸친 보폭 2의 3×3 합성곱에 의해 추출된 조각을 볼 수 있다(채우기 없음).

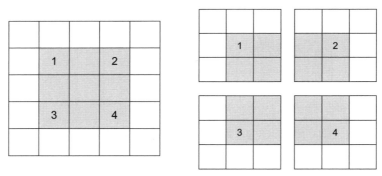

보기 5.7 **보폭이 2×2인 3×3 합성곱 조각들**

보폭 2를 사용하면 특징 지도의 너비와 높이가 2로 하향 표본 추출(downsampled)된다(경계 효과로 인해 유발된 모든 변화에 추가해). 보폭 처리 합성곱은 실제로 거의 사용되지 않지만, 일부 모델에서는 편리하게 사용된다. 이 개념을 잘 알고 있는 게 바람직하다.

우리는 보폭 대신 특징 지도를 하향 표본 추출하기 위해 **최대 풀링(max-pooling)**[12] 연산을 사용하는 경향이 있다. 좀 더 자세히 살펴보자.

5.1.2 최대 풀링 연산

합성망 예제에서는 모든 layer_max_pooling_2d 이후에 특징 지도의 크기가 절반으로 줄어든다. 예를 들어, 첫 번째 layer_max_pooling_2d 이전에 특징 지도는 26×26이지만, 최대 풀링 작업을 하고 나면 13×13이 돼 절반으로 줄어든다. 이것이 최대 풀링의 역할이다. 보폭 합성곱과 마찬가지로 특징 지도를 적극적으로 하향 표본 추출하는 것이다.

최대 풀링은 입력 특징 지도에서 창들을 추출한 후, 각 채널의 최댓값을 출력하는 일로 이뤄져 있다. 개념적으로 보면 합성곱과 비슷하지만, 학습한 선형 변환(합성곱 핵)을 통해 국부적

---

12 옮긴이 대개 "맥스 풀링" 또는 "최대 풀링"이라고 부르고 있는데, 여기서 풀링(pooling)은 수학 및 통계학 용어인 '합동'에 해당한다. 그러므로 '최대 풀링'이란 말은 '최대 합동'이란 말로도 바꿀 수 있다. '최대 병합'이란 말도 적절하다.

조각을 변형하는 대신, 하드코딩된 최대 텐서 연산을 통해 변형한다는 점이 다르다. 최대 풀링은 일반적으로 2 × 2 창과 보폭 2로 수행돼 2의 배율에 따라 특징 지도를 하향 표본 추출하는 반면, 합성곱은 일반적으로 3 × 3 창과 보폭 없이(보폭 1) 수행된다.

왜 이런 식으로 특징 지도를 하향 표본 추출하는 것일까? 왜 최대 풀링 계층을 없애고 상당히 큰 특징 지도를 유지하지 않는 것인가? 이 선택지를 살펴보자. 모델의 합성곱 기반(convolutional base)은 이제 다음과 같이 보일 것이다.

```
model_no_max_pool <- keras_model_sequential() %>%
  layer_conv_2d(filters = 32, kernel_size = c(3, 3), activation = "relu",
                input_shape = c(28, 28, 1)) %>%
  layer_conv_2d(filters = 64, kernel_size = c(3, 3), activation = "relu") %>%
  layer_conv_2d(filters = 64, kernel_size = c(3, 3), activation = "relu")
```

이 모델을 요약하면 다음과 같다.

```
> model_no_max_pool

Layer (type)              Output Shape            Param #
================================================================
conv2d_4 (Conv2D)         (None, 26, 26, 32)      320
----------------------------------------------------------------
conv2d_5 (Conv2D)         (None, 24, 24, 64)      18496
----------------------------------------------------------------
conv2d_6 (Conv2D)         (None, 22, 22, 64)      36928
================================================================
Total params: 55,744
Trainable params: 55,744
Non-trainable params: 0
```

이 설정의 문제점은 두 가지이다.

- 이 설정은 특징들의 공간 계층 구조를 학습하는 데 도움이 되지 않는다. 세 번째 계층의 3 × 3 창에는 초기 입력의 7 × 7 창에서 나온 정보만 포함한다. 합성망에 의해 습득된 고수준 패턴은 초기 입력과 관련해 여전히 매우 작을 것이며, 이는 숫자를 분류하는 것을 배우기에 충분하지 않을 수도 있다(7 × 7 픽셀들로 구성된 창들을 통해서만 숫자를 인식해 보라!). 입력의 총체성에 대한 정보를 포함하기 위해서는 마지막 합성곱 계층의 특징들이 필요하다.

- 최종 특징 지도의 총 개수는 표본당 $22 \times 22 \times 64 = 30,976$개에 이른다. 아주 크다. 크기가 512인 상단의 조밀 계층에 붙이기 위해 이 특징 지도를 평평하게 했다면 1,580만 개나 되는 파라미터가 있게 되었을 것이다. 이렇게 되면 소형 모델이 감당하기 힘들게 되어 과적합되고 말았을 것이다.

간단히 말해, 하향 표본 추출을 사용하는 이유는 처리할 특징 지도 계수의 개수를 줄이는 것뿐 아니라 연이어 나오는 합성곱 계층을 (계층이 다루는 원래 비율에 맞춰) 점차 커지는 창으로 보이게 함으로써 공간 필터 계층 구조를 유도하기 위한 것이다.

최대 풀링만이 이러한 하향 표본 추출을 달성할 수 있는 유일한 방법은 아니다. 이미 알고 있듯이 이전 합성곱 계층에서 보폭들을 사용할 수 있다. 또한 최대 풀링 대신 평균 풀링을 사용할 수도 있다. 각 풀링의 입력 조각은 최댓값이 아닌 조각에 대한 각 채널의 평균 값을 사용해 변환된다. 그러나 최대 풀링은 이러한 대체 해법보다 더 잘 작동하는 경향이 있다. 간단히 말해 특징들이 특징 지도의 다른 바둑판(즉, 특징 지도)을 대상으로 일부 패턴이나 개념과 같은 공간적 존재로 부호화되는 경향이 있는데 이럴 때는, **평균 존재**(average presence)보다는, 특징의 **최대 존재**(maximal presence)를 관찰하는 게 더 유익하기 때문이다.[13] 따라서 가장 합리적인 하향 표본 추출 전략은 우선 (보폭 처리를 하지 않은 합성곱을 통해) 조밀한 특징 지도를 생성한 후, (보폭 처리한 합성곱을 통해) 입력 내용을 더 좁은 창을 통해 살펴보거나 입력 조각들을 평균화하기보다(이런 경우에 특징-존재 정보(feature-presence information)를 놓치거나 희석할 수 있다) 작은 조각을 통해 특징의 최대 활성화를 확인하는 것이다.

이제 여러분은 합성망의 기본 사항인 특징 지도, 합성곱 및 최대 풀링을 이해해야 하며, MNIST 숫자 분류와 같은 간단한 문제를 해결하기 위한 소형 합성망을 만드는 방법을 알고 있어야 한다. 이제 좀 더 유용하고 실용적인 애플리케이션으로 넘어간다.

5.2 소규모 데이터셋을 이용해 합성망을 처음부터 훈련하기

아주 적은 데이터를 사용해 이미지 분류 모델을 훈련하는 상황이 흔히 벌어지는데, 전문적인 맥락에서 보면 컴퓨터 비전을 수행하는 경우에 이런 일이 실제로 벌어지기도 한다. "몇 가지" 표본이라는 말은 수백, 수만 개에 이르는 이미지를 의미할 수 있다. 실용적인 예로서 개와 고

---

13 옮긴이 저자가 철학적인 용어를 써서 이해하기 어려울 수도 있겠지만, '일반적인 특징을 나타내는 부위(즉, 평균 존재)보다는 뚜렷한 특징을 나타내는 부위(즉, 최대 존재)를 인식해야 그게 무엇인지 알아내기 더 쉽다는 뜻이다. 코끼리 등보다는 코끼리 코를 봐야 코끼리인지 하마인지를 금방 알아낼 수 있는 것이다.

양이 사진 4,000장(고양이 2,000마리, 개 2,000마리)이 포함된 데이터셋에서 이미지를 개 또는 고양이로 분류하는 데 몰두하고 있다고 가정해 보자. 우리는 훈련을 위해 그림 2,000장을 사용할 것이다. 검증을 위해 1,000장을 사용하고, 테스트용으로 1,000장을 사용한다.

이번 절에서는 이 기본적인 문제 해결 전략을 살펴볼 것이다. 여러분이 지닌 데이터가 얼마나 적든지 그걸 사용해 새 모델을 처음부터 훈련하는 전략 말이다. 달성할 수 있는 기준을 정하기 위해 정칙화 없이 2,000개 훈련 표본에 대한 소규모 합성망을 단순하게 훈련하는 것으로 시작한다. 그러면 분류 정확도가 71%가 된다. 이 시점에서는 과적합이 주요 쟁점이 될 것이다. 그런 다음, 컴퓨터 비전의 과적합을 완화하는 강력한 기술인 **데이터 보강**(data augmentation)[14]을 소개한다. 데이터를 보강하면 망의 정확도가 82%까지 향상된다.

다음 절에서는 소규모 데이터셋에 딥러닝을 적용하기 위한 두 가지 필수 기술을 살펴본다. **사전 훈련 망을 이용한 특징 추출**(feature extraction with a pretrained network)과 **사전 훈련 망 미세 조정**(fine-tuning a pretrained network)이 바로 그것이다. 전자로는 90 ~ 96%의 정확도를 얻을 수 있고, 후자로는 97%를 얻을 수 있다. 소형 모델을 밑바닥에서부터 훈련하고, 예비 모델을 사용해 특징을 추출하고, 사전 훈련 모델을 미세 조정하는 이 세 가지 전략은 소규모 데이터셋으로 이미지 분류를 수행하는 문제를 해결하기 위한 미래의 도구 상자가 될 것이다.

5.2.1 소규모 데이터 문제와 딥러닝의 연관성

딥러닝은 많은 데이터를 사용할 수 있는 경우에만 작동한다는 말을 종종 듣게 될 것이다. 이는 부분적으로는 맞는 말이다. 딥러닝의 한 가지 기본 특징은 수작업으로 처리하는 특징 공학을 필요로 하지 않고 훈련 데이터의 흥미로운 특징들을 스스로 찾을 수 있다는 점이다. 이는 많은 훈련 사례를 사용할 수 있을 때만 가능하다. 입력 표본이 이미지와 같이 매우 고차원인 문제에서 특히 그렇다.

그러나 많은 표본을 구성하는 일은 여러분이 훈련하려고 하는 망의 크기와 깊이에 상대적이다. 단지 수십 개의 표본만으로 복잡한 문제를 해결할 수는 없지만, 모델이 작고 규칙적이며, 작업이 간단하다면 몇백 개 정도면 충분할 수 있다. 합성망이 국부적이고, 변환 불변인 특징들을 학습하므로 인지 문제와 관련해서는 데이터를 매우 효율적으로 사용한다. 아주 작은 이미지 데이터셋을 사용해 밑바닥에서부터 합성망을 훈련하면, 데이터가 상대적으로 부족하더라도 사용자가 특징 공학을 동원하지 않아도 여전히 합리적인 결과를 얻을 수 있다. 이번 절

---

14 옮긴이 통계학 관례를 따르면 '데이터 확대'로 번역해야 하고, '데이터 확장'이라고도 할 수 있는 개념이다.

에서 실제로 이런 면을 살펴볼 수 있다.

게다가 딥러닝 모델은 용도를 변경하기가 쉽다. 예를 들어, 대규모 데이터셋에서 훈련된 이미지 분류 또는 음성-텍스트 모델을 가져와 조금만 변경하면 상당히 다른 문제에 재사용할 수 있다. 특히 컴퓨터 비전의 경우, 일반적으로 이미지넷 데이터셋으로 훈련한 많은 사전 훈련 모델이 공개돼 있고 그것을 내려받을 수 있으므로 데이터를 거의 사용하지 않고도 강력한 비전 모델을 보강할 수 있다. 이것이 바로 다음 절에서 다룰 내용이다. 우선 데이터에 손을 대는 일로 시작해 보자.

5.2.2 데이터 내려받기

개/고양이 데이터셋(Dogs 대 Cats dataset)은 케라스에 들어 있지 않다. 이 데이터셋은 합성망이 주류가 아니었던 2013년대 말에 컴퓨터 비전 경진 대회 사이트 중 하나인 캐글에서 사용할 수 있게 됐다. 원본 데이터셋은 www.kaggle.com/c/dogs-vs-cats/data에서 내려받을 수 있다(캐글 계정이 없는 경우에는 만들어야 한다. 하지만 이 과정이 복잡하지 않으므로 걱정하지 않아도 된다).

사진 형식은 중간 해상도의 컬러 JPEG이다. 보기 5.8은 몇 가지 예를 보여 준다. 당연히 2013년에 열린 개/고양이 캐글 경진 대회에서는 합성망을 사용하는 참가자가 이겼다. 최우수 출품작은 최대 95%의 정확도를 달성했다. 이 예제에서는 사용할 수 있는 데이터 중 10% 미만만 사용해 모델을 훈련하더라도 이 정확도에 가까운 값을 얻을 수 있을 것이다(다음 절 참조).

이 데이터셋에는 2만 5,000개에 이르는 개와 고양이 이미지(각 클래스별로는 1만 2,500개)가 포함돼 있으며, 용량은 543MB(압축된 상태에서)이다. 이것을 내려받은 후 압축을 푼 후에 여러분은 각 클래스당 1,000개의 표본을 포함하는 훈련 집합, 각 클래스당 500개 표본을 가진 검증 집합 및 각 클래스당 500개 표본을 포함하는 테스트 집합이라는 세 가지 하위 집합이 포함된 신규 데이터셋을 만들게 될 것이다. 목록 5.4는 이를 수행하는 코드이다.

보기 5.8　개/고양이 데이터셋의 표본. 크기를 조절하지 않았다. 표본들의 크기와 모양 등이 서로 다르다.

목록 5.4 훈련, 검증 및 테스트 디렉터리에 이미지 복사하기

```r
original_dataset_dir <- "~/Downloads/kaggle_original_data"15

base_dir <- "~/Downloads/cats_and_dogs_small"
dir.create(base_dir)

train_dir <- file.path(base_dir, "train")
dir.create(train_dir)
validation_dir <- file.path(base_dir, "validation")
dir.create(validation_dir)
test_dir <- file.path(base_dir, "test")
dir.create(test_dir)

train_cats_dir <- file.path(train_dir, "cats")
dir.create(train_cats_dir)

train_dogs_dir <- file.path(train_dir, "dogs")
dir.create(train_dogs_dir)

validation_cats_dir <- file.path(validation_dir, "cats")
dir.create(validation_cats_dir)

validation_dogs_dir <- file.path(validation_dir, "dogs")
dir.create(validation_dogs_dir)

test_cats_dir <- file.path(test_dir, "cats")
dir.create(test_cats_dir)

test_dogs_dir <- file.path(test_dir, "dogs")
dir.create(test_dogs_dir)

fnames <- paste0("cat.", 1:1000, ".jpg")
file.copy(file.path(original_dataset_dir, fnames),
          file.path(train_cats_dir))

fnames <- paste0("cat.", 1001:1500, ".jpg")
file.copy(file.path(original_dataset_dir, fnames),
          file.path(validation_cats_dir))

fnames <- paste0("cat.", 1501:2000, ".jpg")
file.copy(file.path(original_dataset_dir, fnames),
          file.path(test_cats_dir))

fnames <- paste0("dog.", 1:1000, ".jpg")
file.copy(file.path(original_dataset_dir, fnames),
```

---

15 옮긴이 이 소스 코드에서는 여기 나오는 폴더를 따로 생성(create)하지 않으므로 여러분의 현재 작업 디렉터리 아래에 수작업으로 만들어 둬야 한다. 필자의 경우에 C:\Users\user\Documents(즉, 사용자의 문서 폴더) 아래 만들었다. 먼저 Downloads 폴더를 만들고, 그 아래에다가 kaggle_original_data라는 이름으로 폴더를 만든다. 그리고 바로 이 폴더에 캐글에서 내려받은 개/고양이 사진을 넣어 두어야 한다. (내려받은 파일의 압축을 풀면 train이라는 하위 폴더에 사진들이 들어 있으므로 그것을 이 폴더로 가져오든지, 아니면 소스코드의 파일 경로에 /train을 보태든지 해야 한다.) 이렇게 해야 바로 이어지는 코드들에서 오류가 발생하지 않는다.

```
            file.path(train_dogs_dir))

fnames <- paste0("dog.", 1001:1500, ".jpg")
file.copy(file.path(original_dataset_dir, fnames),
          file.path(validation_dogs_dir))

fnames <- paste0("dog.", 1501:2000, ".jpg")
file.copy(file.path(original_dataset_dir, fnames),
          file.path(test_dogs_dir))
```

온전성 검사를 위해, 각 훈련용 분할 파일(훈련/검증/테스트)에 몇 장의 사진이 포함돼 있는지 계산해 보자.

```
> cat("total training cat images:", length(list.files(train_cats_dir)), "\n")
total training cat images: 1000
> cat("total training dog images:", length(list.files(train_dogs_dir)), "\n")
total training dog images: 1000
> cat("total validation cat images:",
➥length(list.files(validation_cats_dir)), "\n")
total validation cat images: 500
> cat("total validation dog images:",
➥length(list.files(validation_dogs_dir)), "\n")
total validation dog images: 500
> cat("total test cat images:", length(list.files(test_cats_dir)), "\n")
total test cat images: 500
> cat("total test dog images:", length(list.files(test_dogs_dir)), "\n")
 total test dog images: 500
```

실제로 2,000개 훈련 이미지, 1,000개 검증 이미지 및 1,000개 테스트 이미지가 있다. 각 분할 파일에는 동일한 수의 표본이 포함돼 있다. 이는 균형 이항 분류 문제이므로 분류 정확도가 성공의 척도가 된다는 의미이다.

5.2.3 망 구축

이전 예에서 MNIST를 위한 소형 합성망을 만들어 본 적이 있으므로 이런 식의 합성망들에 익숙해야 한다. 여러분은 이와 동일한 일반 구조를 재사용하게 될 것이다. 합성망은 layer_conv_2d(ReLU 활성 포함)와 layer_max_pooling_2d 단들을 교대로 쌓은 스택이 된다. 하지만 더 큰 이미지와 더 복잡한 문제를 다루기 때문에 망을 더 크게 만들 것이다. 즉, layer_conv_2d + layer_max_pooling_2d 단이 하나 더 있다. 이는 망의 용량을 늘리고 feature_map의 크기를 더 줄이기 위해 제공되므로 layer_flatten에 도달할 때 지나치게 커지지 않는다.

여기에서는 크기 150×150(다소 임의적인 선택)의 입력부터 시작하기 때문에 layer_flatten 직전에 크기가 7×7인 특징 지도로 끝난다.

> **N O T E** 특징 지도의 깊이는 망에서 점진적으로 증가(32에서 128로)하는 반면, 특징 지도의 크기는 감소한다(148×148에서 7×7로). 이는 거의 모든 합성망에서 볼 수 있는 패턴이다.

여러분이 이항 분류 문제를 풀고 있으므로 망을 단일 유닛(크기 1인 layer_dense)과 시그모이드 활성으로 마무리한다. 이 유닛은 망이 한 클래스 또는 다른 클래스를 보게 될 확률을 부호화한다.

목록 5.5 개 / 고양이 분류를 위한 소형 합성망 인스턴스화하기

```
library(keras)

model <- keras_model_sequential() %>%
  layer_conv_2d(filters = 32, kernel_size = c(3, 3), activation = "relu",
                input_shape = c(150, 150, 3)) %>%
  layer_max_pooling_2d(pool_size = c(2, 2)) %>%
  layer_conv_2d(filters = 64, kernel_size = c(3, 3), activation = "relu") %>%
  layer_max_pooling_2d(pool_size = c(2, 2)) %>%
  layer_conv_2d(filters = 128, kernel_size = c(3, 3), activation = "relu") %>%
  layer_max_pooling_2d(pool_size = c(2, 2)) %>%
  layer_conv_2d(filters = 128, kernel_size = c(3, 3), activation = "relu") %>%
  layer_max_pooling_2d(pool_size = c(2, 2)) %>%
  layer_flatten() %>%
  layer_dense(units = 512, activation = "relu") %>%
  layer_dense(units = 1, activation = "sigmoid")
```

연속된 모든 계층에서 특징 지도의 크기가 어떻게 변하는지 살펴보자.

```
> summary(model)

Layer (type)                    Output Shape              Param #
================================================================
conv2d_1 (Conv2D)               (None, 148, 148, 32)      896
_____
maxpooling2d_1 (MaxPooling2D)   (None, 74, 74, 32)        0
_____
conv2d_2 (Conv2D)               (None, 72, 72, 64)        18496
_____
maxpooling2d_2 (MaxPooling2D)   (None, 36, 36, 64)        0
_____
conv2d_3 (Conv2D)               (None, 34, 34, 128)       73856
_____
```

```
maxpooling2d_3 (MaxPooling2D)    (None, 17, 17, 128)    0
_____
conv2d_4 (Conv2D)                (None, 15, 15, 128)    147584
_____
maxpooling2d_4 (MaxPooling2D)    (None, 7, 7, 128)      0
_____
flatten_1 (Flatten)              (None, 6272)           0
_____
dense_1 (Dense)                  (None, 512)            3211776
_____
dense_2 (Dense)                  (None, 1)              513
=================================================================
Total params: 3,453,121
Trainable params: 3,453,121
Non-trainable params: 0
```

컴파일 단계에서는 평소와 같이 **RMSProp**이라는 최적화기를 사용한다. 하나의 시그모이드 유닛으로 망을 마무리했기 때문에 이진 교차 엔트로피를 손실로 사용하게 된다(여러 가지 상황에 맞게 손실 함수를 선택하는 방법은 표 4.1을 확인하라).

목록 5.6 훈련을 위한 모델 구성하기

```
model %>% compile(
  loss = "binary_crossentropy",
  optimizer = optimizer_rmsprop(lr = 1e-4),
  metrics = c("acc")
)
```

5.2.4 데이터 전처리

망에 데이터를 공급하기 전에 적절하게 전처리된 부동소수점 텐서로 서식화해야 한다. 현재 데이터는 디스크 드라이브에 JPEG 파일로 저장되므로 망으로 가져오는 절차는 대략 다음과 같다.

1. 그림 파일을 읽는다.

2. JPEG 콘텐츠를 RGB 격자로 복호화한다.

3. 부동소수점 텐서로 변환한다.

4. 픽셀 값(0에서 255 사이)을 [0, 1] 구간으로 조정한다. 알다시피, 신경망은 작은 입력값을 처리하는 것을 선호한다.

케라스에는 이 과정을 자동으로 처리하는 유틸리티와 많은 이미지 처리 도우미 도구가 포함돼 있다. 특히, image_data_generator() 함수가 포함돼 있다. 이 함수는 디스크의 이미지 파일을 전처리된 텐서 배치들로 자동 변환할 수 있다. 여기서는 이것을 사용할 것이다.

목록 5.7 image_data_generator를 사용해 디렉터리에서 이미지 읽기

```
train_datagen <- image_data_generator(rescale = 1/255)      모든 이미지를 1/255 크기로
validation_datagen <- image_data_generator(rescale = 1/255)   재조정한다.

train_generator <- flow_images_from_directory(
  train_dir,          ←————————————————————————  표적 디렉터리
  train_datagen,      ←————————————————————————  훈련 데이터 생성기
  target_size = c(150, 150),   ←————————————————  모든 이미지를 150×150 크기로 조정한다.
  batch_size = 20,    ←
  class_mode = "binary"                           binary_crossentropy 손실을 사용하기
)                                                 때문에 이진 레이블이 필요하다.

validation_generator <-flow_images_from_directory(
  validation_dir,
  validation_datagen,
  target_size = c(150, 150),
  batch_size = 20,
  class_mode = "binary"
)
```

이러한 생성기 중 한 가지 출력을 살펴보자. (20, 150, 150, 3) 모양으로 된 150×150 RGB 이미지와 (20) 모양으로 된 이진 레이블 배치가 생성된다. 각 배치에는 20개 표본이 있다(즉, 이것이 배치 크기임). 생성기는 다음과 같이 표적 폴더에 있는 이미지들을 대상으로 삼아 끝없이 루프를 돌면서 이러한 배치들을 개별적으로 생성한다.

```
> batch <- generator_next(train_generator)
> str(batch)
List of 2
 $ : num [1:20, 1:150, 1:150, 1:3] 37 48 153 53 114 194 158 141 255 167 ...
 $ : num [1:20(1d)] 1 1 1 1 0 1 1 0 1 1 ...
```

생성기를 사용해 모델에 데이터를 적합시켜 보자. 이때에는 fit_generator 함수를 사용하면 된다. 이 함수는 이와 같은 데이터 생성기들의 fit과 같다. 이 함수는 첫 번째 인수로 입력과 표적의 배치를 무한정 생성하는 생성기를 받아들인다. 데이터가 끝없이 생성되기 때문에 적합화 과정에서는 에포크를 선언하기 전에 생성기에서 가져올 표본의 수를 알아야 한다. 이것은

steps_per_epoch 인수의 역할이다. 생성기에서 steps_per_epoch 단계에 해당하는 수만큼 배치들을 끌어낸 후(즉, steps_per_epoch로 지정한 단계만큼 경사 하강 단계가 실행된 후)에야 다음 에포크로 이동한다. 이 경우, 배치가 20개 표본으로 이뤄져 있으므로 2,000개 사례의 표적이 표시될 때까지 100개 배치가 필요하다.

fit_generator를 사용할 때는 fit 함수와 마찬가지로 validation_data 인수를 전달할 수 있다. 이 인수는 데이터 생성기가 될 수 있지만, 배열 목록일 수도 있다는 점에 유의해야 한다. 생성기를 validation_ data로 전달하면 검증 데이터 배치를 끝없이 산출할 것으로 예상된다. 따라서 validation_steps 인수도 지정해야 한다. 이 인수는 평가를 위해 검증 생성기에서 가져올 배치 수를 이 과정에 알려 준다.

목록 5.8 배치 생성기를 사용해 모델을 적합시키기

```
history <- model %>% fit_generator(
  train_generator,
  steps_per_epoch = 100,
  epochs = 30,
  validation_data = validation_generator,
  validation_steps = 50
)
```

훈련을 마친 후에는 언제나 모델을 저장하는 게 바람직하다.

목록 5.9 모델 저장하기

```
model %>% save_model_hdf5("cats_and_dogs_small_1.h5")
```

훈련 중에 훈련 데이터와 검증 데이터에 대한 모델의 손실과 정확도를 나타내기 위한 플롯을 작성해 보자(보기 5.9 참조). 이러한 플롯들은 과적합 특징을 나타낸다. 훈련 정확도는 거의 100%에 도달할 때까지 시간에 따라 선형적으로 증가하는 반면, 검증 정확도는 71 ~ 75%로 나타난다. 검증 손실은 단지 다섯 개 에포크 이후에 최소에 도달한 후 실속 상태가 되는 반면, 훈련 손실은 거의 0에 도달할 때까지 감소한다.

목록 5.10 훈련 중 손실 및 정확도 곡선 표시하기

```
plot(history)
```

상대적으로 훈련 표본이 적기 때문에(2,000) 과적합이 가장 큰 걱정거리이다. 여러분은 이미 드롭아웃, 가중치 감소(L2 정칙화)와 같은 과적합 완화에 도움이 되는 많은 기술을 알고 있다.

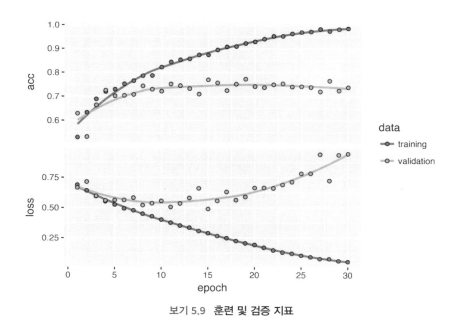

보기 5.9 훈련 및 검증 지표

이제 우리는 컴퓨터 비전에 특정되고, 딥러닝 모델로 이미지를 처리할 때 거의 보편적으로 사용되는 새 기법, 즉 데이터 보강으로 작업할 것이다.

5.2.5 데이터 보강 사용

과적합이 발생하는 이유는 학습할 표본이 너무 적어 신규 데이터로 일반화할 수 있는 모델을 학습할 수 없기 때문이다. 데이터가 무한정하게 주어진다면 모델이 존재할 수 있는 모든 데이터 분포를 접하게 될 것이므로 결코 과적합되는 일이 없을 것이다. 데이터 보강은 믿을 수 있는 이미지를 산출하는 수많은 무작위 변환을 통해 표본을 **보강**(augmenting)[16]해 기존 학습 표본에서 더 많은 학습 데이터를 생성하는 방식을 활용한다. 이번 목표는 훈련 시에 모델이 아주 똑같은 그림을 결코 두 번씩 보지 못하게 하려는 것이다. 이를 통해 모델을 데이터의 더 많은 측면에 노출함으로써 더 잘 일반화할 수 있다.

케라스에서는 image_data_generator가 읽은 이미지들을 대상으로 삼아 무작위로 변환하는 과정을 여러 번 수행하게 함으로써 이런 일을 할 수 있다.

---

16 〔옮긴이〕 증식, 증강, 확대, 확장 등 다양한 번역어가 쓰인다.

목록 5.11 image_data_generator를 통한 데이터 보강 설정 구성하기

```
datagen <- image_data_generator(
  rescale = 1/255, rotation_range = 40,
  width_shift_range = 0.2,
  height_shift_range = 0.2,
  shear_range = 0.2,
  zoom_range = 0.2,
  horizontal_flip = TRUE,
  fill_mode = "nearest"
)
```

이것들은 사용 가능한 선택지 중 몇 가지에 불과하다(자세한 내용은 케라스 설명서 참조). 이 코드를 간단히 살펴보자.

- rotation_range는 각도 단위 값(0~180)이며, 이 값을 사용하면 그림을 임의로 회전시킬 수 있다.

- width_shift 및 height_shift는 그림을 가로 또는 세로로 임의 변환하는 범위(전체 너비 또는 높이의 일부)이다.

- shear_range는 임의로 가위질 변환(즉, 전단 변환)을 적용하기 위한 것이다.

- zoom_range는 그림을 무작위로 확대한다.

- horizontal_flip은 수평 비대칭을 가정하고 있지 않은 경우(예를 들면, 실물 사진), 관련 이미지의 절반을 무작위로 반전한다.

- fill_mode는 새로 생성된 픽셀을 채우는 데 사용되는 전략으로, 회전 또는 너비 / 높이 이동 후에 나타날 수 있다.

보강한 이미지를 살펴보자(보기 5.10 참조).

목록 5.12 무작위로 확장된 일부 훈련 이미지 표시하기

```
fnames <- list.files(train_cats_dir, full.names = TRUE)
img_path <- fnames[[3]]        ◁──┤ 보강할 이미지를 하나 선택한다.

img <- image_load(img_path, target_size = c(150, 150))  ◁
img_array <- image_to_array(img)  ◁
img_array <- array_reshape(img_array, c(1, 150, 150, 3))  ◁

augmentation_generator <- flow_images_from_data(
  img_array,
  generator = datagen,
  batch_size = 1
```

이미지를 읽어 크기를 조정한다.

img를 (150, 150, 3) 모양인 배열로 바꾼다.

배열을 (1, 150, 150, 3) 모양으로 바꾼다.

무작위로 변환된 이미지들의 배치를 생성한다. 무기한으로 반복하므로 어떤 시점에서 루프를 멈추게 해야 한다.

```
)
op <- par(mfrow = c(2, 2), pty = "s", mar = c(1, 0, 1, 0))
for (i in 1:4) {
  atch <- generator_next(augmentation_generator)
  plot(as.raster(batch[1,,,]))
}
par(op)
```
이미지를 그린다.

이 데이터 보강 구성을 사용해 새 망을 훈련하면 망에 동일한 입력이 두 번 표시되지 않는다. 그러나 망이 보는[17] 입력은 여전히 서로 긴밀하게 관련돼 있고, 적은 수의 원본 이미지에서 가져왔기 때문에 새로운 정보를 생성할 수 없으며, 기존 정보만 다시 섞어 쓸 수 있다. 따라서 이것은 과적합을 완전히 없애기에 충분하지 않을 수 있다. 과적합에 더 대응하려면 더욱 조밀하게 연결된 분류기 바로 앞 모델에 드롭아웃 계층을 추가해야 한다.

보기 5.10 무작위 데이터 보강을 통한 고양이 보기의 생성

17 　옮긴이 망을 사람의 시신경이라고 간주하면, 사람이 눈으로 사물을 보듯이, 망도 사물을 본다고 생각할 수 있다. 이때 사물은 입력 데이터 형태로 망에 주어지므로 '망이 입력을 본다'고 말할 수 있다.

목록 5.13 드롭아웃을 포함하는 새로운 합성망 정의하기[18]

```
model <- keras_model_sequential() %>%
  layer_conv_2d(filters = 32, kernel_size = c(3, 3), activation = "relu",
                input_shape = c(150, 150, 3)) %>%
  layer_max_pooling_2d(pool_size = c(2, 2)) %>%
  layer_conv_2d(filters = 64, kernel_size = c(3, 3), activation = "relu") %>%
  layer_max_pooling_2d(pool_size = c(2, 2)) %>%
  layer_conv_2d(filters = 128, kernel_size = c(3, 3), activation = "relu") %>%
  layer_max_pooling_2d(pool_size = c(2, 2)) %>%
  layer_conv_2d(filters = 128, kernel_size = c(3, 3), activation = "relu") %>%
  layer_max_pooling_2d(pool_size = c(2, 2)) %>%
  layer_flatten() %>% layer_dropout(rate = 0.5) %>%
  layer_dense(units = 512, activation = "relu") %>%
  layer_dense(units = 1, activation = "sigmoid")

model %>% compile(
  loss = "binary_crossentropy",
  optimizer = optimizer_rmsprop(lr = 1e-4),
  metrics = c("acc")
)
```

데이터 보강 및 드롭아웃을 사용해 망을 훈련해 보자.

목록 5.14 데이터 보강 생성기를 사용해 합성망을 훈련하기

```
datagen <- image_data_generator(
  rescale = 1/255,
  rotation_range = 40,
  width_shift_range = 0.2,
  height_shift_range = 0.2,
  shear_range = 0.2,
  zoom_range = 0.2,
  horizontal_flip = TRUE
)

test_datagen <-
```

---

18 옮긴이 책에는 나와 있지 않지만, 목록 4.13 이전에 다음과 같은 선행 코드가 있어야 한다.

```
library(keras)

base_dir <- "~/Downloads/cats_and_dogs_small"
train_dir <- file.path(base_dir, "train")
validation_dir <- file.path(base_dir, "validation")
test_dir <- file.path(base_dir, "test")
```

이 줄은 이미 앞서 작성해 봤던 스크립트에 나오는 내용들이다. 앞서 나온 스크립트와 다른 점은 폴더를 다시 만들지는 않는다는 점이다. 이미 앞선 스크립트에서 폴더를 다 만들었고, 관련 데이터 이미지도 다 각 폴더별로 정리해 뒀기 때문이다. 이번 코드에서는 이런 폴더와 데이터 이미지들을 활용만 하면 되므로, 각 폴더 이름만 지정해 주면 되기 때문에 이런 코드만 필요한 것이다.

```
        image_data_generator(rescale = 1/255)
                                                    검증 데이터를 보강해서는
train_generator <- flow_images_from_directory(      안 된다는 점에 유념한다.
  train_dir,          <───────────────── 표적 디렉터리
  datagen,            <───────────────── 데이터 생성기
  target_size = c(150, 150),  <───────── 모든 이미지 크기를 150×150으로 조정
  batch_size = 32,
  class_mode = "binary"  <──────────  binary_crossentropy 손실을 사용하므로
)                                      이진 레이블들이 필요하다.

validation_generator <- flow_images_from_directory(
  validation_dir,
  test_datagen,
  target_size = c(150, 150),
  batch_size = 32,
  class_mode = "binary"
)

history <- model %>% fit_generator(
  train_generator,
  steps_per_epoch = 100,
  epochs = 100,
  validation_data = validation_generator,
  validation_steps = 50
)
```

모델을 저장하자. 이 모델은 5.4절에서 사용하게 될 것이다.

목록 5.15 모델 저장하기

```
model %>% save_model_hdf5("cats_and_dogs_small_2.h5")
```

데이터 보강 및 드롭아웃 덕분에 더 이상 과적합되지 않는다. 훈련 곡선은 검증 곡선을 근접해 따라간다(보기 5.11 참조). 이제 정규화되지 않은 모델보다 상대적으로 15%가 향상된 82% 정확도에 도달할 수 있다.

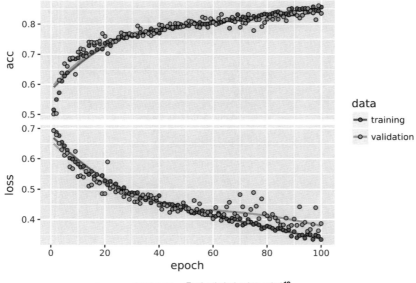

보기 5.11 훈련 계량과 검증 계량[19]

정규화 기술을 사용하고, 망 파라미터(에 합성곱 계층당 필터 수 또는 망의 계층 수)를 조정하면 최대 정확도를 약 86%에서 87%까지 높일 수 있다. 그러나 작업할 데이터가 거의 없기 때문에 자신의 합성망을 밑바닥에서부터 훈련함으로써 더 높은 수준으로 끌어올리기는 어렵다. 이 문제의 정확도를 높이기 위한 단계로, 다음 두 절의 초점인 사전 훈련 모델을 사용해야 한다.

5.3 사전 훈련 합성망 사용하기

작은 이미지 데이터셋을 사용해야 할 때 흔하면서도 아주 효과적인 딥러닝 접근법은 **사전 훈련 망**(pretrained network)을 사용하는 것이다. 사전 훈련 망은 대용량 데이터셋을 이용해 사전에 대규모 이미지 분류 작업을 통해 훈련하고 저장된 망이다. 이 원본 데이터셋이 충분히 크고 충분히 일반적인 경우, 사전 훈련 망에서 학습한 특징의 공간 계층 구조가 시각적인 세계에서의 일반적인 모델로 작동할 수 있으므로 해당 특징이 여러 가지 컴퓨터 비전 문제에 유용할 수 있다. 심지어 이러한 새로운 문제에 원래 작업과 완전히 다른 클래스들이 들어 있어도 된다. 예를 들어, 이미지넷에서 망을 훈련할 수 있다(클래스는 주로 동물과 일상적인 물체이다). 그

---

19 [옮긴이] R 스튜디오에서
> plot(history)
라고 명령해야 이 그래프를 볼 수 있다.

런 다음, 이 훈련된 망을 이미지 내 가구 품목들을 식별하는 일과 같이 그다지 관련성이 없는 일에 사용할 수 있게 한다. 이와 같이 다양한 문제를 대상으로 학습된 특징들의 이식성은 여러 가지 구식의 셸로우 러닝(shallow learning, 즉 얕은 학습) 방식과 비교해 볼 때 딥러닝(deep learning, 즉 깊은 학습)의 핵심 이점이며, 소규모 데이터 문제를 대상으로 한 딥러닝을 매우 효과적으로 만든다.

이 경우, 이미지넷 데이터셋(레이블이 붙은 1,400만 개 이미지와 1,000개의 상이한 클래스)으로 훈련된 합성망을 고려해 보자. 이미지넷에는 종(種)이 다른 고양이와 개를 비롯해 다양한 동물 클래스가 있으므로 개/고양이 분류 문제를 잘 수행할 수 있다.

여러분은 2014년에 케렌 시모얀(Karen Simonyan)과 앤드류 지서만(Andrew Zisserman)이 개발한 VGG16 아키텍처를 사용하게 될 텐데, 이것은 이미지넷과 관련해서 간단하고 널리 사용하는 합성망 아키텍처이다.[20] 현재의 최신 기술에 비하면 다소 오래된 모델이고, 그 밖의 많은 최신 모델에 비하면 다소 무겁기는 하지만, 이 아키텍처가 우리에게 익숙한 아키텍처와 유사하므로 새로운 개념을 도입하지 않고도 이해하기 쉽다는 점에서 이것을 선택했다. 여러분은 VGG, ResNet, Inception, Inception-ResNet, Xception 등과 같이 귀여운 이름을 지닌 모델들을 처음으로 만나는 것일 수도 있지만, 컴퓨터 비전용 딥러닝을 계속한다면 자주 접하게 되므로 곧 익숙해질 것이다.

사전 훈련 망을 사용하는 데에는 **특징 추출(feature extraction)**과 **미세 조정(fine-tuning)**이라는 두 가지 방법이 있다. 우리는 이 두 가지를 모두 다룰 것이다. 특징 추출부터 시작해 보자.

5.3.1 특징 추출

특징 추출은 이전 망에서 습득한 표현을 사용해 새로운 표본에서 흥미로운 특징을 추출하는 것으로 구성된다. 이러한 특징들은 밑바닥에서부터 훈련된 새로운 분류기를 통해 실행된다.

이전에 살펴봤듯이 이미지 분류에 사용되는 합성망 노드는 두 부분으로 구성된다. 즉, 일련의 풀링 계층 및 합성곱 계층으로 시작하고, 조밀한 분류기로 끝난다. 첫 번째 부분은 모델의 **합성곱 기반**이라고 한다. 합성망의 경우, 특징 추출은 이전에 훈련된 망의 합성곱 기반을 취해 신규 데이터를 실행하고 출력 상단에 새로운 분류기를 훈련하는 것으로 구성된다(보기 5.12 참조).

---

20 Karen Simonyan and Andrew Zisserman, "Very Deep Convolutional Networks for Large-Scale Image Recog- nition," arXiv (2014), https://arxiv.org/abs/1409.1556.

합성곱 기반만 재사용하는 이유는 무엇인가? 조밀하게 연결된 분류기도 재사용할 수 있을까? 일반적으로 그렇게 하는 것은 피해야 한다. 그 이유는 합성곱 기반으로 학습한 표현이 더 일반적이어서 재사용하기에 더 수월하기 때문이다. 합성망의 특징 지도는 그림에 대한 일반적인 개념의 존재 지도로, 컴퓨터 비전 문제와 관계없이 유용할 수 있다. 그러나 분류기에 의해 학습된 표현은 모델이 훈련된 클래스 집합에 따라 달라지며, 전체 그림에서 이 클래스에 대한 정보 또는 클래스의 존재 확률에 대한 정보만 포함된다. 또한 조밀 연결 계층들에 있는 표현에는 객체가 입력 이미지에서 자리 잡고 있는 **위치(where)**[21]에 대한 정보가 더 이상 포함되지 않는데, 이러한 계층들이 공간 개념을 없애는 반면에 객체 위치를 여전히 합성곱 특징 지도들이 서술한다. 물체의 위치를 고려해야 하는 문제와 관련해서는 조밀 연결 특징들은 거의 쓸모가 없다.

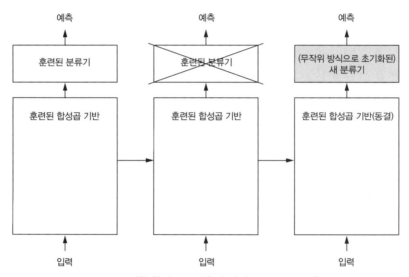

보기 5.12 **동일한 합성곱 기반을 유지하면서 분류기 교환하기**

특정 합성곱 계층에 의해 추출된 표현의 일반화(따라서 재사용성) 수준은 모델의 계층 깊이에 따라 달라진다. 모델의 앞부분에 있는 계층은 매우 일반적인 특징 지도(시각적인 윤곽선, 색상 및 질감과 같은 것)를 추출하지만, 상위 계층은[22] 추상적인 개념("고양이 귀"나 "강아지 눈"과 같은 것)을 추출한다. 따라서 새 데이터셋이 원래 모델이 훈련했던 데이터셋과 많이 다른 경우, 전체 합성곱 기반을 사용하는 대신, 모델의 처음 몇 계층만 사용해 특징 추출을 수행하는 게 바람직하다.

---

21 옮긴이 저자가 이 위치(where)를 강조한 것은 특정 객체가 이미지 상에 자리 잡은 위치가 일종의 공간 정보이기 때문이다. 이 공간 정보가 처리되지 않는다는 점을 강조하고 있다.
22 옮긴이 코드에 나온 순서대로 보면 뒷부분에 나오는 계층을 말한다. 스택 형태로 보자면 상위에 놓인 계층이라는 뜻이다.

이 경우, 이미지넷 클래스 집합에는 여러 개와 고양이 클래스가 포함돼 있기 때문에 원본 모델의 조밀 계층에 포함된 정보를 재사용하는 게 바람직하다. 그러나 새로운 문제의 클래스 집합이 원래 모델의 클래스 집합과 겹치지 않는 더 일반적인 경우를 다루기 위해 선택하지 않을 것이다. 이미지넷에서 훈련된 VGG16 망의 합성곱 기반을 사용해 고양이와 개 이미지에서 흥미로운 특징을 추출한 후, 이 특징들을 바탕으로 삼아 개/고양이 분류기를 훈련시켜 보자.

VGG16 모델은 케라스로 미리 패키지 처리돼 제공된다. 다음은 케라스의 일부로 사용할 수 있는 이미지 분류 모델 목록이다(모두 이미지넷 데이터셋을 사용해 사전에 훈련해 둔 것임).

- Xception
- Inception V3
- ResNet50
- VGG16
- VGG19
- MobileNet

VGG16 모델을 인스턴스화해 보자.

목록 5.16 VGG16 합성곱 기반 인스턴스화

```
library(keras)

conv_base <- application_vgg16(
  weights = "imagenet",
  include_top = FALSE,
  input_shape = c(150, 150, 3)
)
```

함수에 세 개 인수를 전달한다.

- weights는 모델을 초기화할 가중치 검사점(check point)을 지정한다.
- include_top은 조밀하게 연결된 분류기를 망 상단에 포함하는(또는 포함하지 않는) 것을 의미한다. 이 조밀하게 연결된 분류기는 이미지넷의 1,000개 클래스에 해당한다. 여러분은 자신만의 조밀 연결 분류기(고양이와 개라는 단 두 개 클래스)를 사용하려고 하므로, 조밀 연결 분류기를 포함할 필요가 없다.

- input_shape는 망에 공급할 이미지 텐서의 모양이다. 이 인수는 선택 사항이다. 전달하지 않으면 망에서 모든 크기의 입력을 처리할 수 있다.

다음은 VGG16 합성곱 기반 아키텍처의 세부 사항이다. 여러분에게 이미 익숙한 단순 합성망들과 비슷하다.[23]

```
> conv_base

Layer (type)                     Output Shape              Param #
=================================================================
input_1 (InputLayer)             (None, 150, 150, 3)       0
_____
block1_conv1 (Conv2D)    (None, 150, 150, 64)      1792
_____
block1_conv2 (Conv2D)    (None, 150, 150, 64)      36928
_____
block1_pool (MaxPooling2D)       (None, 75, 75, 64)        0
_____
block2_conv1 (Conv2D)    (None, 75, 75, 128)       73856
_____
block2_conv2 (Conv2D)    (None, 75, 75, 128)       147584
_____
block2_pool (MaxPooling2D)       (None, 37, 37, 128)       0
_____
block3_conv1 (Conv2D)    (None, 37, 37, 256)       295168
_____
block3_conv2 (Conv2D)    (None, 37, 37, 256)       590080
_____
block3_conv3 (Conv2D)    (None, 37, 37, 256)       590080
_____
block3_pool (MaxPooling2D)       (None, 18, 18, 256)       0
_____
block4_conv1 (Conv2D)    (None, 18, 18, 512)       1180160
_____
block4_conv2 (Conv2D)    (None, 18, 18, 512)       2359808
_____
block4_conv3 (Conv2D)    (None, 18, 18, 512)       2359808
_____
block4_pool (MaxPooling2D)       (None, 9, 9, 512)         0
_____
block5_conv1 (Conv2D)    (None, 9, 9, 512)         2359808
_____
block5_conv2 (Conv2D)    (None, 9, 9, 512)         2359808
_____
block5_conv3 (Conv2D)    (None, 9, 9, 512)         2359808
```

---

23 **옮긴이** 아래 표를 보려면 먼저 목록 5.16에 나오는 스크립트를 실행해 두어야 한다.

```
----------------------------------------------------------------
block5_pool (MaxPooling2D)        (None, 4, 4, 512)        0
================================================================
Total params: 14,714,688
Trainable params: 14,714,688
Non-trainable params: 0
```

최종 특징 지도의 모양은 (4, 4, 512)이다. 이것은 여러분이 조밀 연결 분류기를 부착하려고 하는 최상층의 특징이다.

이 시점에서 여러분이 진행할 수 있는 두 가지 방법은 다음과 같다.

- 데이터셋에 대한 합성곱 기반을 실행하고, 출력을 디스크에 한 개 배열로 기록한 후, 이 데이터를 이 책의 1부에서 본 것과 유사한 독립 실행형이면서 조밀하게 연결된 분류기의 입력으로 사용한다. 이 해법을 사용하게 되면 모든 입력 이미지를 대상으로 합성곱 기반을 한 번만 실행하므로 계산이 빨라진다. 참고로 합성곱 기반은 파이프라인에서 계산 비용이 가장 비싼 부분이다. 그러나 똑같은 이유로, 이 기술을 사용하면 데이터 보강 기술을 사용할 수 없다.
- 상단에 조밀 계층을 추가하고 입력 데이터에서 끝까지 모든 것을 실행해 모델을 확장한다(conv_base). 이렇게 하면 모든 입력 이미지가 모델에 보일 때마다 합성곱 기반을 통과하기 때문에 데이터 보강 기능을 사용할 수 있다. 그러나 이 기법은 첫 번째 기법보다 훨씬 비싸다.

우리는 이 두 기술을 다룰 것이다. 첫 번째 기술을 설정하는 데 필요한 코드를 살펴보자. 데이터에 conv_base의 결과를 기록하고, 이 출력을 새 모델의 입력으로 사용한다.

데이터 보강 없이 빠르게 특징을 추출하기

이전에 소개된 image_data_generator의 인스턴스를 실행해 이미지를 배열 및 레이블로 추출한다. 모델에서 predict 메서드를 호출해 이러한 이미지에서 특징들을 추출한다.

목록 5.17 **사전 훈련 합성곱 기반을 사용해 특징 추출하기**

```
base_dir <- "~/Downloads/cats_and_dogs_small"
train_dir <- file.path(base_dir, "train")
validation_dir <- file.path(base_dir, "validation")
test_dir <- file.path(base_dir, "test")

datagen <- image_data_generator(rescale = 1/255)
```

```
batch_size <- 20

extract_features <- function(directory, sample_count) {

  features <- array(0, dim = c(sample_count, 4, 4, 512))
  labels <- array(0, dim = c(sample_count))

  generator <- flow_images_from_directory(
    directory = directory,
    generator = datagen,
    target_size = c(150, 150),
    batch_size = batch_size,
    class_mode = "binary"
  )

  i <- 0
  while(TRUE) {
    batch <- generator_next(generator)
    inputs_batch <- batch[[1]]
    labels_batch <- batch[[2]]
    features_batch <- conv_base %>% predict(inputs_batch)

    index_range <- ((i * batch_size)+1):((i + 1) * batch_size)
    features[index_range,,,] <- features_batch
    labels[index_range] <- labels_batch

    i <- i + 1
    if (i * batch_size >= sample_count)
      break   <────┐   생성기가 루프에서 무한정 데이터를
  }                    산출하기 때문에 모든 이미지를
  list(                한 번 본 후 중단해야 한다.
    features = features,
    labels = labels
  )
}

train <- extract_features(train_dir, 2000)
validation <- extract_features(validation_dir, 1000)
test <- extract_features(test_dir, 1000)
```

추출된 특징들은 현재 (표본들, 4, 4, 512) 모양이다. 이 특징들을 조밀하게 연결된 분류기에 공급해야 하므로 우선 표본을 (표본들, 8192)로 평평하게 해야 한다.

```
reshape_features <- function(features) {
  array_reshape(features, dim = c(nrow(features), 4 * 4 * 512))
}
train$features <- reshape_features(train$features)
```

```
validation$features <- reshape_features(validation$features)
test$features <- reshape_features(test$features)
```

이 시점에서 조밀한 분류기(정칙화를 위한 드롭아웃을 사용하는 경우 참고)를 정의하고, 방금 기록한 데이터 및 레이블을 학습한다.

목록 5.18 조밀하게 연결된 분류기 정의 및 훈련하기

```
model <- keras_model_sequential() %>%
  layer_dense(units = 256, activation = "relu",
              input_shape = 4 * 4 * 512) %>%
  layer_dropout(rate = 0.5) %>%
  layer_dense(units = 1, activation = "sigmoid")

model %>% compile(
  optimizer = optimizer_rmsprop(lr = 2e-5),
  loss = "binary_crossentropy",
  metrics = c("accuracy")
)

history <- model %>% fit(
  train$features, train$labels,
  epochs = 30,
  batch_size = 20,
  validation_data = list(validation$features, validation$labels)
)
```

조밀 계층 두 개만 처리하면 되므로 아주 빨리 훈련된다. 한 에포크를 수행하는 시간이 CPU에서 1초도 채 걸리지 않는다. 훈련 중 손실 곡선과 정확도 곡선을 살펴보자(보기 5.13 참조).

목록 5.19 결과 표시하기

```
plot(history)
```

여러분은 이전 모델에서 달성한 정확도와 달리 약 90%의 검증 정확도에 도달한다. 밑바닥에서부터 훈련한 소형 모델을 사용한 경우보다 더 낫다. 그러나 그림은 상당히 큰 비율로 드롭아웃을 사용함에도 시작 시점부터 과적합되고 있음을 나타낸다. 이번에 소개한 기법에서는 과적합을 방지하는 데 필수적인 데이터 보강 기능을 사용하지 않고, 작은 이미지 데이터셋만을 사용했기 때문이다.

데이터 보강을 사용한 특징 추출

이번에는 더 느리고 비싸지만, 훈련 중에 데이터 보강을 사용할 수 있는 특징 추출을 위해 언급한 두 번째 기법, 즉 conv_base 모델을 확장하고 입력 내용들을 대상으로 끝에서 끝까지 실행하는 방법을 살펴보자.

> **N O T E** 이 기법은 너무 비싸 GPU를 사용할 수 있을 때 시도해야 한다. CPU로는 다루기 힘들다. GPU에서 코드를 실행할 수 없다면 이전에 쓴 기법이 필요하다.

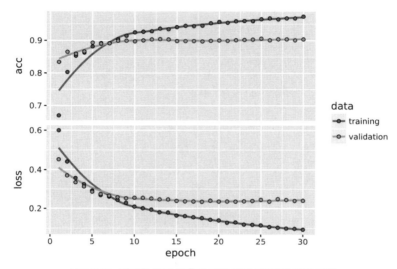

보기 5.13 간단한 특징 추출에 대한 훈련 계량 및 검증 계량

이 conv_base 모델은 마치 하나의 계층인 것처럼 동작하기 때문에 계층을 추가하듯이 순차 모델에 모델(예 conv_base)을 추가할 수 있다.

목록 5.20 합성곱 기반(즉, conv_base) 위에 조밀하게 연결된 분류기 추가하기 [24]

```
model <- keras_model_sequential() %>%
```

---

24 [옮긴이] 이 스크립트 앞에 다음 스크립트가 생략되어 있다.

```
library(keras)

base_dir <- "~/Downloads/cats_and_dogs_small"
train_dir <- file.path(base_dir, "train")
validation_dir <- file.path(base_dir, "validation")
test_dir <- file.path(base_dir, "test")

conv_base <- application_vgg16(
  weights = "imagenet",
  include_top = FALSE,
  input_shape = c(150, 150, 3)
)
```

```
conv_base %>%
  layer_flatten() %>%
  layer_dense(units = 256, activation = "relu") %>%
  layer_dense(units = 1, activation = "sigmoid")
```

다음은 모델이 어떻게 보일지를 나타낸다.

```
> model

Layer (type)              Output Shape          Param #
================================================================
vgg16 (Model)             (None, 4, 4, 512)     14714688
_____
flatten_1 (Flatten)       (None, 8192)          0
_____
dense_1 (Dense)           (None, 256)           2097408
_____
dense_2 (Dense)           (None, 1)             257
================================================================
Total params: 16,812,353
Trainable params: 16,812,353
Non-trainable params: 0
```

VGG16의 합성곱 기반에는 1,471만 4,688개의 파라미터가 있는데, 이는 매우 크다. 상단에 추가하는 분류기에는 200만 개의 파라미터가 있다.

모델을 컴파일하고 훈련하기 전에 합성곱 기반을 동결하는 게 매우 중요하다. 한 개 계층이나 계층 집합을 **동결(freezing)**하면 훈련 도중 가중치가 갱신되지 않는다. 이 작업을 수행하지 않으면 합성곱 기반에 의해 이전에 학습된 표현이 훈련 중에 수정된다. 맨 위에 있는 조밀 계층이 무작위로 초기화되기 때문에 매우 큰 가중치 갱신이 망을 통해 전파돼 이전에 학습한 표현을 효과적으로 파기한다.

케라스에서는 freeze_weights( ) 함수를 사용해 망을 동결한다.

```
> cat("This is the number of trainable weights before freezing",
      "the conv base:", length(model$trainable_weights), "\n")
This is the number of trainable weights before freezing the conv base: 30
> freeze_weights(conv_base)
> cat("This is the number of trainable weights after freezing",
      "the conv base:", length(model$trainable_weights), "\n")
This is the number of trainable weights before freezing the conv base: 4
```

이 설정을 사용하면 추가한 두 개 조밀 계층의 가중치만 훈련된다. 이것은 총 네 개의 가중치 텐서(계층당 두 개(주된 가중치 행렬과 치우침 벡터))이다. 이러한 변경 사항을 적용하려면 먼저 모델을 컴파일해야 한다. 컴파일 후에 가중치 조절 기능을 수정하면 모델을 다시 컴파일해야 한다. 그렇지 않으면 이 변경 사항이 무시된다.

이전 예제에서 사용한 것과 동일한 데이터 보강 구성을 사용해 모델 훈련을 시작할 수 있다.

목록 5.21 동결한 합성곱 기반을 사용한 모델의 종단간 훈련하기

```
train_datagen = image_data_generator(
  rescale = 1/255,
  rotation_range = 40,
  width_shift_range = 0.2,
  height_shift_range = 0.2,
  shear_range = 0.2,
  zoom_range = 0.2,
  horizontal_flip = TRUE,
  fill_mode = "nearest"
)

test_datagen <-
        image_data_generator(rescale = 1/255)        검증 데이터가 보강되지 않아야
                                                      한다는 점에 주의할 것!
train_generator <- flow_images_from_directory(
  train_dir,          ◁─────────────── 표적 디렉터리
  train_datagen,      ◁─────────────── 데이터 생성기
  target_size = c(150, 150),  ◁────
  batch_size = 20,                    모든 이미지를 150 × 150
  class_mode = "binary"  ◁──────      크기로 재조정한다.
)                                      binary_crossentropy 손실을
                                       사용하므로 이진 레이블이 필요하다.
validation_generator <- flow_images_from_directory(
  validation_dir,
  test_datagen,
  target_size = c(150, 150),
  batch_size = 20,
  class_mode = "binary"
)

model %>% compile(
  loss = "binary_crossentropy",
  optimizer = optimizer_rmsprop(lr = 2e-5),
  metrics = c("accuracy")
)

history <- model %>% fit_generator(
  train_generator,
  steps_per_epoch = 100,
```

```
  epochs = 30,
  validation_data = validation_generator,
  validation_steps = 50
)
```

결과를 다시 그려 보자(보기 5.14 참조). 검증 정확도는 약 90%이다. 이것은 밑바닥으로부터 훈련된 소형 합성망으로 얻은 것보다 훨씬 낫다.

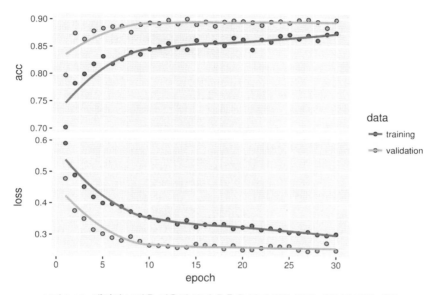

보기 5.14 **데이터 보강을 이용해 특징 추출을 하기 위한 훈련 계량 및 검증 계량**

5.3.2 미세 조정

특징 추출을 보완하는 기법이면서 모델 재사용을 위해 널리 사용되는 또 다른 기법은 **미세 조정(fine-tuning)**이다(보기 5.15 참조). 미세 조정은 특징 추출에 사용되는 동결된 모델 기반의 몇 가지 최상위 계층의 동결을 해제하고, 모델의 새로 추가된 부분(이 경우, 완전히 연결된 분류기)과 이러한 최상위 계층을 공동으로 훈련하는 것으로 구성된다. 재조정할 모델을 대상으로 더 추상적인 표현을 약간 조정해 이를 현재의 문제와 관련성을 높이기 위한 일을 미세 조정이라고 한다.

이전에 무작위로 초기화된 분류기를 훈련할 수 있도록 하기 위해 VGG16의 합성곱 기반을 고정하는 게 필요하다고 했다. 같은 이유로 상단의 분류기가 이미 훈련된 후에만 합성곱 기반의 상단 계층을 미세 조정할 수 있다. 분류기가 아직 훈련되지 않은 경우, 훈련 중에 망을 통해 전파되는 오차 신호가 너무 커서 미세 조정된 층에 의해 이전에 학습된 표현은 파괴된다. 따라서 망 미세 조정 단계는 다음과 같다.

1. 이미 훈련된 기본 망 위에 맞춤 망을 추가한다.
2. 기본 망을 동결한다.
3. 여러분이 추가한 부분을 훈련한다.
4. 기본 망의 일부 계층들의 동결을 해제한다.
5. 이 계층들과 여러분이 추가한 부분을 함께 훈련한다.

특징을 추출할 때 이미 처음 세 단계를 완료했다. 네 번째 단계를 진행해 보자. conv_base의 동결을 해제한 후, 내부의 개별 계층을 동결한다.

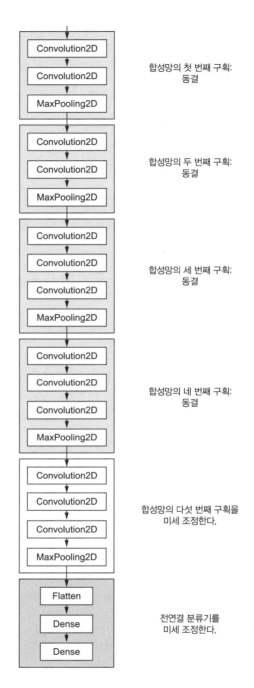

보기 5.15 **VGG16 망의 마지막 합성곱 블록 미세 조정**

다시 말하면, 합성곱 기반은 다음과 같이 보이게 된다.

```
> conv_base

Layer (type)                    Output Shape              Param #
=================================================================
input_1 (InputLayer)            (None, 150, 150, 3)       0
_____
block1_conv1 (Convolution2D)    (None, 150, 150, 64)      1792
_____
block1_conv2 (Convolution2D)    (None, 150, 150, 64)      36928
_____
block1_pool (MaxPooling2D)      (None, 75, 75, 64)        0
_____
block2_conv1 (Convolution2D)    (None, 75, 75, 128)       73856
_____
block2_conv2 (Convolution2D)    (None, 75, 75, 128)       147584
_____
block2_pool (MaxPooling2D)      (None, 37, 37, 128)       0
_____
block3_conv1 (Convolution2D)    (None, 37, 37, 256)       295168
_____
block3_conv2 (Convolution2D)    (None, 37, 37, 256)       590080
_____
block3_conv3 (Convolution2D)    (None, 37, 37, 256)       590080
_____
block3_pool (MaxPooling2D)      (None, 18, 18, 256)       0
_____
block4_conv1 (Convolution2D)    (None, 18, 18, 512)       1180160
_____
block4_conv2 (Convolution2D)    (None, 18, 18, 512)       2359808
_____
block4_conv3 (Convolution2D)    (None, 18, 18, 512)       2359808
_____
block4_pool (MaxPooling2D)      (None, 9, 9, 512)         0
_____
block5_conv1 (Convolution2D)    (None, 9, 9, 512)         2359808
_____
block5_conv2 (Convolution2D)    (None, 9, 9, 512)         2359808
_____
block5_conv3 (Convolution2D)    (None, 9, 9, 512)         2359808
_____
block5_pool (MaxPooling2D)      (None, 4, 4, 512)         0
=================================================================
Total params: 14714688
```

이제 block3_conv1 이후에 보이는 모든 계층을 미세 조정할 것이다. 더 많은 계층을 조정하지 않는 이유는 무엇일까? 전체 합성곱 기반을 미세 조정하지 않는 이유는 무엇일까? 하지만 다음을 고려해야 한다.

- 합성곱 기반의 이전 계층은 더 일반적이고 재사용 가능한 특징들을 부호화하지만, 상위 계층은 더 특수화된 특징들을 부호화한다. 좀 더 특수화된 특징들은 새로운 문제에 맞게 재사용해야 하기 때문에 더 세밀하게 조정하는 것이 더 유용하다. 낮은 쪽에 있는 계층들을 미세 조정할 때는 복귀 값들이 빠른 속도로 줄어든다.
- 훈련하는 파라미터가 많을수록 과적합의 위험이 커진다. 합성곱 기반에는 1,500만 개의 파라미터가 있다. 그래서 여러분의 소규모 데이터셋으로 모델을 훈련하려면 위험할 수 있었을 것이다.

따라서 이 상황에서는 합성곱 기반의 일부 계층만 미세 조정하는 게 바람직하다. 이전 예제에서 중단했던 부분부터 시작해 이 부분을 설정해 보자.

목록 5.22 이전에 동결했던 계층의 동결 해제하기[25]

```
unfreeze_weights(conv_base, from = "block3_conv1")
```

이제 망 미세 조정을 시작할 수 있다. RMSProp이라는 최적화기를 사용하면 이 작업을 매우 느린 학습 속도로 수행할 수 있다. 학습 속도를 느리게 하는 이유는 미세 조정 중인 세 개 계층의 표현을 수정하는 정도를 제한하려고 하기 때문이다. 너무 큰 갱신은 이러한 표현에 해를 줄 수 있다.

목록 5.23 모델 미세 조정하기

```
model %>% compile(
  loss = "binary_crossentropy",
  optimizer = optimizer_rmsprop(lr = 1e-5),
  metrics = c("accuracy")
)

history <- model %>% fit_generator(
  train_generator,
  steps_per_epoch = 100,
  epochs = 100,
  validation_data = validation_generator,
```

---

25 [옮긴이] 앞에 나온 예제와 다른 점은 목록 5.22와 목록 5.23에 나오는 스크립트 뿐이다.

```
  validation_steps = 50
)
```

보기 5.16과 같이 결과를 그려 보자. 정확도가 약 90%에서 6% 향상돼 96% 이상이 됐다.

손실 곡선이 실제로는 개선되지 않는다(실제로는 악화되고 있음). 손실이 줄어들지 않으면서 어떻게 정확도가 안정적으로 유지되거나 향상될 수 있는지 궁금해질 수 있다. 대답은 간단하다. 여러분이 표시한 것은 점별 손실값들의 평균이지만, 정확도라는 것은 모델이 예측한 클래스 확률을 2진수 형태로 문턱 처리를 한 결과이기 때문에 정확도와 관련해서는 손실값의 평균이 아닌 손실값의 분포가 더 중요하다. 모델은 이것이 평균 손실에 반영되지 않은 경우에도 여전히 개선될 수 있다.

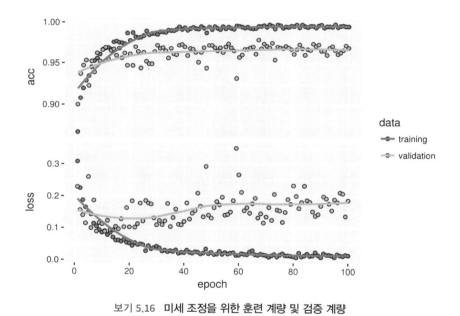

보기 5.16 미세 조정을 위한 훈련 계량 및 검증 계량

이제 이 모델을 테스트 데이터에서 최종적으로 평가할 수 있다.[26]

```
test_generator <- flow_images_from_directory(
  test_dir,
  test_datagen,
  target_size = c(150, 150),
  batch_size = 20,
```

---

26 [옮긴이] 이 스크립트 중 test_generator 부분은 앞의 목록 5.23에 나온 스크립트에 이어져야 할 부분이다.

```
    class_mode = "binary"
)

> model %>% evaluate_generator(test_generator, steps = 50)
$loss
[1] 0.2158171

$acc
[1] 0.965
```

테스트 정확도는 96.5%이다. 이 데이터셋을 이용하는 최초의 캐글 경진 대회에서 이 결과는 가장 우수한 것 중 하나였을 것이다. 그러나 현대의 딥러닝 기술을 사용하면 가용 훈련 데이터의 일부(약 10%)만으로도 이와 같은 결과에 도달할 수 있다. 2,000개 표본을 훈련하는 일과 2만 개 표본을 훈련하는 일 사이에는 엄청난 차이가 있다!

5.3.3 결론

지난 두 절에 걸친 연습 문제로부터 배워야 할 점은 다음과 같다.

- 합성망은 컴퓨터 비전 작업에 가장 좋은 머신러닝 모델 유형이다. 아주 소규모인 데이터셋을 사용하는 상황에서도 밑바닥에서부터 훈련할 수 있다.
- 소규모 데이터셋에서는 과적합이 주요 쟁점이 될 것이다. 데이터 보강은 이미지 데이터로 작업할 때 과적합과 싸우는 강력한 수단이다.
- 특징 추출을 통해 신규 데이터셋에서 기존의 합성망을 재사용하기는 쉽다. 이것은 작은 이미지 데이터셋으로 작업할 때 유용한 기술이다.
- 특징 추출을 보완하기 위해 기존 모델에서 이전에 학습한 표현 중 일부를 새로운 문제에 적용하는 미세 조정을 할 수 있다. 이렇게 하면 성능이 좀 더 향상된다.

여러분은 이제 소규모 데이터셋을 사용하게 되더라도 이미지 분류 문제를 처리할 수 있게 하는 도구 모음을 지니게 됐다.

5.4 합성망이 학습한 내용 시각화하기

딥러닝 모델은 종종 "사람이 읽을 수 있는 형태로 추출해 표현하기 어려운 표현을 학습하는 블랙박스"라고 말한다. 이것은 특정 유형의 딥러닝 모델에 부분적으로 해당되지만, 실제로는 합성망에 해당되지 않는다. 합성망에서 배운 표현은 **시각적 개념의 표현(representations of visual** concepts)이기 때문에 시각화에 큰 영향을 받는다. 2013년부터 이러한 표현을 시각화하고 해석하기 위한 다양한 기술이 개발됐다. 이것들을 모두 조사하지 않지만, 가장 접근하기 쉽고 유용한 세 가지를 다룰 예정이다.

- **중간 합성망 출력(중간 활성) 시각화**: 연속 합성망 계층이 입력을 어떻게 변환시키는지를 이해하고, 개별 합성망 필터의 의미를 처음으로 정립하기에 유용하다.
- **합성망 필터 시각화**: 시각적인 패턴이나 개념을 합성망의 각 필터가 정확히 이해하는 데 유용하다.
- **이미지 내 클래스 활성의 열 지도 시각화**: 특정 클래스에 속하는 것으로 식별된 이미지의 부분을 이해하는 데 유용하므로 이미지에 있는 객체를 국부화할 수 있다.

첫 번째 기술(합성망 시각화 기술)을 이해할 수 있게 우리는 5.2절에서 개/고양이 분류 문제를 풀기 위해 밑바닥에서부터 훈련한 소형 합성망을 사용하게 될 것이다. 다음 두 가지 기술을 이해하는 일에는 5.3절에서 소개한 VGG16 모델을 사용할 것이다.

5.4.1 중간 활성 시각화

중간 **활성(activations)**을 시각화하는 일은 특정 입력(계층의 출력을 활성이라고도 하며, 활성 함수의 출력이라고도 함)이 주어지면 망에 다양한 합성곱 및 풀링 계층으로 출력되는 특징 지도를 표시하는 것을 말한다. 이것은 입력이 망에 의해 학습된 여러 필터로 어떻게 분해되는지를 보여준다. 여기서는 너비, 높이 및 깊이(채널들)라는 세 가지 특징 지도를 시각화하려고 한다. 각 채널은 비교적 독립적인 특징들을 부호화하므로 이러한 특징 지도를 시각화하는 적절한 방법은 모든 채널의 내용을 2D 이미지로 표시하는 것이다. 5.2 절에서 저장한 모델을 적재(load)하는 것부터 시작하겠다.

```
> library(keras)
> model <- load_model_hdf5("cats_and_dogs_small_2.h5")
> model

Layer (type)                    Output Shape            Param #
================================================================
conv2d_5 (Conv2D)               (None, 148, 148, 32)    896
_____
maxpooling2d_5 (MaxPooling2D)   (None, 74, 74, 32)      0
_____
conv2d_6 (Conv2D)               (None, 72, 72, 64)      18496
_____
```

```
maxpooling2d_6 (MaxPooling2D)    (None, 36, 36, 64)      0
_____
conv2d_7 (Conv2D)                (None, 34, 34, 128)     73856
_____
maxpooling2d_7 (MaxPooling2D)    (None, 17, 17, 128)     0
_____
conv2d_8 (Conv2D)                (None, 15, 15, 128)     147584
_____
maxpooling2d_8 (MaxPooling2D)    (None, 7, 7, 128)       0
_____
flatten_2 (Flatten)              (None, 6272)            0
_____
dropout_1 (Dropout)              (None, 6272)            0
_____
dense_3 (Dense)                  (None, 512)             3211776
_____
dense_4 (Dense)                  (None, 1)               513
=================================================================
Total params: 3,453,121
Trainable params: 3,453,121
Non-trainable params: 0
```

다음으로 여러분은 입력 이미지, 즉 망을 훈련하는 데 사용한 이미지의 일부가 아닌 고양이 그림을 얻게 될 것이다.

목록 5.24 단일 이미지 전처리하기

```
img_path <- "~/Downloads/cats_and_dogs_small/test/cats/cat.1700.jpg"   이미지를 4D 텐서로
                                                                        전처리한다.
img <- image_load(img_path, target_size = c(150, 150))   ◁
img_tensor <- image_to_array(img)
img_tensor <- array_reshape(img_tensor, c(1, 150, 150, 3))
img_tensor <- img_tensor/255   ◁
                                                  이 방법으로 전처리된
                                                  입력으로 모델이 훈련했음을
dim(img_tensor)   ◁──┤ 이것의 모양은 (1, 150, 150, 3)이다.   기억한다.
```

그림을 표시하자(보기 5.17 참조).

목록 5.25 테스트용 그림 표시하기

```
plot(as.raster(img_tensor[1,,,]))
```

특징 지도를 추출하기 위해, 일괄 처리된 이미지를 입력으로 사용해 모든 합성곱 및 풀링 계층의 활성을 출력하는 케라스 모델을 만든다. 이를 위해 keras_model 함수를 사용한다. 이함수는 입력 텐서(또는 입력 텐서 리스트)와 출력 텐서(또는 출력 텐서 리스트)라는 두 가지 인수를

사용한다. 결과로 나오는 클래스는 익숙한 keras_sequential_model( ) 함수로 생성된 것과 마찬가지로 케라스 모델이며, 지정된 입력을 지정된 출력에 사상한다. 이 유형의 모델을 구분하는 것은 keras_sequential_model과 달리 여러 출력이 있는 모델을 허용한다는 것을 의미한다. keras_model 함수를 사용해 모델을 만드는 방법을 7.1절에서 자세히 다루고 있으니 참조하라.

보기 5.17 테스트용 고양이 사진

목록 5.26 입력 텐서와 출력 텐서리스트로부터 모델 인스턴스화하기

```
layer_outputs <- lapply(model$layers[1:8], function(layer) layer$output)
activation_model <- keras_model(inputs = model$input, outputs = layer_outputs)
```

상위 여덟 개 계층의
출력을 추출한다.

모델 입력이 주어진 경우, 이러한 출력을
반환하는 모델을 만든다.

이미지 입력 한 개를 공급했다면 이 모델은 원래 모델의 계층 활성 값을 반환한다. 이 책에서 다중 출력 모델을 접하는 것은 이번이 처음이다. 지금까지 본 모델에는 정확히 하나의 입력과 하나의 출력만 있었다. 일반적으로 모델에는 여러 입출력이 있을 수 있다. 이 모델의 경우에는 한 개 입력과 여덟 개 출력(계층 활성당 한 개 출력)이 있다.

목록 5.27 예측 모드에서 모델 실행하기

```
activations <- activation_model %>% predict(img_tensor)
```

다섯 개 배열의 리스트를 돌려 준다.
계층마다 한 개의 배열이 활성화된다.

예를 들어, 다음은 고양이 이미지 입력을 위한 첫 번째 합성곱 계층의 활성화이다.

```
> first_layer_activation <- activations[[1]]
> dim(first_layer_activation)
[1] 1 148 148 32
```

이것은 32채널이고 크기가 148 × 148인 특징 지도이다. 그것들 중 일부를 시각화해 보자. 먼저 채널을 그릴 R 함수를 정의한다.

목록 5.28 채널을 그리는 함수

```
plot_channel <- function(channel) {
  rotate <- function(x) t(apply(x, 2, rev))
  image(rotate(channel), axes = FALSE, asp = 1,
        col = terrain.colors(12))
}
```

원래 모델의 첫 번째 계층 활성의 두 번째 채널을 시각화해 보자(보기 5.18 참조). 이 채널은 윤곽선 감지기를 부호화하는 것으로 보인다.

목록 5.29 두 번째 채널 그리기

```
plot_channel(first_layer_activation[1,,,2])
```

일곱 번째 채널을 시도해 보자(보기 5.19 참조). 그러나 합성곱 계층들에 의해 학습된 특정 필터들이 확정된 게 아니므로 여러분의 채널들은 달라질 수 있다는 점에 유념하라. 이 일곱 번째 채널은 미묘하게 다르며, 두 번째 채널과 달리 고양이 눈의 홍채를 들여다보는 것처럼 보인다.

목록 5.30 일곱 번째 채널 시각화하기

```
plot_channel(first_layer_activation[1,,,7])
```

목록 5.31에서는 망의 모든 활성화에 대한 완전한 시각화를 표시한다. 각 여덟 개 활성화 지도에 있는 모든 채널을 추출해 그려 낸 후, 하나의 커다란 이미지 텐서에 결과를 놓고 채널을 나란히 쌓아 놓는다(보기 5.20~5.23 참조).

보기 5.18 테스트용 고양이 그림에 대한 첫 번째 계층 활성의 두 번째 채널

보기 5.19 테스트용 고양이 그림에 대한 첫 번째 계층 활성의 일곱 번째 채널

목록 5.31 모든 중간 활성의 모든 채널 시각화하기

```
image_size <- 58
images_per_row <- 16

for (i in 1:8) {

  layer_activation <- activations[[i]]
  layer_name <- model$layers[[i]]$name

  n_features <- dim(layer_activation)[[4]]
  n_cols <- n_features %/% images_per_row

  png(paste0("cat_activations_", i, "_", layer_name, ".png"),
      width = image_size * images_per_row,
      height = image_size * n_cols)
  op <- par(mfrow = c(n_cols, images_per_row), mai = rep_len(0.02, 4))

  for (col in 0:(n_cols-1)) {
    for (row in 0:(images_per_row-1)) {
      channel_image <- layer_activation[1,,,(col*images_per_row) + row + 1]
      plot_channel(channel_image)
    }
  }

  par(op)
  dev.off()
}
```

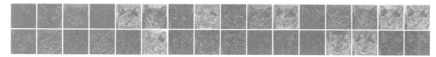

보기 5.20 conv2d_5[27]

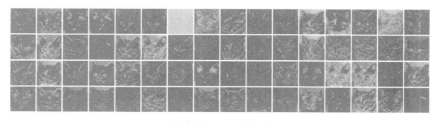

보기 5.21 conv2d_6

---

27 **[옮긴이]** 보기 5.20부터 보기 5.23에 나오는 그림들은 여러분이 작업하고 있는 현재 디렉터리(윈도우라면 '문서' 폴더)에 png 형식 파일로 생성된다. 각 파일의 이름은 cat_activation_로 시작하고 그 뒤를 이어 계층의 순번과 계층 형태가 나온다. 그리고 제일 끝에 붙은 숫자는 책에 나오는 그림과 달라질 수 있는데 별 의미는 없다.

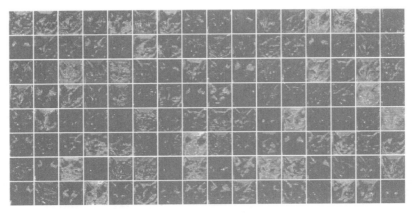

보기 5.22 **conv2d_7**

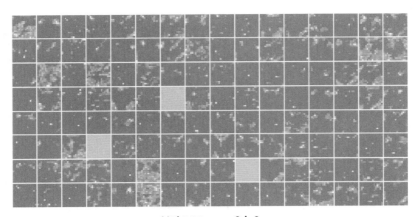

보기 5.23 **conv2d_8**

몇 가지 유의할 점은 다음과 같다.

- 첫 번째 계층은 다양한 윤곽선 감지기 모음으로 사용된다. 이 단계에서 활성들은 초기 그림에 있는 거의 모든 정보를 유지한다.

- 활성들은 위로 갈수록 점차 추상화되고 시각적으로 해석하기가 어려워진다. 활성들은 "고양이 귀", "고양이 눈"과 같은 더 고수준의 개념을 부호화하기 시작한다. 표현이 더 추상화될수록 이미지의 시각적 내용에 대한 정보가 점점 줄어들고, 이미지의 클래스 와 관련된 정보가 점점 더 많아진다.

- 활성들의 희박성은 계층의 깊이에 따라 증가한다. 첫 번째 계층에서의 모든 필터는 입 력 이미지에 의해 활성화되지만, 다음 계층에서는 일부 필터가 비어 있다. 즉, 필터로 부호화된 패턴을 입력 이미지에서 찾을 수 없다.

우리는 심층 신경망에 의해 습득된 표현의 중요한 보편적 특성을 증명했다. 즉, 계층에 의해 추출된 특징은 계층의 깊이에 따라 점차 추상화된다. 더 상위에 놓인 계층의 활성에서는 보이는 특정 입력에 대한 정보가 점점 적어지고 표적(이 경우 이미지의 클래스, 즉 고양이 또는 개)에 대한 정보는 점점 더 많아진다. 심층 신경망은 효과적인 **정보 증류 관로(information distillation pipeline)**로 동작하고, 원자료(이 경우, RGB 그림들)가 입력되고, 반복적으로 변환돼 관련 없는 정보가 필터링되며(예를 들면, 이미지의 특정 시각에 따른 겉모습), 유용한 정보가 확대되고 세련돼진다(예 이미지의 클래스).

이것은 인간과 동물이 세상을 인식하는 방식과 비슷하다. 인간은 장면을 몇 초 동안 관찰한 후, 어떤 추상적인 물체(자전거, 나무)가 장면 안에 존재했는지 기억할 수 있지만, 이러한 물체들의 모양까지 기억하지는 못한다. 실제로, 기억에 의존해 일반적인 자전거를 그리려는 경우, 평생에 걸쳐 수천 대의 자전거를 봤겠지만(예 보기 5.24), 바로 옆에 자전거가 놓여 있는 상태에서도 그림을 그릴 수 없을 것이다. 지금 바로 시도해 보라. 두뇌는 시각적인 입력을 완전히 추상화해 고수준의 시각적인 개념으로 변환하는 동시에 관련 없는 시각적인 세부 사항들을 거르는 방법을 학습했다. 따라서 주변의 상황을 기억하기는 매우 어렵다.

보기 5.24 기억 속에서 자전거를 떠올리려는 시도(왼쪽), 자전거를 제대로 그린다면 나올 모습(오른쪽)

5.4.2 합성망 필터 시각화

합성망을 사용해 학습한 필터들을 검사하는 또 다른 방법은 각 필터가 응답할 시각적인 패턴을 표시하는 것이다. 이는 **입력 공간 내 경사 상승(gradient ascent in input space)**을 사용해 수행할 수 있다. 즉, 빈 입력 이미지에서 시작해 특정 필터의 응답을 최대화하기 위해 합성곱의 입력 이미지 값에 **경사 하강(gradient descent)**을 적용하는 방식이다. 이 결과로 나오는 것은 선택한 필터가 최대로 반응하는 입력 이미지이다.

이 과정은 간단하다. 주어진 합성곱 계층에서 주어진 필터의 값을 **최대화(maximize)**하는 손실 함수를 작성한 후, 확률적 경사 하강을 사용해 이 활성 값을 최대화하도록 입력 이미지의 값을 조정한다. 예를 들어, 이미지넷상에서 사전에 훈련된 VGG16 망의 block3_conv1 계층 내의 필터 1의 활성에 대한 손실은 다음과 같다.

목록 5.32 필터 시각화를 위한 손실 텐서(loss tensor) 정의하기

```
library(keras)

model <- application_vgg16(
  weights = "imagenet",
  include_top = FALSE
)

layer_name <- "block3_conv1"
filter_index <- 1

layer_output <- model$get_layer(layer_name)$output
loss <- k_mean(layer_output[,,,filter_index])
```

> **케라스의 백엔드 사용하기**
>
> 목록 5.32에서 케라스 백엔드(back-end) 함수인 k_mean()을 호출해 모델을 구성하는 일부 텐서에 대한 계산을 수행한다. 케라스는 딥러닝 모델을 개발할 수 있는 고급 컴포넌트를 제공하는 모델 수준의 라이브러리이다. 텐서 곱, 합성곱 등과 같은 저수준 연산은 처리하지 않는다. 그 대신 케라스의 백엔드 엔진 역할을 하는 전문화되고 잘 최적화된 텐서 조작 라이브러리에 의존한다.
>
> 케라스의 일부 텐서 연산 시에는 백엔드 엔진의 함수와 직접 인터페이스해야 한다. 다음 예제에서는 k_gradients(), k_sqrt(), k_concatentate(), k_batch_flatten() 등의 추가 백엔드 함수를 사용한다. 백엔드 함수에 대한 추가 문서는 https://keras.rstudio.com/articles/backend.html에서 찾을 수 있다.

경사 하강을 구현하려면 이 손실에 대한 경사가 필요하다. 이렇게 하려면 k_gradients 함수를 사용해야 한다.

목록 5.33 입력에 대한 손실 경사 얻기

```
grads <- k_gradients(loss, model$input)[[1]]
```
← k_gradients를 호출하면 텐서(이 경우 크기 1)의 R 리스트가 반환된다. 따라서 첫 번째 요소(텐서)만 유지하면 된다.

경사 텐서를 L2 노름(텐서 값의 제곱 평균 제곱근)으로 나눠 정규화하는 방식은 경사 하강 과정이 잘 진행되게 하는 데 도움이 되는 한 가지 요령이지만 명료한 요령은 아니다. 이렇게 하면 입력 이미지에 수행된 갱신의 크기가 항상 같은 범위 내에 있음을 보장할 수 있다.

목록 5.34 경사 정규화 요령

```
grads <- grads / (k_sqrt(k_mean(k_square(grads))) + 1e-5)   ◁─── 실수로 0으로 나누는 것을 피하기
                                                                위해 나누기 전에 1e-5를 더한다.
```

입력 이미지가 있는 경우, 손실 텐서 및 경사 텐서의 값을 계산하는 방법이 필요하다. 다음과 같이 케라스 백엔드의 함수를 정의할 수 있다. iterate는 텐서(크기 1인 텐서 리스트)를 취하고, 두 개의 텐서 리스트(손실 값과 경사 값)를 반환하는 함수이다.

목록 5.35 주어진 입력 값에 대한 출력 값 뽑아내기

```
iterate <- k_function(list(model$input), list(loss, grads))

c(loss_value, grads_value) %<-%
    iterate(list(array(0, dim = c(1, 150, 150, 3))))
```

이 시점에서 확률적 경사 상승을 수행하는 R 루프를 정의할 수 있다.

목록 5.36 확률적 경사 하강을 통한 손실 최대화하기

```
input_img_data <-
    array(runif(150 * 150 * 3), dim = c(1, 150, 150, 3)) * 20 + 128   ◁─── 잡음이 약간 있는 회색
                                                                          이미지로 출발한다.

step <- 1
for (i in 1:40) {  ◁───────────────── 40회 동안 경사 상승을 실행한다.     손실 값 및 경사 값을
  c(loss_value, grads_value) %<-% iterate(list(input_img_data))  ◁───   계산한다.
    input_img_data <- input_img_data + (grads_value * step)  ◁───┐ 입력 이미지를 손실을
}                                                                  최대화하는 방향으로 조정한다.
```

결과로 나오는 이미지 텐서는 [0, 255] 내에 정수가 아닌 값을 갖는 (1, 150, 150, 3) 모양으로 된 부동소수점 텐서이다. 따라서 이 텐서를 후처리(postprocessing)해 표시할 수 있는 이미지로 만들어야 한다. 다음과 같은 간단한 유틸리티 기능을 사용하면 된다.

목록 5.37 텐서를 유효한 이미지로 변환하는 유틸리티 함수

```
deprocess_image <- function(x) {

  dms <- dim(x)
```

```
x <- x - mean(x)
x <- x / (sd(x) + 1e-5)          텐서를 정규화한다. 즉, 0을 중심으로,
x <- x * 0.1                      std가 0.1이 되게 한다.

x <- x + 0.5
x <- pmax(0, pmin(x, 1))          [0, 1]에 맞춰 잘라낸다.

array(x, dim = dms)   ◁──┤ 원본 이미지 크기를 반환한다.
}
```

이제 모든 퍼즐 조각을 맞췄다. 계층 이름과 필터 인덱스를 입력으로 사용해 지정된 필터의 활성을 최대화하는 패턴을 나타내는 유효한 이미지 텐서를 반환하는 R 함수와 함께 살펴보자.

목록 5.38 필터 시각화를 생성하는 함수

```
generate_pattern <- function(layer_name, filter_index, size = 150) {
                                                          고려 중인 계층의 n번째 필터 활성화를
    layer_output <- model$get_layer(layer_name)$output    최대화하는 손실 함수를 만든다.
    loss <- k_mean(layer_output[,,,filter_index])
                                                          입력 영상의 손실 및
                                                          경사들을 반환한다.
    grads <- k_gradients(loss, model$input)[[1]]   ◁
                                                          정규화 요령: 경사를
                                                          정규화한다.
    grads <- grads/(k_sqrt(k_mean(k_square(grads))) + 1e-5)   ◁

                                                          이 손실과 관련해
    iterate <- k_function(list(model$input), list(loss, grads))   ◁   입력 영상의 경사를
                                                          계산한다.
    input_img_data <-
        array(runif(size * size * 3), dim = c(1, size, size, 3)) * 20 + 128

    step <- 1
    for (i in 1:40) {
        c(loss_value, grads_value) %<-% iterate(list(input_img_data))    40단계의 경사 상승을
        input_img_data <- input_img_data + (grads_value * step)          실행한다.
    }

    img <- input_img_data[1,,,]
    deprocess_image(img)
}
```
약간의 잡음이 있는 회색 이미지에서
시작한다.

보기 5.25　**block3_conv1 계층의 첫 번째 채널이 최대로 응답하는 패턴**

이것의 맛을 보자(보기 5.25 참조).

```
> library(grid)
> grid.raster(generate_pattern("block3_conv1", 1))
```

block3_conv1 계층에 속한 필터 1이 폴카 도트 패턴에 반응하는 것처럼 보인다.

재미있는 점은 모든 계층의 모든 필터를 시각화할 수 있다는 것이다. 단순화를 위해 각 계층의 처음 64개 필터만 살펴보고, 각 합성곱 블록의 첫 번째 계층(block1_conv1, block2_conv1, block3_conv1, block4_conv1, block5_conv1)만 살펴볼 것이다. 여러분은 8 × 8 격자의 필터 패턴에 출력을 정렬하게 될 것이다(보기 5.26~5.29 참조).

목록 5.39　계층 내의 모든 필터 응답 패턴의 격자망 생성하기

```
library(grid)
library(gridExtra)²⁸
dir.create("vgg_filters")
for (layer_name in c("block1_conv1", "block2_conv1",
                     "block3_conv1", "block4_conv1")) {
  size <- 140

  png(paste0("vgg_filters/", layer_name, ".png"),
      width = 8 * size, height = 8 * size)

  grobs <- list()
```

---

28 옮긴이 gridExtra 라이브러리가 사전에 설치되어 있지 않다면 다음 명령으로 먼저 패키지를 설치해 줘야 한다.
> install.packages("gridExtra")

```
for (i in 0:7) {
    for (j in 0:7) {
        pattern <- generate_pattern(layer_name, i + (j*8) + 1, size = size)
        grob <- rasterGrob(pattern,
                            width = unit(0.9, "npc"),
                            height = unit(0.9, "npc"))
        grobs[[length(grobs)+1]] <- grob
    }
}

grid.arrange(grobs = grobs, ncol = 8)
dev.off()
}
```

보기 5.26 **block1_conv1 계층의 필터 패턴[29]**

보기 5.27 **block2_conv1 계층의 필터 패턴**

---

29 [옮긴이] 여러분이 현재 작업 중인 디렉터리(윈도우라면 보통 '문서' 폴더) 아래에 vgg_filters라는 폴더가 생기고 그 아래에 보기 5.26 부터 5.29까 지 나오는 그림들이 저장된다.

보기 5.28   block3_conv1 계층의 필터 패턴

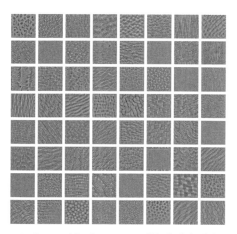

보기 5.29   block4_conv1 계층의 필터 패턴

이 필터 시각화는 합성망 계층이 세상을 보는 방법을 잘 설명한다. 합성망의 각 계층은 입력을 필터의 조합으로 표현할 수 있도록 필터 모음을 학습한다. 이런 일은 푸리에 변환 과정에서 신호를 코사인 함수들로 구성된 뱅크로 분해하는 일과 유사하다. 이 합성망 필터 뱅크들에 사용하는 필터는 점점 더 복잡해지고 세련돼진다.

- 모델의 첫 번째 계층(block1_conv1)에 있는 필터는 간단한 방향성 윤곽선과 색상(또는 경우에 따라 색상이 있는 윤곽선)을 부호화한다.

- block2_conv1의 필터는 윤곽선과 색상의 조합으로 만들어진 간단한 질감을 부호화한다.

- 상위 계층의 필터는 자연 이미지에서 발견되는 질감(깃털, 눈, 잎 등)과 유사해지기 시작한다.

5.4.3 클래스 활성의 열 지도 시각화

여기서 시각화 기법을 한 개 더 소개하려고 한다. 이는 주어진 이미지의 어느 부분이 최종를 분류를 결정하기 위한 결론을 이끌어냈는지 이해하는 데 유용하고, 합성망의 결정 과정을 디버깅할 때, 특히 분류 중에 발생하는 실수에 유용하다. 또한 이미지에서 특정 물체를 찾는 데도 유용하다.

이러한 일반적인 범주의 기술을 **클래스 활성 지도**(class activation map, CAM) 시각화라고 하며, 입력 이미지에 대한 클래스 활성의 열 지도(heatmaps)를 산출하는 일로 이뤄진다. 클래스 활성 열 지도는 입력 이미지의 모든 위치를 대상으로 삼아 계산된 특정 출력 클래스와 관련된 점수의 2D 격자망으로, 고려 중인 클래스와 관련해 각 위치의 중요성을 나타낸다. 예를 들어, 개 / 고양이 합성망에 이미지를 입력하면 CAM 시각화를 통해 이미지의 고양이와 비슷한 부분을 나타내는 "고양이" 클래스의 열 지도를 산출할 뿐만 아니라 이미지 중의 어떤 부분이 개와 비슷한지를 가리키는 "개" 클래스용 열 지도도 산출할 수 있다.

구체적인 구현 방법은 "Grad-CAM: Visual Explanations from Deep Networks via Gradient-based Localization."[30]에 설명돼 있다. 이 방법은 아주 간단하다. 즉, 입력 이미지가 있는 합성 곱 계층의 출력 특징 지도를 가져와 해당 특징 지도의 모든 채널을 채널과 관련된 클래스의 경사로 칭량(weighing, 무게 달기)하는 일로 이뤄져 있다. 여기서 직관적으로 이해하는 한 가지 방법은 "각 채널이 클래스와 관련해 얼마나 중요한지"에 따라 "입력 이미지가 얼마나 강렬하게 다른 채널을 활성화하는지"를 나타내는 공간 지도에 가중치를 부여함으로써 "입력 이미지가 클래스를 얼마나 강렬하게 활성화하는지"를 나타내는 공간 지도를 얻게 된다.

사전 훈련 VGG16 망을 사용해 이 기술을 시연해 보자.

목록 5.40 사전 훈련 가중치를 사용해 VGG16 망 적재하기[31]

```
model <- application_vgg16(weights = "imagenet")
```
여기서는 조밀하게 연결된 분류기를 맨 위에 포함했다는 점에 유념한다. 이전에 나온 모든 경우에서는 이것을 버렸다.

보기 5.30(크리에이티브 커먼즈 라이선스)에 두 마리의 아프리카 코끼리 이미지가 표시돼 있는데, 아마도 사바나 지대를 거닐고 있는 어미와 새끼일 것이다.

목록 5.41에서 이 이미지를 VGG16 모델이 읽을 수 있는 것으로 변환해 보자. 이 모델은 유틸리티 함수인 imagenet_preprocess_input( )에 패키징된 몇 가지 규칙에 따라 전처리된

---

30 Ramprasaath R. Selvaraju et al., arXiv(2017), https://arxiv.org/abs/1610.02391.

31 옮긴이 이 목록에 나오는 스크립트 앞에 library(keras)라고 쓰인 줄이 있어야 이 스크립트가 작동한다.

224×244의 이미지들로 훈련한 것이다. 따라서 이미지를 적재하고 크기를 224×224로 조정한 후, 배열로 변환하고 이러한 전처리 규칙을 적용해야 한다.

보기 5.30 테스트용 아프리카 코끼리 사진

목록 5.41 **VGG16의 입력 이미지 전처리**

```
img_path <- "~/Downloads/creative_commons_elephant.jpg"³²   ◁─┤ 표적 이미지에 대한 지역 경로

img <- image_load(img_path, target_size = c(224, 224)) %>%   ◁── 이미지 크기 224×224
   image_to_array() %>%   ◁─────────────────────────────
─▷ array_reshape(dim = c(1, 224, 224, 3)) %>%                (224, 224, 3) 모양으로 된
   imagenet_preprocess_input()   ◁─┤ 배치 전처리(채널별 색상 정규화)   배열
```
배열을 (1, 224, 224, 3) 크기인 배치로
변환하기 위한 차원을 추가한다.

이제 이미지에서 사전 훈련 망을 실행하고, 예측 벡터를 사람이 읽을 수 있는 형식으로 복호화할 수 있다.

```
> preds <- model %>% predict(img)
> imagenet_decode_predictions(preds, top = 3)[[1]]
   class_name   class_description     score
1  n02504458    African_elephant      0.909420729
2  n01871265    tusker                0.086183183
3  n02504013    Indian_elephant       0.004354581
```

---

32 〔옮긴이〕 여기에 쓰이는 코끼리 사진은 https://github.com/rstudio/keras/blob/master/vignettes/examples/creative_commons_ elephant.jpg에서 내려받을 수 있다. 내려받을 때 스크립트 코드에서 지정한 주소로 폴더를 지정하면 된다. ~가 현재 작업 디렉터리를 의미하므로(윈도우라면, 보통 '문서') 그 아래 Downloads 폴더에 넣으면 되는데, 이 폴더는 이미 앞서 나온 예제에서 만들어졌던 폴더이다.

이 이미지가 무엇을 나타내고 있는지를 잘 예측한 클래스를 확률이 가장 높은 것부터 순서대로 세 가지를 들면 다음과 같다.

- 아프리카 코끼리(확률 90.9%)
- 터스커 코끼리[33](확률 8.6%)
- 인도 코끼리(확률 0.4%)

망은 이 이미지가 몇 마리인지 알 수 없는 아프리카 코끼리를 나타낸다고 인식했다. 최대로 활성화된 예측 벡터의 항목은 인덱스 387의 "African elephant" 클래스에 해당하는 항목이다.

```
> which.max(preds[1,])
[1] 387
```

아프리카 코끼리와 같은 이미지 부분을 시각화하려면 Grad-CAM 과정을 설정해야 한다.

목록 5.42 Grad-CAM 알고리즘 설정하기

```
african_elephant_output <- model$output[, 387]

last_conv_layer <- model %>% get_layer("block5_conv3")

grads <- k_gradients(african_elephant_output, last_conv_layer$output)[[1]]

pooled_grads <- k_mean(grads, axis = c(1, 2, 3))

iterate <- k_function(list(model$input),
                    list(pooled_grads, last_conv_layer$output[1,,,]))

c(pooled_grads_value, conv_layer_output_value) %<-% iterate(list(img))

for (i in 1:512) {
  conv_layer_output_value[,,i] <-
    conv_layer_output_value[,,i] * pooled_grads_value[[i]]
}

heatmap <- apply(conv_layer_output_value, c(1,2), mean)
```

예측 벡터의 "아프리카 코끼리" 항목

VGG16의 마지막 합성곱 계층인block5_conv3 계층의 출력 특징 지도

block5_conv3의 출력 특징 지도와 관련된 "아프리카 코끼리" 클래스의 경사

(512) 모양으로 된 벡터의 각 항목은 특정 특징 지도 채널을 통한 경사의 평균 강도이다.

표본 이미지 한 장이 주어졌을 때 여러분이 조금 전에 정의한 pooled_grads 및 block5_conv3의 특징 지도를 출력한다.

두 코끼리의 견본 이미지가 주어졌을 때의 이 두 수량의 값

"코끼리" 클래스와 관련해 "채널의 중요도"를 특징 지도 배열의 각 채널에 곱한다.

결과로 나온 특징 지도의 채널별 평균은 클래스 활성화의 열 지도이다.

시각화를 하기 위해 열 지도를 0과 1 사이에서 정규화한다. 결과는 보기 5.31과 같다.

---

33 [옮긴이] 상아가 길고 덩치가 큰 코끼리

목록 5.43 열 지도 사후 처리하기

```
heatmap <- pmax(heatmap, 0)
heatmap <- heatmap/max(heatmap)

write_heatmap <- function(heatmap, filename, width = 224, height = 224,
                          bg = "white", col = terrain.colors(12)) {
  png(filename, width = width, height = height, bg = bg)
  op = par(mar = c(0,0,0,0))
  on.exit({par(op); dev.off()}, add = TRUE)
  rotate <- function(x) t(apply(x, 2, rev))
  image(rotate(heatmap), axes = FALSE, asp = 1, col = col)

}
write_heatmap(heatmap, "elephant_heatmap.png")
```

0과 1 사이의 정규화

열 지도를 png 파일 형식으로 쓰는 함수

열 지도를 쓴다.

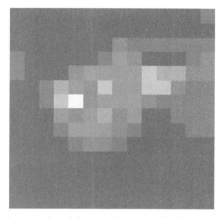

보기 5.31 아프리카 코끼리 종류에 대한 활성 열 지도

마지막으로, magick 패키지를 사용해 원본 이미지를 방금 얻은 열 지도와 겹쳐 놓은 이미지를 생성한다(보기 5.32 참조).

목록 5.44 열 지도를 원래 그림과 겹치게 하기

```
library(magick)³⁴
library(viridis)

image <- image_read(img_path)
info <- image_info(image)
geometry <- sprintf("%dx%d!", info$width, info$height)

pal <- col2rgb(viridis(20), alpha = TRUE)
alpha <- floor(seq(0, 255, length = ncol(pal)))
```

원래 코끼리 이미지와 기하학적 구조를 읽는다.

열 지도 이미지의 혼합/투명 버전을 만든다.

---

34 옮긴이 magick과 viridis 패키지를 먼저 설치해 둬야 할 수도 있다.

```
pal_col <- rgb(t(pal), alpha = alpha, maxColorValue = 255)
write_heatmap(heatmap, "elephant_overlay.png",
              width = 14, height = 14, bg = NA, col = pal_col)

image_read("elephant_overlay.png") %>%        ⟵┤ 열 지도 포개기
  image_resize(geometry, filter = "quadratic") %>%
  image_composite(image, operator = "blend", compose_args = "20") %>%
  plot()
```

보기 5.32 **원본 그림에 클래스 활성 열 지도를 포개기**

이 시각화 기법은 다음과 같은 중요한 질문에 답한다.

- 망에서 이 이미지에 아프리카 코끼리가 있다고 생각한 이유는 무엇인가?
- 그림에서 아프리카 코끼리가 어디에 있는가?

특히, 새끼 코끼리의 귀가 강하게 활성화된다는 점은 흥미롭다. 이것은 아마도 망이 아프리카 코끼리와 인도 코끼리의 차이점을 알 수 있는 방법일 것이다.

5.5 요약

- 합성망은 시각적 분류 문제를 공략하기 위한 최상의 도구이다.
- 합성망은 시각적 세계를 표현하기 위해 모듈 패턴과 개념의 계층 구조를 학습해 작동한다.

- 합성망이 배울 수 있는 표현은 검사하기 쉽다. 합성망은 블랙박스가 아니다![35]

- 이제 이미지 분류 문제를 해결하기 위해 자신의 합성망을 밑바닥에서부터 훈련할 수 있다.

- 과적합과 싸우려면 시각적 데이터 보강을 사용하는 방법을 이해해야 한다.

- 사전 훈련 합성망을 사용해 특징 추출 및 미세 조정을 수행하는 방법을 알고 있다.

- 합성망에 의해 습득된 필터를 시각화할 수 있고, 클래스 활동에 대한 열 지도를 생성할 수 있다.

---

35 **옮긴이** 일반적인 신경망은 그 내부 처리 과정을 알 수 없어 블랙박스로 간주되는 데 반해, 합성망은 그 내부 처리 과정을 알 수 있으므로 화이트박스, 즉 내부가 투명하게 비치는 상자라고 할 수 있다는 말이다.

6

텍스트와 시퀀스에 대한 딥러닝

6장에서 다루는 내용

- 텍스트에 대한 딥러닝
- 재귀 신경망 작업
- 시퀀스를 처리하기 위해 1D 합성망 사용하기

6장에서는 텍스트(일련의 단어 또는 문자로 구성된 시퀀스로 이해하면 된다), 시계열 및 시퀀스 데이터를 처리할 수 있는 딥러닝 모델을 살펴본다. 시퀀스 처리를 위한 두 가지 기본 딥러닝 알고리즘은 **재귀 신경망**[1]과 **1D 합성망(1d convnets)**이다(1D 합성망은 5장에서 다룬 2D 합성망의 1차원 버전이다). 6장에서는 이 두 가지 접근 방식에 대해 논의할 것이다.

이러한 알고리즘을 응용한 예는 다음과 같다.

- 기사 주제 또는 책 저자 식별과 같은 문서 분류 또는 시계열 분류

- 두 개 문서 또는 주식 시세 지표의 연관성 알아내기

- 영어 문장을 프랑스어로 번역하는 일과 같은 시퀀스-시퀀스 학습

---

1 옮긴이 recurrent neural network를 개념을 잘 나타내는 용어로 직역하자면 '재발성 신경망'이 적절하지만, 통계학회에서도 recurrent 라는 말을 '재귀'로도 번역해 사용하고 있고, 데이터 과학 및 머신러닝 분야에서도 '재귀 신경망'으로 번역하기도 한다는 점을 감안하면 '재귀 신경망'이라는 말도 적절할 것이다. 하지만 recursive(재귀)와 recurrent(재발)라는 개념이 다르다는 점을 염두에 두면 향후에 더 깊이 있는 내용을 이해해야 할 때, 도움이 될 것이라고 생각한다. 참고로 최근에 이르러서는 이 신경망을 '순환 신경망'으로 부르는 경향이 있다.

- 트윗이나 영화 감상평의 정서를 긍정 또는 부정으로 분류하는 것과 같은 정서 분석
- 최신 날씨 데이터가 제공되는 특정 장소의 미래 날씨 예측과 같은 시각 자료 예측

6장에 나오는 예제들에서는 IMDB 데이터셋에 대한 정서 분석, 이 책의 앞부분에서 다룬 과제 그리고 기온 예측과 같은 두 가지 협의 작업에 초점을 맞춘다. 이 두 가지 작업을 설명하는 기술은 방금 나열한 모든 응용과 관련이 있다.

6.1 텍스트 데이터로 작업하기

텍스트는 시퀀스 데이터(sequence data)의 가장 보편적인 형태 중 하나이다. 이것은 일련의 문자 또는 단어로 이해될 수 있지만, 단어 단위로 처리하는 게 가장 흔하다. 다음 절에서 소개하는 딥러닝 시퀀스 처리 모델은 제약을 받는 상황에서 텍스트를 사용해 문서 분류, 정서 분석, 작성자 식별 및 질문-응답(QA)과 같은 애플리케이션이 자연어를 이해할 수 있게 하는 기본 형식을 생성할 수 있다. 6장의 딥러닝 모델 중 그 어느 것도 텍스트를 인간의 감각 수준에 필적할 만한 수준으로 이해하지 못한다는 것을 명심하기 바란다. 오히려, 이 모델은 간단한 텍스트 작업을 해결하기에 충분한 문어(written language)의 통계 구조를 사상할 수 있다. 자연어 처리에 대한 딥러닝은 컴퓨터 비전이 픽셀에 적용된 패턴을 인식하는 방식과 거의 비슷하게 단어, 문장 및 단락에 적용되는 패턴을 인식하는 일에 다름 아니다.

딥러닝 모델은 다른 모든 신경망과 마찬가지로 원래의 텍스트를 그대로 입력하지 않고 숫자 텐서만 사용한다. 텍스트를 숫자 텐서로 변환하는 과정이 텍스트 **벡터화(vectorizing)**이다. 이 작업은 여러 가지 방법으로 수행할 수 있다.

- 텍스트를 단어별로 구분하고, 각 단어를 벡터로 변환한다.
- 텍스트를 문자별로 구분하고, 각 문자를 벡터로 변환한다.
- 단어나 문자에서 엔그램(n-gram)을 추출하고, 각 엔그램을 벡터로 변환한다. 엔그램은 여러 개의 연속된 단어 또는 문자로 구성된 중복 군(群, group)이다.

텍스트 (단어, 문자 또는 엔그램)를 분류할 수 있는 여러 최소 단위 요소(units)를 **토큰(tokens)**이라고 하며, 이러한 토큰으로 텍스트를 분할하는 일을 **토큰화(tokenization)**라고 한다. 모든 텍스트 벡터화 과정은 토큰화 체계를 적용한 후, 숫자 벡터를 생성된 토큰과 관련시킨다. 시퀀스 텐서로 압축된 벡터는 심층 신경망에 입력된다. 벡터를 토큰과 관련시키는 방식은 여러 가지 이다. 이번 절에서는 토큰의 **원핫 인코딩(one-hot encoding)**과 **토큰 매장(token embedding, 즉 토큰**

묻기)[2]을 제시한다. 토큰 매장이라는 말이 단어와 관련해서만 독점적으로 사용될 때는 **단어 매장**(word embedding, 즉 단어 묻기)이라고 한다.

보기 6.1 텍스트에서 토큰, 벡터까지

이 기술들을 사용해 원시 텍스트를 텐서로 변환해 케라스 망으로 보내는 방법을 보여준다.

엔그램 및 단어 주머니 이해하기

엔그램(n-gram)이라는 용어는 문장에서 추출할 수 있는 n개 이하의 연속된 단어 묶음을 일컫는다. 동일한 개념이 문자에도 적용될 수 있다.

다음은 간단한 예이다. "The cat sat on the mat."는 문장을 생각해 보라. 이 문장을 다음과 같은 2그램 집합으로 분해될 수 있다.

```
{"The", "The cat", "cat", "cat sat", "sat",
 "sat on", "on", "on the", "the", "the mat", "mat"}
```

또한 후 3그램 집합으로 분해될 수도 있다.

```
{"The", "The cat", "cat", "cat sat", "The cat sat",
 "sat", "sat on", "on", "cat sat on", "on the", "the",mat", "mat", "on the
 "sat on the", "the mat", "mat", "on the mat"}
```

그러한 집합은 각기 **2그램 주머니**(bag-of-2-grams) 또는 **3그램 주머니**(bag-of-3-grams)라고 불린다. 여기서 주머니(bag 또는 보따리)라는 말은 리스트나 시퀀스가 아닌, 연속된 토큰을 처리한다는 것을 나타내는 말이다. 토큰에는 특정 순서가 없다.[3] 이와 같은 토큰화 방식 계열을 **단어 주머니**(bag-of-words)라고 한다.

---

2 [옮긴이] 여기서 embedding 이라는 말을 데이터 과학 분야에서 보통 '임베딩'이라고 부르기도 하지만, 위상 수학의 '매장' 또는 '묻기'에 해당하는 용어인데다가, 임베딩의 흔한 뜻인 '삽입'이나 '끼워넣기'와는 개념이 아예 다르므로 수학 용어를 살려 번역했다.

3 [옮긴이] 동전 주머니를 생각해 보면 이 개념을 이해하기 쉽다. 주머니에 동전을 넣으면 동전은 순서 없이 뒤섞이게 된다. 그런 의미에서 단어 주머니에 들어간 단어(그램)들 간에도 순서라는 개념이 적용되지 않는다.

단어 주머니는 순서가 보존되는 토큰화 방식이 아니기 때문에(생성된 토큰은 시퀀스가 아니라 집합으로 이해되며, 따라서 문장의 일반적인 구조를 잃게 된다) 딥러닝 모델보다는 얕은 언어 처리 모델을 사용한다. 엔그램을 추출하는 일은 특징 공학의 한 형태이며, 딥러닝은 이런 종류의 엄격하고 취약한 접근 방식을 고수준의 특징 학습으로 대체한다. 6장의 뒷부분에서 소개하는 1차원 합성망과 재귀 신경망은 단어나 문자의 연속에 대한 관찰을 통해 이러한 그룹의 존재를 명시적으로 말하지 않고도 단어와 문자의 그룹에 대한 표현을 학습할 수 있다. 그렇기 때문에 이 책에서는 더 이상 엔그램을 다루지 않을 것이다. 그러나 로지스틱 회귀 및 랜덤 포레스트와 같은 가볍고 얕은 텍스트 처리 모델에서 쓰기에 아주 강력한 특징 공학 도구라는 점에 유의하자.

6.1.1 단어 및 문자의 원핫 인코딩

원핫 인코딩(one-hot encoding)은 토큰을 벡터로 변환하는 가장 보편적이고, 기본적인 방법이다. 3장에 있는 IMDB와 로이터의 예문(단어들을 처리하는 일만 함)에서 이게 실제로 작동하는 것을 봤다. 이것은 고유한 정수 인덱스(특정 단어를 나타내는 것)를 모든 단어와 연관시킨 후, 이 정수 인덱스 i를 크기가 N(단어 크기)인 이진 벡터로 바꾸는 것으로 구성된다. 벡터는 i번째 항목만 1이고 나머지는 모두 0이다.

물론 문자 수준에서 원핫 인코딩을 수행할 수도 있다. 목록 6.1과 6.2는 원핫 인코딩이 무엇인지, 어떻게 구현하는지를 명확히 알 수 있게 하기 위해 두 가지 간단한 예제를 보여 준다. 하나는 단어용이고, 다른 하나는 문자용이다.

목록 6.1 단어 수준 원핫 인코딩하기(간단한 예제)

```
samples <- c("The cat sat on the mat.", "The dog ate my homework.")
token_index <- list()
for (sample in samples)
  for (word in strsplit(sample, " ")[[1]])
    if (!word %in% names(token_index))
      token_index[[word]] <- length(token_index) + 2

  max_length <- 10

  results <- array(0, dim = c(length(samples),
                             max_length,
                             max(as.integer(token_index))))

for (i in 1:length(samples)) {
  sample <- samples[[i]]
  words <- head(strsplit(sample, " ")[[1]], n = max_length)
```

초기 데이터: 표본당 하나의 항목(이 예에서 표본은 문장이지만, 전체 문서일 수 있음)

데이터에 있는 모든 토큰으로 색인을 만든다.

strsplit 함수를 통해 표본을 토큰화한다. 실무에서는 표본에서 구두점과 특수 문자를 제거한다.

각 고유 단어에 고유 인덱스를 지정한다. 인덱스 1에는 아무것도 지정하지 않는다는 점에 유의한다.

표본을 벡터화한다. 각 표본의 첫 번째 단어부터 max_length번째 단어까지만 고려한다.

여기서 결과들을 저장한다.

```
  for (j in 1:length(words)) {
    index <- token_index[[words[[j]]]]
    results[[i, j, index]] <- 1
  }
}
```

목록 6.2   문자 수준 원핫 인코딩하기(간단한 예제)

```
samples <- c("The cat sat on the mat.", "The dog ate my homework.")

ascii_tokens <- c("", sapply(as.raw(c(32:126)), rawToChar))
token_index <- c(1:(length(ascii_tokens)))
names(token_index) <- ascii_tokens

max_length <- 50

results <- array(0, dim = c(length(samples), max_length, length(token_index)))

for (i in 1:length(samples)) {
  sample <- samples[[i]]
  characters <- strsplit(sample, "")[[1]]
  for (j in 1:length(characters)) {
    character <- characters[[j]]
    results[i, j, token_index[[character]]] <- 1
  }
}
```

케라스에는 원시 텍스트 데이터, 단어 수준 또는 문자 수준 텍스트의 원핫 인코딩을 수행하는 유틸리티가 내장돼 있다. 문자열에서 특수 문자를 제거하고 데이터셋에서 가장 일반적인 단어 n개만 고려하는 것과 같은 중요한 특징들을 처리하기 위해서는 이러한 유틸리티를 사용해야 한다(매우 큰 입력 벡터 공간 처리를 피하기 위한 일반적인 제한 사항).

목록 6.3   단어 수준 원핫 인코딩에 케라스 사용

```
library(keras)

samples <- c("The cat sat on the mat.", "The dog ate my homework.")

tokenizer <- text_tokenizer(num_words = 1000) %>%      ◁─┐ 가장 일반적인 단어 1,000개만을
   fit_text_tokenizer(samples)   ◁─┐ 단어 색인을 만든다.        고려하도록 구성된 토큰화기를 만든다.

sequences <- texts_to_sequences(tokenizer, samples)   ◁─┐ 문자열을 정수로 된 인덱스 리스트로
                                                          변환한다.

one_hot_results <- texts_to_matrix(tokenizer, samples, mode = "binary")   ◁─┐

word_index <- tokenizer$word_index   ◁─┐ 계산된 단어 인덱스를        또한 원핫 이진 표현을 직접
                                         복구하는 방법              얻을 수도 있다. 원핫 인코딩
                                                                   이외의 벡터화 모드는
                                                                   이 토큰화기에서 지원된다.
```

```
cat("Found", length(word_index), "unique tokens.\n")
```

원핫 인코딩의 변형에는 소위 **원핫 해싱 트릭(one-hot hashing trick)**이라고 부르는 것이 있는데, 이는 어휘의 고유 토큰 수가 너무 많아 명시적으로 처리할 수 없는 경우에 사용한다. 각 단어에 명시적으로 인덱스를 할당하고 이러한 인덱스에 대한 참조를 사전에 보관하는 대신, 단어를 고정된 크기의 벡터로 해싱할 수 있다. 이 작업은 일반적으로 매우 가벼운 해시 함수를 사용해 수행된다. 이 방법의 가장 큰 장점은 메모리를 절약하고 데이터를 온라인으로 부호화할 수 있는 명시적인 단어 색인을 유지할 수 있다는 것이다(사용 가능한 모든 데이터를 접하지 않고도 바로 토큰 벡터를 생성할 수 있음). 이 접근법에는 **해시 충돌(hash collisions)**에 취약하다는 단점이 있다. 서로 다른 두 단어가 같은 해시로 끝날 수 있으며, 이후에 이러한 해시를 접하게 되는 머신러닝 모델은 이 단어 간의 차이를 알 수 없다. 해시 공간의 차원이 해싱되는 고유 토큰의 전체 개수보다 훨씬 클 경우에는 해시가 충돌할 가능성이 줄어든다.

목록 6.4 해싱 트릭을 사용해 단어 수준 원핫 인코딩하기(간단한 예제)

```
library(hashFunction)⁴

samples <- c("The cat sat on the mat.", "The dog ate my homework.")

dimensionality <- 1000     단어를 크기 1,000인 벡터로 저장한다. 1,000 단어(또는 그 이상)가 있는 경우
                           해시 충돌이 많이 발생하므로 이 부호화 방법의 정확도가 떨어진다.
max_length <- 10

results <- array(0, dim = c(length(samples), max_length, dimensionality))

for (i in 1:length(samples)) {
  sample <- samples[[i]]
  words <- head(strsplit(sample, " ")[[1]], n = max_length)
  for (j in 1:length(words)) {
    index <- abs(spooky.32(words[[i]])) %% dimensionality
    results[[i, j, index]] <- 1       hashFunction::spooky.32()를 사용해 단어를 0에서
  }                                   1,000 사이의 임의의 정수 인덱스로 해싱한다.
}
```

---

4 옮긴이 hashFunction 패키지가 아직 설치되어 있지 않다면 먼저 install.packages("hashFunction") 명령으로 패키지부터 설치해야 한다.

6.1.2 단어 매장 사용

벡터를 단어와 연관시키는 대중적이고 강력한 방법은 **단어 매장(word embeddings)**[5]이라고 하는 조밀한 **단어 벡터(word vectors)**를 사용하는 것이다. 원핫 인코딩을 통해 얻은 벡터는 이진이고, 희박(데이터가 주로 0으로 이뤄짐)하며, 매우 고차원(어휘의 단어 개수와 같은 차원 수)인 반면, 단어 매장은 저차원 부동소수점 벡터로서 희박 벡터(sparse vectors)가 아닌 조밀 벡터(dense vectors)이다(보기 6.2 참조). 단어 매장은 원핫 인코딩을 통해 얻은 단어 벡터와 달리, 데이터에서 학습된다. 매우 큰 어휘를 다룰 때는 256차원, 512차원 또는 1,024차원의 단어 매장을 접하게 되는 게 일반적이다. 반면, 원핫 인코딩 단어는 일반적으로 2만 차원 이상의 벡터를 생성한다(이 경우, 어휘집에 2만 개의 토큰을 담는 셈이 된다). 따라서 단어 매장은 훨씬 적은 차원에서도 더 많은 정보를 제공한다.

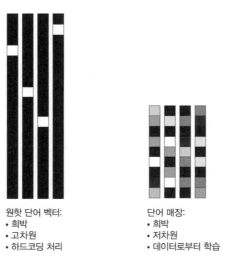

원핫 단어 벡터:
- 희박
- 고차원
- 하드코딩 처리

단어 매장:
- 희박
- 저차원
- 데이터로부터 학습

보기 6.2　원핫 인코딩, 즉 해싱에서 얻은 단어 표현은 희박하고 고차원이며 하드코딩된 반면, 단어 매장은 조밀하고 상대적으로 저차원이며 데이터로부터 학습한다.

단어 매장을 얻는 데에는 두 가지 방법이 있다.

- 여러분이 관심 있어 하는 주요 과제(예를 들면, 문서 분류나 정서 예측)와 결합해 단어 매장을 배우라. 이 설정에서는 무작위 단어 벡터로 시작한 후, 신경망의 가중치를 학습하는 것과 같은 방식으로 단어 벡터를 학습한다.

5　〔옮긴이〕 여러 데이터 과학 서적에서는 '임베딩'으로 표현하고 있지만, 위상 수학의 '매장'이라는 용어에 해당하는 말이므로 이 용어를 채택했다. 이는 '묻기'라고도 한다. 다만, '단어를 매장하는 곳'이라는 개념도 내포돼 있어 '매장지'라고 부르는 게 더 정확하겠지만, 이런 식으로 지칭하지는 않으므로 매장지를 의미할 때에도 그냥 '매장'이라고 표현했다.

- 여러분이 해결하려고 하는 것보다 차별화된 머신러닝 작업을 사용해 사전 계산된 모델에 단어 매장들을 적재한다. 이를 **사전 훈련 단어 매장(pretrained word embedding)**이라고 한다.

이 두 가지를 살펴보자.

한 개 매장 계층으로 단어 매장 학습하기

조밀한 벡터와 단어를 연결하는 가장 간단한 방법은 벡터를 임의로 선택하는 것이다. 이 접근법의 문제점은 결과물인 매장 공간에 아키텍처가 없다는 것이다. 예를 들어, **정확하고 (accurate) 엄밀한(exact)** 단어는 대다수 문장에서 서로 바꿔 쓸 수 있지만, 완전히 다른 매장으로 끝나게 된다. 심층 신경망에는 이러한 잡음이 있고, 정형화되지 않은 매장 공간을 이해하기 어렵다.

좀 더 추상적으로 말하면, 단어 벡터들 간의 기하학적 관계는 이 단어들 사이의 의미론적 관계를 반영해야 한다. 단어 매장은 인간의 언어를 기하학적 공간에 사상하기 위한 것이다. 예를 들어, 합리적인 매장 공간에서는 동의어들이 유사한 단어 벡터들에 매장될 것이라고 기대할 수 있다. 일반적으로 두 단어 벡터 간의 기하학적 거리(예 L2 거리)가 관련 단어들 간의 의미적 거리와 연관되는 것으로 기대할 수 있다(서로 관련 없는 단어들은 멀리 떨어진 지점에 매장되는 반면, 관련 있는 단어들은 가까운 곳에 매장된다). 거리 외에도 매장 공간의 특정 **방향(directions)**을 의미 있게 만들 수 있다. 이를 명확히 하기 위해 구체적인 예를 살펴보자.

보기 6.3에서는 네 개의 단어가 2D 평면에 매장돼 있다. **고양이, 개, 늑대** 그리고 **호랑이**가 그것이다. 우리가 여기에서 선택한 벡터 표현을 사용하면, 이러한 단어 사이의 일부 의미 관계를 기하학적 변환으로 부호화할 수 있다. 예를 들어, 동일한 벡터가 고양이에서 호랑이, 개에서 늑대로 이동할 수 있게 한다. 이 벡터는 "애완 동물에서 야생 동물"로 향하는 벡터로 해석될 수 있다. 이와 비슷하게 또 다른 벡터는 개에서 고양이로, 늑대에서 호랑이로 이어지게 하는데, 이는 "개과 동물에서 고양이과 동물로" 향하는 벡터로 해석될 수 있다.

실제 단어 매장 영역에서 의미 있는 기하 변환의 일반적인 예는 "성별" 벡터와 "복수형" 벡터이다. 예를 들어, "여성" 벡터를 "왕" 벡터에 추가하면 "여왕" 벡터를 얻는다. "복수형" 벡터를 추가하면 "왕"을 얻는다. 단어 매장 공간은 일반적으로 수천 가지의 해석이 가능하고, 잠재적으로 유용한 벡터를 특징으로 한다.

인간의 언어를 완벽하게 사상하고 자연어 처리 작업에 사용할 수 있는 이상적인 단어 매장 공간이 있을까? 있을 수도 있지만, 우리는 아직 이런 종류를 계산해 본 적이 없다. 또한 **인간 언어(human language)**라는 것은 존재하지 않는다. 인간 언어는 다양하며, 특정 문화와 상황을 반영하기 때문에 서로 동질적이지 않다. 그러나 더 실용적인 단어 매장 공간을 만드는 일은 여러분이 풀어야 할 과제이다. 영어로 된 영화 감상평에 실린 정서를 분석하는 모델을 위한 완벽한 단어 매장 공간은 영문으로 작성된 '법률 문서 분류' 모델용으로 쓰이는 완벽한 매장 공간과는 다르게 보일 수 있다. 의미론적 관계의 중요성은 업무마다 다르기 때문이다.

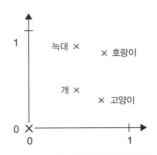

보기 6.3 **단어 매장 공간의 간단한 예**

그러므로 새로운 작업을 할 때마다 새로운 매장 공간을 학습하는 것이 합리적이다. 다행히도 역전파와 케라스는 이것을 더욱 쉽게 만들어 준다. 즉, 케라스의 layer_embedding을 사용해 계층의 가중치를 학습하는 방식이다.

목록 6.5 한 개 매장 계층 인스턴스화하기

```
embedding_layer <- layer_embedding(input_dim = 1000, output_dim = 64)
```

매장 계층에는 적어도 두 개 인수, 즉 가용 토큰 수(여기서는 1,000)와 매장 차원(여기서는 64)이 필요하다.

layer_embedding은 정수 인덱스를 조밀 벡터에 사상하는 사전(dictionary)이라고 이해하는 것이 가장 적절하다. 정수를 입력으로 사용하고, 내부 사전에서 이러한 정수를 조회하며, 연관된 벡터를 되돌려준다. 이것이 바로 효과적인 사전 검색 방식이다(보기 6.4 참조).

단어 인덱스 ⟶ 매장 계층 ⟶ 해당 단어 벡터

보기 6.4 **매장 계층**

매장 계층은 (표본, 시퀀스_길이) 모양으로 된 2D 텐서 정수를 입력으로 가져오며, 여기서 각 입력 항목은 정수 시퀀스다. 매장 계층은 가변 길이로 된 시퀀스를 매장할 수 있다. 예를 들어, (32, 10) 모양(길이가 10인 32개 시퀀스 배치) 또는 (64, 15) 모양(길이가 15인 64개 시퀀스로 이뤄진 배치)으로 돼 있고, 목록 6.5에 나오는 배치들에 있는 매장 계층에 공급할 수 있다. 배치의 모든 시퀀스의 길이는 같아야 한다(하나의 텐서로 묶어야 하므로). 다른 시퀀스보다 짧은 시퀀스는 0으로 채워야 하며, 더 긴 시퀀스는 잘라내야 한다.

이 계층은 (표본, 시퀀스_길이, 매장_차원성)이라는 모양으로 된 3D 부동소수점 텐서를 반환한다. 이러한 3D 텐서는 RNN 계층 또는 1D 합성곱 계층에 의해 처리될 수 있다(둘 다 다음 절에서 소개한다). 매장 계층을 인스턴스화하면 해당 계층의 가중치(토큰 벡터의 내부 사전)는 다른 계층과 마찬가지로 처음에는 임의적이다. 훈련 중에 이러한 단어 벡터는 역전파를 통해 서서히 조정돼 공간을 다운스트림 모델이 활용할 수 있는 것으로 구조화한다. 일단 완전히 훈련되면, 매장 공간은 다양한 구조를 보여 줄 것이다. 여기서 말하는 구조란, 모델을 훈련하고 있는 특정 문제에 특화된 종류의 구조를 말한다.

이 아이디어를 IMDB 영화 감상평 정서 예측 작업에 적용해 보자. 먼저 데이터를 준비한다. 처음으로 이 데이터셋으로 작업한 것처럼 영화 감상평을 상위 1만 개의 가장 일반적인 단어로 제한하고, 20 단어만으로 감상평을 잘라낸다. 망은 1만 개 단어를 대상으로 각기 8차원 매장을 학습하고, 입력 정수 시퀀스(2D 정수 텐서)를 매장 시퀀스(3D 부동소수점 수 텐서)로 변환하고, 텐서를 2D로 평평하게 하고, 분류를 위해 단일 조밀 계층을 훈련한다.

목록 6.6 매장 계층과 함께 사용할 IMDB 데이터 적재하기

```
max_features <- 10000
maxlen <- 20        이 단어 수 이후에 텍스트를 잘라낸다
                    (max_features 중에서 가장 일반적인 단어).

imdb <- dataset_imdb(num_words = max_features)
c(c(x_train, y_train), c(x_test, y_test)) %<-% imdb    데이터를 정수 리스트로서 적재한다.

x_train <- pad_sequences(x_train, maxlen = maxlen)     정수 리스트를 2D 정수 텐서
x_test <- pad_sequences(x_test, maxlen = maxlen)       (표본, maxlen) 모양으로 변환한다
                                                       (maxlen은 최대 길이를 의미함).
```

특징들로 고려할 단어 수

목록 6.7 IMDB 데이터에서 매장 계층과 분류기 사용하기

```
model <- keras_model_sequential() %>%
  layer_embedding(input_dim = 10000, output_dim = 8,      나중에 매장된 입력을 평탄하게 할 수 있
                  input_length = maxlen) %>%              도록 매장 계층의 최대 입력 길이를 지정
  layer_flatten() %>%                                     한다. 매장 계층 이후에 나오는 활성들도
  layer_dense(units = 1, activation = "sigmoid")          (표본, maxlen, 8) 형상으로 돼 있다.

model %>% compile(                   상단에 분류 기준을     매장들의 3D 텐서를 (표본, maxlen * 8)
  optimizer = "rmsprop",             추가한다.            형상으로 된 2D 텐서로 평평하게 만든다.
```

```
  loss = "binary_crossentropy",
  metrics = c("acc")
)

summary(model)

history <- model %>% fit(
  x_train, y_train,
  epochs = 10,
  batch_size = 32,
  validation_split = 0.2
)
```

여기서는 ~76%에 이르는 검증 정확도를 얻게 되는데, 각 감상평에서 20 단어만 본다는 점을 고려하면 나름대로 괜찮은 결과이다. 그러나 매장 시퀀스를 단순화하고, 맨 위에 있는 단일 조밀 계층을 훈련하면, 단어 간 관계 및 문장 구조를 고려하지 않고 입력 시퀀스의 각 단어를 개별적으로 처리하는 모델로 이어진다는 점에 유의하라(예 이 모델은 "This movie is a bomb"와 "This movie is the bomb"라는 감상평을[6] 모두 부정적인 것으로 취급한다). 매장 시퀀스 위에 재귀 계층 또는 1D 합성곱 계층을 추가해 각 시퀀스를 전체적으로 고려하는 특징을 학습하게 하는 것이 이 좋다. 이는 앞으로 몇 가지 절에서 집중적으로 다룰 것이다.

사전 훈련 단어 매장 사용

훈련 데이터가 별로 없는 경우에는 데이터만 사용해서는 어휘를 대상으로 적절하고 작업에 특화된 매장을 학습하지 못할 수 있다. 그렇다면 어떻게 해야 할까?

해결하려는 문제와 함께 단어 매장을 학습하는 대신, 미리 아키텍처화되고 정의된 매장 영역에 매장 벡터들을 적재함으로써 언어 아키텍처의 일반적인 측면을 포착하는 유용한 속성을 표시할 수 있다. 자연어 처리에서 사전 훈련 단어 매장을 사용하는 이유는 이미지 분류에서 사전 훈련 합성망을 사용하는 일과 거의 같다. 여러분은 진짜로 강력한 자신만의 특징들을 학습하게 하는 데 충분한 데이터를 지니지 않고 있지만, 흔한 시각적 특징이나 의미론적 특징과 같이 상당히 일반적인 특징이 필요하다. 이 경우, 다른 문제에서 학습한 특징들을 재사용하는 게 바람직하다.

이러한 단어 매장은 일반적으로 단어-출현 통계(문장 또는 문서에서 어떤 단어가 동시 출현하는지에

---

6 옮긴이 관사 a와 the가 다를 뿐, 두 문장은 매우 비슷하다. 하지만 내포된 의미는 각각 '이 영화는 폭탄처럼 상처만 안겨 주고 실패할 거야'와 '이 영화는 폭탄 터지듯이 크게 성공할 거야'라는 뜻이다. 전자는 부정적 감상평, 후자는 긍정적 감상평이다. 물론 영국식 영어에서는 반대의 의미일 수 있고, 또 같은 의미이더라도 사람마다 받아들이는 어감이 다를 수 있다. 다만, 두 문장의 정서가 다르다는 점은 확실하다.

대한 관찰)를 사용해 계산되는데, 어떤 것은 다양한 기술을 사용하고, 어떤 것은 신경망을 사용하고, 어떤 것은 둘 다 사용하지 않는다. 비지도 방식으로 계산된 단어에 대한 조밀하고 저차원인 매장 공간에 대한 아이디어는 벤지오(Bengio) 등이 2000년대 초반에 처음 탐구했으며,[7] 가장 유명하고 성공적인 단어 매장 방식인 Word2vec 알고리즘 (https://code.google.com/archive/p/word2vec)이 출시된 후, 연구 및 업계 애플리케이션에 도입됐다.

Word2vec 알고리즘은 2013년에 구글의 토머스 미클로브(Tomas Mikolov)가 개발했다. Word2vec 차원들은 성별과 같은 특정 의미론적 속성을 포착한다.

케라스의 매장 계층에서 내려받아 사용할 수 있는 단어 매장의 다양한 사전 계산 데이터 기반 중에는 word2vec이 있다. 또 다른 것으로는 2014년에 스탠포드 소속 연구원이 개발한 GloVe(Global Vectors for Word Representation, https://nlp.stanford.edu/projects/glove)을 들 수 있다. 이 매장 기법은 단어 동시 출현 통계 행렬을 인수분해하는 것에 기반을 두고 있다. 이 개발자는 위키백과 데이터 및 Common Crawl[8] 데이터에서 가져온 수백만 개 영어 토큰을 사용해 사전에 계산해 둔 매장을 만들었다.

케라스 모델에 GloVe 매장을 사용하는 방법을 살펴보자. 이 방법을 Word2Vec 매장이나 그밖의 단어 매장 데이터 기반에도 쓸 수 있다. 이 예제를 사용하면 이전에 소개한 텍스트 토큰화 기술을 새로 고칠 수도 있다. 여러분은 원래 텍스트에서부터 작업을 시작하게 될 것이다.

6.1.3 모두 한데 모으기: 원시 텍스트에서 단어 매장까지

여러분은 직전에 만들어 봤던 모델과 유사한 모델을 사용하게 될 것이다. 즉, 문장을 벡터 시퀀스에 매장한 후, 평평하게 하고 나서 상단에 있는 조밀 계층을 훈련하는 방식 말이다. 하지만 여기서는 사전 훈련 단어 매장들을 사용해 그렇게 할 것이고, 케라스에 패키지화된 사전 토큰 처리 IMDB 데이터를 사용하는 대신, 원본 텍스트 데이터를 내려받아 밑바닥에서부터 시작할 것이다.

IMDB 데이터를 원시 텍스트 형태로 내려받기

먼저 http://mng.bz/0tIo에서 원시 IMDB 데이터셋을 내려받아 압축을 푼다.[9] 그러고 나서 목

---

7   Yoshua Bengio et al., Neural Probabilistic Language Models(Springer, 2003)

8   옮긴이 웹 데이터를 수집해 모아 놓은 사이트. 주소는 http://commoncrawl.org/

9   옮긴이 zip 파일 형태로 내려받아지므로, 이것을 현재 작업 디렉터리(윈도우의 경우에는 보통 '문서') 내 Downloads 폴더(앞서 나온 예제들에서 사용했던 폴더) 아래 두고 압축을 풀면 aclImbdb 라는 폴더가 생성된다.

록 6.8에 나오는 스크립트를 실행하면 스크립트는 개별 훈련 감상평들을 감상평당 한 문자열 형태로 문자열 리스트에 모은다. 또한 감상평 레이블(긍정/부정)도 labels 리스트로 모은다.

목록 6.8 원시 IMDB 데이터의 레이블 처리하기

```
imdb_dir <- "~/Downloads/aclImdb"
train_dir <- file.path(imdb_dir, "train")

labels <- c()
texts <- c()

for (label_type in c("neg", "pos")) {
  label <- switch(label_type, neg = 0, pos = 1)
  dir_name <- file.path(train_dir, label_type)
  for (fname in list.files(dir_name, pattern = glob2rx("*.txt"),
                           full.names = TRUE)) {
    texts <- c(texts, readChar(fname, file.info(fname)$size))
    labels <- c(labels, label)
  }
}
```

데이터 토큰화

이번 절의 앞부분에서 소개한 개념을 사용해 텍스트를 벡터화하고 훈련 및 검증 분할을 준비해 보자. 사전 훈련 단어 매장은 훈련 데이터가 거의 없는 문제(특히, 작업별 매장이 이를 능가할 수 있는 문제)에 특히 유용하기 때문에 훈련 데이터를 처음 200개 표본으로 제한하는 식으로 비틀어 볼 생각이다. 따라서 여러분은 200개 예제만 살펴본 후에 영화 감상평을 분류하는 방법을 학습하게 된다.

목록 6.9 원시 IMDB 데이터의 텍스트 토큰화하기

```
library(keras)

maxlen <- 100            ◁──┤ 100단어 후 감상평 삭제
training_samples <- 200  ◁──┤ 200개 표본상에서 훈련
validation_samples <- 10000  ◁──┤ 1만 개 표본상에서 검증
max_words <- 10000       ◁──┤ 데이터셋에서 상위 1만 단어만을 고려한다.

tokenizer <- text_tokenizer(num_words = max_words) %>%
  fit_text_tokenizer(texts)

sequences <- texts_to_sequences(tokenizer, texts)

word_index = tokenizer$word_index
cat("Found", length(word_index), "unique tokens.\n")
```

```
data <- pad_sequences(sequences, maxlen = maxlen)

labels <- as.array(labels)
cat("Shape of data tensor:", dim(data), "\n")
cat('Shape of label tensor:', dim(labels), "\n")

indices <- sample(1:nrow(data))
training_indices <- indices[1:training_samples]
validation_indices <- indices[(training_samples + 1):
                              (training_samples + validation_samples)]

x_train <- data[training_indices,]
y_train <- labels[training_indices]

x_val <- data[validation_indices,]
y_val <- labels[validation_indices]
```

> 데이터를 훈련 집합과 검증 집합으로 나눈다. 그러나 표본이 정렬된 데이터로 시작하기 때문에 데이터를 재편성한다(긍정문끼리나 부정문끼리).

GLOVE 단어 매장 내려받기

https://nlp.stanford.edu/projects/glove로 이동해 Wikipedia 2014라고 적힌 줄의 끝 부분에서 glove6B.zip이라고 적힌 링크를 클릭해 사전 훈련 매장을 내려받아라. glove.6B.zip이라는 822MB 크기에 해당하는 zip 파일로서, 40만 단어(또는 단어가 아닌 토큰)에 대한 100차원 매장 벡터가 들어 있다. 이 파일의 압축을 푼다.[10]

매장 전처리

압축 해제된 파일(.txt 파일)을 구문 분석해 단어(문자열)를 벡터 표현(숫자 벡터)에 사상하는 인덱스를 작성해 보자.

목록 6.10 GloVe word-embeddings 파일 구문 분석하기

```
glove_dir = "~/Downloads/glove.6B"
lines <- readLines(file.path(glove_dir, "glove.6B.100d.txt"))

embeddings_index <- new.env(hash = TRUE, parent = emptyenv())
for (i in 1:length(lines)) {
  line <- lines[[i]]
  values <- strsplit(line, " ")[[1]]
  word <- values[[1]]
  embeddings_index[[word]] <- as.double(values[-1])
}

cat("Found", length(embeddings_index), "word vectors.\n")
```

---

10 참긴이 앞의 역주에서 설명했듯이 현재 작업 디렉터리(윈도우라면 보통 '문서') 아래에 만들어 둔 Downloads라는 폴더 밑에 풀어야 한다. gove.6B라는 이름의 폴더가 Downloads 밑에 있는 꼴이어야 한다.

그런 다음, 매장 계층에 적재할 수 있는 매장 행렬을 만든다. 각 원소 i는 참조 단어 인덱스(토큰화 중에 작성됨)에 인덱스 i의 단어에 대한 embedding_dim 차원 벡터를 포함하는 형태의 행렬이어야 한다(max_words, embedding_dim). 인덱스 1은 단어나 토큰을 나타내기 위한 것이 아니다. 이 단어는 자리 표시자(place holder)이다.

목록 6.11 GloVe 단어 매장 행렬 준비하기

```
embedding_dim <- 100

embedding_matrix <- array(0, c(max_words, embedding_dim))

for (word in names(word_index)) {
  index <- word_index[[word]]
  if (index < max_words) {
    embedding_vector <- embeddings_index[[word]]
    if (!is.null(embedding_vector))
      embedding_matrix[index+1,] <- embedding_vector     ◁── 매장 인덱스에 없는 단어
  }                                                           는 모두 0이다.
}
```

모델 정의

여러분은 이전과 같은 모델 아키텍처를 사용하게 된다.

목록 6.12 모델 정의하기

```
model <- keras_model_sequential() %>%
  layer_embedding(input_dim = max_words, output_dim = embedding_dim,
                  input_length = maxlen) %>%
  layer_flatten() %>%
  layer_dense(units = 32, activation = "relu") %>%
  layer_dense(units = 1, activation = "sigmoid")

summary(model)
```

모델에 GloVe 매장 적재하기

매장 계층에는 단일 가중치 행렬이 있다. 각 항목 i는 인덱스 i와 연관될 단어 벡터이다. 아주 간단하다. 준비한 GloVe 행렬을 모델의 첫 번째 계층인 매장 계층에 적재한다.

목록 6.13 사전 훈련 단어 매장들을 매장 계층에 적재하기

```
get_layer(model, index = 1) %>%
  set_weights(list(embedding_matrix)) %>%
  freeze_weights()
```

또한 여러분은 사전 훈련 합성망 특징들의 맥락에 맞춰 이미 익숙해진 원리와 동일한 원리에 따라, 매장 계층의 가중치들을 동결할 것이다. 여기서 익숙한 원리란, 모델의 일부 부분들이 사전 훈련이 되고(여러분의 매장 계층처럼) 해당 부분들이 무작위로 초기화됐을 때(여러분의 분류기처럼), 사전 훈련이 된 부분들이 훈련 중에는 갱신되지 않게 해서 해당 부분들이 이미 알고 있는 것을 잊어버리는 일을 피해야 한다는 것을 말한다. 무작위로 초기화된 계층에 의해 유발된 큰 경사 갱신은 이미 학습된 특징들에 영향을 미친다.

모델 훈련 및 평가

모델을 컴파일하고 훈련하라.

목록 6.14 훈련 및 평가

```
model %>% compile(
  optimizer = "rmsprop",
  loss = "binary_crossentropy",
  metrics = c("acc")
)

history <- model %>% fit(
  x_train, y_train,
  epochs = 20,
  batch_size = 32,
  validation_data = list(x_val, y_val)
)

save_model_weights_hdf5(model, "pre_trained_glove_model.h5")
```

이제 시간의 경과에 따른 모델의 성능을 그려 보라(보기 6.5 참조).

목록 6.15 결과 표시하기

```
plot(history)
```

모델은 신속하게 과적합되기 시작한다. 이는 훈련 표본이 적기 때문이므로 놀랄 일이 아니다. 이와 동일한 이유로 검증 정확도에 큰 차이가 있기는 해도, 상위 50%에 도달하는 것으로 보인다.

여러분이 보는 결과가 달라질 수 있는데, 훈련 표본이 너무 적기 때문에 200개 표본으로 무엇을 선택하는지에 따라 성능이 크게 달라지기 때문이다. 그러므로 이것이 제대로 작동하지 않는다면 실습을 위해 다른 200개 표본 집합을 선택하라(실제 상황이라면 모든 데이터 표본을 사용할 것이므로 훈련 데이터를 군이 따로 선택하지 않아도 된다).

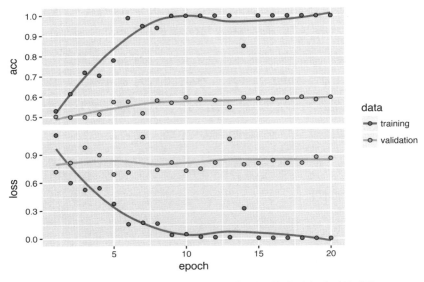

보기 6.5 사전 훈련된 단어 매장을 사용할 때의 훈련 계량 및 검증 계량

사전 훈련 단어 매장을 적재하지 않거나 매장 계층을 동결하지 않고도 동일한 모델을 훈련할 수 있다. 많은 데이터를 사용할 수 있는 경우에는 일반적으로 사전 훈련 단어 매장보다 강력한, 입력 토큰들의 과업 특화 매장을 학습하게 된다. 그러나 이 경우에는 200개 훈련 표본만 있다. 목록 6.16을 시도해 보자(보기 6.6 참조).

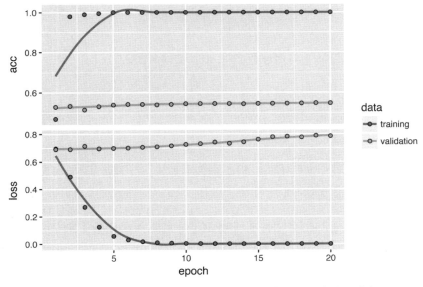

보기 6.6 사전 훈련 단어 매장을 사용하지 않은 훈련 계량 및 검증 계량

```
model <- keras_model_sequential() %>%
  layer_embedding(input_dim = max_words, output_dim = embedding_dim,
                        input_length = maxlen) %>%
  layer_flatten() %>%
  layer_dense(units = 32, activation = "relu") %>%
  layer_dense(units = 1, activation = "sigmoid")
model %>% compile(
  optimizer = "rmsprop",
  loss = "binary_crossentropy",
  metrics = c("acc")
  )

history <- model %>% fit(
  x_train, y_train,
  epochs = 20,
  batch_size = 32,
  validation_data = list(x_val, y_val)
)
```

검증 정확도는 50 중반대에 나타난다. 따라서 이 경우, 사전 훈련 단어 매장들의 성능이 공동으로 학습된 매장보다 우수하다. 훈련 표본의 수를 늘리면 이 사례가 곧 중단될 것이므로 연습용으로만 사용해 보라.

마지막으로 모델을 테스트 데이터에서 평가해 보자. 먼저 테스트 데이터를 토큰화해야 한다.

```
test_dir <- file.path(imdb_dir, "test")

labels <- c()
texts <- c()

for (label_type in c("neg", "pos")) {
  label <- switch(label_type, neg = 0, pos = 1)
  dir_name <- file.path(test_dir, label_type)
  for (fname in list.files(dir_name, pattern = glob2rx("*.txt"),
                              full.names = TRUE)) {
    texts <- c(texts, readChar(fname, file.info(fname)$size))
    labels <- c(labels, label)
  }
}

sequences <- texts_to_sequences(tokenizer, texts)
x_test <- pad_sequences(sequences, maxlen = maxlen)
y_test <- as.array(labels)
```

다음으로, 첫 번째 모델을 적재하고 평가하라.

목록 6.18 테스트 집합에서 모델 평가하기

```
model %>%
  load_model_weights_hdf5("pre_trained_glove_model.h5") %>%
  evaluate(x_test, y_test)
```

테스트 정확도는 58%이다. 한 줌 정도밖에 되지 않는 훈련 표본으로 작업하기는 어렵다!

6.1.4 결론

이제 여러분은 다음과 같은 일들을 할 수 있다.

- 원래 텍스트를 신경망이 처리할 수 있는 것으로 바꾼다.
- 케라스 모델의 매장 계층을 사용해 작업별 토큰 매장을 학습하게 한다.
- 사전 훈련 단어 매장을 사용해 작은 자연어 처리 문제를 더 강화한다.

6.2 재귀 신경망의 이해

조밀하게 연결된 망이나 합성망들과 같이 지금까지 본 모든 신경망의 주요 특징은 기억하는 곳이 없다는 것이다. 이런 신경망들에 보여지는 각 입력 사이에는 상태가 유지되지 않고 독립적으로 처리된다. 이러한 망을 사용하면 시퀀스(sequence), 즉 데이터 점들의 시간적인 계열을 처리하기 위해 전체 시퀀스를 망에 한 번에 표시해야 한다. 즉, 전체 시퀀스를 단일 데이터 점으로 전환해야 한다. 예를 들어, 여러분은 IMDB 사례에서 전체 영화 감상평을 하나의 큰 벡터로 변형해 한 번에 처리하는 일을 한 적이 있다. 이를 피드포워드 망(feedforward networks)[11]이라고 한다.

이와 대조적으로, 여러분은 주어진 문장을 읽을 때면 문장을 단어별로 처리하거나 눈길이 닿는 대로 처리하면서 이미 읽은 내용들을 기억해 둔다. 이렇게 함으로써 여러분은 해당 문장이 전달하는 의미의 유동적인 표현을 파악할 수 있다. 생물의 지능은 처리 중인 정보의 내부 모델을 유지하면서 정보를 점진적으로 처리한다. 과거의 정보를 바탕으로 구축하면서 새로운 정보가 제공될 때마다 지속적으로 갱신한다.

---

11 옮긴이 전방 전달 신경망, 앞먹임 신경망, 피드포워드 신경망, 피드포워드 망은 같은 영문 용어를 서로 각기 번역해서 부르는 말이다

재귀 신경망(recurrent neural network, RNN)은 매우 간단한 버전임에도 동일한 원리를 채택한다. 시퀀스 요소를 반복하고 지금까지 살펴봤던 것과 관련된 정보를 포함하는 **상태**를 유지하는 식으로 처리한다. 사실상, RNN은 내부 루프가 있는 신경망의 일종이다(보기 6.7 참조). RNN의 상태는 서로 다른 두 개의 독립적인 시퀀스(두 개의 서로 다른 IMDB 감상평과 같은 것)를 처리하는 중간 과정에서 재설정되므로 하나의 시퀀스를 단일 데이터 점, 즉 망에 대한 단일 입력으로 생각해야 한다. 이 데이터 점이 더 이상 한 단계 만에 처리되지 않는다는 게 달라진 점이다. 오히려 망은 시퀀스 요소를 내부적으로 되돌린다.

이러한 **루프(loop)**와 **상태(state)**라는 개념을 명확히 하기 위해 R 언어를 이용해 간단한 RNN의 순전파(forward pass, 즉 '전방 전달')를 구현해 보자. 이 RNN은 벡터들로 이뤄진 시퀀스를 입력으로 취한다. 벡터의 차원은 2D 텐서(timesteps, input_features)[12]로 부호화된다. 시간대를 반복하고, 각 시간대에서 (input_features 모양으로 된) t 시점의 현재 상태와 입력을 고려해 이들을 결합함으로써 t에서 출력을 얻는다.

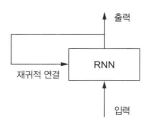

보기 6.7 재귀 망: 되돌림이 있는 망

다음 단계의 상태를 이전 출력으로 설정한다. 첫 번째 시간대의 경우, 이전 출력이 정의되지 않는다. 따라서 현재 상태가 없다. 따라서 모든 상태를 망의 초기 상태라고 하는 영 벡터(zero vector)로 초기화한다.

다음은 RNN을 구현하는 의사코드이다.

목록 6.19 의사코드로 작성해 본 RNN

```
state_t = 0        ⟵┤ t에서의 상태
for (input_t in input_sequence) {   ⟵┤ 시퀀스 요소들을 반복 처리한다.
  output_t <- f(input_t, state_t)
  state_t <- output_t    ⟵┐ 이전 출력은 다음 반복
}                           │ 과정의 상태가 된다.
```

---

12 옮긴이 즉, (시간대, 입력_특징)

여러분은 함수 f에 살을 붙일 수도 있다(입력과 상태를 출력으로 변환하는 것은 W 및 U와 치우침 벡터의 두 행렬로 파라미터화된다). 이는 피드포워드 망에서 조밀 연결 계층에 의해 작동되는 변환과 비슷하다.

목록 6.20 RNN을 더 자세히 구현한 의사코드

```
state_t <- 0
for (input_t in input_sequence) {
  output_t <- activation(dot(W, input_t) + dot(U, state_t) + b)
  state_t <- output_t
}
```

이러한 개념들을 모호하지 않게 하기 위해 RNN의 순방향 전달을 R로 간략하게 구현해 보자.

목록 6.21 RNN을 R 언어로 구현하기

```
timesteps <- 100
input_features <- 32          ← 입력 특징 공간의 차원
output_features <- 64         ← 출력 특징 공간의 차원
입력 시퀀스의 시간대 개수

random_array <- function(dim) {
  array(runif(prod(dim)), dim = dim)
}

inputs <- random_array(dim = c(timesteps, input_features))    ← 입력 데이터: 예제를 위한 무작위 잡음
state_t <- rep_len(0, length = c(output_features))            ← 초기 상태: 모두 영 벡터

W <- random_array(dim = c(output_features, input_features))
U <- random_array(dim = c(output_features, output_features))   임의의 가중치 행렬을 만든다.
b <- random_array(dim = c(output_features, 1))

output_sequence <- array(0, dim = c(timesteps, output_features))
for (i in 1:nrow(inputs)) {
  input_t <- inputs[i,]       ← input_t는 (input_features) 모양으로 된 벡터이다.
  output_t <- tanh(as.numeric((W %*% input_t) + (U %*% state_t) + b))
  output_sequence[i,] <- as.numeric(output_t)    ← 결과 행렬을 갱신한다.
  state_t <- output_t         ← 다음 시간대에 대한 망의 상태를 갱신한다.
}
```

입력을 현재 상태(즉, 이전 출력)와 결합해 현재 출력을 얻는다.

간단히 말해 RNN은 되돌림의 이전 반복 과정에서 계산된 양을 재사용하는 for 루프다. 물론, 이 정의에 맞춰 여러분이 만들 수 있는 RNN은 다양한데, 이번 예제는 이런 것 중에서 가장 간단한 RNN 형식에 해당한다. RNN은 계단 함수(step function)로 특징지을 수 있는데, 이 예제의 경우에 해당 함수는 다음과 같다(보기 6.9 참조).

```
output_t <- tanh(as.numeric((W %*% input_t) + (U %*% state_t) + b))
```

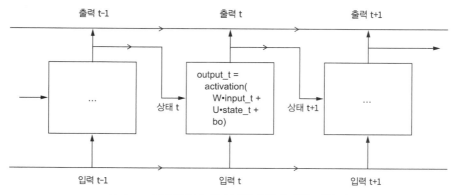

보기 6.8 단순한 RNN을 시간의 흐름에 맞춰 펼친 것

N O T E 예제에서 최종 출력은 (시간대들, 출력_특징들) 모양으로 된 2D 텐서이다. 각 시간대는 시간 t에서의
루프 출력이다. 출력 텐서의 각 시간대 t는 입력 시퀀스의 시간대 1 ~ t에 대한 정보를 포함한다.
대부분의 경우, 전체 출력 시퀀스가 필요하지 않다. 전체 시퀀스에 대한 정보가 이미 포함돼 있기 때문에
마지막 출력(루프 끝에 있는 output_t)만 있으면 된다.

6.2.1 케라스의 재귀 계층

R에서 구현한 과정에 대응하는 실제 케라스 계층은 layer_simple_rnn이다.

```
layer_simple_rnn(units = 32)
```

사소한 차이점이 하나 있다. layer_simple_rnn은 R의 예와 같이 하나의 시퀀스가 아니라 다른
모든 케라스 계층과 마찬가지로 시퀀스의 배치를 처리한다. 즉, (시간대들, 입력_특징들)가 아
닌 (배치_크기, 시간대들, 입력_특징들) 모양으로 된 입력이 필요하다.

layer_simple_rnn은 케라스의 모든 재귀 계층과 마찬가지로 두 가지 모드로 실행될 수 있
다. 각 시간대에 대한 연속 출력의 전체 시퀀스[(배치_크기, 시간대들, 출력_특징들) 모양인 3D 텐
서]를 반환하는 모드로만 실행되거나, 아니면 각 입력 시퀀스의 마지막 출력[(배치_크기, 출력_
특징들) 모양인 2D 텐서]을 반환하는 모드로만 실행될 수 있다. 이 두 가지 모드는 return_
sequences라는 생성자 인수에 의해 제어된다. layer_simple_rnn을 사용하되 마지막 시간대에
서 출력만 반환하는 예제를 살펴보자.

```
library(keras)
model <- keras_model_sequential() %>%
  layer_embedding(input_dim = 10000, output_dim = 32) %>%
  layer_simple_rnn(units = 32)

> summary(model)

_____
Layer (type)                    Output Shape              Param #
======================================================================
embedding_22 (Embedding)        (None, None, 32)          320000
_____
simple-rnn_10 (SimpleRNN)       (None, 32)                2080
======================================================================
Total params: 322,080
Trainable params: 322,080
Non-trainable params: 0
```

다음 예제에서는 전체 상태 시퀀스를 반환한다.

```
model <- keras_model_sequential() %>%
  layer_embedding(input_dim = 10000, output_dim = 32) %>%
  layer_simple_rnn(units = 32, return_sequences = TRUE)

> summary(model)

_____
Layer (type)                    Output Shape              Param #
======================================================================
embedding_23 (Embedding)        (None, None, 32)          320000
_____
simple-rnn_11 (SimpleRNN)       (None, None, 32)          2080
======================================================================
Total params: 322,080
Trainable params: 322,080
Non-trainable params: 0
```

때로는 망의 표현력을 높이기 위해 대여섯 가지 재귀 계층들을 차례로 쌓아올리는 편이 유용하다. 이러한 설정에서는 전체 시퀀스를 반환하도록 모든 중간 계층을 가져야 한다.

```
model <- keras_model_sequential() %>%
  layer_embedding(input_dim = 10000, output_dim = 32) %>%
  layer_simple_rnn(units = 32, return_sequences = TRUE) %>%
  layer_simple_rnn(units = 32, return_sequences = TRUE) %>%
  layer_simple_rnn(units = 32, return_sequences = TRUE) %>%
  layer_simple_rnn(units = 32)          ◁─── 맨 끝 계층은 마지막 출력만
                                             반환한다.
```

```
> summary(model)


_____
Layer (type)                  Output Shape          Param #
================================================================
embedding_24 (Embedding)      (None, None, 32)      320000
_____
simple-rnn_12 (SimpleRNN)     (None, None, 32)      2080
_____
simple-rnn_13 (SimpleRNN)     (None, None, 32)      2080
_____
simple-rnn_14 (SimpleRNN)     (None, None, 32)      2080
_____
simple-rnn_15 (SimpleRNN)     (None, 32)            2080
================================================================
Total params: 328,320
Trainable params: 328,320
Non-trainable params: 0
```

IMDB 영화 감상평 분류 문제에서 이러한 모델을 사용해 보자. 먼저 데이터를 전처리한다.

목록 6.22 IMDB 데이터 준비하기

```
library(keras)
                              ┌── 특징들로 간주할 단어 수
max_features <- 10000    ◁────┘
maxlen <- 500       ◁──┐  500단어나 되는 많은 단어를 넘기는 부분은
batch_size <- 32       └─ 문장에서 잘라낸다(max_features 중에서
                          가장 흔하게 나타나는 단어 길이).
cat("Loading data...\n")
imdb <- dataset_imdb(num_words = max_features)
c(c(input_train, y_train), c(input_test, y_test)) %<-% imdb
cat(length(input_train), "train sequences\n")
cat(length(input_test), "test sequences")

cat("Pad sequences (samples x time)\n")
input_train <- pad_sequences(input_train, maxlen = maxlen)
input_test <- pad_sequences(input_test, maxlen = maxlen)
cat("input_train shape:", dim(input_train), "\n")
cat("input_test shape:", dim(input_test), "\n")
```

layer_embedding과 layer_simple_rnn을 사용해 간단한 재귀 망을 훈련하자.

목록 6.23 매장과 간단한 RNN 계층들을 사용해 모델 훈련하기

```
model <- keras_model_sequential() %>%
```

```
    layer_embedding(input_dim = max_features, output_dim = 32) %>%
    layer_simple_rnn(units = 32) %>%
    layer_dense(units = 1, activation = "sigmoid")

model %>% compile(
  optimizer = "rmsprop",
  loss = "binary_crossentropy",
  metrics = c("acc")
)

history <- model %>% fit(
  input_train, y_train,
  epochs = 10,
  batch_size = 128,
  validation_split = 0.2
)
```

이제 훈련 손실, 검증 손실, 정확도를 표시하자(보기 6.9 참조).

목록 6.24 결과 그리기

```
plot(history)
```

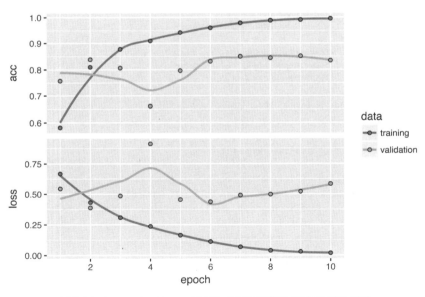

보기 6.9 layer_simple_rnn이 있는 IMDB의 훈련 계량 및 검증 계량

3장에서는 이 데이터셋을 단순한 방식으로 처리했을 때에도 88%의 정확도를 얻을 수 있었다.

불행하게도 이 작은 재귀 망은 이 기준선에 비해 잘 수행되지 않는다. 문제 중 하나는 입력이 전체 시퀀스가 아닌 처음 500단어만을 고려하므로 RNN이 이전 기본 모델보다 적은 정보에 액세스할 수 있다는 점이다. 나머지 문제는 layer_ simple_rnn이 텍스트와 같은 긴 시퀀스를 처리하는 데 좋지 않다는 점이다. 재귀 계층의 다른 유형이 훨씬 더 잘 수행된다. 더 고급스런 계층을 살펴보자.

6.2.2 LSTM 및 GRU 계층 이해

케라스에서 사용할 수 있는 재귀 계층으로 단순 RNN만 있는 건 아니다. 이 밖에도 layer_ lstm과 layer_gru가 있다. 실제로는 layer_simple_rnn이 일반적으로 사용하기에는 너무 단순하기 때문에 항상 이 두 가지 중 하나를 사용하게 될 것이다. layer_simple_rnn의 문제점은 이론적으로는 시간 t에서 이전 시간대에서 본 입력에 대한 정보를 유지할 수 있어야 하지만, 실제로는 장기적인 의존성을 학습하는 게 불가능하다는 점이다. 이는 **경사 소멸 문제**(vanishing gradient problem) 때문에 발생하는 것으로, 많은 계층이 깊이 쌓인 비재귀 망들(피드포워드 망)에서 관찰되는 효과와 유사하다. 그러므로 망에 계층 추가하기를 지속한다면 결국 망을 훈련할 수 없게 된다. 이 효과에 대한 이론적 이유는 1990년대 초 호치레이터(Hochreiter), 슈미트후버(Schmidhuber) 및 벤지오(Bengio)에 의해 연구됐다.[13] LSTM 및 GRU 계층이 이 문제를 해결하기 위해 고안됐다.

LSTM 계층을 살펴보자. LSTM 알고리즘은 호치레이터와 슈미트후버에 의해 1997년에 개발됐는데,[14] 이 연구는 경사 소멸 문제 연구의 절정을 이뤘다.

이 계층은 layer_simple_rnn의 변형으로, 정보를 여러 시간대에 걸쳐 전달하는 방법을 보강한다. 처리 중인 시퀀스와 평행하게 놓인 컨베이어 벨트를 상상해 보라. 시퀀스에서 나온 정보가 어느 시점에서든 컨베이어 벨트로 건너뛴 후 나중 시간대까지 이송되고, 해당 정보가 필요할 때 다시 건너올 수 있다. 이게 본질적으로 LSTM이 하는 일이다. 나중에 쓸 수 있게 정보를 저장해 두므로 처리 과정 중에도 오래된 신호가 점차 사라지는 일이 없게 된다.

이 점을 자세히 이해하려면 간단한 RNN 셀부터 시작해 보자(보기 6.10 참조). 여러분은 많은 가중치 행렬들을 지닐 것이므로 출력(output)을 위해 문자 o(Wo와 Uo)로 셀의 W와 U 행렬들을 색인한다.

---

13 See, for example, Yoshua Bengio, Patrice Simard, and Paolo Frasconi, "Learning Long-Term Dependencies with Gradient Descent Is Difficult," IEEE Transactions on Neural Networks 5, no. 2(1994).

14 Sepp Hochreiter and Jürgen Schmidhuber, "Long Short-Term Memory," Neural Computation 9, no. 8(1997).

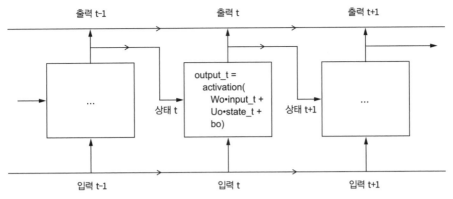

보기 6.10 **LSTM 계층의 시작점: 간단한 RNN**

이 그림에 시간대에 따라 정보를 전달하는 추가 데이터의 흐름을 추가해 보자. 다른 시간대 Ct에서 값을 호출한다. 여기서 C는 **자리올림(carry)**을 나타낸다. 이 정보는 셀에 다음과 같은 영향을 미친다. 해당 정보는 조밀 변환(가중치 행렬에 뒤따르는 치우침 추가 및 활성 함수의 응용을 통한 내적)을 통해 입력 연결 및 재귀 연결과 결합되고 활성 함수와 곱셈 연산을 통해 다음 시간 대로 보내지는 상태에 영향을 미친다. 개념적으로 보면, 자리올림 데이터 흐름이란 다음 번 출력과 다음 번 상태를 변조하는 방법이다(보기 6.11 참조). 지금까지는 간단하다.

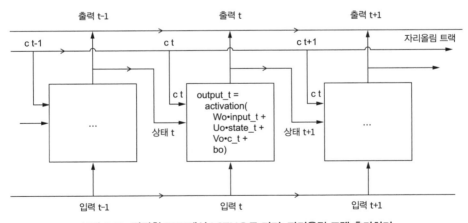

보기 6.11 **간단한 RNN에서 LSTM으로 가기: 자리올림 트랙 추가하기**

이제 미묘하게 자리올림된 데이터 흐름의 값이 계산된다. 여기에는 세 가지 개별 변환이 포함된다. 세 가지 모두 간단한 RNN 셀의 형태이다.

```
y = activation(dot(state_t, U) + dot(input_t, W) + b)
```

그러나 세 가지 변환 모두 고유한 가중치 행렬을 갖고 있다. 이 가중치 행렬을 i, f 및 k 문자로 인덱스화한다. 여러분이 지금까지 지니고 있는 것은 다음과 같다(조금 임의적으로 보일지 모르지만, 참을성 있게 들어 보라).

목록 6.25 LSTM 아키텍처의 의사코드 세부 정보(1/2)

```
output_t = activation(dot(state_t, Uo) + dot(input_t, Wo) + dot(C_t, Vo) + bo)

i_t = activation(dot(state_t, Ui) + dot(input_t, Wi) + bi)
f_t = activation(dot(state_t, Uf) + dot(input_t, Wf) + bf)
k_t = activation(dot(state_t, Uk) + dot(input_t, Wk) + bk)
```

i_t, f_t 및 k_t를 결합해 새 자리올림 상태(다음 c_t)를 얻는다.

목록 6.26 LSTM 아키텍처의 의사코드 세부 사항(2/2)

```
c_t+1 = i_t * k_t + c_t * f_t
```

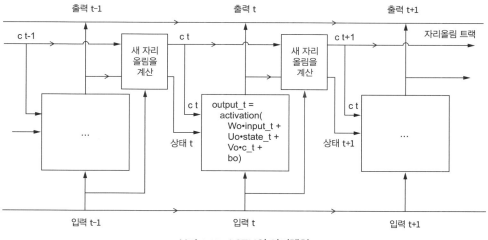

보기 6.12 **LSTM의 아키텍처**

보기 6.12와 같이 이 새 자리올림 상태를 더한다. 생각만큼 아주 복잡하지는 않다. 철학적으로 생각한다면 각 작업이 의미하는 바를 해석할 수 있다. 예를 들어, c_t와 f_t를 곱하면 자리올림 데이터 흐름에서 관련성 없는 정보를 잊어버릴 수 있다. 한편, i_t와 k_t는 현존 정보를 제공하고 새로운 정보로 자리올림 트랙을 갱신한다. 그러나 결국에는 이러한 해석이 큰 의미를 지니지 않는다. 이와 같은 연산이 **실제로** 하는 일은 파라미터화하는 가중치의 내용에 의해 결정된다. 가중치는 각 훈련 라운드에서 시작해 엔드-투-엔드 방식으로 학습되므로 특정 목적에 맞춰 이런저런 연산을 신뢰할 수 없게 한다. 방금 설명한 것처럼 RNN 셀의 사양은 훈련 중에 좋은 모델 구성을 검색할 공간인 가상 공간을 결정하지만, 셀이 하는 일까지 결정하지는 않는다(셀이 하는 일은 셀의 가중치로 결정된다). 같은 셀일지라도 가중치가 다르면 아주 다른 일을 할 수 있게 된다. 따라서 RNN 셀을 구성하는 연산의 조합은 공학적인 관점에서의 **설계(design)**가 아니라 검색에 대한 **제약 조건(constraints)**으로 해석하는 게 바람직하다.

연구자에게는 RNN 셀을 구현하는 방법과 같은 제약 조건의 선택을 인간 공학자보다 최적화 알고리즘(유전 알고리즘 또는 강화학습 과정)에 맡기는 것이 더 나은 것으로 보인다. 앞으로 우리는 망을 이런 방식으로 구축할 것이다. 이를 요약하면 다음과 같다. LSTM 셀의 특정 아키텍처와 관련해서는 이해할 필요가 전혀 없다. 이것을 이해하는 게 여러분의 직업이 돼서는 안 된다. 과거 정보를 나중에 다시 주입할 수 있게 함으로써 경사 소멸 문제를 해결한다는, LSTM 셀의 의미를 명심하라.

6.2.3 케라스의 구체적인 LSTM 예제

좀 더 실용적인 문제로 전환해 보자. layer_lstm을 사용해 모델을 설정하고 IMDB 데이터에서 모델을 학습한다(보기 6.13 참조). 이 망은 조금 전에 소개한 layer_simple_rnn을 이용하는 것과 비슷하다. 여러분은 layer_lstm의 출력 차원만 지정한다.

그리고 케라스의 기본값을 따르는 나머지 모든 인수를 남겨 둔다. 케라스에서 기본값을 제공하므로 파라미터를 손으로 조율하는 데 있어 시간을 허비하지 않고도 거의 항상 "효과가 있다".

목록 6.27 케라스에서 LSTM 계층 사용하기

```
model <- keras_model_sequential() %>%
  layer_embedding(input_dim = max_features, output_dim = 32) %>%
  layer_lstm(units = 32) %>%
  layer_dense(units = 1, activation = "sigmoid")

model %>% compile(
  optimizer = "rmsprop",
  loss = "binary_crossentropy",
  metrics = c("acc")
)

history <- model %>% fit(
  input_train, y_train,
  epochs = 10,
  batch_size = 128,
```

```
    validation_split = 0.2
)
```

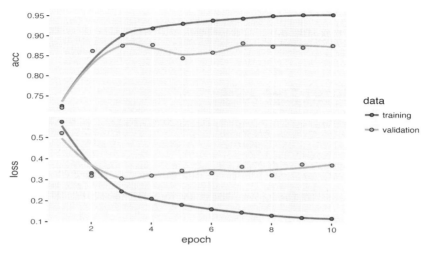

보기 6.13 LSTM이 있는 IMDB의 훈련 계량 및 검증 계량

이번에는 최대 88%의 검증 정확도를 달성했다. 단순 RNN 망보다 훨씬 낫다. 그 이유는 LSTM이 경사 소멸 문제로 인한 피해가 훨씬 적기 때문이다. 그리고 3장의 경우보다 더 적은 데이터를 보고 있는데도 완전 연결 접근 방식보다 약간 더 낫다.

3장에서는 완전한 시퀀스를 고려했지만 여기서는 500개 시간대 이후의 시퀀스를 잘랐다.

그러나 이러한 결과는 계산 집약적인 접근법을 사용한 것치고 획기적인 것은 아니다. LSTM 의 실적이 더 뛰어나지 못한 이유는 뭘까? 한 가지 이유는 매장 차원 또는 LSTM 출력 차원 과 같은 하이퍼파라미터를 조정하지 않으려 했기 때문이다. 또 다른 이유는 정칙화의 부족일 수 있다. 그러나 가장 주된 이유는 감상평의 전체적이고 장기적인 아키텍처(LSTM이 잘하는 부분)를 분석하는 게 정서 분석 문제에 아무런 도움이 되지 않는다는 것이다. 이러한 기본적인 문제는 각 감상평에서 어떤 단어가 어떤 빈도로 발생하는지를 살펴봄으로써 해결된다. 이것이 완전히 연결된 첫 번째 접근 방식이 바라본 것이다. 그러나 이보다 훨씬 난해한 자연어 처리 문제인 질의–응답 및 기계 번역과 같은 일에서는 LSTM의 강점이 선명하게 드러날 것이다.

6.2.4 결론

여러분은 이제 다음 내용을 이해할 수 있어야 한다.

- RNN은 무엇이며, 어떻게 작동하는가?

- LSTM이 무엇이며, 왜 단순 RNN보다 긴 시퀀스에서 더 잘 작동하는가?

- 케라스 RNN 계층을 사용해 시퀀스 데이터를 처리하는 방법은 무엇인가?

RNN의 고급 기능을 검토해 보면 딥러닝 시퀀스 모델을 최대한 활용하는 데 도움을 받을 수 있다.

6.3 재귀 신경망의 고급 사용

이번 절에서는 재귀 신경망의 성능과 일반화 능력을 높이는 세 가지 고급 기술을 검토한다. 이 절의 끝부분에서 케라스를 사용해 재귀 망을 사용할 때 알아야 할 모든 것을 알게 될 것이다. 여기서는 기온 예측 문제를 갖고 세 가지 개념을 모두 보여 주려 하는데 온도, 기압 및 습도와 같이 건물 옥상에 설치된 센서에서 나오는 시계열 데이터에 접근해 마지막 데이터 점 이후 24시간이 지났을 때의 온도를 예측하는 데 사용한다. 이는 시계열로 작업할 때 발생하는 공통적인 어려움을 보여 주는 매우 어려운 문제이다.

여기서는 다음과 같은 기술을 다루려 한다.

- **재귀적 드롭아웃(recurrent dropout)**: 재귀 계층이 과적합이 되는 일을 방지하기 위해 드롭아웃을 사용하는 , 특별히 미리 내장시켜 놓은 방법이다.

- **재귀 계층 적층(stacking recurrent layers)**: 망의 표현력을 향상시킨다(그만큼 컴퓨터에 적재하는 비용도 더 들겠지만).

- **양방향 재귀 계층(bidirectional recurrent layers)**: 재귀 망에 동일한 정보를 다양한 방식으로 제공해 정확도를 높이고, 망각 문제를 완화한다.

6.3.1 기온 예측 문제

지금까지 우리가 다뤘던 유일한 시퀀스 데이터는 IMDB 데이터셋과 로이터 데이터셋과 같은 텍스트 데이터이다. 그러나 시퀀스 데이터는 언어 처리 이외의 많은 문제에서 발견된다. 이번 절의 모든 예에서는 독일 예나에 있는 막스 플랑크 생지화학 연구소의 기상대에서 기록한 날씨 시계열 데이터셋을 사용한다.[15]

이 데이터셋에는 열네 가지 양(예 기온, 대기압, 습도, 풍향 등)이 10분 단위로 수개월에 걸쳐 기록

---

15 Olaf Kolle, www.bgc-jena.mpg.de/wetter

한 내용이 들어있다. 원본 데이터는 2003년도분부터 있지만, 이번 예제에서는 2009~2016년의 데이터로 제한한다. 이 데이터셋은 수치적 시계열을 사용해 작업하는 일을 배우기에 적합하다. 과거 데이터 중 최근에 가까운 것(며칠간의 데이터 점)을 입력으로 받아 향후 24시간 대기 온도를 예측하는 모델을 작성하는 데 사용할 수 있다.

다음과 같이 데이터를 내려받아 압축을 푼다.

```
dir.create("~/Downloads/jena_climate", recursive = TRUE)
download.file(
  "https://s3.amazonaws.com/keras-datasets/jena_climate_2009_2016.csv.zip",
  "~/Downloads/jena_climate/jena_climate_2009_2016.csv.zip"
)
unzip(
"~/Downloads/jena_climate/jena_climate_2009_2016.csv.zip",
exdir = "~/Downloads/jena_climate"
)
```

데이터를 살펴보자.

목록 6.28 예나 기상 데이터셋에 들어 있는 데이터 검사하기

```
library(tibble)
library(readr)¹⁶

data_dir <- "~/Downloads/jena_climate"
fname <- file.path(data_dir, "jena_climate_2009_2016.csv")
data <- read_csv(fname)

> glimpse(data)

Observations: 420,551
Variables: 15
$ 'Date Time' <chr> "01.01.2009 00:10:00", "01.01.2009 00:20:00", "...
$ 'p (mbar)' <dbl> 996.52, 996.57, 996.53, 996.51, 996.51, 996.50,...
$ 'T (degC)' <dbl> -8.02, -8.41, -8.51, -8.31, -8.27, -8.05, -7.62...
$ 'Tpot (K)' <dbl> 265.40, 265.01, 264.91, 265.12, 265.15, 265.38,...
$ 'Tdew (degC)' <dbl> -8.90, -9.28, -9.31, -9.07, -9.04, -8.78, -8.30...
$ 'rh (%)' <dbl> 93.3, 93.4, 93.9, 94.2, 94.1, 94.4, 94.8, 94.4,...
$ 'VPmax (mbar)' <dbl> 3.33, 3.23, 3.21, 3.26, 3.27, 3.33, 3.44, 3.44,...
$ 'VPact (mbar)' <dbl> 3.11, 3.02, 3.01, 3.07, 3.08, 3.14, 3.26, 3.25,...
$ 'VPdef (mbar)' <dbl> 0.22, 0.21, 0.20, 0.19, 0.19, 0.19, 0.18, 0.19,...
$ 'sh (g/kg)' <dbl> 1.94, 1.89, 1.88, 1.92, 1.92, 1.96, 2.04, 2.03,...
$ 'H2OC (mmol/mol)' <dbl> 3.12, 3.03, 3.02, 3.08, 3.09, 3.15, 3.27, 3.26,...
```

---

16 **옮긴이** 콘솔에서 install.packages("readr")이라고 명령을 내려 패키지를 먼저 설치해야 할 수도 있다.

```
$ 'rho (g/m**3)' <dbl> 1307.75, 1309.80, 1310.24, 1309.19, 1309.00, 13...
$ 'wv (m/s)' <dbl> 1.03, 0.72, 0.19, 0.34, 0.32, 0.21, 0.18, 0.19,...
$ 'max. wv (m/s)' <dbl> 1.75, 1.50, 0.63, 0.50, 0.63, 0.63, 0.63, 0.50,...
$ 'wd (deg)' <dbl> 152.3, 136.1, 171.6, 198.0, 214.3, 192.7, 166.5...
```

시간의 흐름에 맞춰 온도를 그려 내자(보기 6.14 참조). 이 그림에서는 연간 해수면 기온을 명확하게 볼 수 있다.

목록 6.29 기온에 따른 시계열 그리기

```
library(ggplot2)
ggplot(data, aes(x = 1:nrow(data), y = 'T (degC)')) + geom_line()
```

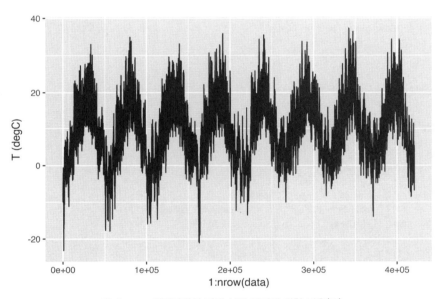

보기 6.14 데이터셋의 전체 시간 범위에 대한 기온(℃)

온도 데이터의 처음 10일 동안의 도표를 살펴보자(보기 6.15 참조). 데이터는 10분마다 기록되기 때문에 하루에 144개의 데이터 점을 얻는다.

목록 6.30 기온에 따른 시계열 중에 처음 10일분 그리기

```
ggplot(data[1:1440,], aes(x = 1:1440, y = 'T (degC)')) + geom_line()
```

이 그림에서는 일별 주기성을 볼 수 있다. 특히 지난 4일 동안은 분명하다. 또한 이 10일이라는 기간은 상당히 추운 겨울부터 시작되어야 한다는 점에 유념하자.

몇 달 간의 과거 데이터를 바탕으로 다음 달의 평균 기온을 예측하려고 한다면, 신뢰할 수 있는 연간 규모의 주기성으로 인해 문제가 쉽게 해결될 수 있다. 그러나 며칠간의 데이터를 살펴보면 기온이 훨씬 혼란스러워 보인다. 이 시계열을 일별 규모로 예측할 수 있는지 알아보자.

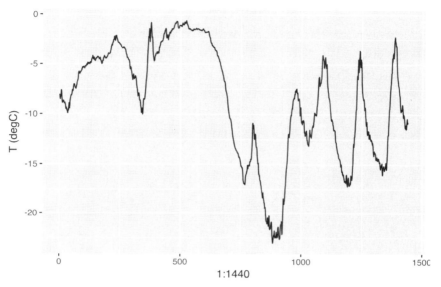

보기 6.15 데이터셋의 처음 10일 동안의 기온(℃)

6.3.2 데이터 준비

이 문제의 정확한 공식은 다음과 같을 것이다. '주어진 데이터가 lookback 시간대들(한 개 시간대는 10분임)까지 거슬러 올라가면서 모든 단계의 시간대들을 표본 추출해 delay 시간대들의 온도를 예측할 수 있는가?' 여러분은 다음과 같은 파라미터 값을 사용하게 될 것이다.

- **lookback = 1440**: 관측은 10일 전까지 이뤄진다.
- **steps = 6**: 관측은 시간당 하나의 데이터 점에서 표본 추출된다.
- **delay = 144**: 표적은 다가올 24시간이 될 것이다.

시작하려면 다음 두 가지 작업을 수행해야 한다.

- 데이터를 신경망에서 수집할 수 있는 형식으로 전처리한다. 데이터는 이미 숫자이므로 벡터화 작업을 수행할 필요가 없다. 그러나 데이터의 각 시계열 배율이 다르다(예 온도는 일반적으로 –20에서 +30 사이이지만, 대기압은 밀리바 단위로 측정하며 약 1,000이다). 각 시계열을 독립적으로 정규화해 모두 배율이 비슷한 작은 값으로 만든다.

- 부동소수점 데이터의 현재 배열을 취해 미래의 목표 온도와 함께 최근 과거의 데이터 배치를 생성하는 생성기 함수를 작성한다. 데이터셋의 표본은 중복되므로(표본 N 및 표본 N + 1은 대부분의 시간대를 공통으로 갖게 됨) 모든 표본을 명시적으로 할당하는 것은 낭비이다. 그 대신 원본 데이터를 사용해 즉석에서 표본을 생성한다.

생성기 함수 이해

생성기 함수(generator function)는 일련의 값을 얻기 위해 반복 호출되는 특수한 함수 종류이다. 종종 생성기가 내부 상태를 유지할 필요가 있으므로 생성기 함수를 반환하는 다른 함수(생성기를 반환하는 함수의 환경은 상태를 추적하는 데 사용된다)를 호출하는 방식으로 구축되기도 한다.

예를 들어, 다음 sequence_generator() 함수는 무한수열을 생성하는 생성기 함수를 반환한다.

```
sequence_generator <- function(start) {
  value <- start - 1
  function() {
    value <<- value + 1
    value
  }
}

> gen <- sequence_generator(10)
> gen()
[1] 10
> gen()
[1] 11
```

생성기의 현재 상태는 함수의 외부에서 정의된 value 변수이다. 슈퍼할당 연산자(<<-)는 함수 내에서 이 상태를 갱신하는 데 사용된다.

생성기 함수는 NULL 값을 반환해 완료를 알릴 수 있다. 그러나 케라스 훈련 메서드(圇 fit_generator())에 전달된 생성기 함수는 항상 값을 무한대로 반환해야 한다. 생성기 함수 호출 수는 에포크 및 steps_per_epoch 파라미터들에 의해 제어된다.

먼저, 이전에 읽은 R 데이터 프레임을 부동소수점 값의 행렬(텍스트 타임 스탬프가 포함된 첫 번째 열 삭제)로 변환한다.

목록 6.31 데이터를 부동소수점 행렬로 변환하기

```
data <- data.matrix(data[,-1])
```

그런 다음, 각 시계열의 평균을 빼고 표준편차로 나눠 데이터를 전처리한다. 처음 20만 개 시

간대를 훈련 데이터로 사용하기 때문에 데이터의 이 부분에서만 정규화를 위한 평균 및 표준
편차를 계산한다.

목록 6.32 데이터 정규화하기

```
train_data <- data[1:200000,]
mean <- apply(train_data, 2, mean)
std <- apply(train_data, 2, sd)
data <- scale(data, center = mean, scale = std)
```

목록 6.33은 사용할 데이터 생성기를 보여 준다. 생성기는 리스트(samples, targets)를 산출한다.
여기서 samples는 입력 데이터의 한 배치이고, targets는 해당 표적 온도의 배열이다. 생성기는
다음과 같은 인수들을 취한다.

- **data**: 목록 6.32에서 정규화한 부동소수점 데이터의 원래 배열
- **lookback**: 얼마나 많은 시간대를 거쳐 입력 데이터가 되돌아가는지를 나타낸다.
- **delay**: 앞으로 얼마나 많은 시간대가 있어야 하는지를 나타낸다.
- **min_index 및 max_index**: 데이터 배열에서 그리려는 시간대를 나타내는 인덱스이다.
  이는 검증을 위해 데이터 세그먼트를 유지하고, 테스트를 위해 데이터 세그먼트를 유지
  하는 데 유용하다.
- **shuffle**: 표본을 임의로 섞거나 연대순으로 그릴 때 사용한다.
- **batch_size**: 배치당 표본 수이다.
- **step**: 데이터를 표본 추출하는 기간이다(시간대에서). 매시간 하나의 데이터 점을 그리려
  면 6으로 설정해야 한다.

목록 6.33 시계열 표본과 표적을 생성하는 생성기

```
generator <- function(data, lookback, delay, min_index, max_index,
                      shuffle = FALSE, batch_size = 128, step = 6) {
  if (is.null(max_index)) max_index <- nrow(data) - delay - 1
  i <- min_index + lookback
  function() {
    if (shuffle) {
      rows <- sample(c((min_index+lookback):max_index), size = batch_size)
    } else {
      if (i + batch_size >= max_index)
        i <<- min_index + lookback
      rows <- c(i:min(i+batch_size-1, max_index))
      i <<- i + length(rows)
```

```
    }

    samples <- array(0, dim = c(length(rows),
                                lookback/step,
                                dim(data)[[-1]]))
    targets <- array(0, dim = c(length(rows)))

    for (j in 1:length(rows)) {
      indices <- seq(rows[[j]] - lookback, rows[[j]]-1,
                     length.out = dim(samples)[[2]])
      samples[j,,] <- data[indices,]
      targets[[j]] <- data[rows[[j]] + delay,2]
    }

    list(samples, targets)
  }
}
```

i 변수에는 반환할 데이터의 다음 창을 추적하는 상태가 포함돼 있으므로 슈퍼할당 (i <<- i + length (rows))를 사용해 갱신된다.

이제 추상 생성기 함수를 사용해 훈련용, 검증용, 테스트용의 세 가지 생성기를 인스턴스화한다. 각 생성기는 원래 데이터의 다른 임시 세그먼트를 살펴볼 것이다. 훈련 생성기는 처음 20만 개 시간대, 검증 생성기는 다음 10만 개 시간대, 테스트 생성기는 나머지를 본다.

목록 6.34 훈련, 검증 및 테스트 생성기 준비하기

```
library(keras)

lookback <- 1440
step <- 6
delay <- 144
batch_size <- 128

train_gen <- generator(
  data,
  lookback = lookback,
  delay = delay,
  min_index = 1,
  max_index = 200000,
  shuffle = TRUE,
  step = step,
  batch_size = batch_size
)

val_gen = generator(
  data,
```

```
  lookback = lookback,
  delay = delay,
  min_index = 200001,
  max_index = 300000,
  step = step,
  batch_size = batch_size
)


test_gen <- generator(
  data,
  lookback = lookback,
  delay = delay,
  min_index = 300001,
  max_index = NULL,
  step = step,
  batch_size = batch_size
)

val_steps <- (300000 - 200001 - lookback) / batch_size

test_steps <- (nrow(data) - 300001 - lookback) / batch_size
```

전체 검증 집합을 보기 위해
val_gen으로부터 끌어내야 할
단계들이 얼마나 많은가?

전체 훈련 집합을 보기
위해 test_gen으로부터
끌어내야 할 단계들이
얼마나 많은가?

6.3.3 머신러닝 없이 설정하는 상식적인 기준선

기온 예측 문제 해결에 블랙박스형 딥러닝 모델을 사용하기 전에 간단하고 상식적인 접근법을 시도해 보라. 이런 시도는 온전성 검사 역할을 할 것이고, 더 진보한 머신러닝 모델이 유용하다는 점을 입증하기 위해 여러분이 넘어서야 할 기준선을 수립해 줄 것이다. 이러한 상식적인 기준선은 아직 알려진 해결책이 없는 새로운 문제에 접근할 때 유용할 수 있다. 고전적인 예는 일부 클래스가 다른 클래스보다 훨씬 더 흔한 불균형 분류 작업이다. 데이터셋에 A 클래스의 90% 사례와 B 클래스의 10% 사례가 포함돼 있는 경우에 분류 작업에 대한 상식적인 접근법은 새 표본이 제시될 때 항상 "A"를 예측하는 것이다. 이러한 분류 기준은 전반적으로 90% 정확하며, 따라서 학습 기반 접근 방식의 유용성을 입증하려면 이 90% 점수를 능가해야 한다. 때로는 이러한 기초 기준선을 넘기가 놀랄 만큼 힘들다는 것을 증명할 수 있다.

이런 경우, 기온 시계열은 하루 동안에 지속적이면서 일정할 것이라고 간주할 수 있다(내일 기온이 오늘 기온과 비슷할 수 있음). 그러므로 상식적인 접근법은 지금부터 24시간 후의 온도가 바로 지금의 온도와 같을 것이라고 예측하는 것이다. 평균절대오차 측정법을 사용해 이 접근법을 평가해 보자.

```
mean(abs(preds - targets))
```

다음은 평가 루프이다.

목록 6.35 상식 기반의 평균절대오차 계산하기

```
evaluate_naive_method <- function() {
  batch_maes <- c()
  for (step in 1:val_steps) {
    c(samples, targets) %<-% val_gen()
    preds <- samples[,dim(samples)[[2]],2]
    mae <- mean(abs(preds - targets))
    batch_maes <- c(batch_maes, mae)
  }
  print(mean(batch_maes))
}

evaluate_naive_method()
```

평균절대오차는 0.29이다. 기온 데이터의 중심은 0에 맞춰지고, 표준편차가 1로 정규화됐으므로 이 숫자를 곧바로 해석할 수는 없다. 이 숫자는 평균절대오차 0.29 × temperature_std에 따라 섭씨 2.57°로 변환된다.

목록 6.36 평균절대오차를 섭씨로 다시 변환할 때 생기는 오차

```
celsius_mae <- 0.29 * std[[2]]
```

이 오차는 상당히 큰 평균절대오차이다. 이제 딥러닝에 관한 지식을 이용해 더 잘 수행하게 하는 게임을 해 볼 차례이다.

6.3.4 기본적인 머신러닝 접근법

머신러닝 접근법을 시도하기 전에 상식적인 기준선을 세우는 것과 같은 방법으로, RNN 모델과 같이 복잡하고 계산 비용이 많이 드는 일을 찾기 전에 간단하고 값싼 머신러닝 모델(📖 작고 조밀한 망)을 시험해 보는 것이 유용하다. 이런 방법은 문제에 빠져들수록 더 복잡해질 때 합법적이고, 실질적인 이익을 얻을 수 있는 최선의 방법이다.

다음 목록은 데이터를 평탄하게 한 후에 두 개 조밀 계층을 통해 실행되는 완전 연결 모델을 보여 준다. 마지막 조밀 계층에서는 활성 함수가 부족하다는 사실을 기억하기 바란다. 이는 회귀 문제에서 일반적인 현상이다. 여러분은 평균절대오차를 손실로 사용한다. 여러분은 상식적 접근법으로 수행한 것과 동일한 데이터와 측정 기준으로 평가할 수 있기 때문에 결과를 직접 비교할 수 있다.

목록 6.37 조밀 연결 모델 훈련 및 평가하기

```
library(keras)

model <- keras_model_sequential() %>%
  layer_flatten(input_shape = c(lookback/step, dim(data)[-1])) %>%
  layer_dense(units = 32, activation = "relu") %>%
  layer_dense(units = 1)

model %>% compile(
  optimizer = optimizer_rmsprop(),
  loss = "mae"
)

history <- model %>% fit_generator(
  train_gen,
  steps_per_epoch = 500,
  epochs = 20,
  validation_data = val_gen,
  validation_steps = val_steps
)
```

검증 및 훈련을 위한 손실 곡선을 표시해 보자(보기 6.16 참조).

목록 6.38 결과 표시하기

```
plot(history)
```

검증 손실 중 일부는 비학습 기준선에 가깝지만, 신뢰할 수는 없다. 이것은 맨 처음부터 이 기준선을 정해 놓는 일의 장점을 보여 주는데, 좋은 성과를 내기가 쉽지 않을 것으로 판명된다. 머신러닝 모델로는 접근하기 힘든 중요 정보가 여러분의 상식 속에 많이 들어 있다.

데이터에서 표적(상식 기준선)으로 이동하는 간단하고 성능이 좋은 모델이 있다면 왜 훈련 중인 모델이 그것을 찾아 개선하지 않는지 궁금할 것이다. 이 간단한 해법은 여러분이 정해 둔 훈련 설정 내역에서 찾으려 하는 게 아니기 때문이다. 해법을 찾고 있는 모델의 공간, 즉 가설 공간은 사용자가 정의한 구성을 가진, 모든 가용 2 계층 망의 공간이다. 이러한 망은 상당히 복잡하다. 복잡한 모델 공간에서 해법을 찾는 경우, 기술적으로 가설 공간의 일부분이더라도 간단하고 성능이 우수한 기준선은 파악하기 어려울 수 있다. 이는 머신러닝의 중요한 제약점 이다. 학습 알고리즘이 특정 종류의 단순 모델을 찾기 위해 하드코딩되지 않으면 간혹 파라미 터 학습만으로는 문제를 간단히 풀 수 있는 해결책을 찾기 어려울 수 있다.

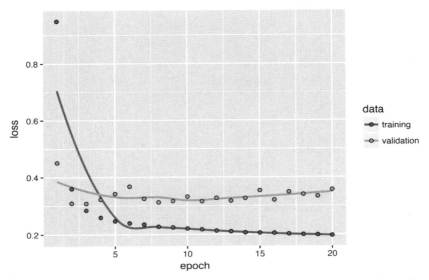

보기 6.16 간단하고 조밀한 망으로 수행한 예나 기온 예측 작업에 대한 훈련 및 검증 손실

6.3.5 첫 번째 재귀 기준선

첫 번째 완전 연결 접근법은 좋지 않지만, 머신러닝이 이 문제에 적용될 수 없다는 것을 의미 하지는 않는다. 이전 접근법에서는 제일 먼저 시계열을 평평하게 하였는데, 이 과정에서 입력 데이터에서 시간 개념이 제거되었다. 그러므로 이번에는 그렇게 하지 말고 데이터를 있는 그대 로(인과 관계와 순서가 중요한 시퀀스로) 살펴보자. 여러분은 재귀적 시퀀스 처리 모델을 시도할 것 이다. 첫 번째 방법과 달리 데이터 점의 시계열을 이용하기 때문에 이러한 시퀀스 데이터에 완 벽하게 적합해져야 한다.

이번 절에서는 LSTM 계층 대신 GRU 계층을 사용하는데, GRU 계층은 2014년 5월에 청 (Chung) 등이 개발한 것이다.[17] 회로화 재귀적 유닛(GRU) 계층은 LSTM과 같은 원리로 작동하 지만, 다소 간소하게 돼 있어 더 저렴하게 실행할 수 있다(LSTM만큼의 표현력을 갖지는 못한다). 전산 비용과 표현력 간의 절충은 머신러닝에서 어디에서나 찾아볼 수 있다.

---

17 Junyoung Chung et al., "Empirical Evaluation of Gated Recurrent Neural Networks on Sequence Modeling," Conference on Neural Information Processing Systems (2014), https://arxiv.org/abs/1412.3555.

```
model <- keras_model_sequential() %>%
  layer_gru(units = 32, input_shape = list(NULL, dim(data)[[-1]])) %>%
  layer_dense(units = 1)

model %>% compile(
  optimizer = optimizer_rmsprop(),
  loss = "mae"
)

history <- model %>% fit_generator(
  train_gen,
  steps_per_epoch = 500,
  epochs = 20,
  validation_data = val_gen,
  validation_steps = val_steps
)
```

보기 6.17에 그 결과가 나와 있다. 훨씬 낮다! 이러한 유형의 작업에서 시퀀스를 평평하게 한 조밀 망과 비교해 재래식 망의 우수성뿐 아니라 머신러닝의 가치를 입증하는 상식적인 기준을 크게 상회할 수 있다.

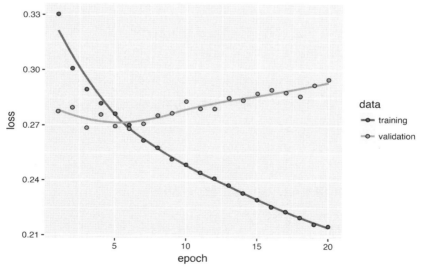

보기 6.17　예나 기온 예측 작업에 대한 훈련 손실 및 검증 손실(layer_gru를 이용)

~0.265의 새 검증 확인 평균절대오차(비정상적으로 과도하게 시작하기 전에)는 역정규화 (denormalization) 이후 평균절대오차 2.35℃로 변환된다. 2.57℃의 초기 오차에 비해서는 확실 히 이득이지만, 여전히 개선의 여지는 있다.

6.3.6 재귀적 드롭아웃을 이용해 과적합과 싸우기

훈련 및 검증 곡선을 보면 모델이 과적합된다는 점은 분명한데, 이는 훈련 및 검증 손실이 몇 에포크 이후에 크게 달라지기 때문이다. 여러분은 이미 이 현상과 맞서 싸우는 고전적인 기술에 이미 익숙하다. 계층이 노출된 훈련 데이터의 우연한 상관관계를 깨뜨리기 위해 계층의 입력 유닛을 무작위로 영(zero)으로 설정하는 식으로 퇴출하는 일 말이다. 그러나 재귀 망에서 정확하게 드롭아웃을 적용하는 방법은 그리 간단한 문제가 아니다. 재귀 계층 이전에 드롭아웃을 적용하면 정칙화에 도움이 되기는커녕 학습을 방해하는 것으로 알려져 왔다. 2015년에 야린 갈(Yarin Gal)은 베이즈 방식 딥러닝에 관한 박사 논문의 일환으로[18] 재귀 망에서 드롭아웃을 사용하는 방법을 소개했다. 한 시간대에서 다른 시간대에 이르기까지 드롭아웃 마스크가 무작위로 변하게 하지 말고, 매 시간대에 동일한 드롭아웃 마스크(드롭아웃 처리된 유닛의 동일한 패턴)를 적용해야 한다. 또한 layer_gru 및 layer_lstm과 같은 계층의 반복적인 게이트로 구성된 표현을 정칙화하기 위해 시간상 일정한 드롭아웃 마스크를 계층의 내부 반복적 활성화(재귀적 드롭아웃 마스크)에 적용해야 한다. 모든 시간대에서 동일한 드롭아웃 마스크를 사용하면 망이 학습 오류를 해당 시간 내내 올바르게 전파할 수 있다. 잠시 동안만 무작위한 드롭아웃 마스크가 이 오류 신호를 방해하고 학습 과정에 해를 끼칠 수 있다.

갈은 케라스를 사용해 연구를 수행했으며, 이 메커니즘을 케라스의 재귀 계층에 직접 구축하는 것을 도왔다. 케라스의 모든 재귀 계층에는 드롭아웃 관련 인수가 두 개 있다. 계층의 입력 유닛에 대한 드롭아웃 비율을 지정하는 부동소수점 수인 dropout과 반복되는 유닛의 드롭아웃 비율을 지정하는 recurrent_dropout이 바로 그것이다. 드롭아웃과 재귀적 드롭아웃을 layer_gru에 추가한 후 과적합에 미치는 영향을 살펴보자. 드롭아웃을 이용해 정칙화되어가는 망은 완전히 수렴하기까지 오랜 시간이 걸리기 때문에 두 배 더 많은 에포크로 망을 훈련해야 할 것이다.

목록 6.40 드롭아웃과 정칙화를 한 GRU 기반 모델을 훈련 및 평가하기

```
model <- keras_model_sequential() %>%
  layer_gru(units = 32, dropout = 0.2, recurrent_dropout = 0.2,
            input_shape = list(NULL, dim(data)[[-1]])) %>%
  layer_dense(units = 1)

model %>% compile(
  optimizer = optimizer_rmsprop(),
```

---

18 See Yarin Gal, "Uncertainty in Deep Learning(PhD Thesis)," October 13, 2016, http://mlg.eng.cam.ac.uk/yarin/blog_2248. html.

```
    loss = "mae"
)

history <- model %>% fit_generator(
  train_gen,
  steps_per_epoch = 500,
  epochs = 40,
  validation_data = val_gen,
  validation_steps = val_steps
)
```

보기 6.18에 그 결과가 나와 있다. 성공이다! 처음 20개 에포크에서는 더 이상 과적합하지 않는다. 평가 점수가 더 안정되어 큰 변동이 없어 보이기는 해도, 이전 예제보다 손실이 훨씬 줄어들었다.

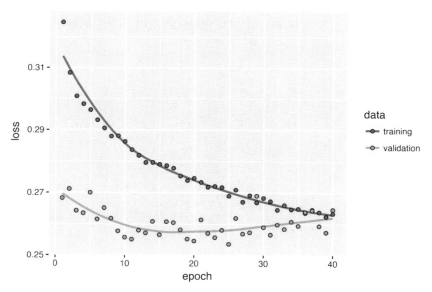

보기 6.18 예나 기온 예측 작업에 드롭아웃-정칙화 GRU를 적용했을 때의 훈련 및 검증 손실

6.3.7 재귀 계층 적층

더 이상 과적합되지는 않지만, 성능 병목 현상이 발생했으므로 망의 용량을 늘려야 한다. 여러분은 범용 머신러닝 작업 흐름을 설명하는 내용을 참조해야 한다. 일반적으로 과적합이 주요 장애물이 될 때까지 망 용량을 늘리는 것이 좋다(드롭아웃 사용과 같은 과적합 완화를 위한 기본 단계를 이미 수행했다고 가정). 너무 심하게 과적합되지 않는 한, 여러분은 용량을 초과하지 않으려고 할 것이다.

망의 용량 증가는 일반적으로 계층의 유닛 수를 늘리거나 계층을 추가함으로써 이뤄진다. 재귀 계층 적층(stacking)은 더 강력한 재귀 망을 구축하는 고전적인 방법이다. 예를 들어, 현재 구글 번역 알고리즘의 힘은 대형 LSTM 계층을 일곱 개나 쌓아 구성했다는 점에서 비롯되었다.

케라스에서 재귀 계층을 서로 겹쳐 쌓을 수 있으려면 모든 중간 계층은 마지막 시간대에서의 출력이 아닌 전체 출력 시퀀스(3D 텐서)를 반환해야 한다. 이것은 return_sequences = TRUE 를 지정해 수행된다.

보기 6.19에 그 결과가 나와 있다. 추가된 계층이 결과를 약간 향상시키는 것을 볼 수 있지만, 크게 향상시키는 것은 아니다. 두 가지 결론을 이끌어 낼 수 있다.

- 지나칠 정도로 나쁘게 과적합하고 있지는 않으므로 검증 손실 개선을 위해 계층의 크기를 안전하게 늘릴 수 있다. 그러나 이렇게 하는 데는 많은 계산 비용이 따른다.
- 계층을 추가하는 것이 큰 도움이 되지 않았으므로 이 시점에서 망 용량 증가로 인해 수익이 감소하는 것을 볼 수 있다.

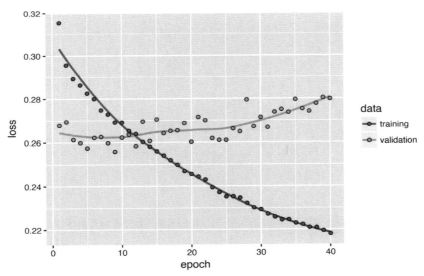

보기 6.19 적층한 GRU 망을 사용해 수행한 예나 기온 예측 작업에 대한 훈련 손실 및 검증 손실

목록 6.41 드롭아웃과 정칙화 처리를 하고 적층한 GRU 모델을 훈련하고 평가하기

```
model <- keras_model_sequential() %>%
  layer_gru(units = 32,
            dropout = 0.1,
            recurrent_dropout = 0.5,
```

```
          return_sequences = TRUE,
          input_shape = list(NULL, dim(data)[[-1]])) %>%
  layer_gru(units = 64, activation = "relu",
          dropout = 0.1,
          recurrent_dropout = 0.5) %>%
  layer_dense(units = 1)

model %>% compile(
  optimizer = optimizer_rmsprop(),
   loss = "mae"
)

history <- model %>% fit_generator(
  train_gen,
  steps_per_epoch = 500,
  epochs = 40,
  validation_data = val_gen,
  validation_steps = val_steps
)
```

6.3.8 양방향 RNN 사용

이번 절에서 소개하는 마지막 기술을 양방향 RNN이라고 한다. 양방향 RNN은 특정 작업에서 정칙화 RNN보다 더 우수한 성능을 제공할 수 있는 일반적인 RNN의 변형이다. 양방향 RNN은 자연어 처리에 자주 사용된다. 자연어 처리에 스위스 군용 칼처럼 사용하는 딥러닝이라고 부를 수 있다.

RNN은 순서나 시간에 크게 의존한다. 그렇기 때문에 RNN은 입력 시퀀스의 시간대를 순서대로 처리하는데, 시간대를 뒤섞거나 반대로 하면 RNN이 시퀀스에서 추출한 표현이 완전히바뀔 수 있다. 이것은 기온 예측 문제와 같이 순서가 중요한 문제에 RNN이 적합한 이유이다. 양방향 RNN은 RNN의 순서 민감도를 이용한다. 이미 알고 있는 layer_gru 및 layer_lstm과같은 일반 RNN 두 개를 사용해 구성된다. 각 RNN은 입력 시퀀스를 한 방향(연대순 또는 반연대순)[19]으로 처리하고, 이것들의 표현을 합친다. 양방향 RNN은 양방향 시퀀스를 처리함으로써단방향 RNN에 의해 간과될 수 있는 패턴을 잡을 수 있다.

이번 절의 RNN 계층이 연대순대로(오래된 시간대 먼저) 시퀀스를 처리했다는 사실은 임의적인결정이었을 수 있다. 적어도, 우리는 지금까지 의문을 제기하지 않았다. 예를 들어, 입력 시퀀스를 반연대순(더 새로운 시간대일수록 더 앞에 나오는 순서)으로 처리해도 RNN이 잘 수행하는가?

---

19 옮긴이 즉, 시간 순서 또는 역 시간 순서.

실제로 이렇게 수행해 본 다음에 어떤 일이 일어나는지 살펴보자. 입력 시퀀스가 시간 차원을 따라 반전되는 변형된 데이터 생성기를 작성하면 된다. 데이터 생성기의 마지막 줄을 list(samples [, ncol (samples) : 1,], targets)로 바꾼다. 이번 절의 첫 번째 실험에서 사용한 것과 동일한 GRU 계층 망을 훈련하면, 보기 6.20과 같은 결과를 얻을 수 있다.

역순 GRU의 실적은 상식적인 기준선보다 저조하기 때문에 연대순 처리가 접근 방식의 성공에 중요하다. 기본 GRU 계층은 일반적으로 먼 과거보다 최근의 과거를 기억하는 것이 일반적으로 더 좋으며, 당연히 더 최근의 기상 데이터 점이 문제에 대한 이전 데이터 점보다 예측적이다(이것이 바로 상식적인 기준선을 상당히 견고하게 하는 면이다). 따라서 계층의 연대순 버전은 반연대순 버전보다 성능이 우수하다. 중요한 것은 자연어를 비롯한 많은 문제와 관련해서는 사실이 아니라는 점이다. 문장을 직관적으로 이해할 때 단어의 중요성은 일반적으로 문장에서의 위치에 의존하지 않는다.

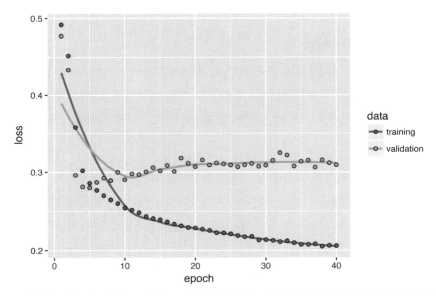

보기 6.20 **반전된 시퀀스를 대상으로 삼아 GRU를 훈련한 예나 기상 예측 작업에 대한 훈련 손실 및 검증 손실**

6.2절에 나오는 LSTM IMDB 예제에서와같은 기법을 시도해 보자.

목록 6.42 **역순 시퀀스를 사용해 LSTM을 훈련 및 평가하기**

```
library(keras)

max_features <- 10000
```
특징으로 간주해야
할 단어의 개수

```
maxlen <- 500  ←                        이 단어(max_features 중에서
                                        가장 일반적인 단어) 개수를
imdb <- dataset_imdb(num_words = max_features)    넘어서는 텍스트를 잘라낸다.
c(c(x_train, y_train), c(x_test, y_test)) %<-% imdb

x_train <- lapply(x_train, rev)  ←┤ 시퀀스를 역순으로 한다.
x_test <- lapply(x_test, rev)

x_train <- pad_sequences(x_train, maxlen = maxlen)  ←┤ 시퀀스를 보충한다.
x_test <- pad_sequences(x_test, maxlen = maxlen)

model <- keras_model_sequential() %>%
  layer_embedding(input_dim = max_features, output_dim = 128) %>%
  layer_lstm(units = 32) %>%
  layer_dense(units = 1, activation = "sigmoid")

model %>% compile(
  optimizer = "rmsprop",
  loss = "binary_crossentropy",
  metrics = c("acc")
)

history <- model %>% fit(
  x_train, y_train,
  epochs = 10,
  batch_size = 128,
  validation_split = 0.2
)
```

연대순 LSTM과 거의 동일한 성능을 얻을 수 있다. 놀랍게도 이러한 텍스트 데이터셋에서의 역순 처리는 연대순 처리와 마찬가지로 작동하며, 단어 순서는 언어 이해에 중요하지만, 사용하는 순서는 중요하지 않다는 가설을 확인해 볼 수 있다. RNN이 역순으로 훈련을 받으면 원래 시퀀스로 훈련받은 RNN과는 다른 표현을 배우게 된다는 점이 중요하다. 현실 세계에서도 시간이 흐르면 다른 정신 모델을 갖게 되는 것과 마찬가지이다. 태어난 날에 죽고, 죽는 날에 태어났다면 말이다. 머신러닝에서 서로 다르면서도 여전히 유용한 표현들은 언제든지 이용해 볼 만하며, 표현들이 서로 다를수록 좋다. 데이터를 새로운 각도에서 볼 수 있게 하고, 다른 접근 방식에서 놓친 데이터 측면을 포착해 작업 성능을 높일 수 있게 하기 때문이다. 이것은 앙상블 처리(ensembling)의 배경을 이루는 직관으로, 7장에서 살펴볼 개념이다.

양방향 RNN은 이 아이디어를 활용해 연대순 RNN의 성능을 향상한다. 양방향 RNN은 입력 순서를 두 가지 방식으로 살펴보고(보기 6.21 참조), 더욱 풍부한 표현을 얻어 내며, 연대순 버전만으로는 놓친 패턴을 잡아낸다.

케라스에서 양방향 RNN을 인스턴스화하려면 재귀 계층 인스턴스를 인수로 취하는 bidirectional() 함수를 사용해야 한다. bidirectional() 함수는 이 재귀 계층의 두 번째 인스턴스를 별도로 만들어 입력 시퀀스를 연대순으로 처리하기 위해 하나의 인스턴스를 사용하고, 입력 시퀀스를 역순으로 처리하기 위해 다른 인스턴스를 사용한다. IMDB 정서 분석 작업에서 시도해 보자.

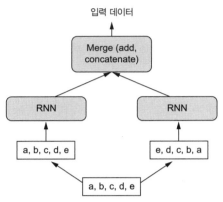

보기 6.21 양방향 RNN 계층의 작동 원리

목록 6.43 **양방향 LSTM을 훈련 및 평가하기**

```
model <- keras_model_sequential() %>%
  layer_embedding(input_dim = max_features, output_dim = 32) %>%
  bidirectional(
    layer_lstm(units = 32)
  ) %>%
  layer_dense(units = 1, activation = "sigmoid")

model %>% compile(
  optimizer = "rmsprop",
  loss = "binary_crossentropy",
  metrics = c("acc")
)
history <- model %>% fit(
  x_train, y_train,
  epochs = 10,
  batch_size = 128,
  validation_split = 0.2
)
```

양방향 RNN은 이전 절에서 시도한 정칙 LSTM보다 약간 더 나은 성능을 보여 89% 이상의 검증 정확도를 달성한다. 또한 양방향 계층의 파라미터가 연대순 LSTM의 파라미터보다 두 배 더 많으므로 더 빨리 과적합하는 것처럼 보인다. 양방향 접근법은 일부 정칙화를 통해 이 작업에 대한 강력한 수행자가 될 것이다.

이제 기온 예측 작업을 대상으로 동일한 접근 방식을 시도해 보자.[20]

목록 6.44 양방향 GRU 훈련하기[21]

```
model <- keras_model_sequential() %>%
  bidirectional(
    layer_gru(units = 32), input_shape = list(NULL, dim(data)[[-1]])
  ) %>%
  layer_dense(units = 1)

model %>% compile(
  optimizer = optimizer_rmsprop(),
  loss = "mae"
)

history <- model %>% fit_generator(
  train_gen,
  steps_per_epoch = 500,
  epochs = 40,
  validation_data = val_gen,
  validation_steps = val_steps
)
```

이것은 정칙화된 layer_gru와 마찬가지로 잘 수행된다. 그 이유를 이해하기는 쉽다. 모든 예측 용량은 망의 연대순 중 절반에서 발생해야 하기 때문이다. 반연대순으로 봤을 때 그 절반에 걸쳐 이 작업에서 실적이 심각하게 저조한 것으로 알려져 있기 때문이다(다시 말하면, 이 경우의 과거보다 최근의 과거가 훨씬 더 중요하기 때문이다).

6.3.9 더 해 볼 만한 일

기온 예측 문제의 성능을 향상시키기 위해 그 밖에도 다양한 방법을 시도해 볼 수 있다.

- 적층한 설정에서 각 재귀 계층의 유닛 수를 조정한다. 현재의 선택은 대체로 자의적이 기 때문에 아마도 차선책일 것이다.

---

20 옮긴이 아래 목록에 나오는 스크립트의 실행을 마치기까지 약 두 시간 걸렸다(CPU: 인텔 코어 i3, RAM: 32GB, GPU: GTX1060, 그래픽메모리: 6GB). 사용하는 컴퓨터의 사양에 따라 걸리는 시간이 다르겠지만, 이 스크립트가 앞서 나온 스크립트들보다 유독 시간을 많이 소비한다.

21 옮긴이 주의!!! 목록 6.44에서는 기온 예측 작업에 사용한 코드 (6.3.1 단원부터 6.3.3 단원까지 이어진 코드들을 합친 것. 단, 불필 요한 부분도 있지만 그냥 두어도 문제는 없음)가 선행되어야 한다. 그렇지 않으면 목록 6.44에 나오는 코드에서 오류가 난다.

- RMSprop 최적화기에서 사용하는 학습 속도를 조정한다.
- layer_gru를 사용하는 대신에 layer_lstm을 사용해 보라.
- 재귀 계층 위에 더 조밀하게 연결된 회귀 분석기를 사용한다. 즉, 더 조밀하게 연결된 계층으로 구성해 보거나 조밀 계층으로 구성된 스택을 만들어 보라.
- 테스트 집합에서 최우수 성능 모델(평균절대오차 검증 평가라는 측면에서)을 실행하는 것을 잊지 마라! 그렇지 않으면 검증 집합에 과적합된 아키텍처를 개발하게 된다.

늘 그렇듯이 딥러닝은 과학이라기보다는 예술이다. 우리는 주어진 문제에 대해 효과가 있을지, 없을지를 제시하는 지침을 제공할 수 있지만, 궁극적으로 모든 문제는 고유하다. 경험적으로 다른 전략을 평가해야 할 것이다. 현재 문제를 해결하기 위해 해야 할 일을 정확하게 알려주는 이론은 없다. 그러므로 거듭 시도해 봐야 한다.

6.3.10 결론

이번 절에서 배워야 할 점은 다음과 같다.

- 4장에서 배웠듯이 새로운 문제에 접근할 때는 먼저 선택 기준에 맞는 상식적인 기준선을 설정하는 게 바람직하다. 여러분이 넘어설 기준선이 없다면, 제대로 나아가고 있다고 말할 수 없게 된다.
- 추가 비용을 절약하기 위해 값비싼 모델보다 간단한 모델을 사용해 보라. 가끔 간단한 모델이 가장 좋은 선택이 될 수 있다.
- 재귀 망은 시간 순서가 중요한 데이터가 있을 때 시간적 데이터를 평평하게 하는 일부터 하는 모델보다 아주 적합이 잘 되고 좋은 성능을 쉽게 달성할 수 있다.
- 재귀 망에서 드롭아웃을 사용하려면 시간 상수 드롭아웃 마스크와 재귀적 드롭아웃 마스크를 사용해야 한다. 이것들은 케라스의 재귀 계층에 내장돼 있으므로 재귀 계층의 dropout과 recurrent_dropout 인수를 사용하면 된다.
- 적층한 RNN 계층은 단일 RNN 계층보다 많은 표현력을 제공한다. 적층 RNN은 처리 비용이 훨씬 더 들므로 늘 가치 있는 것은 아니다. 복잡한 문제(예 기계 번역)와 관련해서는 명확한 이점을 제공하지만, 작고 간단한 문제에 늘 쓰일 만한 것은 아니다.
- 시퀀스를 두 갈래 방향으로 보는 양방향 RNN은 자연어 처리 문제에 유용하다. 그러나 양방향 RNN은 시퀀스의 시작 부분보다 최신인 부분이 정보를 더 많이 담고 있는 시퀀스 데이터상에서는 강력한 성능을 발휘하지 못한다.

시장과 머신러닝

일부 독자들은 우리가 여기서 소개한 기법을 활용해 주식 시장의 유가 증권 가격(또는 환율 등)을 예측하는 문제를 풀려고 시도한다. 시장은 날씨 패턴과 같은 자연 현상과 매우 다른 통계적 특성을 갖고 있다. 공개적으로 사용 가능한 데이터에만 액세스할 수 있는 주식 시장에서 수익을 내기 위해 머신러닝을 시도하는 것은 어려운 일이며, 시간과 자원을 낭비하게 될 것이다.

시장에 관해서는 과거의 실적이 미래의 수익을 미리 예측하지 못한다는 사실을 기억하자. 뒤쪽을 비춰 주는 거울을 바라보는 일은 나쁜 방법이다. 반면, 머신러닝은 과거가 미래의 좋은 예언자인 데이터셋에 적용할 만하다.

6.4 합성망을 사용한 시퀀스 처리

5장에서 합성곱 신경망(합성망)을 배웠으며, 국부적인 입력 조각에서 특징을 추출하고, 합성곱 방식으로 동작하는 능력 때문에 모듈화 및 데이터 효율성을 표현할 수 있게 하고 이로 인해 특별히 컴퓨터 비전 문제를 어떤 식으로 수행하는지를 배웠다. 컴퓨터 비전 처리에 합성곱이 잘 작동되게 하는 속성과 동일한 속성은 시퀀스 처리와도 밀접한 관련이 있다. 시간은 2D 이미지의 높이 또는 너비와 같은 공간 차원으로 처리할 수 있다.

이러한 1D 합성망은 RNN과 비교할 때 특정 시퀀스 처리 문제, 상당히 저렴한 계산 비용 면에서 경쟁력이 있다. 최근에는 일반적으로 확장된 핵(kernel)과 함께 사용되는 1D 합성망이 오디오 생성 및 기계 번역에 큰 성공을 거뒀다. 이러한 특별한 성공 이외에, 작은 1D 합성망들이 텍스트 분류 및 시계열 예측과 같은 간단한 작업을 위해 RNN에 대한 빠른 대안을 제공할 수 있다는 것이 오랫동안 알려져 왔다.

6.4.1 시퀀스 데이터에 대한 1D 합성곱 이해

이전에 소개된 합성곱 계층은 2D 합성곱이었으며, 이미지 텐서(2D)에서 2D 조각을 추출하고 모든 조각에 동일한 변형을 적용했다. 이와 같은 방식으로 1D 합성곱을 사용해 시퀀스에서 국부적인 1D 조각(하위 시퀀스)를 추출할 수 있다(보기 6.22 참조).

이러한 1D 합성곱 계층은 시퀀스의 국부 패턴을 인식할 수 있다. 동일한 입력 변환이 모든 조각에서 수행되기 때문에 문장의 특정 위치에서 학습된 패턴을 나중에 다른 위치에서 인식할 수 있으므로 1D 합성망은 불변한다(시간에 따른 번역의 경우). 예를 들어, 크기가 5인 합성곱 창을 사용해 문자의 시퀀스를 처리하는 1D 합성망은 길이가 5 이하인 단어 또는 단어 조각을 학습할 수 있어야 하며, 입력 시퀀스의 모든 문맥에서 이러한 단어를 인식할 수 있어야 한다. 그러므로 문자 수준에서 처리하는 1D 합성망은 단어 어형론(word morphology)을 학습할 수 있다.

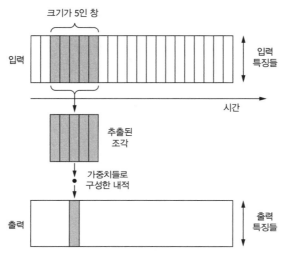

보기 6.22 **1D 합성곱의 작동 방식: 각 출력 시간대는 입력 시퀀스의 임시 조각에서 가져온다.**

6.4.2 시퀀스 데이터용 1D 풀링

2D 평균 풀링 및 최대 풀링과 같은 2D 풀링 연산(2D pooling operations)은 이미지 텐서를 공간적으로 하향 표본 추출하는 데 사용된다. 2D 풀링 연산은 1D 조각(하위 시퀀스)을 입력에서 추출해 최댓값(최대 풀링) 또는 평균값(평균 풀링)을 출력하는 등가물을 가진다. 2D 합성망들과 마찬가지로 1D 입력 길이를 줄이기 위해 사용된다(하향 표본 추출).

6.4.3 1D 합성망 구현하기

케라스에서는 layer_conv_2d와 비슷한 인터페이스를 가진 layer_conv_1d 함수를 통해 1D 합성망을 사용한다. (표본, 시간, 특징) 모양으로 된 3D 텐서를 입력으로 취해 유사한 모양의 3D 텐서를 반환한다. 합성곱 창은 시간 축의 1D 창이자 입력된 텐서의 두 번째 축이다.

단순한 2 계층 1D 합성망을 구축한 후, IMDB 감정 분류 작업에 적용해 보자. 다시 말하지만 다음에 나오는 코드는 데이터를 획득하고 전처리하기 위한 코드이다.

목록 6.45 IMDB 데이터 준비하기

```
library(keras)

max_features <- 10000
max_len <- 500

cat("Loading data...\n")
imdb <- dataset_imdb(num_words = max_features)
c(c(x_train, y_train), c(x_test, y_test)) %<-% imdb
cat(length(x_train), "train sequences\n")
cat(length(x_test), "test sequences")
cat("Pad sequences (samples x time)\n")
x_train <- pad_sequences(x_train, maxlen = max_len)
x_test <- pad_sequences(x_test, maxlen = max_len)
cat("x_train shape:", dim(x_train), "\n")
cat("x_test shape:", dim(x_test), "\n")
```

1D 합성망은 5장에서 사용한 자신의 2D 대응과 같은 방식으로 구성돼 있다. 즉, layer_conv_1d와 layer_max_pooling_1d의 스택으로 구성돼 있고, 전역 풀링 계층 또는 layer_flatten으로 끝나며, 3D 출력을 2D 출력으로 전환해 분류 또는 회귀를 위해 모델에 하나 이상의 조밀 계층을 추가할 수 있다.

한 가지 차이점은 1D 합성망들이 있는 더 큰 합성곱 창을 사용할 여력이 있다는 것이다. 2D 합성곱 계층의 경우, 3×3 합성곱 창에 3×3, 즉 아홉 개 특징 벡터가 포함된다. 그러나 1D 합성곱 계층의 경우, 크기 3의 합성곱 창에는 세 개의 특징 벡터만 포함된다. 따라서 크기가 7 또는 9인 1D 합성곱 창을 쉽게 만들 수 있다.

다음 목록은 IMDB 데이터셋에 대한 1D 합성망 예이다.

목록 6.46 IMDB 데이터상에서 간단한 1D 합성망을 훈련 및 평가하기

```
model <- keras_model_sequential() %>%
  layer_embedding(input_dim = max_features, output_dim = 128,
                  input_length = max_len) %>%
  layer_conv_1d(filters = 32, kernel_size = 7, activation = "relu") %>%
  layer_max_pooling_1d(pool_size = 5) %>%
  layer_conv_1d(filters = 32, kernel_size = 7, activation = "relu") %>%
  layer_global_max_pooling_1d() %>%
  layer_dense(units = 1)
```

```
summary(model)

model %>% compile(
  optimizer = optimizer_rmsprop(lr = 1e-4),
  loss = "binary_crossentropy",
  metrics = c("acc")
)

history <- model %>% fit(
  x_train, y_train,
  epochs = 10,
  batch_size = 128,
  validation_split = 0.2
)
```

보기 6.23은 훈련 및 검증 결과를 보여 준다. 검증 정확도는 LSTM의 정확도보다 다소 낮지만, CPU 및 GPU 모두에서의 런타임은 더 빠르다(정확한 구성 속도는 구성에 따라 크게 달라진다). 이 시점에서 적절한 에포크 수(여덟 개)만큼 이 모델을 재훈련하고 테스트 집합에서 실행할 수 있다. 이것은 1D 합성망이 단어 수준의 정서 분류 작업에서 재귀 망보다 더 빠르고 저렴한 대체품을 제공할 수 있음을 보여 주는 시연이다.

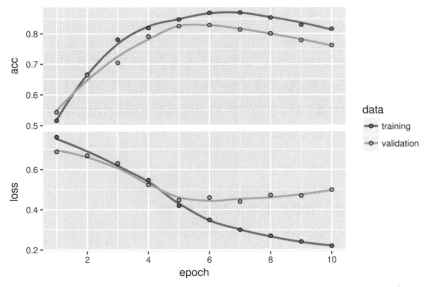

보기 6.23 **간단한 1D 합성망을 사용해 IMDB의 훈련 및 검증 계량**

6.4.4 긴 시퀀스를 처리하기 위해 CNN과 RNN을 결합하기

1D 합성망은 입력 조각들을 따로따로 처리하기 때문에 RNN과 달리 시간대의 순서(합성곱 창의 크기인 국부적인 배율 이상)에 민감하지 않다. 물론 장기적인 패턴을 인식하기 위해 많은 합성곱 계층들을 적층하고 풀링할 수 있으므로 원래 계층의 긴 덩어리를 볼 수 있는 상위 계층이 생기지만, 순서에 대한 감도를 유도하는 데는 여전히 약한 방법이다. 이 약점을 입증하는 한 가지 방법은 좋은 예측을 내리는 데 순서가 중요한 기온 예측 문제에 1D 합성망을 시도하는 것이다. 다음 예제에서는 이전에 정의된 변수들인 float_data, train_gen, val_gen, val_steps 를 재사용한다.

목록 6.47 예나 데이터를 처리하는 간단한 1D 합성망을 훈련하고 평가하기

```
model <- keras_model_sequential() %>%
  layer_conv_1d(filters = 32, kernel_size = 5, activation = "relu",
                input_shape = list(NULL, dim(data)[[-1]])) %>%
  layer_max_pooling_1d(pool_size = 3) %>%
  layer_conv_1d(filters = 32, kernel_size = 5, activation = "relu") %>%
  layer_max_pooling_1d(pool_size = 3) %>%
  layer_conv_1d(filters = 32, kernel_size = 5, activation = "relu") %>%
  layer_global_max_pooling_1d() %>%
  layer_dense(units = 1)

model %>% compile(
  optimizer = optimizer_rmsprop(),
  loss = "mae"
)

history <- model %>% fit_generator(
  train_gen,
  steps_per_epoch = 500,
  epochs = 20,
  validation_data = val_gen,
  validation_steps = val_steps
)
```

보기 6.24는 훈련 및 검증의 평균절대오차를 보여 준다.

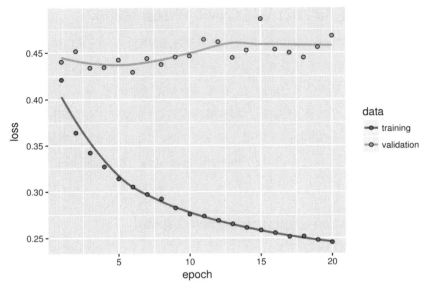

보기 6.24 간단한 1D 합성망으로 예나 기온 예측 작업을 수행할 때의 훈련 손실 및 검증 손실

검증 평균절대오차는 0.40에 머물러 있다. 소형 합성망을 사용하면 상식적인 기준선을 넘어설 수 없다. 다시 한번 말하지만, 이것은 합성망이 입력된 시계열에서 패턴을 찾고 그것이 보는 패턴의 시간적 위치를 전혀 알지 못한다(처음을 향하거나 끝을 향하는 등). 이 특정 예측 문제의 경우, 최신 데이터 점이 이전 데이터 점과 다르게 해석돼야 하므로 합성망은 의미 있는 결과를 생성하지 못한다. 긍정적이거나 부정적인 정서와 관련된 키워드의 패턴은 정보를 입력 문장에서 발견되는 것과는 독립적으로 제공하기 때문에 IMDB 데이터에서는 이러한 변환의 제한이 문제가 되지 않는다.

RNN의 순서 민감도와 합성망들의 속도와 가벼움을 결합하는 한 가지 전략은 RNN 이전에 전처리 단계로 1D 합성망을 사용하는 것이다(보기 6.25 참조). 이는 수천 단계에 이르는 시퀀스와과 같이, RNN을 사용하면 실제로 처리할 수 없는 지나치게 긴 시퀀스를 처리할 때 특히 유용하다. 합성곱은 긴 입력 시퀀스를 훨씬 더 짧은 수준(하향 표본 추출된)의 더 상위 수준의 특징들로 변환한다. 추출된 특징들의 시퀀스는 망의 RNN 부분에 대한 입력이 된다.

이 기술은 잘 알려져 있지 않기 때문에 연구 논문 및 실용적인 응용 분야에서 흔히 보기 힘들다. 이 기술은 효과적이지만, 더 널리 알려져야 한다. 기온 예측 데이터셋에서 시도해 보자. 이 전략을 사용하면 훨씬 긴 시퀀스를 조작할 수 있으므로 데이터 생성기의 **lookback** 파라미터를 늘리거나 데이터 생성기의 **step** 파라미터를 줄여 고해상도 시계열을 보면 오래전의 데이터를 볼 수 있다. 여기서 다소 임의적으로, 절반 크기의 스텝(step)을 사용해 두 배의 시계열을 생성하게 되는데, 여기서 온도 데이터는 30분당 1점씩 표본 추출된다. 이 예제는 앞에서 정의한 생성 함수를 재사용한다.

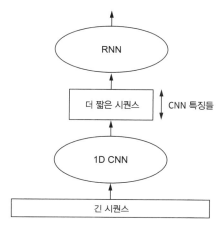

보기 6.25 긴 시퀀스를 처리하기 위한 1D 합성망과 RNN 결합

목록 6.48 예나 데이터셋용 고해상도 데이터 생성기 준비하기

```
step <- 3       ◁──────   이전에는 6(시간당 1 점)으로 설정됐고
lookback <- 720          지금은 3(30분당 1 점)으로 설정됐다.
delay <- 144

train_gen <- generator(
  data,
  lookback = lookback,
  delay = delay,
  min_index = 1,
  max_index = 200000,
  shuffle = TRUE,
  step = step
)

val_gen <- generator(
  data,
  lookback = lookback,
  delay = delay,
  min_index = 200001,
  max_index = 300000,
  step = step
)

test_gen <- generator(
  data,
```

```
  lookback = lookback,
  delay = delay,
  min_index = 300001,
  max_index = NULL,
  step = step
)

val_steps <- (300000 - 200001 - lookback) / 128
test_steps <- (nrow(data) - 300001 - lookback) / 128
```

이 모델은 두 개의 layer_conv_1d로 시작해 layer_gru로 후속 작업을 수행한다. 보기 6.26에 그 결과가 나와 있다.

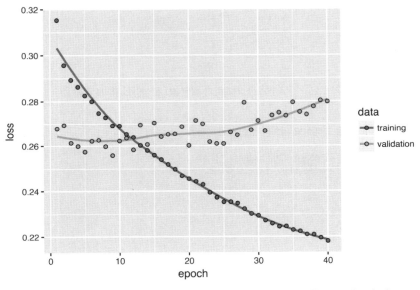

보기 6.26 **1D 합성망과 GRU에 의한 예나 기온 예측 작업의 훈련 및 검증 손실**

목록 6.49 **1D 합성곱 기반과 GRU 계층을 결합한 모델**

```
model <- keras_model_sequential() %>%
  layer_conv_1d(filters = 32, kernel_size = 5, activation = "relu",
                input_shape = list(NULL, dim(data)[[-1]])) %>%
  layer_max_pooling_1d(pool_size = 3) %>%
  layer_conv_1d(filters = 32, kernel_size = 5, activation = "relu") %>%
  layer_gru(units = 32, dropout = 0.1, recurrent_dropout = 0.5) %>%
  layer_dense(units = 1)

summary(model)
```

```
model %>% compile(
  optimizer = optimizer_rmsprop(),
  loss = "mae"
)

history <- model %>% fit_generator(
  train_gen,
  steps_per_epoch = 500,
  epochs = 20,
  validation_data = val_gen,
  validation_steps = val_steps
)
```

검증 손실에 따라 판단한다면 이 설정은 정칙화 GRU만큼 좋지는 않지만 상당히 빠르다. 데이터가 두 배 더 많아 보이는데, 이 예제에서는 크게 도움이 될 것으로 보이지는 않지만 그 밖의 데이터셋들에는 중요할 수 있다.

6.4.5 결론

이번 절에서 배워야 할 점은 다음과 같다.

- 2D 합성망이 2D 공간에서 시각 패턴을 잘 처리하는 것과 마찬가지로, 1D 합성망은 시간 패턴을 잘 처리한다. 1D 합성망은 자연어 처리 작업과 같은 일부 문제와 관련해서 만큼은 RNN보다 더 빠른 대안이 될 수 있다.

- 일반적으로 1D 합성망은 컴퓨터 비전 세계에서 볼 수 있는 2D와 동일하게 구성된다. layer_conv_1d 및 layer_max_pooling_1d의 스택으로 구성돼 전역 풀링 연산(global pooling operation) 또는 평평화 연산(flattening operation)으로 마감된다.

- RNN은 매우 긴 시퀀스를 처리하기에는 매우 비싸지만, 1D 합성망은 저렴하기 때문에 RNN 이전의 전처리 단계로 1D 합성망을 사용해 시퀀스를 단축하고 RNN에 유용한 표현을 추출해 처리하는 게 바람직하다.

6.5 요약

- 6장에서는 다음과 같은 기술을 배웠다. 이 기술은 텍스트에서 시뮬레이션에 이르기까지 시퀀스 데이터의 모든 데이터셋에 광범위하게 적용할 수 있다.
  - 텍스트를 토큰화하는 법

- 단어 매장의 의미와 사용 방법

- 재귀 망의 의미와 사용 방법

- 더 강력한 시퀀스 처리 모델을 구축하기 위해 RNN 계층을 쌓고 양방향 RNN을 사용하는 방법

- 시퀀스 처리에 1D 합성망을 사용하는 방법

- 긴 시퀀스를 처리하기 위해 1D 합성망과 RNN을 결합하는 방법

■ 시계열 회귀("미래 예측"), 시계열 분류, 시계열의 이상 탐지 및 시퀀스 레이블 지정(예 문장에서 이름이나 날짜 식별)과 같은 일에 RNN을 사용할 수 있다.

■ 이와 마찬가지로, 기계 번역(SliceNet과 같은 시퀀스-시퀀스 합성곱 모델),[22] 문서 분류 및 맞춤법 교정을 위해 1D 합성망을 사용할 수 있다.

■ 시퀀스 데이터에서 **전역 순서가 중요한 경우** 재귀 망을 사용해 처리하는 게 바람직하다. 이것은 최근의 과거가 더 먼 과거보다 유익한 시계열의 경우에 전형적이다.

■ **전역 순서가 근본적으로 의미가 없다면** 적어도 1D 합성망은 잘 작동하며, 게다가 저렴하다. 이것은 종종 문장의 처음에 발견된 키워드가 끝에 발견된 키워드만큼 의미 있는 텍스트 데이터의 경우이다.

---

22 https://arxiv.org/abs/1706.03059

7

고급 딥러닝 모범 사례

7장에서 다루는 내용

- 케라스의 함수형 API
- 케라스 콜백 사용하기
- 텐서보드라는 시각화 도구 사용하기
- 최첨단 모델 개발을 위한 중요한 모범 사례

7장에서는 어려운 문제를 풀기 위한 최첨단 모델을 개발할 수 있는 방법에 더 가까이 다가갈 수 있는 여러 가지 강력한 도구를 살펴본다. 케라스 함수형 API를 사용하면 그래프와 같은 모델을 만들고, 다양한 입력을 통해 계층을 공유하며, R 함수처럼 케라스 모델을 사용할 수 있다. 케라스 콜백과 텐서보드라는 브라우저 기반 시각화 도구를 사용하면 훈련 중에 모델을 모니터할 수 있다. 또한 배치 정규화, 잔차 연결, 하이퍼파라미터 최적화 및 모델 앙상블과 같은 몇 가지 모범 사례를 설명한다.

7.1 순차 모델을 넘어: 케라스 함수형 API

지금까지 이 책에서 소개한 모든 신경망은 순차 모델(keras_model_sequential)을 사용해 구현됐다. 순차 모델은 망이 정확하게 하나의 입력과 정확히 하나의 출력을 가지며, 계층은 선형으로 쌓은 스택으로 구성된다고 가정한다(보기 7.1 참조).

지금까지 이 책에서 논의한 많은 주제와 실제 애플리케이션의 구성이 아주 일반적이어서 keras_model_sequential만으로도 다룰 수 있다는 가정은 일반적으로 검증된 것이다. 그러나 이러한 일련의 가정은 여러 경우에 너무 융통성이 없다. 일부 신경망에는 독립적인 입력이 여러 개 필요하고, 그 밖에 어떤 망에는 출력이 여러 개 필요하며, 일부 망은 계층 사이에 내부 분기가 있어 선형으로 차곡차곡 쌓아올린 스택 모양이 아닌 **그래프**처럼 보이기도 한다.

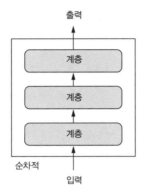

보기 7.1 순차 모델: 계층들의 선형 스택

예를 들어, 일부 작업에서는 **다중 모듈(multimodal)** 입력이 필요하다. 다중 모듈 입력이란 서로 다른 입력 소스에서 가져온 데이터를 병합한 후, 여러 종류의 신경층을 사용해 각 유형의 데이터를 처리하는 방식을 말한다.[1] 사용자가 제공한 메타 데이터(웹 상품의 브랜드, 연령 등), 사용자가 문장 형식으로 제공하는 설명 그리고 상품 사진을 사용해 중고 의류의 가장 유망한 시장 가격을 예측하려는 딥러닝 모델을 상상해 보라. 메타 데이터만 있다면 원핫 인코딩과 조밀한 망을 사용해 가격을 예측할 수 있고, 문장만 있다면 RNN 또는 1D 전환을 사용할 수 있다. 그리고 사진만 있다면 2D 합성망을 사용할 수 있다. 그러나 어떻게 해야 동시에 세 가지를 모두 사용할 수 있을까? 단순한 접근법을 따른다면 세 가지 개별 모델을 훈련한 후 그 예측의 가중 평균을 수행해야 할 것이다. 그러나 이것은 모델에 의해 추출된 정보가 중복될 수 있기 때문에 차선책일 수 있다. 더 좋은 방법은 사용 가능한 모든 입력 양식을 동시에 볼 수 있는 모델, 즉 세 개 입력 분기가 있는 모델(보기 7.2 참조)을 사용해 더 정확한 데이터 모델을 공동으로 학습하는 것이다.

---

1 **옮긴이** 이 처리 과정에서 각 입력 값이 종류(즉, 유형)별로 최빈값(mode)을 형성하는 다봉 분포(multimodal distribution)를 보이게 되므로, 이 다봉 분포에 맞춰 여러 유형의 데이터를 처리해야 한다. 다봉이라는 말이 익숙치 않겠지만 생성적 적대 신경망(GAN)에서 나타나는 최빈값 붕괴(mode collapse) 현상 등에도 나오는 개념이니 이해해 두는 게 바람직하다. 마지막으로, 이 책에서는 이런 최빈값 관련 개념보다는 모듈성을 더 중시하고 있으므로 multimodal을 '다중 모듈'로 번역했다. 그렇지만 원저자가 의도한 것인지는 모르겠지만, 이 용어는 다중 모듈을 의미하기도 하지만 동시에 '다중 최빈값 분포', 즉 '다봉 분포'의 '다봉'에 해당하는 개념을 내포하고 있기도 하므로 '다봉'으로 번역해도 되는 용어라는 점, 즉 multimodal이 중의적 용어라는 점을 이해하는 게 좋겠다.

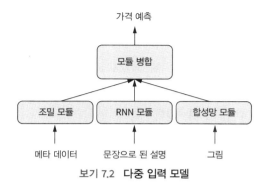

가격 예측

보기 7.2 **다중 입력 모델**

이와 마찬가지로 일부 작업에서는 입력 데이터의 여러 표적 속성을 예측해야 한다. 소설이나 단편 소설의 본문이 주어졌을 때 로맨스나 스릴러와 같은 장르별로 자동 분류되기를 여러분은 해당 본문을 작성한 날짜를 대략으로라도 예측하기를 바랄 수도 있을 것이다. 물론 장르 분류용 모델과 날짜 예측용 모델이라는 두 개별 모델을 훈련할 수도 있을 것이다. 그러나 이러한 속성들이 통계적으로 독립적이 아니기 때문에 동시에 장르와 날짜를 공동으로 예측해 더 나은 모델을 만들 수 있다. 그런 공동 모델은 두 가지 출력, 즉 두 가지 **헤드(heads, 머리)**를 가질 것이다(보기 7.3 참조). 장르와 날짜의 상관관계 때문에 소설의 작성 일자를 알게 된 모델은 소설의 장르 공간을 더 풍부하고 정확하게 표현할 수 있을 것이며, 반대의 경우도 그럴 것이다.

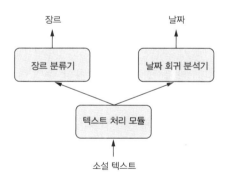

보기 7.3 **다중 출력(또는 다중 헤드) 모델**

또한 최근에 개발된 많은 신경 아키텍처에는 비선형 네트워크 토폴로지(non-linear network topology)가 필요하다. 여기서 비선형 네트워크 토폴로지란, 비순환 그래프로 구성된 망을 말한다. 예를 들어, 쩨게디(Szegedy) 등이 개발한[2] Inception 계열 망은 **Inception 모듈**에 의존하며, 입력은 여러 개의 병렬 합성곱 분기(convolutional branches)에 의해 처리되고, 그 출력은 다

---

2 Christian Szegedy et al., "Going Deeper with Convolutions," Conference on Computer Vision and Pattern Recognition (2014), https://arxiv.org/abs/1409.4842.

시 단일 텐서로 합쳐진다(보기 7.4 참조). ResNet 계열의 망에서 시작된 모델에 **잔차 연결(residual connections)**을 추가하는 추세도 있다(Hé 등이 마이크로소프트에서 개발함).[3] 잔차 연결은 데이터 처리 흐름에 따른 정보 손실을 방지하는 데 도움이 되는 장래 출력 텐서(보기 7.5 참조)에 과거 출력 텐서를 추가해 데이터의 다운스트림 흐름에 이전 표현을 재주입하는 것으로 구성된다. 이와 같은 그래프형 망에 대한 예제는 많다.

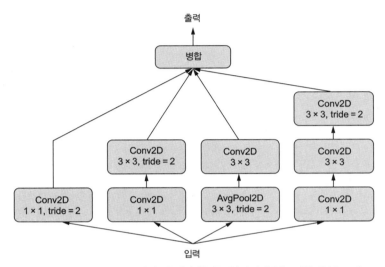

보기 7.4 Inception 모듈: 여러 개 병렬 합성곱 분기기가 있는 계층의 부 그래프

keras_model_sequential을 사용해 모델을 정의할 때는 이러한 세 가지 중요한 사용 사례(다중 입력 모델, 다중 출력 모델 및 그래프와 유사한 모델)를 사용할 수 없다. 그러나 케라스를 사용하는 훨씬 더 일반적이고, 융통성 있는 또 다른 방법이 있다. 함수형 API가 바로 그것이다. 이번 절 에서는 함수형 API로 할 수 있는 일과 함수형 API를 사용하는 방법을 자세히 설명한다.

---

3 Kaiming He et al., "Deep Residual Learning for Image Recognition," Conference on Computer Vision and Pattern Recognition (2015), https://arxiv.org/abs/1512.03385.

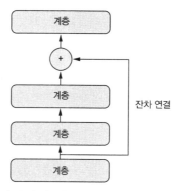

보기 7.5   **잔차 연결: 특징 지도 추가를 통한 다운스트림 이전 정보의 재주입**

7.1.1 함수형 API 소개

함수형 API에서 여러분은 입력 및 출력 계층을 만든 후에, keras_model 함수로 전달할 수 있다. 이 모델도 케라스의 순차 모델과 같은 방식으로 훈련할 수 있다.

간단한 순차 모델과 함수형 API에서 해당 순차 모델에 대응하는 것을 대조해서 보여 주는 최소한의 예제부터 다뤄 보자.

```
library(keras)

seq_model <- keras_model_sequential() %>%          ◁─┤ 이미 알고 있는 순차 모델
  layer_dense(units = 32, activation = "relu", input_shape = c(64)) %>%
  layer_dense(units = 32, activation = "relu") %>%
  layer_dense(units = 10, activation = "softmax")

input_tensor <- layer_input(shape = c(64))   ◁─┤ 순차 모델에 등가인 것
output_tensor <- input_tensor %>%
  layer_dense(units = 32, activation = "relu") %>%
  layer_dense(units = 32, activation = "relu") %>%
  layer_dense(units = 10, activation = "softmax")

model <- keras_model(input_tensor, output_tensor)   ◁─┐ keras_model 함수는 입력 텐서와
                                                       출력 텐서를 모델로 변환한다.
summary(model)   ◁─┤ 결과를 살펴보자!
```

다음은 summary(model)을 호출하면 표시되는 내용이다.

```
_____
Layer (type)           Output Shape           Param #
```

```
================================================================
input_1 (InputLayer)      (None, 64)        0
_____
dense_1 (Dense)           (None, 32)        2080
_____
dense_2 (Dense)           (None, 32)        1056
_____
dense_3 (Dense)           (None, 10)        330
================================================================
Total params: 3,466
Trainable params: 3,466
Non-trainable params: 0
_____
```

이 시점에서 좀 이상하게 보일 수 있는 부분은 keras_model 함수에 입력 텐서와 출력 텐서만 전달한다는 점이다. 케라스는 input_tensor에서 output_tensor로 이동하는 모든 계층을 검색해 그래프를 닮은 데이터 아키텍처(모델)로 결합한다. 물론 이것이 작동하는 이유는 input_tensor를 반복적으로 변형해 output_tensor를 얻었기 때문이다. 관련 없는 입출력에서 모델을 작성하려고 하면 오류가 발생한다.

```
> unrelated_input <- layer_input(shape = c(64))
> bad_model <- keras_model(unrelated_input, output_tensor)
RuntimeError: Graph disconnected: cannot obtain value for tensor Tensor("input_1:0",
shape=(?, 64), dtype=float32) at layer "input_1".
```

이 오류는 제공된 출력 텐서에서 input_1에 케라스가 도달할 수 없다는 점을 보여 준다.

이러한 방식으로 작성된 모델을 컴파일하거나 훈련하거나 평가할 때 쓰이는 API는 순차 모델에서 쓰는 API와 동일하다.

```
model %>% compile(      ◁──┤ 모델 컴파일
  optimizer = "rmsprop",
  loss = "categorical_crossentropy"
)

x_train <- array(runif(1000 * 64), dim = c(1000, 64))   ◁── 훈련을 위한 가공 데이터를
y_train <- array(runif(1000 * 10), dim = c(1000, 10))        생성한다.

model %>% fit(x_train, y_train, epochs = 10, batch_size = 128)   ◁── 10에포크 동안 모델을
                                                                     훈련한다.
model %>% evaluate(x_train, y_train)   ◁──┤ 모델 평가
```

7.1.2 다중 입력 모델

함수형 API는 입력이 여러 개인 모델을 작성하는 데 사용될 수 있다. 이러한 모델은 여러 가지 텐서를 결합할 수 있는 계층을 사용해 서로 다른 입력 분기를 병합한다. 텐서들을 추가하거나, 서로 연결하거나, 그 밖의 작업을 하는 식으로 말이다. 이것은 일반적으로 layer_add, layer_concatenate 등과 같은 케라스 병합 연산(Keras merge operation)을 통해 수행된다. 다중 입력 모델의 간단한 예인 질문-응답 모델을 살펴보자.

질문-응답 모델(question-answering model)에는 자연어 질문과 이에 응답하는 데 사용되는 정보를 제공하는 텍스트 조각(에 뉴스 기사)이라는 두 가지 입력이 있다. 그런 다음, 모델은 응답을 산출해야 한다. 이때 가장 간단한 설정인 경우에, 이 응답은 사전정의 어휘를 사용하고 소프트맥스로 산출해 낸 한 개 단어 응답이다(보기 7.6 참조).

다음은 함수형 API로 이러한 모델을 작성하는 방법의 예이다. 텍스트 입력과 질문 입력을 표현 벡터로 부호화하는 두 개 독립 분기를 설정한다. 그런 다음, 이 벡터들을 사슬과 같이 잇는다(concatenate). 마지막으로, 이렇게 이은 표현 위에 소프트맥스 분류기를 추가한다.

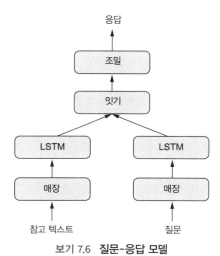

보기 7.6 **질문-응답 모델**

목록 7.1 **2 입력 질문-응답 모델의 함수형 API 구현하기**

```
library(keras)

text_vocabulary_size <- 10000
ques_vocabulary_size <- 10000
answer_vocabulary_size <- 500
```

크기가 64인 벡터 시퀀스에 입력을 묻는다(embedding).　　　　　　　　　　　텍스트 입력은 가변 길이의 정수 시퀀스다. 입력의
　　　　　　　　　　　　　　　　　　　　　　　　　　　　　　　　　이름을 선택적으로 지정할 수 있다는 점에 주목하라.

```r
text_input <- layer_input(shape = list(NULL),
                          dtype = "int32", name = "text")

encoded_text <- text_input %>%
  layer_embedding(input_dim = text_vocabulary_size + 1, output_dim = 32) %>%
  layer_lstm(units = 32)

question_input <- layer_input(shape = list(NULL),
                              dtype = "int32", name = "question")

encoded_question <- question_input %>%
  layer_embedding(input_dim = ques_vocabulary_size + 1, output_dim = 16) %>%
  layer_lstm(units = 16)

concatenated <- layer_concatenate(list(encoded_text, encoded_question))

answer <- concatenated %>%
  layer_dense(units = answer_vocabulary_size, activation = "softmax")
model <- keras_model(list(text_input, question_input), answer)

model %>% compile(
  optimizer = "rmsprop",
  loss = "categorical_crossentropy",
  metrics = c("acc")
)
```

LSTM 한 개를 통해 벡터를
단일 벡터로 부호화한다.

질문에 대한 동일한
과정(다른 계층
인스턴스 포함)

상단에
소프트맥스
분류기를
추가한다.

모델을 인스턴스화할 때
여러분은 두 개의
입력과 출력을 지정한다.

부호화된 질문과 부호화된 텍스트를 잇는다.

이 두 가지 입력 모델을 어떻게 훈련할 것인가? 가능한 API에는 두 가지가 있다. 배열 목록을 입력으로 제공하거나 입력 이름을 배열에 사상하는 사전을 제공할 수 있다. 당연히 후자의 옵션은 입력에 이름을 부여하는 경우에만 사용할 수 있다.

목록 7.2 다중 입력 모델에 데이터 전달하기

```r
num_samples <- 1000
max_length <- 100

random_matrix <- function(range, nrow, ncol){
  matrix(sample(range, size = nrow * ncol, replace = TRUE),
         nrow = nrow, ncol = ncol)
}

text <- random_matrix(1:text_vocabulary_size, num_samples, max_length)
question <- random_matrix(1:ques_vocabulary_size, num_samples, max_length)
answers <- random_matrix(0:1, num_samples, answer_vocabulary_size)

model %>% fit(
  list(text, question), answers,
```

가공 데이터를 생성

응답은 원핫
인코딩 처리된
것으로, 정수가
아니다.

입력 리스트를 사용해
적합화하기

```
  epochs = 10, batch_size = 128          입력 리스트를 사용해
)                                         적합화하기

model %>% fit(
  list(text = text, question = question), answers,       이름을 붙인
  epochs = 10, batch_size = 128                          입력 리스트를
)                                                        사용해 적합화하기
```

7.1.3 다중 출력 모델

함수형 API를 사용하면 여러 출력(또는 여러 헤드)이 있는 모델을 작성할 수 있다. 간단한 예로 익명으로 활동하는 한 사람으로부터 소셜 미디어 게시물을 잇달아 입력받아 연령, 성별, 소득 수준 등의 속성을 예측하려고 하는 망과 같이 데이터의 여러 속성을 동시에 예측하려고 하는 모델을 들 수 있다.

목록 7.3 3중 출력 모델의 함수형 API 구현

```
library(keras)

vocabulary_size <- 50000
num_income_groups <- 10

posts_input <- layer_input(shape = list(NULL),
                           dtype = "int32", name = "posts")

embedded_posts <- posts_input %>%
  layer_embedding(input_dim = vocabulary_size + 1, output_dim = 256)

base_model <- embedded_posts %>%
  layer_conv_1d(filters = 128, kernel_size = 5, activation = "relu") %>%
  layer_max_pooling_1d(pool_size = 5) %>%
  layer_conv_1d(filters = 256, kernel_size = 5, activation = "relu") %>%
  layer_conv_1d(filters = 256, kernel_size = 5, activation = "relu") %>%
  layer_max_pooling_1d(pool_size = 5) %>%
  layer_conv_1d(filters = 256, kernel_size = 5, activation = "relu") %>%
  layer_conv_1d(filters = 256, kernel_size = 5, activation = "relu") %>%
  layer_global_max_pooling_1d() %>%
  layer_dense(units = 128, activation = "relu")

age_prediction <- base_model %>%           출력 계층에는 이름이
  layer_dense(units = 1, name = "age")      지정된다.

income_prediction <- base_model %>%
  layer_dense(num_income_groups, activation = "softmax", name = "income")

gender_prediction <- base_model %>%
```

```
    layer_dense(units = 1, activation = "sigmoid", name = "gender")

model <- keras_model(
  posts_input,
  list(age_prediction, income_prediction, gender_prediction)
)
```

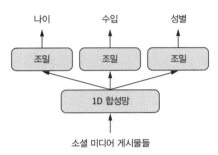

보기 7.7 표제가 세 개인 소셜 미디어 모델

여기서 중요한 것은 이러한 모델을 훈련하려면 망의 각기 다른 헤드별로 각기 서로 다른 손실 함수를 지정할 수 있는 능력이 필요하다는 점이다. 예를 들어, 연령 예측은 스칼라 회귀 과제이지만, 성별 예측은 다른 훈련 절차를 필요로 하는 이항 분류 작업이다. 그러나 경사 하강에서는 스칼라를 최소화해야 하므로 이 손실을 단일 값으로 결합해 모델을 학습시켜야 한다. 서로 다른 손실을 결합하는 가장 간단한 방법은 이것들을 모두 합하는 것이다. 케라스에서는 compile에서 손실에 대한 리스트(list) 또는 손실에 대한 명칭 리스트(named list)를 사용해 서로 다른 출력을 대상으로 각기 서로 다른 객체를 지정할 수 있다. 결과로 나오는 손실 값은 총 손실로 합계되며, 이는 훈련 중에 최소화된다.

목록 7.4 다중 출력 모델의 컴파일 옵션: 다중 손실

```
model %>% compile(
  optimizer = "rmsprop",
  loss = c("mse", "categorical_crossentropy", "binary_crossentropy")
)

model %>% compile(
  optimizer = "rmsprop",
  loss = list(
    age = "mse",                              위와 상동(출력 계층에 이름을
    income = "categorical_crossentropy",      지정하는 경우에만 사용 가능)
    gender = "binary_crossentropy"
  )
)
```

손실에 대한 기여분이 매우 불균형한 경우에, 모델은 다른 작업을 희생하면서까지 가장 큰 개별 손실을 가진 작업에 맞춰 모델 표현이 우선적으로 최적화되도록 한다는 점에 주목하라. 이를 해결하기 위해 최종 손실에 대한 기여도에서 손실 값에 다른 중요도를 부여할 수 있다. 손실이 다른 계량 값을 사용할 때 특히 유용하다. 예를 들어, 연령 회귀 작업에 사용된 평균제곱오차 손실은 일반적으로 3~5 정도의 값을 취하는 반면, 성 분류 작업에 사용된 교차 엔트로피 손실은 0.1 정도로 낮을 수 있다. 이러한 상황에서 서로 다른 손실의 기여도를 맞추기 위해 교차 엔트로피 손실에 10의 가중치, 평균제곱오차 손실에 0.25의 가중치를 할당할 수 있다.

목록 7.5 다중 출력 모델의 컴파일 옵션: 손실 가중

```
model %>% compile(
  optimizer = "rmsprop",
  loss = c("mse", "categorical_crossentropy", "binary_crossentropy"),
  loss_weights = c(0.25, 1, 10)
)

model %>% compile(
  optimizer = "rmsprop",
  loss = list(
    age = "mse",
    income = "categorical_crossentropy",
    gender = "binary_crossentropy"
  ),                                    ┤ 위와 상동(출력 계층에 이름을 지정하는
  loss_weights = list(                    경우에만 사용 가능)
    age = 0.25,
    income = 1,
    gender = 10
  )
)
```

다중 입력 모델의 경우와 마찬가지로, 배열의 일반 리스트나 명명된 배열 리스트를 통해 훈련용 모델에 데이터를 전달할 수 있다.

목록 7.6 다중 출력 모델에 데이터 보내기

```
model %>% fit(
  posts, list(age_targets, income_targets, gender_targets),   ┤ age_targets, income_
  epochs = 10, batch_size = 64                                   targets 및 gender_
)                                                                targets는 R 배열로
                                                                 간주된다.

model %>% fit(
  posts, list(                          ┤ 위와 상동(출력 계층에 이름을
    age = age_targets,                    지정하는 경우에만 사용 가능)
    income = income_targets,
```

```
    gender = gender_targets
  ),
  epochs = 10, batch_size = 64
)
```

위와 상동(출력 계층에 이름을
지정하는 경우에만 사용 가능)

7.1.4 여러 계층으로 이뤄진 방향성 비순환 그래프

함수형 API를 사용하면 다중 입력 및 다중 출력을 갖춘 모델을 만들 수 있을 뿐 아니라 복잡한 내부 위상을 갖춘 망을 구현할 수도 있다. 케라스의 신경망은 여러 계층으로 이뤄진 **방향성 비순환 그래프**(directed acyclic graphs)가 될 수 있다. 여기서는 한정자 acyclic이 중요하다. 이 그래프에는 순환(cycles)이 있을 수 없다. 텐서 x가 x를 생성한 계층 중 하나의 입력이 되는 것은 불가능하다. 허용되는 유일한 처리 루프(즉, 재귀적 연결)는 재귀 계층들에 대한 내부 처리 루프다.

몇 가지 일반적인 신경망 구성 요소가 그래프로 구현된다. 주목할 만한 두 가지는 Inception 모듈과 잔차 연결이다. 함수형 API를 사용해 계층 그래프를 작성하는 방법을 더 잘 이해하기 위해 이 두 가지를 케라스에서 구현하는 방법을 살펴보자.

Inception 모듈

Inception[4]은 합성곱 신경망을 위한 대중적인 유형의 망 아키텍처이다. 이전에 나왔던 **망 내 망**(network-in-network) 아키텍처에서 영감을 얻어 2013년부터 2014년까지 구글의 쩨게디와 그의 동료가 개발했다.[5] Inception 그 자체로는 작은 독립 망처럼 보이며, 여러 병렬 분기로 분할된 모듈 스택으로 구성된다. Inception 모듈의 가장 기본적인 형태는 1×1 합성곱부터 시작해 3×3 합성곱으로 이어지고 그 다음으로 결과로 나온 특징들의 연결로 끝나는, 서너가지 분지로 구성된 형태이다. 이런 식으로 설정하면 망은 공간적 특징들과 채널별 특징들을 개별적으로 학습하게 되므로 공동으로 학습하는 방식보다 더 효율적이게 된다. 일반적으로 풀링 연산, 서로 다른 공간적 합성곱 크기(예 일부 분지에서는 3×3 대신 5×5), 공간적 합성곱이 없는 분지(1×1만 포함)와 같은 더 복잡한 버전의 Inception 모듈도 있을 수 있다. 보기 7.8은 Inception V3에서 가져온 이러한 모듈의 예이다.

---

4   Szegedy et al., "Going Deeper with Convolutions," https://arxiv.org/abs/1409.4842.

5   Min Lin, Qiang Chen, and Shuicheng Yan, "Network in Network," International Conference on Learning Representations (2013), https://arxiv.org/abs/1312.4400.

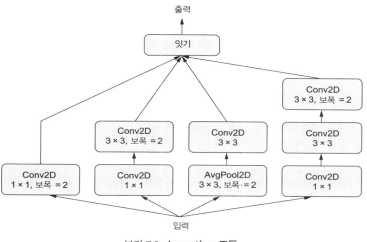

보기 7.8 **Inception 모듈**

> **1×1 합성곱의 목적**
>
> 합성곱이 입력 텐서를 이루는 모든 바둑판(타일 모양으로 된 데이터 텐서) 공간에서 조각을 추출하고 각
> 조각에 동일한 변환을 적용한다는 것은 이미 알고 있을 것이다. 여기서 윤곽선이란, 추출된 조각이 단
> 일 바둑판으로 구성되는 경우이다. 합성곱 연산은 조밀 계층을 통해 각 바둑판 벡터를 실행하는 것
> 과 같다. 입력 텐서의 채널에서 정보를 함께 혼합하는 특징들을 계산하지만, 공간에서 정보를 혼합
> 하지는 않는다(한 번에 하나의 바둑판만 처리하기 때문). 이러한 1×1 합성곱을 **점별 합성곱(pointwise
> convolutions)**라고도 하는데, 이것은 Inception 모듈에 포함돼 있다. 이 모듈은 채널별 특징 학습
> (channel-wise feature learning) 및 공간별 특징 학습(space-wise feature learning)을 요인별로 분해하는
> 데 도움이 된다. 각 채널이 공간 전체에 걸쳐서 자기 상관 관계가 있다고 가정할 경우에 적절한 방법이
> 다. 채널이 서로 다르면 상호간에 높은 상관 관계가 없을 수 있다.

함수형 API를 사용해 보기 7.8에 소개된 모듈을 구현하는 방법은 다음과 같다. 이 예제에서
는 4D 텐서 입력이 있다고 가정한다.[6]

```
library(keras)

branch_a <- input %>%
  layer_conv_2d(filters = 128, kernel_size = 1,
                activation = "relu", strides = 2)
```

모든 분지(branch)의 보폭 값(2)이
같아서, 모든 분지의 출력들의
크기가 같게 되므로 서로 연결할 수 있다.

---

6 [옮긴이] 이 책의 내용을 잘 따라왔다면 다음 코드에 나오는 4D 입력 텐서 input을 나름대로 구성할 수 있겠지만, 잘 모르겠다면 목
록 5.24를 중심으로 5장을 다시 살펴보기 바란다.

```
branch_b <- input %>%
  layer_conv_2d(filters = 128, kernel_size = 1,
                activation = "relu") %>%
  layer_conv_2d(filters = 128, kernel_size = 3,
                activation = "relu", strides = 2)     ◁── 이 분지에서는 공간 합성곱 계층에서
                                                           보폭 처리를 한다.
branch_c <- input %>%
  layer_average_pooling_2d(pool_size = 3, strides = 2) %>%  ◁── 이 분지에서는 평균 풀링
  layer_conv_2d(filters = 128, kernel_size = 3,                   (average pooling) 계층에서
                activation = "relu")                             보폭을 적용한다.

branch_d <- input %>%
  layer_conv_2d(filters = 128, kernel_size = 1,
                activation = "relu") %>%
  layer_conv_2d(filters = 128, kernel_size = 3,
                activation = "relu") %>%
  layer_conv_2d(filters = 128, kernel_size = 3,
                activation = "relu", strides = 2)

output <- layer_concatenate(list(        분지 출력을 사슬처럼 이어
  branch_a, branch_b, branch_c, branch_d   모듈의 출력을 얻는다.
))
```

전체 Inception V3 아키텍처는 이미지넷 데이터셋에 사전 훈련 가중치를 포함해 케라스에서 application_inception_v3으로 사용할 수 있다. 케라스 애플리케이션 모듈의 일부로 사용할 수 있는 또 다른 관련 모델은 Xception이다.[7] **극단적 인셉션(extreme inception)**을 의미하는 Xception은 Inception에서 영감을 얻은 합성망 아키텍처이다. Xception은 채널별 특징들과 공간별 특징들을 자신의 논리적 극단으로 분리하는 아이디어를 취하고, Inception 모듈들을 깊이별 합성곱(모든 입력 채널을 별도로 처리하는 공간 합성곱)과 점별 합성곱(1 × 1 합성곱)이 뒤따르는 깊이별 분리 가능 합성곱으로 대체한다. 사실상 이것은 Inception 모듈의 극단적인 형태이며, 공간적 특징들과 채널별 특징들이 완전히 분리돼 있다. Xception은 Inception V3와 거의 동일한 수의 파라미터를 갖지만, 모델 파라미터를 더 효율적으로 사용하기 때문에 이미지넷과 다른 대규모 데이터셋에서 런타임 성능과 정확도가 향상됐다.

잔차 연결

잔차 연결(residual connections)은 Xception을 포함해 2015년 이후에 나온 많은 망 아키텍처에서 발견되는 일반적인 그래프형 망 구성 요소이다. 이는 2015년 후반에 ILSVRC 이미지넷에

---

7 François Chollet, "Xception: Deep Learning with Depthwise Separable Convolutions," Conference on Com- puter Vision and Pattern Recognition(2017), https://arxiv.org/abs/1610.02357.

도전한 마이크로소프트의 허(He) 등이 소개한 바 있다.[8] 경사 소멸과 표현적인 병목 현상과 같은 대규모의 딥러닝 모델을 괴롭히는 두 가지 일반적인 문제를 해결한다. 일반적으로 잔차 연결을 열 개 이상의 계층이 있는 모델에 추가하는 게 효과적일 수 있다.

잔차 연결이란 이전 계층의 출력을 이후 계층에 대한 입력으로 사용할 수 있게 구성하는 것이므로 순차 망에 효과적인 지름길을 만드는 셈이 된다. 이후 활성에 연결되는 대신, 이전 출력은 두 활성이 동일한 크기라고 가정하는 이후의 활성과 합쳐진다. 크기가 다른 경우에는 선형 변형을 사용해 이전 활성을 표적 모양으로 바꿀 수 있다(예 활성이 없는 조밀 계층 또는 합성곱 특징 지도의 경우, 활성이 없는 1 × 1 합성곱).

항등 잔차 연결을 사용해 특징 지도 크기가 동일할 때 케라스에서 잔차 연결을 구현하는 방법은 다음과 같다. 이 예제는 4D 입력 텐서 input의 존재를 가정한다.

```
output <- input %>%   ◄─────── 입력에 변환을 적용한다.
  layer_conv_2d(filters = 128, kernel_size = 3,
                activation = "relu", padding = "same") %>%
  layer_conv_2d(filters = 128, kernel_size = 3,
                activation = "relu", padding = "same") %>%
  layer_conv_2d(filters = 128, kernel_size = 3,
                activation = "relu", padding = "same")

output <- layer_add(list(output, input))   ◄── 원본 입력을 출력에 추가한다.
```

그리고 다음은 선형 잔차 연결(다시, 4D 입력 텐서 input의 존재를 가정할 때)을 사용해 특징 지도의 크기가 다를 때의 잔차 연결을 구현한다.

```
output <- input %>%
  layer_conv_2d(filters = 128, kernel_size = 3,
                activation = "relu", padding = "same") %>%
  layer_conv_2d(filters = 128, kernel_size = 3,
                activation = "relu", padding = "same") %>%
  layer_max_pooling_2d(pool_size = 2, strides = 2)

residual <- input %>%
  layer_conv_2d(filters = 128, kernel_size = 1,
                strides = 2, padding = "same")   ◄── 원래 입력 텐서를 출력과 동일한 모양으로
                                                     하향 표본 추출하기 위해 1 × 1 합성곱을
                                                     사용한다.

output <- layer_add(list(output, residual))   ◄── 잔여 텐서를 출력 특징에 추가한다.
```

---

8 He et al., "Deep Residual Learning for Image Recognition," https://arxiv.org/abs/1512.03385.

> **딥러닝의 표현적 병목 현상**
>
> 순차 모델에서 각 연속 표현 계층은 이전 계층의 상단에 만들어지므로 이전 계층의 활성에 포함된 정보에만 액세스할 수 있다. 한 계층이 너무 작으면(예를 들어, 차원이 너무 낮은 특징들만 있는 경우) 모델은 이 계층의 활성화에 필요한 정보량에 따라 제한된다.
>
> 이 개념을 신호 처리에 비유해 파악할 수 있다. 오디오 처리 파이프 라인이 일련의 작업으로 구성돼 있고, 각 작업은 입력으로 이전 작업의 출력을 가져온 경우, 한 작업에서 신호를 저주파수 범위(예 0~15 kHz)를 사용하면 다운스트림 작업으로 인해 사라진 주파수를 복구할 수 없다. 모든 정보의 손실은 영구적이다. 초기 정보를 하위 단계로 재주입함으로써 잔차 연결은 딥러닝 모델들과 관련된 이러한 문제를 부분적으로 해결한다.[9]

> **딥러닝의 경사 소멸**
>
> 심층 신경망을 학습하는 데 사용되는 마스터 알고리즘인 역전파는 출력 손실을 이전 계층으로 피드백 신호 형태로 전달함으로써 작동한다. 이 피드백 신호가 깊이 적층된 계층들을 통해 전파돼야 하는 경우에는 신호가 약해지거나 완전히 손실돼 망이 변형될 수 있다. 이 문제를 **경사 소멸**(vanishing gradients)이라고 한다.
>
> 이 문제는 심층 망 및 매우 긴 시퀀스를 처리해야 하는 재귀 망에서 발생한다. 두 경우 모두 피드백 신호는 긴 일련의 작업을 통해 전파돼야 한다. 여러분은 이미 재귀 망에서 LSTM 계층이 이 문제를 해결하는 데 사용하는 해법에 익숙하다. 해당 해법에서는 주 처리 트랙에 정보를 병렬로 전달하는 자리올림 트랙을 도입한다. 잔차 연결은 피드포워드 심층 망에서 이와 비슷한 방식으로 작동하지만, 좀 더 단순하다. 주 계층 스택과 평행하게 순수한 선형 정보 자리올림 트랙을 도입하면 깊이 적층된 계층들을 거쳐서도 임의로 경사를 전달할 수 있다.

7.1.5 계층 가중치 공유

함수형 API의 중요한 기능 중 하나는 계층 인스턴스(layer instance)를 여러 번 재사용하는 능력이다. 계층 인스턴스를 두 번 호출할 때 각 호출별로 새 계층을 인스턴스화하는 대신 모든 호출에 동일한 가중치를 사용한다. 이를 통해 동일한 지식을 공유하고 동일한 작업을 수행하는 몇몇 분지를 공유하는 모델들을 구축할 수 있다. 모델들은 동일한 표현을 공유하고 서로 다른 입력 집합에 대해 이러한 표현을 동시에 습득한다.

---

9 [옮긴이] 이해를 돕기 위해 비유를 들면 어떤 조직이 커지면서 직급이 늘어난다고 하자. 처음에는 사장이 대리에게 직접 지시하다가, 그 중간에 부장과 과장이라는 직급이 생기면 사장의 의도가 대리까지 잘 전달되지 않는다. 이럴 때 사장이 부장에게 지시를 내림과 동시에, 과장에게도 지시를 전달하면 지시 정보가 중간에 왜곡되거나 소실될 위험이 줄어든다. 여기서 말하는 사장이 신경망의 제일 하단(입력 계층)이라면 대리는 제일 상단(출력 계층)에 비유할 수 있다.

예를 들어, 두 문장 사이의 의미상 유사성을 평가하려는 모델을 생각해 보라. 모델은 두 개 입력(비교할 두 문장)을 갖고 0과 1 사이의 점수를 출력한다. 0은 관련이 없는 문장을 의미하고, 1은 서로의 동일한 문장 또는 형식만 바꾼 문장을 의미한다. 이러한 모델은 대화 시스템에서 중복된 자연어 질의를 제거하는 일 등을 할 수 있으므로 많은 애플리케이션에 유용할 수 있다.

의미론적 유사성이 대칭 관계에 놓여 있으므로 이 설정에서 두 입력 문장을 상호 교환해 쓸 수 있다. 이는 B에 대한 A의 닮음과 A에 대한 B의 닮음이 똑같기 때문이다. 이 때문에 각 입력 문장을 처리하기 위해 독립적인 모델 두 개를 학습하게 하는 일은 의미가 없다. 그 대신 하나의 LSTM 계층으로 두 가지를 처리하려고 한다. 이 LSTM 계층의 표현(가중치)은 두 입력을 모두 기반으로 삼아 동시에 학습된다. 이것은 **샴 LSTM(Siamese LSTM)** 모델 또는 **공유 LSTM(shared LSTM)**이라고 한다.

케라스 함수형 API에서 계층 공유(계층 재사용)를 사용해 이러한 모델을 구현하는 방법은 다음과 같다.

모델의 왼쪽 분지 만들기: 입력은 크기가
128인 벡터의 가변 길이 시퀀스다.

```
library(keras)

lstm <- layer_lstm(units = 32)        ◁── 하나의 LSTM 계층을 한 번
left_input <- layer_input(shape = list(NULL, 128))   인스턴스화한다.
left_output <- left_input %>% lstm()

right_input <- layer_input(shape = list(NULL, 128))   모델의 오른쪽 분지 만들기:
right_output <- right_input %>% lstm()                기존 계층 인스턴스를 호출하면
                                                       해당 가중치를 재사용한다.
merged <- layer_concatenate(list(left_output, right_output))

predictions <- merged %>%                             상단에 분류기를 작성한다.
  layer_dense(units = 1, activation = "sigmoid")
                                                       모델 인스턴스화 및 훈
                                                       련: 이러한 모델을 훈
                                                       련하면 LSTM 계층의
model <- keras_model(list(left_input, right_input), predictions)   가중치가 두 가지 입력
model %>% fit(list(left_data, right_data), targets)   을 기반으로 갱신된다.
  list(left_data, right_data), targets)
)
```

계층 인스턴스는 두 번 이상 사용될 수 있다. 매번 같은 집합의 가중치를 재사용해 임의로 여러 번 호출할 수 있다.

7.1.6 계층 역할을 하는 모델

중요한 점은 함수형 API에서 계층을 효과적으로 사용하는 것처럼 모델을 사용할 수 있으므로 모델을 "더 커다란 계층"이라고 생각할 수 있는 것이다. 이는 keras_model 및 keras_model_sequential 함수로 작성된 모델에 적용된다. 즉, 입력 텐서에서 모델을 호출하고, 출력 텐서를 검색할 수 있다.

```
y <- model(x)
```

모델에 다중 입력 텐서와 다중 출력 텐서가 있는 경우, 텐서 목록을 사용해 호출해야 한다.

```
c(y1, y2) %<-% <- model(list(x1, x2))
```

모델 인스턴스를 호출하면 계층 인스턴스를 호출할 때와 마찬가지로 모델의 가중치를 재사용하게 된다. 인스턴스를 호출하면 계층 인스턴스인지, 모델 인스턴스인지와 관계없이 인스턴스의 기존에 학습된 표현이 항상 재사용된다. 이것은 직관적이다.

모델 인스턴스를 재사용해 구축할 수 있는 실용적인 예제는 듀얼 카메라를 입력으로 사용하는 비전 모델이다. 카메라 두 대가 나란히 몇 센티미터(1인치) 정도 서로 떨어져 있다고 가정해 보자. 이러한 모델은 깊이를 감지할 수 있으며, 이는 많은 응용 분야에서 유용할 수 있다. 두 먹잇감[10]을 병합하기 전에는 왼쪽 카메라와 오른쪽 카메라에서 시각적인 특징을 추출하는 데 있어 두 개의 독립적인 모델이 필요하지 않다. 이러한 낮은 수준의 처리는 두 가지 입력을 통해 공유될 수 있다. 즉, 동일한 가중치를 사용하고 동일한 표현을 공유하는 계층을 통해 수행할 수 있는 것이다. 케라스에서 샴 비전 모델(공유 합성곱 기반)을 구현하는 방법은 다음과 같다.

```
library(keras)

xception_base <- application_xception(weights = NULL,       기본 이미지 처리 모델은
                                      include_top = FALSE)   Xception 망이다
                                                            (합성곱 기반 전용).

left_input <- layer_input(shape = c(250, 250, 3))    입력은 250×250 RGB
right_input <- layer_input(shape = c(250, 250, 3))   이미지이다.
```

---

10 [옮긴이] 이 책의 저자는 data feeding을 '데이터 먹이기', feed는 '먹이기'라는 개념으로 사용하고 있지만, 우리말로는 보통 '데이터 피드' 또는 '데이터 공급'으로 알려져 있으므로 이런 관행을 따라 번역했다. 그러나 저자의 뉘앙스를 정확히 이해하고 싶다면 '공급'이라는 말을 '먹이기'로 생각하는 게 바람직하다. 그래서 딱 여기서만 신경망으로 공급되는 데이터(feeding data)를 (신경망의) '먹잇감'으로 표현했다. 그래야 저자의 의도가 생생하게 전달되기 때문이다.

```
left_features <- left_input %>% xception_base()      |  같은 비전 모델을
right_features <- right_input %>% xception_base()     |  두 번 호출한다.

merged_features <- layer_concatenate(             병합된 특징들에는 오른쪽 시각 먹잇감과
  list(left_features, right_features)             왼쪽 시각 먹잇감의 정보가 포함된다.
)
```

7.1.7 결론

이것으로 케라스의 함수형 API를 소개하는 일을 마무리한다. 케라스의 함수형 API는 고급 심층 신경망 아키텍처를 구축하는 데 필수적인 도구이다. 여러분은 이제 다음과 같은 내용을 알게 됐을 것이다.

- 계층들을 선형으로 적층한 것 이상의 것이 필요할 때 순차적 API를 벗어나기
- 케라스의 함수형 API를 사용해 여러 입출력 및 복잡한 내부 네트워크 토폴로지 기하학을 고려하면서 케라스 모델을 작성하는 방법
- 동일한 계층 또는 모델 인스턴스를 여러 번 호출해 서로 다른 처리 분지에서 계층 또는 모델의 가중치를 재사용하는 방법

7.2 케라스 콜백과 텐서보드로 딥러닝 모델을 검사하고 관찰하기

이번 절에서는 훈련 도중 모델 내부에서 수행되는 작업에 더 효과적으로 접근해 제어할 수 있는 방법을 검토한다. fit() 또는 fit_generator()를 사용해 대규모 데이터셋을 수십 에포크만큼 연(連, run)[11]하는 일은 종이비행기를 날리는 일과 비슷한 면이 있다. 종이비행기를 날린 이후에는 비행 궤도나 착륙 지점을 제어할 수 없다. 나쁜 결과(즉, 종이비행기를 낭비하는 일)를 피하려면 환경을 감지한 후 운영자에게 데이터를 보내고 자신의 현재 상태에 따라 자동으로 조종을 할 수 있는 무인 항공기를 사용하는 게 현명하다. 여기에 제시된 기술은 종이비행기 수준에서 벗어나 자아의 내면을 탐색할 수 있을 뿐 아니라 역동적으로 행동할 수 있는 지능적이고, 비지도적인 무인 항공기에 적합하도록 호출을 변환하는 데 사용된다.

---

11 **옮긴이** 데이터셋 전체에 걸쳐 한 차례 처리하는 일. 즉, 데이터셋 전체를 바닥에 깔아 둔다고 보고 그 위를 한 차례 달리는(run)일을 통계학 용어로는 연(連)이라고 한다. 비유를 들자면 하루에 한 번 운동장을 달리기(run)로 하고, 한 번 달릴 때 열 바퀴(epoch)를 돌기로 하고, 한 바퀴 도는 데 400 걸음(step)을 걸어야 할 것으로 추정한다고 하자. 이 때 나오는 각 용어인 걸음, 바퀴, 달리기가 신경망 학습 과정에 자주 쓰이는 step, epoch, run이다. 그러므로 여러 걸음(step)이 한 바퀴(epoch)를 이루고, 여러 바퀴를 돌아 한 번 달리기(run)가 된다.

7.2.1 콜백을 사용해 훈련 중인 모델을 행동하게 하기

모델을 훈련할 때는 처음부터 예측할 수 없는 것들이 많다. 특히 최적의 평가 손실을 얻기 위해 얼마나 많은 에포크가 필요한지 알 수 없다. 지금까지는 예제들이 과적합되기 시작하는 적절한 에포크 수를 알아내기 위해 우선 실행해 본 후, 마지막으로 이 최적 에포크 수를 사용해 밑바닥에서부터 새로운 훈련을 시작했다. 물론, 이런 방식은 낭비에 가깝다.

평가 손실이 더 이상 개선되지 않게 된 것을 측정한 시점에서 훈련을 중단하는 편이 훨씬 더 좋은 처리 방식이다. 케라스 콜백을 사용하면 이와 같은 방식으로 수행할 수 있다. **콜백 (callback)**은 fit을 호출할 때 모델로 전달되는 객체로, 훈련 도중의 다양한 지점에서 모델에 의해 호출된다. 콜백은 모델의 상태 및 성능에 사용 가능한 모든 데이터에 액세스할 수 있으며, 훈련 중단, 모델 저장, 다른 가중치 집합 적재 또는 모델 상태 변경 등의 조치를 취할 수 있다.

다음은 콜백을 사용할 수 있는 몇 가지 예이다.

- **모델 검사점 확인(model checkpointing)**: 훈련 중 여러 다른 지점에 모델의 현재 가중치를 저장한다.
- **조기 중단**: 검증 손실이 더 이상 개선되지 않을 때 훈련을 중단하게 한다(그리고 훈련 중에 얻은 최상의 모델을 저장한다).
- **훈련 중 특정 파라미터의 값을 동적으로 조정**: 최적화기의 학습 속도 등을 조정한다.
- **훈련 과정에서 훈련 계량 및 검증 계량을 로그로 기록하거나 갱신 시 모델에서 얻은 표현을 시각화**: 여러분에게 익숙한 케라스 진행률 표시줄 자체가 콜백이다!

케라스에는 콜백이 많이 내장돼 있다(모두 나열하지는 않았다).

```
callback_model_checkpoint()
callback_early_stopping()
callback_learning_rate_scheduler()
callback_reduce_lr_on_plateau()
callback_csv_logger()
```

callback_model_checkpoint, callback_early_stopping, callback_reduce_lr_on_plateau와 같은 몇 가지 콜백을 검토해 보면서 콜백 사용법을 알아보자.

모델 검사점 및 조기 중단 콜백

callback_early_stopping을 사용해 관측되는 표적 계량(target metric)이, 고정한 에포크 횟수만큼 처리했을 때에도 개선되지 않을 때는 훈련을 중단할 수 있다. 예를 들어, 이 콜백을 사용하면 과적합되자마자 훈련을 중단할 수 있으므로 더 적은 수의 에포크만큼 모델을 다시 훈련하지 않아도 된다. 이 콜백은 일반적으로 callback_model_checkpoint와 함께 사용된다. 이것을 사용하면 훈련 도중에도 모델을 계속 저장할 수 있다(현재 최상인 모델, 즉 에포크 끝에서 최상의 성능을 얻은 모델 버전만 선택해 저장할 수도 있다).

```
library(keras)                              콜백은 콜백 목록을 취하는 fit의 콜백 인수를 통해 모델에
                                            전달된다. 원하는 만큼의 콜백을 전달할 수 있다.
callbacks_list <-list(                      개선이 중단되면 훈련을 중단한다.
  callback_early_stopping(
    monitor = "acc",                        모델의 검증 정확도를 모니터한다.
    patience = 1                            한 개 이상(즉, 두 개) 에포크 동안 정확도가
  ),                                        개선되지 않을 때 훈련을 중단한다.
  callback_model_checkpoint(                모든 에포크 경로 이후에 현재 가중치를 저장한다.
    filepath = "my_model.h5",               모델 파일을 저장할 경로
    monitor = "val_loss",
    save_best_only = TRUE                   이 두 가지 인수는 val_loss가 개선되지 않으면
  )                                         모델 파일을 덮어쓰지 않음을 의미하므로 훈련 중에
)                                           가장 좋은 모델을 유지할 수 있다.

model %>% compile(
  optimizer = "rmsprop",
  loss = "binary_crossentropy",             정확도를 관측하므로 모델의
  metrics = c("acc")                        계량에 포함돼야 한다.
)

model %>% fit(
  x, y,
  epochs = 10,
  batch_size = 32,                          콜백은 검증의 손실과 정확도를
  callbacks = callbacks_list,               관측하기 때문에 validation_data를
  validation_data = list(x_val, y_val)      호출에 전달해야 한다.
)
```

고원상의 학습 속도 감속 콜백

이 콜백을 사용해 검증 손실이 개선되지 않을 때는 학습 속도를 늦출 수 있다. **손실 고원(loss plateau)**의 경우, 학습 속도를 조정하는 것은 훈련 중 지역 최솟값들에서 벗어나는 효과적인 전략이다. 다음 예제에서는 callback_reduce_lr_on_plateau를 사용한다.

```
callbacks_list <- list(
  callback_reduce_lr_on_plateau(      모델의 검증 손실을
    monitor = "val_loss",    ◁        관측한다.
    factor = 0.1,    ◁               트리거될 때 학습 속도를 열 배로 늦춘다.
    patience = 10    ◁       콜백은 검증 손실이 10에포크 동안
  )                          개선되지 않으면 실행(fire)된다.
)

model %>% fit(
  x, y,
  epochs = 10,
  batch_size = 32,           콜백은 검증 손실을 관측하기 때문에
  callbacks = callbacks_list,  validation_data를 호출 측에 전달해야 한다.
  validation_data = list(x_val, y_val)
)
```

자신만의 콜백 작성

내장된 콜백 중 하나에서 다루지 않는 특별한 조치를 훈련 중에 해야 하는 경우, 자신만의 콜백을 작성할 수 있다. 콜백은 kerasCallback 클래스에서 상속받은 새로운 R6 클래스를 생성해 구현된다. 그런 다음, 훈련 과정 중 다양한 지점에서 호출되는 다음과 같이 투명하게 명명된 메서드를 원하는 만큼 구현할 수 있다.

```
on_epoch_begin   ◁───┤ 모든 에포크의 시작에서 호출, 각 에포크의 끝에서 호출
on_epoch_end     ◁───┤ 모든 에포크의 종료에서 호출

on_batch_begin   ◁───┤ 각 배치를 처리하기 전에 호출
on_batch_end     ◁───┤ 각 배치를 처리한 직후에 호출

on_train_begin   ◁───┤ 훈련 시작 시에 호출
on_train_end     ◁───┤ 훈련 종료 시에 호출
```

이 메서드들은 학습 실행 정보(훈련 및 검증 지표 등)가 들어 있는 명명형(named) 리스트인 logs 인수를 사용해 호출된다. 또한 콜백은 다음과 같은 속성에 접근할 수 있다.

- **self$model**: 훈련 중인 케라스 모델에 대한 참조
- **self$params**: 훈련 파라미터가 있는 명명형 리스트(자세한 표시, 배치 크기, 에포크 수 등)

다음은 훈련 중 각 배치에 대한 손실 리스트를 저장하는 간단한 예이다.

```
library(keras)
library(R6)

LossHistory <- R6Class("LossHistory",
  inherit = KerasCallback,

public = list(

  losses = NULL,

    on_batch_end = function(batch, logs = list()) {
      self$losses <- c(self$losses, logs[["loss"]])
    }
))

history <- LossHistory$new()
model %>% fit(
  x, y,
  batch_size = 128,
  epochs = 20,
  callbacks = list(history)
)
> str(history$losses)
num [1:160, 1:13] 0.634 0.615 0.631 0.664 0.626 ...
```

모든 훈련 배치가 끝날 때 호출됨.

리스트의 모든 배치에서 손실 누적

콜백의 인스턴스를 생성한다.

모델 훈련에 콜백을 연결한다.

축적된 손실은 이제 콜백 인스턴스에서 사용할 수 있다.

이는 콜백과 관련해서 알아야 할 모든 것이다. 나머지는 쉽게 찾아볼 수 있는 기술적 세부 사항이다. 이제 훈련 중에 로그를 기록하는 일이나 케라스 모델에 사전에 프로그램된 간섭을 할 수 있게 됐다.

7.2.2 텐서보드 소개: 텐서플로 시각화 프레임워크

연구를 잘하거나 모델을 잘 개발하려면 모델 내부에서 벌어지는 일에 대한 풍부하고 빈번한 피드백을 실험 도중에 해줘야 한다. 이게 실험 수행의 요점이다. 즉, 모델이 얼마나 잘 수행하고 있는지에 대한 정보를 가능한 한 많이 얻는 일 말이다. 진보란 반복적인 과정, 즉 루프이다. 아이디어로 시작해 이 아이디어를 실험으로 구현하되, 이 과정에서 아이디어를 검증하거나 폐기하는 일이 이와 같은 반복 과정에 해당한다. 여러분은 이와 같은 실험을 진행하면서 실험 과정에서 나오는 정보를 처리하게 된다.

이런 점을 생각해 본다면 그러한 반복 과정을 거듭할수록 아이디어가 더 세련되고 강력해질 것이라는 점을 알 수 있다. 케라스는 가능한 한 적은 시간에 아이디어에서 실험에 이르는 데 도움을 주며 속도가 빠른 GPU가 있으면 실험 결과를 빠르게 얻어낼 수 있다. 그런데 실험 결과를 어떻게 표시해야 할까? 바로 이 시점에서 텐서보드가 필요하다.

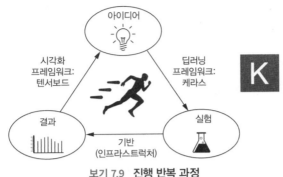

보기 7.9 **진행 반복 과정**

이번 절에서는 텐서플로와 함께 제공되는 브라우저 기반 시각화 도구인 텐서보드(Tensor Board)를 소개한다. 텐서보드는 케라스를 텐서플로 백엔드와 함께 사용할 때만 케라스 모델에서 사용할 수 있다는 점에 주의해야 한다.

텐서보드의 주요 목적은 훈련 중에 모델 내부에서 일어나는 모든 일을 시각적으로 모니터하는 데 있다. 모델의 최종 손실 이상으로 더 많은 정보를 관측하는 경우, 모델이 수행하는 작업과 수행하지 않는 작업에 대한 명확한 비전을 개발할 수 있으며, 더 빨리 일을 진척할 수 있다. 텐서보드를 사용하면 여러분이 사용하는 브라우저에서 몇 가지 멋진 기능을 펼쳐 보일 수 있다.

- 훈련 중 통계를 시각적으로 관측
- 모델 아키텍처 시각화
- 활성화 및 경사의 히스토그램 시각화
- 매장을 입체적으로 탐색

간단한 예제를 통해 이러한 특징들을 살펴보자. 여러분은 IMDB 정서 분석 작업에서 1D 합성망을 훈련하게 된다.

이 모델은 6장의 마지막 절에서 살펴본 것과 비슷하다. IMDB 어휘에서 상위 2,000개 단어만 고려해 시각적 단어 매장을 더 쉽게 처리할 수 있다.

```
library(keras)

max_features <- 2000  ←————— 특징으로 고려할 단어 수
max_len <- 500  ←—————  이 단어 수 이후의 텍스트를 자른다
                        (max_features 중에서 가장 일반적인 단어).
imdb <- dataset_imdb(num_words = max_features)
c(c(x_train, y_train), c(x_test, y_test)) %<-% imdb
x_train <- pad_sequences(x_train, maxlen = max_len)
x_test = pad_sequences(x_test, maxlen = max_len)

model <- keras_model_sequential() %>%
  layer_embedding(input_dim = max_features, output_dim = 128,
                  input_length = max_len, name = "embed") %>%
  layer_conv_1d(filters = 32, kernel_size = 7, activation = "relu") %>%
  layer_max_pooling_1d(pool_size = 5) %>%
  layer_conv_1d(filters = 32, kernel_size = 7, activation = "relu") %>%
  layer_global_max_pooling_1d() %>%
  layer_dense(units = 1)

summary(model)

model %>% compile(
  optimizer = "rmsprop",
  loss = "binary_crossentropy",
  metrics = c("acc")
)
```

텐서보드를 사용하기 전에 생성된 로그 파일을 저장할 디렉터리를 만들어야 한다.

목록 7.8 텐서보드 로그 파일용 디렉터리 만들기

```
> dir.create("my_log_dir")
```

텐서보드 콜백 인스턴스로 훈련을 시작해 보자. 이 콜백은 로그 이벤트를 지정된 위치의 디스크에 쓴다.

목록 7.9 텐서보드 콜백을 사용해 모델 훈련하기[12]

```
tensorboard("my_log_dir")          ◁──── 텐서보드를 시작하고 지정된
                                          디렉터리에서 출력을 기다린다.
callbacks = list(
  callback_tensorboard(
    log_dir = "my_log_dir",
    histogram_freq = 1,    ◁──────── 1에포크마다 활성화 히스토그램 기록
    embeddings_freq = 1    ◁──────── 1에포크마다 데이터 매장 기록
  )
)

history <- model %>% fit(
  x_train, y_train,
  epochs = 20,
  batch_size = 128,
  validation_split = 0.2,
  callbacks = callbacks
)
```

---

12 **옮긴이** 주의!!! 텐서플로 보드가 웹브라우저에 띄워져도 아무런 그림이 나타나지 않을 때는 다음과 같이 해 본다.

1. 먼저 백신 프로그램을 잠시 종료한다. 그래야 파일 이동이 가능하기 때문이다.
2. R Studio에서 Session -> New Session 메뉴를 선택해 새로운 세션을 연다.
3. R Studio 콘솔에서 install.packages("Rcpp")를 명령한다.
4. R Studio 콘솔에서 devtools::install_github("rstudio/keras")로 케라스 최신 버전을 설치한다.
5. R Studio 콘솔에서 library(keras)라고 명령해 다음 명령을 쓸 수 있게 한다.
6. R Studio 콘솔에서 install_keras(tensorlfow="gpu")라고 명령해 GPU 버전으로 설치한다.
7. R Studio에서 Session -> New Session 메뉴를 선택해 새로운 세션으로 다시 시작한다.

이렇게 하고 나서 이 스크립트를 다시 실행해 보면 일단 텐서보드에 무엇인가 그래프가 나올 것이다. 그럼에도 다음과 같은 오류가 뜰 수 있다.

```
Error in py_call_impl(callable, dots$args, dots$keywords) :
  ValueError: To visualize embeddings, embeddings_data must be provided.
```

이 문제는 케라스 파이썬 버전에 있는 embeddings_data라는 옵션이 R에는 없기 때문인데 이와 관련된 이슈가 https://github.com/rstudio/keras/issues/443에 게시되어 있다.

이 게시물에 따르면 스크립트에서 embedding_freq 옵션을 사용하지 말아야 한다. 물론 아직은 임시 방편이지만, 일단 이렇게 하면 적합화(fit)가 진행은 된다. 따라서 해당 코드 부분은 다음과 같은 모양이 되어야 한다(역자는 embddings_freq 부분만 주석 처리했다).

```
callbacks = list(
  callback_tensorboard(
    log_dir = "my_log_dir",
    histogram_freq = 1
    # embeddings_freq = 1
  )
)
```

이렇게 스크립트를 수정하고 실행하면 된다.

그런데 이렇게까지 했는데도 웹브라우저에 텐서보드가 제대로 게시되지 않는 경우도 있다. 이럴 때는 F5 키를 눌러 새로고침을 해 보거나, 아니면 콘솔에서 다음과 같이 명령해 텐서보드를 다시 띄우게 하면 된다.

```
> tensorboard("my_log_dir")
```

텐서보드가 훈련용 출력을 위해 지정된 디렉터리를 관측하면서 웹 브라우저가 열린다(보기 7.10 참조). 계량은 첫 번째 에포크 이후까지 텐서보드에 표시되지 않는다(예상한 대로 훈련 계량이 표시되지 않으면 디스플레이를 새로 고침해야 할 수도 있음). 훈련 및 검증 계량의 라이브 그래프 외에도 히스토그램 탭에 액세스할 수 있다. 이 탭에서 계층별로 사용된 활성화 값의 히스토그램을 시각적으로 쉽게 확인할 수 있다(보기 7.11 참조).

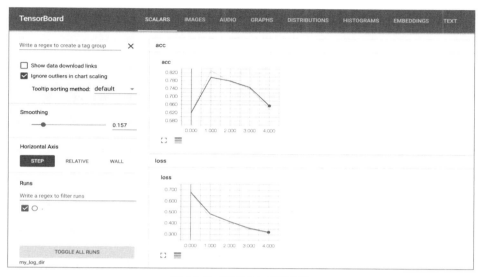

보기 7.10   텐서보드: 계량 관측

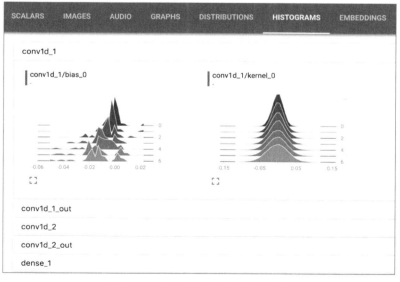

보기 7.11   텐서보드: 활성화 히스토그램

EMBEDDINGS 탭은 초기 layer_embedding 계층에서 학습한 대로 입력 어휘 중 1만 단어의 포함 위치 및 공간 관계를 검사하는 방법을 제공한다. 매장 공간이 128차원이기 때문에 텐서보드는 주성분 분석(principal component analysis, PCA) 또는 t 분포 확률 이웃 매장(t-distributed stochastic neighbor embedding, t-SNE) 중 원하는 차원 감소 알고리즘을 사용해 2D 또는 3D로 자동 축소한다. 보기 7.12에 나오는 점 구름에서 긍정적인 의미가 있는 단어와 부정적인 의미가 있는 단어라는 두 개의 군집을 명확하게 볼 수 있다. 시각화를 통해 특정 목적에 맞춰 공동으로 훈련된 매장이 기본 작업과 완전히 다른 모델을 생성한다는 사실을 바로 알 수 있다. 사전 정의된 일반 단어 매장을 사용하는 것은 그다지 좋은 아이디어가 아니다.

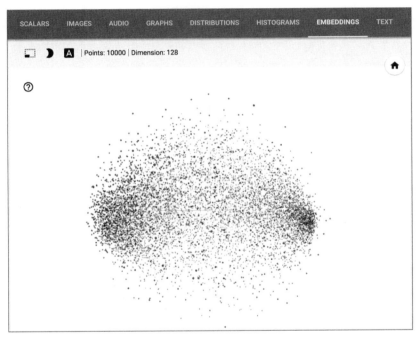

보기 7.12 텐서보드: 상호작용형 3D 단어 매장으로 시각화

GRAPHS 탭은 케라스 모델의 기본이 되는 저수준 텐서플로 연산 그래프를 상호작용 방식으로 시각화한 것이다(보기 7.13 참조). 기본 계층을 소규모로 적층한 것으로, 케라스에서 정의할 때는 단순해 보일 수 있지만, 실제로는 매우 복잡한 그래프 구조를 만들어야 모델이 제대로 작동한다. 많은 모델이 경사 하강 과정과 관련이 있다. 여러분이 보는 것과 다루는 것 사이의 복잡성은 기초 라이브러리인 텐서플로(raw TensorFlow)로 작업하면서 밑바닥에서부터 모든 것을 정의하는 대신, 케라스를 모델 구축 방법으로 사용하려는 핵심 동기가 된다. 케라스는 작업 흐름을 획기적으로 단순하게 만든다.

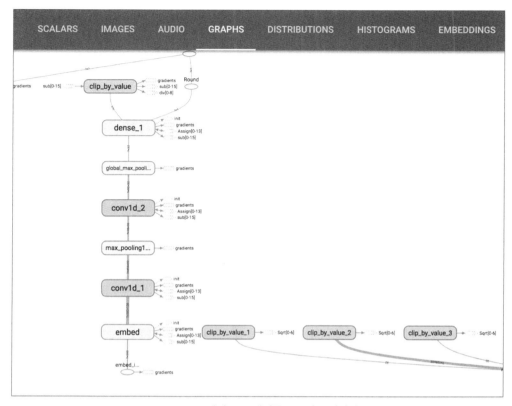

보기 7.13   텐서보드: 텐서플로 그래프 시각화

7.2.3 결론

- 케라스 콜백은 훈련 중에 모델을 관측하고, 모델의 상태에 따라 자동으로 조치를 취하는 방법을 제공한다.

- 텐서보드는 텐서플로를 사용할 때 브라우저에서 모델 활동을 시각화하는 좋은 방법이다. callback_tensorboard() 함수를 통해 케라스 모델에서 사용할 수 있다.

7.3 모델을 최대한 활용하기

잘 작동하는 뭔가가 필요해서 맹목적으로 이런저런 아키텍처를 시도해 본다면 잘 작동하는 것처럼 보이기는 할 것이다. 이번 절에서는 최첨단 딥러닝을 구축하기 위해 반드시 알아야 하는 기술군을 빠르게 안내해 "문제없이 작동함" 수준을 넘어 "아주 잘 작동해 머신러닝 대회에서 승리함"의 수준까지 이르게 하려고 한다.

7.3.1 고급 아키텍처 패턴

이전 절에서는 한 가지 중요한 디자인 패턴을 다뤘는데, 잔차 연결이 바로 그것이다. 그 밖에도 여기서 알아야 할 두 가지 디자인 패턴은 정규화와 심도 있는 분리 가능 합성곱이다. 이러한 패턴은 특히 고성능 심층 합성망을 구축할 때 적합하지만, 유형이 다른 그 밖의 아키텍처에서도 흔히 볼 수 있다.

배치 정규화

정규화(normalization)는 머신러닝 모델에서 볼 수 있는 서로 다른 표본을 더 유사하게 만들어 모델이 신규 데이터를 학습하고 일반화하는 데 도움이 되는 방법으로, 그 범주가 매우 넓다. 여러분은 가장 일반적인 데이터 정규화 형식을 이 책에서 이미 여러 번 봤다. 즉, 데이터에서 평균(mean)을 빼서 데이터가 0을 중심으로 분포하게 하고, 데이터를 표준편차(std)로 나눠 단위의 표준편차를 지정한다. 사실상, 이렇게 하면 데이터는 정규 분포(또는 가우스 분포)를 따르는 한편으로 이 분산이 원점을 중심으로 할 뿐만 아니라 단위 분산에 맞춰진다고 가정할 수 있다.

```
mean <- apply(train_data, 2, mean)
std <- apply(train_data, 2, sd)
train_data <- scale(train_data, center = mean, scale = std)
test_data <- scale(test_data, center = mean, scale = std)
```

이전 예제에서는 데이터를 모델에 공급하기 전에 데이터를 정규화했다. 그러나 망에 의해 벌어지는 모든 변환 후에도 데이터 정규화가 중요하다. layer_dense 또는 layer_conv_2d에 입력되는 데이터의 평균 및 단위 분산이 0인 경우에도 데이터가 나타나는 상황을 선험적으로 기대할 이유가 없다.

배치 정규화(batch normalization)는 아이오페(Ioffe)와 쩨게디(Szegedy)가 2015년에 도입한 계층 유형(케라스의 layer_batch_normalization)으로,[13] 훈련 중 평균과 분산이 시간에 따라 변하더라도 데이터를 정규화할 수 있다. 훈련 기간 동안 데이터의 배치 평균 및 분산의 지수 이동 평균을 내부적으로 유지 관리한다. 배치 정규화의 주된 효과는 잔차 연결과 마찬가지로 경사 전파에 도움이 되므로 더 깊은 망을 허용한다는 것이다. 일부 아주 깊은 망은 여러 배치 정규화 계층을 포함하는 경우에만 훈련받을 수 있다. 예를 들어, **layer_batch_normalization**은 ResNet50,

---

13 Sergey Ioffe and Christian Szegedy, "Batch Normalization: Accelerating Deep Network Training by Reducing Internal Covariate Shift," Proceedings of the 32nd International Conference on Machine Learning(2015), https://arxiv.org/abs/1502.03167.

Inception V3 및 Xception과 같은 케라스 패키지와 함께 제공되는 고급 합성망 아키텍처에서 많이 사용된다.

layer_batch_normalization 계층은 일반적으로 합성곱 계층 뒤나 조밀 계층 뒤에 사용된다.

```
layer_conv_2d(filters = 32, kernel_size = 3, activation = "relu") %>%
layer_batch_normalization()

layer_dense(units = 32, activation = "relu") %>%
layer_batch_normalization()
```

layer_batch_normalization 계층은 정규화돼야 하는 특징 축을 지정하는 axis 인수를 사용한다. 이 인수의 기본값은 입력 텐서의 마지막 축인 -1이다. 이 값은 layer_dense, layer_conv_1d, RNN 계층들 및 layer_conv_2d에서 data_formatset을 "channels_last"로 사용할 때 적절한 값이다. 그러나 layer_conv_2d의 data_formatset이 "channels_first"인 독특한 경우에는 특징 축이 1이다. 따라서 layer_batch_normalizations의 축 인수는 1로 설정돼야 한다.

배치 재정규화

정칙적인 배치 정규화보다 최근의 개선 사항은 아이오페가 2017년에 소개한[14] 배치 재정규화(batch renormalization)이다. 뚜렷한 비용을 치르지 않고도 배치 정규화보다 더 나은 점을 제공받을 수 있다. 이 글을 쓰는 시점에서 배치 정규화를 대체할지의 여부를 말하기는 어렵지만, 가능성은 있다고 생각한다. 최근, 클램바우어(Klambauer) 등은 특정 활성 함수(selu)와 특정 초기화기(lecun_normal)를 사용해 조밀 계층을 통과한 후 데이터를 정규화된 상태로 유지하는 **자체 정규화 신경망**(self-normalizing neural networks)[15]을 소개했다. 이런 식의 구성이 아주 흥미롭기는 하지만 아직은 조밀 연결 망에만 국한해서 사용할 수 있으며, 그 유용성이 아직 널리 적용되지 않고 있다.

---

14 Sergey Ioffe, "Batch Renormalization: Towards Reducing Minibatch Dependence in Batch-Normalized Models"(2017), https://arxiv.org/abs/1702.03275.

15 Günter Klambauer et al., "Self-Normalizing Neural Networks," Conference on Neural Information Processing Systems(2017), https://arxiv.org/abs/1706.02515.

깊이별 분리 가능 합성곱

모델을 가볍고(훈련 가능한 가중치 파라미터가 적으면서) 빠르며(소수점 연산이 적어지도록) 작업을 몇 퍼센트 정도 더 빠르게 수행하게 하는 layer_conv_2d의 드롭인(drop in)[16] 대체품으로 사용할 수 있는 계층이 있다고 말한다면 어떻게 생각할까? 이는 깊이별 분리 가능 합성곱 계층이 하는 일과 똑같다(layer_separable_conv_2d). 이 계층은 보기 7.14와 같이 점별 합성곱(1 × 1 합성곱)을 통해 출력 채널을 혼합하기 전에 각 입력 채널상에서 독립적으로 공간적 합성곱을 수행한다.

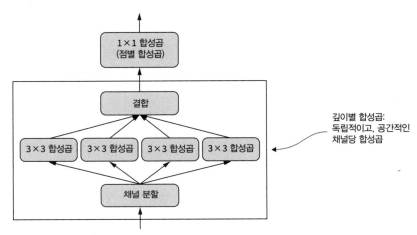

보기 7.14 깊이별 분리 가능 합성곱: 점별 합성곱이 뒤따르는 깊이별 합성곱

이 일은 공간적 특징 학습과 채널별 특징 학습을 분리하는 것과 동일하다. 이는 입력의 공간적 위치는 상호 연관성이 높지만, 서로 다른 채널들끼리는 상호간에 상당히 독립적이라고 가정하면 큰 의미를 지니게 된다. 파라미터가 상당히 적게 필요하고 계산이 줄어들므로 작고 빠른 모델을 만들 수 있다. 또한 합성곱을 표현하기에 더 효율적인 표현 방법으로서 더 적은 양의 데이터를 사용해 더 나은 표현을 학습하는 경향이 있으므로 더 우수한 성능을 지닌 모델이 탄생한다.

데이터가 제한된 상태에서 소형 모델을 밑바닥에서부터 훈련할 때 이러한 이점은 특히 중요하다. 예를 들어, 소규모 데이터셋에서 이미지 분류 작업(소프트맥스 범주별 분류)을 하기 위해 가볍고 깊이별로 분리 가능한 합성망을 만드는 방법은 다음과 같다.

---

16 옮긴이 드롭아웃(drop out)이 '중도 탈락' 또는 '중도 퇴출'이라는 개념이므로 드롭인(drop in)은 '중도 진입' 또는 '중도 투입'이라는 개념이라고 할 수 있다. 드롭아웃에 대응하므로 '중도 진입'이나 '중도 투입'이라는 말로 표기하지 않고 '드롭인'이라고 표기했다.

```
library(keras)

height <- 64
width <- 64
channels <- 3
num_classes <- 10

model <- keras_model_sequential() %>%
  layer_separable_conv_2d(filters = 32, kernel_size = 3,
                          activation = "relu",
                          input_shape = c(height, width, channels)) %>%
  layer_separable_conv_2d(filters = 64, kernel_size = 3,
                          activation = "relu") %>%
  layer_max_pooling_2d(pool_size = 2) %>%

  layer_separable_conv_2d(filters = 64, kernel_size = 3,
                          activation = "relu") %>%
  layer_separable_conv_2d(filters = 128, kernel_size = 3,
                          activation = "relu") %>%
  layer_max_pooling_2d(pool_size = 2) %>%

  layer_separable_conv_2d(filters = 64, kernel_size = 3,
                          activation = "relu") %>%
  layer_separable_conv_2d(filters = 128, kernel_size = 3,
                          activation = "relu") %>%
  layer_global_average_pooling_2d() %>%

  layer_dense(units = 32, activation = "relu") %>%

  layer_dense(units = num_classes, activation = "softmax")
model %>% compile(
  optimizer = "rmsprop",
  loss = "categorical_crossentropy"
)
```

대형 모델은 깊이별 분리 가능 합성곱이 Xception 패키지와 함께 제공되는 Xception 아키텍처의 기반이 된다. 프랑소와(François)의 논문 「Xception : Deep Learning with Depth-wise Separable Convolutions」에서 깊이별 분리 가능 합성곱 및 예외에 대한 이론적 근거를 더 자세히 읽을 수 있다.[17]

---

17 https://arxiv.org/abs/1610.02357.

7.3.2 하이퍼파라미터 최적화

딥러닝 모델을 구축할 때는 얼마나 많은 계층을 쌓아야 하는가? 각 계층에 몇 개 유닛 또는 필터가 있어야 하는가? 활성 함수로 ReLU를 사용해야 하는가, 아니면 그 밖의 함수를 사용해야 하는가? 주어진 계층 이후에 layer_batch_normalization을 사용해야 하는가? 얼마나 드롭아웃 처리를 해야 하는가? 그 밖의 다양한 질문까지 포함해서 언뜻 보기에 독단적으로 보일 만한 결정을 내려야 한다. 이러한 아키텍처 수준의 파라미터를 하이퍼파라미터(hyper parameter)라고 부르며, 역전파를 통해 훈련되는 모델 내의 파라미터와 구별한다.

실제로 경험 많은 머신러닝 기술자 및 연구원은 시간이 지남에 따라 어떤 하이퍼파라미터 구성이 효과가 있는지에 대한 직관력을 갖추게 되고, 이러한 선택 과정에서 하이퍼파라미터 조율 기술을 개발하게 된다. 그러나 공식적인 규칙은 없다. 여러분이 어떤 일의 한계까지 도달하기를 바란다면, 허황된 인간이 자기 마음대로 선택해 정한 하이퍼파라미터 구성 내역으로는 만족하지 못할 것이다. 직관력이 있다고 하더라도 초기의 결정은 거의 최적 이하이다. 결정 사항을 직접 비틀어 보고 모델을 반복해 훈련하면 선택 내역을 다듬을 수 있다. 머신러닝 기술자 및 연구원은 이와 같은 일에 대부분의 시간을 사용한다. 그러나 온종일 하이퍼파라미터를 붙들고 있어서는 안 된다. 기계에 맡기는 편이 바람직하다.

따라서 (원칙적으로 본다면) 의사결정 공간을 자동으로 탐색하는 것이 바람직하다. 아키텍처 공간을 이리저리 탐색해 보면서 경험을 쌓음으로써 성능이 우수한 아키텍처를 찾아야 한다. 이것이 자동 하이퍼파라미터 최적화라는 분야이다. 그것은 연구의 전부라고 할 만큼 중요하다.

하이퍼파라미터를 최적화하는 과정은 일반적으로 다음과 같다.

1. 일련의 하이퍼파라미터를 선택한다(자동).
2. 해당 모델을 작성한다.
3. 훈련 데이터에 맞추고 검증 데이터의 최종 성능을 측정한다.
4. 시도할 하이퍼파라미터의 다음 집합을 선택한다(자동).
5. 반복한다.
6. 테스트 데이터의 성능을 측정한다.

이 과정의 핵심은 평가할 하이퍼파라미터의 다음 집합을 선택하기 위해 다양한 하이퍼파라미터 집합이 주어지면 이 검증 수행 내역을 사용하는 알고리즘이다. 이때에는 베이즈 최적화, 유전 알고리즘, 간단한 임의 검색 등과 같은 다양한 기술을 사용할 수 있다.

모델의 가중치를 훈련하기는 비교적 쉽다. 데이터의 미니배치에서 손실 함수를 계산한 후, 역전파 알고리즘을 사용해 가중치를 올바른 방향으로 옮기면 된다. 반면, 하이퍼파라미터를 갱신하기는 매우 어렵다. 다음을 생각해 보라.

- 피드백 신호(이 하이퍼파라미터 집합이 이 작업을 통해 고성능 모델이 산출되게 하는가?)를 계산하려고 하면 비용이 아주 크게 늘어날 수 있다. 이렇게 하려면 데이터셋상에서 처음부터 새 모델을 만들고 훈련해야 하기 때문이다.

- 하이퍼파라미터 공간은 일반적으로 이산적인 결정들로 이뤄지므로 연속적이지도 않고 미분되지도 않는다. 따라서 일반적으로 하이퍼파라미터 공간에서 경사 하강을 수행할 수 없다. 그 대신 자연스럽게 경사 하강보다 효율성이 낮은 경사와 무관한 최적화(gradient-free optimization) 기술들에 의존해야 한다.

이러한 도전 과제는 어려우며, 실무 현장의 역사가 아직 오래되지 않았기 때문에 현재는 모델을 최적화하는 일에 매우 제한된 도구만 이용할 수 있다. 종종 임의 검색(평가할 하이퍼파라미터를 반복해 선택하는 방식)이 가장 단순한 방법임에도 최고의 해법이다.

tfruns 패키지(https://tensorflow.rstudio.com/tools/tfruns)는 하이퍼파라미터 조율을 지원할 수 있는 도구 모음을 제공한다.

- 모든 훈련 실행시의 하이퍼파라미터, 계량, 출력 및 소스 코드 추적
- 최고 수행 성능을 내는 모델을 찾기 위해 실행 중에 하이퍼파라미터 및 계량을 비교
- 연(連, run) 사이의[18] 개별 훈련 실행 또는 비교를 시각화하기 위해 보고서를 자동으로 생성

> **NOTE** 하이퍼파라미터 최적화를 대규모로 수행하면서 검증 집합이 과적합될 때 염두에 둬야 할 중요한 문제는 검증 데이터를 사용해 계산된 신호를 기반으로 하이퍼파라미터를 갱신하기 때문에 검증 데이터를 효과적으로 훈련하는 셈이 돼 검증 데이터에 빠르게 과적합하게 된다는 것이다.

하이퍼파라미터 최적화는 모든 작업에 최첨단 모델을 사용하거나 머신러닝 경진 대회에서 이기는 데 꼭 필요한 기술이자 강력한 기술이다. 생각해 보라. 옛날에는 사람들이 얕은 머신러닝 모델에 포함된 특징들을 직접 다듬었다. 이런 방식은 분명히 차선책이었다. 이제 딥러닝은 계층적 특징 공학 작업을 자동화한다. 즉, 손으로 조정하지 않은 피드백 신호를 사용해 특징

---

18 옮긴이 '연'에 대해서는 이미 앞서 나온 역주에서 설명했으므로 따로 설명하지 않겠다. 다만 하이퍼파라미터를 조율하려면 한 차례 연이 지나야 가능하므로, 결국 하이퍼파라미터 조율은 연 단위로 진행된다는 점을 이해해야 한다.

을 학습한다. 이와 같은 방법으로 모델 아키텍처를 수작업으로 만들어서는 안 되며, 원칙에 맞게 최적화해야 한다. 이 책을 쓰는 시점은 딥러닝이 발달한 지 몇 년 흐르지 않은 때여서 하이퍼파라미터 자동 최적화 분야의 역사가 오래지 않은 데다 성숙하지 못한 상태이기는 하지만, 앞으로 몇 년 내에 급성장할 것으로 기대한다.

7.3.3 모델 앙상블

과업과 관련해 가능한 한 최상의 결과를 얻기 위한 또 다른 강력한 기술은 **모델 앙상블**(model ensembling)[19]이다. 앙상블은 다양한 모델 집합의 예측을 모아 더 나은 예측을 산출하는 방식으로 구성된다. 머신러닝 경진 대회, 그중에서도 캐글을 살펴보면, 아무리 좋은 모델이라도 필연적으로 어떤 단일 모델보다는 여러 모델로 아주 큰 앙상블을 이뤄 사용하는 사람이 우승자가 된다는 것을 알 수 있다.

앙상블은 우수한 모델 여러 개를 상호 독립적으로 훈련하면 **서로 다른 이유**로 저마다 장점을 지닐 것이라는 가정을 바탕으로 삼은 방식이다. 앙상블을 구성하는 각 모델은 저마다 데이터를 서로 다른 측면에서 보면서 예측하기 때문에, 각 모델은 진실 전체가 아닌 일부 진실을 획득하게 된다. 여러분은 장님과 코끼리라는 비유를 잘 알고 있을 것이다. 한 무리의 장님들이 처음 만난 코끼리를 만지며 이해하려고 노력한다고 가정해 보자. 각 사람은 코끼리 몸의 서로 다른 부분, 즉 몸통이나 다리와 같은 부분만 만지게 된다. 그런 다음, 이 사람들은 "마치 뱀과 같다"거나 "기둥이나 나무 같다"는 식으로 말한다. 이는 본질적으로 모델의 고유한 아키텍처와 고유한 임의 가중치 초기화에 의해 제공되는 자체 가정을 사용해 각기 자체 관점에서 훈련 데이터의 모델을 이해하려고 하는 머신러닝 모델을 비유한 것이다. 각 모델이 데이터의 단편적인 진실을 얻지만, 전반적인 진실은 아니다. 모델들의 견해를 하나로 병합하면 데이터에 대한 훨씬 더 정확한 설명을 얻을 수 있다. 코끼리 몸은 여러 부분이 모여 이뤄져 있다. 장님 한 명의 의견은 정확하지 않더라도 여러 장님들의 얘기를 들어 보면 상당히 정확할 수 있다.

예제로는 분류를 사용하자. 분류기 집합의 예측을 병합하는(**분류기를 앙상블하는**) 가장 쉬운 방법은 추론 시 분류기들의 예측을 평균하는 것이다.

```
preds_a <- model_a %>% predict(x_val)     네 가지 모델을 사용해
preds_b <- model_b %>% predict(x_val)     초기 예측을 계산한다.
```

---

19 **옮긴이** 총체적 효과 또는 종합적 효과를 내기 위해 여러 모델을 모둠으로 묶는 행위 또는 그렇게 모둠으로 묶은 모델을 지칭하는 말이다. 앙상블은 '모둠' 또는 '집합 과업'이라는 과학 용어로도 번역될 수 있지만, 인공지능 분야에서는 '앙상블'이라는 말이 더 흔히 사용된다.

```
preds_c <- model_c %>% predict(x_val)
preds_d <- model_d %>% predict(x_val)

final_preds <- 0.25 * (preds_a + preds_b + preds_c + preds_d)
```

이 새로운 예측 배열은
초기 예측 배열보다
정확해야 한다.

이것은 분류기들이 어느 정도 서로 비슷하게 우수한 경우에만 효과가 있을 것이다. 분류기 중 하나가 다른 것보다 현저하게 나쁜 경우, 최종 예측은 그룹의 가장 좋은 분류기만큼 좋지 않을 수 있다.

더 똑똑하게 분류기를 앙상블하는 방법은 가중평균을 수행하는 것이다. 여기서 가중치는 검증 데이터에서 학습된다. 일반적으로 좋은 분류기에는 더 높은 가중치를 부여하고, 좋지 않은 분류기에는 더 낮은 가중치를 부여한다. 훌륭한 앙상블 가중치 집합을 찾을 때는 임의 검색(random search) 또는 넬더-미드(Nelder-Mead)와 같은 간단한 최적화 알고리즘을 사용할 수 있다.

```
preds_a <- model_a %>% predict(x_val)
preds_b <- model_b %>% predict(x_val)
preds_c <- model_c %>% predict(x_val)
preds_d <- model_d %>% predict(x_val)

final_preds <- 0.5 * preds_a +
               0.25 * preds_b +
               0.1 * preds_c +
               0.15 * preds_d
```

이러한 가중치(0.5, 0.25, 0.1, 0.15)는
경험적으로 학습된 것으로 가정한다.

가능한 변형에는 여러 가지가 있다. 예를 들어, 예측들의 지수에 대한 평균을 구할 수 있다. 일반적으로 검증 데이터에 최적화된 가중치를 사용한 가중평균은 매우 강력한 기준을 제공한다.

앙상블을 만드는 작업의 핵심은 분류기 집합의 다양성에 있다. 다양성은 힘이다. 모든 장님이 코끼리의 코만 만져본 후 뱀과 같다고 생각한다면, 코끼리라는 진실을 영원히 알지 못할 것이라는 점에 동의한다. 다양성이 있어야 앙상블 모델이 앙상블다울 수 있다. 머신러닝 관점에서 말하자면, 모든 모델이 동일한 방식으로 치우쳐 있다면 앙상블은 이와 동일한 편향을 유지한다. 모델이 **서로 다른 방향으로 치우친 경우**, 치우침을 상쇄하게 되므로 앙상블은 더욱 강력하고 정확해진다.

이러한 이유 때문에 모델들이 **가능한 한 서로 다를 때** 모델들을 **가능한 한 좋게** 앙상블할 수 있게 된다. 이는 일반적으로 아키텍처가 서로 무척 다르거나 브랜드가 서로 다른 머신러닝 방법을 사용하는 것을 의미한다. 서로 다른 임의의 초기화로부터 여러 번 독립적으로 훈련된 동일

한 망을 앙상블하는 일은 대체로 가치 없는 일 중 하나이다. 모델 간의 유일한 차이점은 임의의 초기화와 훈련 데이터에 노출된 순서일 뿐이므로 모든 단일 모델에 비해 개선 효과가 미미하다.

나는 트리 기반 방식(랜덤 포레스트 또는 그레이디언트-부스티드 트리[20])과 심층 신경망을 앙상블해 사용하면 실제로도 잘 작동한다는 점을 알게 됐다. 동료인 안드레이 콜레프(Andrei Kolev)와 나는 다양한 트리 모델과 심층 신경망의 앙상블을 사용해 캐글(www.kaggle.com/c/higgs-boson)의 힉스 보손 입자 붕괴 탐지에서 4위를 차지했다. 놀랍게도, 앙상블 모델 중 하나는 다른 모델과는 다른 방법(정칙화된 그리디-포레스트[21])을 사용했는데, 다른 모델보다 상당히 나쁜 점수를 보였다. 당연히 앙상블에서 덜 중시하게 되었다. 그런데 놀랍게도 전체 앙상블을 크게 향상시키는 역할을 하게 되었는데, 이는 이 모델이 그 밖의 모델들과는 너무나 다르기 때문에 그 밖의 모델들이 접근할 수 없었던 정보를 제공했기 때문이었다. 이런 점이 바로 앙상블의 핵심 강점이다. 가장 좋은 모델이 얼마나 좋은지에 관한 것이 아니라 후보 모델 집합의 다양성에 관해 말하고 있는 것이다.

최근에 실습을 통해 매우 성공적이었던 기본 앙상블 유형 중 하나는 딥러닝과 셸로우 러닝을 혼합한 모델들로서 그 범주가 넓고 깊었다. 이러한 모델들은 대규모 선형 모델을 사용해 심층 신경망을 공동으로 훈련하는 것으로 구성된다. 다양한 모델 집단을 공동으로 훈련하는 일도 모델 앙상블을 이루기 위한 선택지 중 하나이다.

7.3.4 결론

- 고성능 심층 합성망을 구축할 때는 잔차 연결, 배치 정규화 및 심도 깊은 분리 가능 합성곱을 사용해야 한다. 미래에는 애플리케이션이 1D이든 2D이든 3D이든 간에, 표현 효율성이 높은 깊이별 분리 가능 합성곱이 일반 합성곱을 완전히 대체할 가능성이 크다.

- 심층 망을 구축하려면 모델이 얼마나 좋은지를 함께 정의하는 많은 소규모 하이퍼파라미터와 아키텍처를 선택해야 한다. 이러한 선택을 할 때는 직감이나 무작위적인 기회에 기초하기보다 최적의 선택을 찾기 위해 체계적으로 하이퍼파라미터 공간을 검색하는 게 바람직하다. 현재 이 과정에는 비용이 많이 들며, 이를 수행할 도구는 그리 좋지 않다(하지만 tfruns 패키지가 이 과정을 더 효율적으로 관리하는 데 도움이 될 수 있다). 하이퍼파라

---

20 옮긴이 전자는 '임의의 숲', 후자는 '경사 증폭 트리'라고도 불린다.
21 옮긴이 즉, regularized greedy forest(정칙화된 탐욕스런 숲)이라는 뜻이며, 'RGF'라고도 부른다.

미터 최적화를 수행할 때 검증 집합이 과적합되는 일에 주의하라!

- 모델들을 앙상블 처리하면 머신러닝 대회에서 우승하거나 그렇지 않은 경우 가장 좋은 작업 결과를 얻을 수 있다. 잘 최적화된 가중평균을 이용하는 앙상블이라면 일반적으로 충분하다. 다양성이 힘이라는 점을 기억하라. 매우 비슷한 모델을 앙상블하는 것은 별 의미가 없다. 가장 좋은 앙상블은 가능한 한 서로 닮지 않은 모델들의 모듬이다(자연스럽게 가능한 한 더 나은 예측력을 지니게 된다).

7.4 요약

- 7장에서는 다음과 같은 내용을 배웠다.
  - 계층을 임의의 그래프로 모델링하고, 계층을 재사용하고, 모델을 R 함수(모델 템플릿)인 것처럼 사용하는 방법을 익혔다.
  - 케라스 콜백을 사용해 훈련 중에 모델을 관측하고, 모델 상태를 기반으로 조치를 취할 수 있다.
  - 텐서보드를 사용해 계량, 활성화 막대그래프 및 심지어 매장 공간을 시각화할 수 있다.
  - 배치 정규화, 깊이별 분리 가능 합성곱 및 잔차 연결이 무엇인지를 배웠다.
  - 하이퍼파라미터 최적화와 모델 앙상블을 사용해야 하는 이유를 알게 됐다.
- 이 새로운 도구를 사용하면 실생활에서 딥러닝을 사용할 수 있고, 경쟁력이 뛰어난 딥러닝 모델을 구축할 수 있다.

8

생성적 딥러닝

8장에서 다루는 내용

- LSTM을 사용한 텍스트 생성
- 딥드림 구현
- 신경 형태 전달 수행
- 가변 오토인코더
- 생성적 적대 망[1] 이해

인공지능은 인간의 사고 과정을 모방하는 것인데도 불구하고, 그 잠재력은 물체 인식 같은 수동적 작업이나 자동차 운전과 같은 반응 작업을 대부분 넘어선다. 이런 능력은 창의적인 활동으로 인해 더욱 확장된다. 내가 먼 미래에 우리가 소비하는 대부분의 문화 콘텐츠가 인공지능으로부터 상당한 도움을 받아 만들어질 것이라고 주장했을 때, 오랫동안 머신러닝에 매진해 온 전문가들조차 믿지 않았다. 그때가 2014년이었다. 3년이 순식간에 흐르면서 이런 불신이 놀라운 속도로 사라졌다. 2015년, 우리는 구글의 딥드림(DeepDream) 알고리즘을 갖고 놀면서 이미지를 개의 눈을 이용한 인공 착시 작품 형태로 정신없이 섞어 봤다. 2016년에는 프리스마(Prisma) 애플리케이션을 사용해 사진을 다양한 화풍을 지닌 미술 작품으로 변환했다. 2016년 여름에는 단편 영화인 'Sunspring'이 장단기 기억(LSTM) 알고리즘으로 작성된 스크립트를 사

---

1 <u>옮긴이</u> '적대적 생성 신경망' 또는 '생성적 적대 신경망'으로 더 알려져 있다. 그렇지만 원어의 의미에 맞춘 '생성적 대항 신경망'이 개념에 더 가깝다. 다만 이렇게 표기하는 경우가 거의 없으므로, 이 책에서는 '생성적 적대 망' 또는 '생성적 적대 신경망'으로 번역했다.

용해 연출됐다. 어쩌면 여러분은 이미 최근에 신경망에 의해 생성된 음악을 들어 봤을지도 모르겠다.

우리가 지금까지 인공지능에서 봤던 예술 작품의 품질은 상당히 낮았다. 인공지능이 시나리오 작가, 화가 및 작곡가와 경쟁하기는 아직 멀었다. 그러나 인간을 대체한다는 생각은 언제나 인공지능이 우리의 지능을 대체하는 것이 아니라 종류가 다른 지능을 우리 삶에 가져와 더 지능적으로 일하게 한다는 요점에서 벗어나 있다. 많은 분야, 그중에서도 창조적인 분야에서 인공지능은 인간이 인공지능보다 더욱 향상된 지능으로 자신의 능력을 향상시키는 도구로 사용된다.

예술 창작의 대부분은 간단한 패턴 인식과 예술적인 기교로 구성된다. 그리고 이런 부분들은 많은 사람이 매력을 덜 느끼는 과정, 심지어는 나눠 맡을 수 없는 과정에 속한다. 바로 이런 부분에 인공지능을 적용할 수 있다. 우리의 지각적 양상이나 언어 및 작품에는 모두 통계적 구조가 있다. 이 구조를 학습하면 딥러닝 알고리즘이 탁월해진다. 머신러닝 모델은 이미지, 음악 및 스토리의 통계적 잠재 공간을 학습할 수 있으며, 이 공간에서 표본을 추출해 모델이 훈련 데이터에서 본 것과 유사한 특성을 가진 새로운 예술 작품을 만들 수 있다. 이러한 표본 추출은 그 자체만으로는 예술 창조 행위가 아니라 단순한 수학적 연산에 불과하다. 알고리즘은 인간의 삶, 감정 또는 경험에 기초하지 않는다. 우리와 공통점이 있는 경험을 통해 학습할 뿐이다. 이는 관중 역할을 하는 사람의 해석일 뿐이며, 모델이 생성하는 것에 의미를 부여하는 것이다. 그러나 숙련된 예술가에게는 알고리즘을 이용한 생성도 의미가 있게 되고, 아름다운 작품으로 바뀔 수 있다. 잠재 공간 표본 추출은 예술가에게 권한을 부여하고, 창의력을 증대시키며, 우리가 상상할 수 있는 공간을 확장하는 붓이 될 수 있다. 더 나아가 예술적 창조로 예술적 기예와 실용에 대한 필요성을 없앰으로써 접근성을 높일 수 있다.

전자 음악 및 알고리즘 음악의 선구자인 이안니스 크세나키스(Iannis Xenakis)는 음악 기술에 자동화 기술을 적용하는 맥락에서 1960년대에 이와 같은 아이디어를 아름답게 표현했다.[2]

> 지루한 계산에서 해방된 이 작곡가는 새로운 음악 형식이 제기하는 일반적인 문제에 전념할 수 있으며, 입력 데이터 값을 수정하면서 이 형식의 구석구석과 구불구불한 부분까지 탐색할 수 있다. 예를 들어, 솔로이스트에서 챔버 오케스트라, 대

---

2 Iannis Xenakis, "Musiques formelles: nouveaux principes formels de composition musicale," special issue of La Revue musicale, nos. 253-254 (1963).

형 오케스트라에 이르기까지 모든 악기 조합을 시험해 볼 수 있다. 작곡가는 전자 계산기의 도움을 받아 일종의 조종사가 된다. 그는 버튼을 누르고 좌표를 지정하며, 소리 공간에서 항해하는 우주선의 조종을 감독한다. 이전에는 머나먼 꿈으로만 여길 수 있었던 음향적인 별자리와 은하계를 가로지른다.

8장에서는 예술 창작을 증진하기 위한 딥러닝의 잠재력을 다양한 각도에서 살펴보자. 여기서는 가변 오토인코더(variational autoencoders)[3]와 생성적 적대 망(generative adversarial network)[4]을 사용해 시퀀스 데이터 생성(문장 생성 또는 음악 생성에 사용할 수 있음)과 딥드림 및 이미지 생성을 검토할 것이다. 우리는 여러분의 컴퓨터가 이전에는 본 적이 없던 내용까지 꿈꾸도록 할 것이다.

어쩌면 우리는 기술과 예술의 교차점에 놓여 있는 환상적인 가능성마저도 꿈을 꾸게 할 수 있을지 모르겠다.

8.1 LSTM을 사용한 문장 생성

이번 절에서는 재귀 신경망을 사용해 시퀀스 데이터를 생성하는 방법을 살펴본다. 여기서는 문장 생성을 예로 들지만, 똑같은 기술을 모든 종류의 시퀀스 데이터로 일반화할 수 있다. 음표 시퀀스에 적용해 새로운 음악을 생성할 수 있고, 붓으로 획을 그은 데이터(예를 들면 아이패드에서 화가가 그림을 그리는 동안에 기록된 데이터)로 이뤄진 시계열에 적용해 획을 반복해서 긋는 방식으로 그리는 그림을 생성할 수 있으며, 그 밖의 것들도 생성할 수 있다.

시퀀스 데이터 생성은 예술적 콘텐츠 생성에만 국한되지 않는다. 음성 합성과 챗봇을 위한 대화 생성에도 성공적으로 적용됐다. 구글이 2016년에 발표한 스마트 리플라이(Smart Reply) 기능은 이메일이나 문자 메시지에 대한 빠른 답장을 자동으로 생성할 수 있는데, 여기에 적용되는 기술도 비슷한 것이다.

8.1.1 생성적 재귀 망의 간단한 역사

2014년 말에는 머신러닝 커뮤니티에서 LSTM이라는 약어를 본 사람이 거의 없었다. 재귀 망을 사용한 시퀀스 데이터 생성의 성공적인 적용이 2016년에 이르러서야 비로소 주류를 이뤘다.

---

3 [옮긴이] 개념을 잘 나타내는 말로 번역하자면 '가변 자체 부호기' 또는 '가변 자체 인코더' 정도가 적당할 것이다.

4 [옮긴이] 흔히 '적대 생성망' 또는 '적대적 생성 신경망'으로 부르지만, 이 책에서는 개념을 명확히 할 수 있는 말로 번역했다.

그러나 이러한 기술은 1997년 2월의 LSTM 알고리즘 개발로부터 출발했으므로 역사가 꽤 오래됐다.[5] 이 새로운 알고리즘은 문자들을 서로 이어서 문장을 생성하기 위해 초기에 사용됐다.

2002년 스위스 소재 슈미트후버(Schmidhuber) 랩에 속했던 더글라스 에크(Douglas Eck)는 음악 생성에 LSTM을 처음으로 적용해 좋은 결과를 얻었다. 에크는 현재 구글 브레인(Google Brain)의 연구원이며, 2016년에 마젠타(Magenta)라는 새로운 연구 부서를 조직하고 현대적인 딥러닝 기술을 적용해 매력적인 음악을 제작했다. 때로는 좋은 아이디어를 구현하는 데 15년이 걸리기도 한다.

2000년대 후반과 2010년 초반에 알렉스 그레이브스(Alex Graves)는 시퀀스 데이터 생성에 재귀 망을 사용하는 일에 선구적인 역할을 했다. 특히, 펜 위치로 이뤄진 시계열로 인간과 유사한 필기를 생성하기 위해 재귀적 혼합 조밀 망(recurrent mixture density networks)을 적용하는 그의 2013년 작업이 전환점으로 인식된다.[6] 특정 순간에 신경망의 이러한 특정 적용이 나의 관심을 끌었다. **꿈 꾸는 기계(machines that dream)**라는 개념은 내가 케라스를 개발하기 시작할 무렵에 중요한 영감을 줬다. 그레이브스는 논문을 미리 출판해 보는 데 쓰이는 서버인 arXiv에 실은 2013년도 레이텍(LaTeX) 파일에 비슷한 의미를 지닌 말을 숨겨 뒀다.

"순차적인 데이터를 생성하는 일은 꿈을 꾸기 시작하는 컴퓨터에 가장 가깝다."

몇 년 후, 우리는 이러한 많은 발전을 당연하게 생각하게 된다. 그러나 그레이브스의 시연을 지켜보던 그 당시만 해도, 그것이 가져올 가능성에 대한 영감을 받아 지니게 된 경외감에서 벗어나기 힘들었다.

그 이후 재귀 신경망은 음악 생성, 대화 생성, 그림 생성, 음성 합성 및 분자 설계에 성공적으로 사용됐다. 재귀 신경망은 심지어 대본을 써내는 일에도 사용돼 현장 공연 배우들과 더불어 배역을 맡기도 했다.

8.1.2 시퀀스 데이터를 어떻게 생성하는가?

딥러닝에서 시퀀스 데이터를 생성하는 보편적인 방법은 이전 토큰을 입력으로 사용해 시퀀스의 다음 토큰 또는 다음 몇 개 토큰을 예측하도록 망(일반적으로 RNN 또는 합성망)을 훈련하는 것이다. 예를 들어, "the cat is on the ma"라는 입력을 받으면 망은 다음 문자에 해당하는 표

---

5   Sepp Hochreiter and Jürgen Schmidhuber, "Long Short-Term Memory," Neural Computation 9, no. 8(1997).

6   Alex Graves, "Generating Sequences With Recurrent Neural Networks," arXiv(2013), https://arxiv.org/abs/1308.0850.

적 t를 예측하도록 훈련된다. 평소와 마찬가지로 텍스트 데이터로 작업할 때 **토큰**에 해당하는 것은 일반적으로 단어 또는 문자이며, 이전 망에서 주어진 다음 토큰의 확률을 모델링할 수 있는 망을 **언어 모델**(language model)이라고 한다. 언어 모델은 언어의 **잠재 공간**(latent space), 즉 언어의 통계 구조를 포착한다.

일단 훈련된 언어 모델을 갖고 있다면, 새로운 표본을 얻어 낼 수 있다(즉, 새로운 시퀀스들을 생성할 수 있다). 텍스트의 초기 문자열을 **컨디셔닝 데이터**(conditioning data)라고 하는데, 이것을 입력한 후, 다음 문자 또는 단어를 생성하도록 요청한다(한 번에 여러 개 토큰을 즉시 생성할 수도 있다). 생성된 출력을 입력 데이터에 추가하고, 이 과정을 여러 번 반복한다(보기 8.1 참조). 이 순환 고리는 모델이 훈련된 데이터의 아키텍처를 반영하는 임의의 길이의 시퀀스(인간이 작성한 문장과 거의 비슷한 시퀀스)를 생성할 수 있게 해 준다. 이번 절에서 제시하는 예제에서는 LSTM 계층을 가져와 텍스트 말뭉치에서 추출한 N개 문자로 구성된 문자열을 입력하고, N + 1 문자를 예측하도록 훈련한다. 모델의 출력은 가능성 있는 모든 문자(다음 문자의 확률 분포)에 대해 소프트맥스가 된다. 이 LSTM을 **문자 수준 신경 언어 모델**(character-level neural language model)이라고 한다.

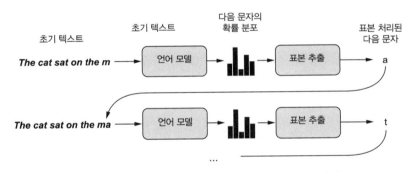

보기 8.1 **언어 모델을 사용한 문자 단위 텍스트 생성 과정**

8.1.3 표본 추출 전략의 중요성

텍스트를 생성할 때 다음 문자를 선택하는 방법은 매우 중요하다. 단순한 접근법은 항상 가장 가능성 있는 다음 문자를 선택하는 **탐욕적 표본 추출**(greedy sampling) 방식이다. 그러나 이러한 접근 방식은 일관성 있는 언어처럼 보이지 않는 반복적이고 예측 가능한 문자열을 만들어 낸다. 더 흥미로운 접근법에서는 약간 더 주목할 만한 선택을 한다. 그것은 다음 문자에 대한 확률 분포에서 표본을 추출함으로써 표본 추출 과정에 무작위성을 도입한다. 이를 **확률적**

표본 추출(stochastic sampling)이라고 한다(현장에서는 확률적이라는 말을 '무작위성'이라고 부른다는 점을 떠올려 보자). 이러한 설정에서 e가 다음 문자가 될 확률이 0.3인 경우, 모델에 따라 해당 시간의 30%만큼 e가 선택될 것이다. 탐욕적 표본 추출이 확률 분포에서도 표본 추출 방식으로 채택될 수 있다는 점에 주목하라. 즉, 특정 문자의 확률은 1이고, 그 밖의 나머지 모든 문자의 확률이 0인 경우가 이에 해당한다.

모델의 소프트맥스 출력으로부터 확률적으로 표본을 추출하는 일은 깔끔하다. 예기치 않은 문자일지라도 일부를 표본 추출해 더 재미있는 문장을 생성하고, 때로는 훈련 데이터에 나타난 적이 없는 새롭고 현실적인 단어를 제시함으로써 창의성을 보여 주기도 한다. 그러나 이 전략에는 한 가지 문제가 있다. 표본 추출 과정에서 **무작위성의 양을 제어(control the amount of randomness)**하는 방법은 제공하지 않는다.

여러분은 어느 정도의 무작위성을 원하는가? 극단적인 경우를 생각해 보라. 순수 무작위 표본 추출, 균일한 확률 분포에서 다음 문자를 이끌어 낸다면 모든 문자가 똑같이 나타날 수 있다. 이런 방식에서는 무작위가 최대가 된다. 즉, 이 확률 분포는 최대 엔트로피를 가진다. 당연히 흥미로운 것은 없다. 다른 극단에서는 탐욕스러운 표본 추출이 흥미롭지도 않고 무작위성도 없다. 즉, 해당 확률 분포에는 최소 엔트로피가 있다. "실제" 확률 분포(모델의 소프트맥스 함수로 출력되는 분포)의 표본 추출은 이 두 극단의 중간 점을 구성한다. 그러나 엔트로피가 더 높거나 낮은 중간 지점은 많다. 엔트로피가 낮을수록 생성된 시퀀스의 구조는 예측하기 더 쉬워지므로, 엔트로피를 높여야 더 놀랍고 더 창조적인 시퀀스를 만들어 낼 수 있을 것이다.[7] 생성 모델에서 표본 추출을 할 때는 생성 과정에서 다양한 분량에 해당하는 무작위성을 탐색하는 게 바람직하다. 우리는 생성 데이터가 얼마나 흥미로운지를 궁극적으로 판단하는 주체이기 때문에 흥미라는 게 무척 주관적일 수밖에 없으며, 따라서 최적 엔트로피가 어디에 있는지는 미리 알 수 없다.

표본 추출 과정에서 확률의 양을 제어하기 위해 표본 추출에 사용된 확률 분포의 엔트로피를 특징 짓는 **소프트맥스 온도(softmax temperature)**라는 파라미터를 소개할 것이다. 이는 다음 문자를 선택하는 일이 얼마나 놀랍고 예측 가능한 일인지를 설명한다. 온도 값이 주어진다면, 새로운 확률 분포가 원래의 값(모델의 소프트맥스 산출물)으로부터 다음과 같은 방법으로 가중치가 재계산된다.

---

7 옮긴이 여기서 말하는 엔트로피는 '정보 엔트로피'를 말하며 이는 '정보의 무질서도' 또는 '정보의 무작위성'과 같은 개념이다. 무작위성이 가미될수록, 즉 엔트로피를 높일수록 예측하기 어려워지고, 예측하기 어려우면 이어져 나온 결과들에 놀랄 가능성이 더 높다.

목록 8.1 확률 분포의 가중치를 상이한 온도에 맞춰 다시 정하기

```
reweight_distribution <- function(original_distribution,
                                  temperature = 0.5) {
distribution <- log(original_distribution)/temperature
distribution <- exp(distribution)
distribution/sum(distribution)
}
```

original_distribution은 합계 1이 돼야 하는 확률 값의 벡터이다. 온도는 출력 분포의 엔트로피를 정량화하는 요소이다.

원래 분포의 재가중 처리(reweighted) 버전을 반환한다. 분포의 합계는 더 이상 1이 아니므로 이 값을 합계로 나눠 새 분포를 얻는다.

온도가 높으면 더 높은 엔트로피의 분포를 표본 추출해 더 놀랍고 구조화되지 않은 생성 데이터가 생성되는 반면, 온도가 낮으면 무작위성이 낮고 예측 가능성이 더 높은 생성 데이터가 훨씬 더 많이 생성된다(보기 8.2 참조).

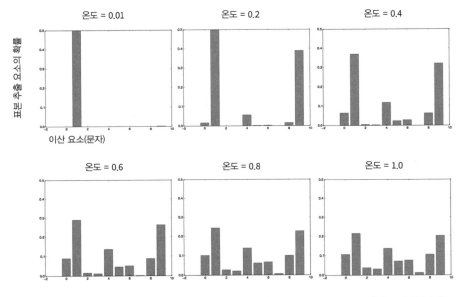

보기 8.2 하나의 확률 분포의 서로 다른 가중치 재계산(저온은 더 결정적이며, 고온은 무작위적이다)

8.1.4 문자 수준의 LSTM 텍스트 생성 구현

케라스 구현에서 이러한 아이디어를 실제로 활용해 보자. 가장 먼저 필요한 것은 언어 모델을 익히는 데 사용할 수 있는 많은 텍스트 데이터이다. 임의의 큰 텍스트 파일이나 텍스트 파일 셋(위키피디아, 반지의 제왕 등)을 사용할 수 있다. 이 예에서는 19세기 후반 독일의 철학자 니체의 저술을 영어로 번역했다. 따라서 배울 수 있는 언어 모델은 구체적으로 영어의 일반적인 모델이 아닌 니체의 문체 및 주제의 모델이 될 것이다.

데이터 준비하기

먼저 말뭉치(corpus)[8]를 내려받은 후 소문자로 변환해 보자.

목록 8.2 초기 텍스트 파일 내려받기 및 파싱하기

```
library(keras)
library(stringr)

path <- get_file(
  "nietzsche.txt",
  origin = "https://s3.amazonaws.com/text-datasets/nietzsche.txt"
)
text <- tolower(readChar(path, file.info(path)$size))
cat("Corpus length:", nchar(text), "\n")
```

다음으로, 길이가 maxlen이고 부분적으로 겹치는 시퀀스를 추출하고, 원핫 인코딩을 한 후, 시퀀스, 최대_길이(maxlen), 고유한_문자들(unique_characters) 모양으로 된 3D 배열 x로 압축한다. 이와 동시에 해당 표적(추출된 각 시퀀스 다음에 오는 핫 코드 문자)을 포함하는 배열 y를 준비한다.

목록 8.3 문자들로 이뤄진 시퀀스 벡터화하기

```
maxlen <- 60      ◁──┤ 60자로 된 시퀀스를 추출할 것이다.

step <- 3         ◁──┤ 세 글자마다 새 시퀀스를 표본 추출한다.

text_indexes <- seq(1, nchar(text) - maxlen, by = step)
sentences <- str_sub(text, text_indexes, text_indexes + maxlen - 1) ◁
next_chars <- str_sub(text, text_indexes + maxlen, text_indexes + maxlen) ◁

cat("Number of sequences: ", length(sentences), "\n")

chars <- unique(sort(strsplit(text, "")[[1]])) ◁
cat("Unique characters:", length(chars), "\n")
char_indices <- 1:length(chars)   ◁
names(char_indices) <- chars

cat("Vectorization...\n")
x <- array(0L, dim = c(length(sentences), maxlen, length(chars)))
y <- array(0L, dim = c(length(sentences), length(chars)))
for (i in 1:length(sentences)) {
  sentence <- strsplit(sentences[[i]], "")[[1]]
  for (t in 1:length(sentence)) {
```

표적(후속 문자)을 보유한다.

추출된 시퀀스를 보유한다.

말뭉치 내의 고유한 문자들의 리스트이다.

고유한 문자들을 인덱스에 사상하는 명명형 리스트이다.

문자들을 이진 배열들로 원핫 인코딩한다.

---

8 [옮긴이] 언어학 용어로서, 낱말이나 문장들을 모아 놓은 것을 지칭할 때 쓴다.

```
   char <- sentence[[t]]
   x[i, t, char_indices[[char]]] <- 1
 }
 next_char <- next_chars[[i]]
 y[i, char_indices[[next_char]]] <- 1
}
```

문자들을 이진
배열들로 원핫
인코딩한다.

망 구축

이 망은 가능한 모든 문자에 대해 조밀한 분류기와 소프트맥스가 뒤따르는 단일 LSTM 계층
이다. 그러나 재귀 신경망만이 시퀀스 데이터 생성을 수행하는 유일한 방법은 아니라는 점에
유의하기 바란다. 최근 1D 합성망은 이 작업에 매우 성공적인 것으로 입증됐다.

목록 8.4 다음 문자 예측을 위한 단일 계층 LSTM 모델

```
model <- keras_model_sequential() %>%
  layer_lstm(units = 128, input_shape = c(maxlen, length(chars))) %>%
  layer_dense(units = length(chars), activation = "softmax")
```

표적이 원핫 인코딩돼 있기 때문에 categorical_crossentropy를 손실로 사용해 모델을 훈련한다.

목록 8.5 모델 컴파일 설정하기

```
optimizer <- optimizer_rmsprop(lr = 0.01)

model %>% compile(
  loss = "categorical_crossentropy",
  optimizer = optimizer
)
```

언어 모델을 훈련하고 그것으로부터 표본 추출하기

훈련된 모델과 시드 텍스트 조각이 주어지면 다음을 반복적으로 수행해 새 텍스트를 생성할
수 있다.

1. 지금까지 생성된 텍스트를 사용해 다음 문자에 대한 확률 분포를 모델에서 그린다.
2. 특정 온도로 분포를 재조정한다.
3. 재가중 처리한 분포에 따라 임의로 다음 문자를 표본 추출한다.
4. 사용 가능한 텍스트의 끝에 새로운 문자를 추가한다.

다음 목록은 모델에서 나오는 원래 확률 분포를 재계산하고, 그것으로부터 문자 인덱스를 그

리는 데 사용하는 코드이다(표본 추출 함수).

목록 8.6 모델의 예측에 따라 다음 문자를 표본 추출하는 함수

```
sample_next_char <- function(preds, temperature = 1.0) {
  preds <- as.numeric(preds)
  preds <- log(preds)/temperature
  exp_preds <- exp(preds)
  preds <- exp_preds/sum(exp_preds)
  which.max(t(rmultinom(1, 1, preds)))
}
```

마지막으로 다음 루프는 텍스트를 반복적으로 생성한다. 여러분은 매 에포크 이후에 다양한 온도의 범위를 사용해 텍스트를 생성하기 시작한다. 따라서 표본 추출 전략에서 온도의 영향 뿐 아니라 모델이 수렴하기 시작할 때 생성된 텍스트가 어떻게 전개되는지 확인할 수 있다.

목록 8.7 텍스트 생성 루프

```
for (epoch in 1:60) {      ◁── 60개 에포크를위한 모델 훈련

  cat("epoch", epoch, "\n")

  model %>% fit(x, y, batch_size = 128, epochs = 1)      ◁── 모델을 적합하게 한다.

  start_index <- sample(1:(nchar(text) - maxlen - 1), 1)      ◁── 텍스트 시드를 무작위로 선택한다.
  seed_text <- str_sub(text, start_index, start_index + maxlen - 1)

  cat("--- Generating with seed:", seed_text, "\n\n")

  for (temperature in c(0.2, 0.5, 1.0, 1.2)) {      ◁── 다양한 표본 추출 온도를 시도한다.

    cat("------ temperature:", temperature, "\n")
    cat(seed_text, "\n")

    generated_text <- seed_text

    for (i in 1:400) {      ◁── 시드 텍스트에서 시작해 400자를 생성한다.

      sampled <- array(0, dim = c(1, maxlen, length(chars)))
      generated_chars <- strsplit(generated_text, "")[[1]]
      for (t in 1:length(generated_chars)) {                    ┃ 지금까지 생성된 문자를
        char <- generated_chars[[t]]                            ┃ 원핫 인코딩한다.
        sampled[1, t, char_indices[[char]]] <- 1
      }

      preds <- model %>% predict(sampled, verbose = 0)          ┃ 다음 문자를
      next_index <- sample_next_char(preds[1,], temperature)    ┃ 표본 추출한다.
```

```
        next_char <- chars[[next_index]]    | 다음 문자를 표본 추출한다.

        generated_text <- paste0(generated_text, next_char)
        generated_text <- substring(generated_text, 2)

        cat(next_char)
      }
      cat("\n\n")
    }
  }
```

여기서 우리는 무작위로 시드 텍스트인 "new faculty, and the jubilation reached its climax when kant"를 사용했다. 모델이 완전히 수렴되기 한참 전에 temperature = 0.2인 에포크 20 에서 얻은 결과는 다음과 같다.

```
new faculty, and the jubilation reached its climax when kant and such a man in the
same time the spirit of the surely and the such the such
as a man is the sunligh and subject the present to the superiority of the special
pain the most man and strange the subjection of the
special conscience the special and nature and such men the subjection of the special
men, the most surely the subjection of the special
intellect of the subjection of the same things and
```

temperature = 0.5인 결과는 다음과 같다.

```
new faculty, and the jubilation reached its climax when kant in the eterned and such
man as it's also become himself the condition of the
experience of off the basis the superiory and the special morty of the strength, in
the langus, as which the same time life and "even who discless the mankind, with a
subject and fact all you have to be the stand and lave no comes a troveration of the
man and surely the
conscience the superiority, and when one must be w
```

temperature = 1.0인 결과는 다음과 같다.

```
new faculty, and the jubilation reached its climax when kant, as a periliting of
manner to all definites and transpects it it so hicable and ont him artiar resull
too such as if ever the proping to makes as cnecience. to been juden, all every could
coldiciousnike hother aw passife, the plies like which might thiod was account,
indifferent germin, that everythery
certain destrution, intellect into the deteriorablen origin of moralian, and a
lessority o
```

에포크 60에서 모델이 대부분 수렴을 했고, 텍스트에 상당한 일관성이 보이기 시작한다.
temperature = 0.2인 결과는 다음과 같다.

```
cheerfulness, friendliness and kindness of a heart are the sense of the spirit is a
man with the sense of the sense of the world of the
self-end and self-concerning the subjection of the strengthorixes--the subjection of
the subjection of the subjection of the
self-concerning the feelings in the superiority in the subjection of the subjection
of the spirit isn't to be a man of the sense of the subjection and said to the
strength of the sense of the
```

temperature = 0.5인 결과는 다음과 같다.

```
cheerfulness, friendliness and kindness of a heart are the part of the soul who have
been the art of the philosophers, and which the one
won't say, which is it the higher the and with religion of the frences. the life of
the spirit among the most continuess of the
strengther of the sense the conscience of men of precisely before enough presumption,
and can mankind, and something the conceptions, the subjection of the sense and
suffering and the
```

temperature = 1.0인 결과는 다음과 같다.

```
cheerfulness, friendliness and kindness of a heart are spiritual by the ciuture for
the entalled is, he astraged, or errors to our you idstood--and it needs, to think by
spars to whole the amvives of the newoatly, prefectly raals! it was
name, for example but voludd atu-especity"--or rank onee, or even all "solett
increessic of the world and
implussional tragedy experience, transf, or insiderar,--must hast if desires of the
strubction is be stronges
```

낮은 온도 값으로 인해 반복적이고 예측 가능한 텍스트가 만들어지지만, 국소적인 구조는 매우 현실적이다. 특히, 모든 단어(단어는 문자들의 국소적 패턴임)가 실제로 사용하는 영어 단어이다. 온도가 높을수록 생성된 텍스트는 더욱 흥미롭고 놀랍고 창조적이게 된다. 때로는 그럴듯하게 들릴 수 있는 완전히 새로운 단어를 발명한다(예를 들면, eterned(영원하게 된)라든가 troveration(치명성)). 고온에서는 국소적 구조가 무너지기 시작한다. 대부분의 단어는 절반 정도 무작위인 문자열처럼 보인다. 의심의 여지 없이 0.5는 이 특정 설정에서 텍스트 생성에 가장 흥미로운 온도이다. 항상 여러 표본 추출 전략을 시험해 보라! 학습된 아키텍처와 무작위 사이에서 지혜롭게 균형을 잡으면 흥미롭게 생성이 된다.

더 큰 모델을 길게, 더 많은 데이터를 학습하면 이 표본보다 훨씬 일관되고 실제적으로 보이는 생성 표본을 얻을 수 있다. 물론 무작위적으로 생겨난 우연이 아닌, 의미 있는 텍스트를 생성할 것을 기대하지 마라. 이때에는 문자를 입력한 통계 모델에서 데이터를 표본 추출하면 된다. 언어는 소통 경로이며, 소통의 의미와 소통이 부호화되는 메시지의 통계 구조는 구별된다. 이 구별을 증명하기 위해 다음과 같은 사고 실험을 한 적이 있다. 컴퓨터가 대부분의 디지털 통신과 마찬가지로 인간 언어가 소통을 압축하는 데 더 효과적이었다면 어떻게 되는가? 언어는 그다지 의미가 없지만, 본질적인 통계 구조가 부족해 방금 한 것처럼 언어 모델을 배울 수 없다.

8.1.5 결론

- 이전 토큰을 사용해 모델을 훈련하면 다음 토큰을 예측해 개별 시퀀스 데이터를 생성할 수 있다.
- 텍스트의 경우, 이러한 모델을 **언어 모델**(language model)이라고 한다. 단어나 문자를 바탕으로 삼을 수 있다.
- 다음 토큰을 표본 추출할 때는 모델이 판단할 가능성이 높은 항목을 고수하는 것과 무작위성을 도입하는 것 사이의 균형이 필요하다.
- 이를 처리하는 한 가지 방법은 소프트맥스 온도의 개념이다. 올바른 온도를 찾기 위해 항상 여러 가지 온도로 실험해 보라.

8.2 딥드림

딥드림은 합성곱 신경망에서 얻은 표현을 사용하는 예술적 이미지 수정 기술이다. 딥드림은 카페(Caffe)라는 딥러닝 라이브러리(첫 공개 텐서플로 버전이 나오기 몇 개월 전에 나온 것)를 사용해 작성한 구현물로, 2015년 여름에 구글에서 처음으로 출시했다.[9] 딥드림 합성망이 생성할 수 있는(예를 들면, 보기 8.3 참조) 몽환적인 그림들 때문에 인터넷에서 크게 회자됐는데, 이 그림들은 알고리즘으로 착시 처리를 한 인공물, 조류 깃털, 개 눈으로 가득 차 있었다. 해당 그림들에서는 개와 새의 품종이 크게 과장됐다.

---

9 Alexander Mordvintsev, Christopher Olah, and Mike Tyka, "DeepDream: A Code Example for Visualizing Neural Networks," Google Research Blog, July 1, 2015, http://mng.bz/xXlM.

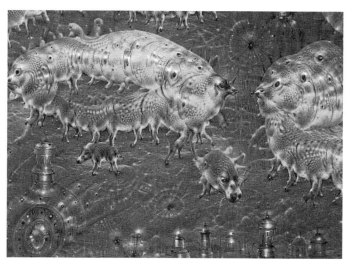

보기 8.3 딥드림 출력 이미지의 예

딥드림 알고리즘은 5장에서 소개한 합성망 필터 시각화 기술과 거의 동일하며, 합성망을 역으로 실행한다. 합성망의 상위 계층에서 특정 필터의 활성화를 최대화하기 위해서는 합성망 입력에 대해 경사 상승을 수행해야 한다. 딥드림은 몇 가지 간단한 차이점을 제외하고 이와 동일한 아이디어를 사용한다.

- 딥드림을 사용하면 특정 필터의 계층이 아닌 전체 계층의 활성을 극대화해 많은 특징을 한꺼번에 혼합해 사용할 수 있다.
- 빈 채로 잡음만 약간 있는 입력이 아니라 기존 이미지를 가지고 작업을 시작하게 되므로 결과적으로 기존에 존재하던 시각적 패턴에 벗어나지 못한 채 해당 이미지의 요소들을 왜곡함으로써 뭔가 예술적인 화풍을 만들어 내게 된다.
- 입력 이미지는 다양한 배율(옥타브라고 함)로 처리돼 시각화의 품질을 향상시킨다.

딥드림 작품을 몇 개 만들어 보자.

8.2.1 케라스로 딥드림 구현하기

여러분은 이미지넷에 준비돼 있는 합성망에서 시작할 것이다. 케라스에서는 VGG16, VGG19, Xception, ResNet50 등과 같은 다양한 합성망을 사용할 수 있다. 딥드림을 구현할 수는 있지만, 합성망 아키텍처가 다른 학습된 특징을 제공하므로 합성망이 자연스럽게 시각화에 영향을 미친다. 원래 딥드림 배포판에 사용된 합성망은 Inception 모델이었고, Inception이 멋진 딥드림을 생성하는 것으로 알려져 있으므로 여러분은 케라스와 함께 제공되는 Inception V3 모델을 사용하게 된다.

목록 8.8 사전 훈련 Inception V3 모델 적재

```
library(keras)

k_set_learning_phase(0)  ◁──  모델을 훈련하지 않으므로 이 명령은
                               모든 훈련 관련 작업을 비활성화한다.

model <- application_inception_v3(
  weights = "imagenet",        합성곱 기반이 아닌 Inception V3 망을
  include_top = FALSE,         구축한다. 이 모델에는 사전 훈련된 이미지넷
)                              가중치가 적재된다.
```

다음으로, 경사 상승(즉, 언덕 오르기) 과정에서 최대화를 하려는 양과 같은 손실을 계산할 것이다. 5장에서는 필터 시각화를 위해 특정 계층의 특정 필터 값을 최대화하려고 시도했다. 여기에서는 여러 계층의 모든 필터의 활성을 동시에 최대화한다. 특히, 상위 수준 집합의 활성화에 대한 L2 노름(L2 norm)의 가중 합을 최대화한다. 선택한 계층의 정확한 집합(최종 손실에 대한 기여도)은 제작할 수 있는 시각 효과에 큰 영향을 미치므로 이러한 파라미터를 쉽게 구성할 수 있다. 하위 계층은 기하학적 패턴을 나타내지만, 상위 계층은 이미지넷의 일부 클래스(예 새나 개)를 인식할 수 있는 비주얼을 제공한다. 여기서는 네 개 계층이 포함된 다소 임의의 구성부터 시작한다. 하지만 나중에 여러 가지 구성을 탐색하고 싶을 것이다.

목록 8.9 딥드림 환경 구성 설정하기

```
layer_contributions <- list(
  mixed2 = 0.2,          계층의 활성화가 최대화하고자 하는 손실에 기여하는 양을
  mixed3 = 3,            정량화하는 계수에 계층 이름을 사상하는 명명형 리스트
  mixed4 = 2,            (named list)이다. 계층 이름은 내장된 Inception V3 애플
  mixed5 = 1.5           리케이션에 하드코딩돼 있다. summary(model)을 사용하면
)                        층 이름을 나열할 수 있다.
```

이제 손실(목록 8.9의 계층 활성화에 대한 L2 노름의 가중치 합)을 포함하는 텐서를 정의해 보자.

목록 8.10 최대화할 손실 정의하기

```
# layer_dict <- model$layers                                       계층 이름을
# names(layer_dict) <- lapply(layer_dict, function(layer) layer$name)   계층 인스턴스에
                                                                    사상하는 리스트를 만든다.
loss <- k_variable(0)  ◁──┐ 이 스칼라 변수에 계층 기여를 추가해 손실을 정의한다.  하지만 이제 더 이상
for (layer_name in names(layer_contributions)) {                   layer_dict를 사용하지
                                                                   않으므로 이 코드는
                                                                   불필요하다.
```

```
  coeff <- layer_contributions[[layer_name]]          ← 계층의 출력을 가져온다.
  activation <- layer_dict[[layer_name]]$output   ←
  scaling <- k_prod(k_cast(k_shape(activation), "float32"))
  loss <- loss + (coeff * k_sum(k_square(activation)) / scaling) ←   계층 특징들의 L2 노름을
}                                                                     손실에 추가한다.
```

그런 다음, 경사 상승 과정을 설정할 수 있다.

목록 8.11 경사 상승 과정

```
dream <- model$input     ←   텐서는 생성된 이미지, 즉 꿈을 유지한다.

grads <- k_gradients(loss, dream)[[1]]     ←   이 손실에 관한 꿈의 경사를 계산한다.

grads <- grads / k_maximum(k_mean(k_abs(grads)), 1e-7)   ←   경사를 정규화한다
                                                              (중요 요령).
outputs <- list(loss, grads)
fetch_loss_and_grads <- k_function(list(dream), outputs)   ←
                                                               입력 이미지가 주어진 경우,
eval_loss_and_grads <- function(x) {                         손실 및 경사 값을 검색하는
  outs <- fetch_loss_and_grads(list(x))                      케라스 함수를 설정한다.
  loss_value <- outs[[1]]
  grad_values <- outs[[2]]
  list(loss_value, grad_values)
}

gradient_ascent <- function(x, iterations, step, max_loss = NULL) {
  for (i in 1:iterations) {
    c(loss_value, grad_values) %<-% eval_loss_and_grads(x)
    if (!is.null(max_loss) && loss_value > max_loss)
      break                                                   이 함수는
    cat("...Loss value at", i, ":", loss_value, "\n")         여러 반복에
    x <- x + (step * grad_values)                             대해 경사 상승을
  }                                                           실행한다.
  x
}
```

마지막으로 딥드림 알고리즘을 다뤄 보자. 먼저, 이미지를 처리할 **배율(scales)** 리스트를 정의한다. 참고로 배율을 **옥타브(octaves)**라고도 부른다. 연속적인 각 배율은 이전의 배율보다 1.4배씩 더 크다(즉, 40%씩 더 커짐). 이는 처음에 작은 이미지부터 처리하고, 점차 이미지를 확대(보기 8.4 참조)하는 식이다.

각 연속 배율에 대해 가장 작은 것에서 가장 큰 것까지 이전에 정의한 손실을 최대화하기 위해 경사 상승을 실행한다. 각 경사 상승 실행 후, 결과 이미지의 비율을 40%만큼 늘린다.

연속적으로 확대할 때마다 이미지 세부 묘사가 많이 손실되는 것(이미지가 점점 희미해지거나 픽셀화됨)을 피하기 위해 간단한 요령을 사용할 수 있다. 배율을 키운 후마다 매번 잃어버린 세부 정보를 이미지로 재투영한다. 원본 이미지가 더 크게 보이게 될 것임을 알기 때문에 이렇게 할 수 있다. 작은 이미지 크기 S와 큰 이미지 크기 L이 주어지면 원래 이미지 크기 L로 조정된 원본과 크기 S로 조정된 원본 사이의 차이를 계산할 수 있다. 이 차이를 이용하면 S에서 L로 갈 때 잃어버린 세부 사항을 정량화할 수 있다.

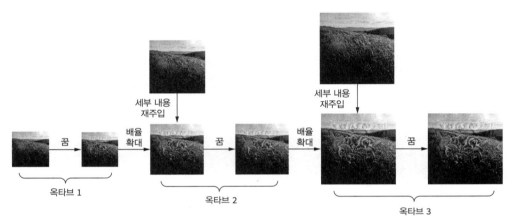

보기 8.4 딥드림 과정: 공간 처리(옥타브)의 연속적인 배율 및 배율 확대 시 세부 내용 재주입

목록 8.12 서로 다른 연속 배율에 대한 경사 상승 실행하기

```
step <- 0.01            ◁──── 경사 상승 단계 너비
num_octave <- 3         ◁──── 경사 상승을 실행하는 배율 개수
octave_scale <- 1.4     ◁──── 배율 간의 크기 비
iterations <- 20        ◁──── 각 배율에서 실행하는 경사 상승 스텝 수

max_loss <- 10          ◁──── 손실이 10보다 커지면 추악한 인조 작품이
                              되지 않게 하기 위해 경사 상승 과정을 중단한다.
base_image_path <- "..."  ◁──── 딥드림에 쓸 이미지가 있는 경로를 지정한다.¹⁰

img <- preprocess_image(base_image_path)  ◁──── 기본 이미지를 배열로 적재한다
                              (함수는 목록 8.13에 정의돼 있다).

original_shape <- dim(img)[-1]  ◁──── 경사 상승을 실행할 다른 배율을 정의하는
successive_shapes <- list(original_shape)       모양 튜플 리스트를 준비한다.
for (i in 1:num_octave) {
  shape <- as.integer(original_shape/(octave_scale ^ i))
  successive_shapes[[length(successive_shapes) + 1]] <- shape
```

이 하이퍼 파라미터로 재생하면 새로운 효과를 얻을 수 있다.

---

10 [옮긴이] 역자는 앞에서 코끼리의 열지도를 구성하기 위해 내려받았던 코끼리 사진을 다시 사용했다. 해당 이미지의 경로는 "~/Downloads/creative_commons_elephant.jpg"였다. 따로 쓸 이미지가 없다면 이대로 경로를 지정해도 될 것이다.

```
}

  successive_shapes <- rev(successive_shapes)      ◁── 모양 리스트를 반전해 순서가 바뀐다.


  original_img <- img
  shrunk_original_img <- resize_img(img, successive_shapes[[1]])   ◁──
                                                              이미지 배열의 크기를
                                                              최소 배율로 조정한다.
  for (shape in successive_shapes) {
    cat("Processsing image shape", shape, "\n")
    img <- resize_img(img, shape)      ◁── 꿈의 이미지를 확장한다.
    img <- gradient_ascent(img,      ◁──
                           iterations = iterations,    경사 상승을 실행해 꿈을 바꾼다.
                           step = step,              원본 이미지의 작은 버전의 배율을 확대한다.
                           max_loss = max_loss)        이미지는 픽셀 단위로 보이게 된다.
    upscaled_shrunk_original_img <- resize_img(shrunk_original_img, shape)   ◁──
    same_size_original <- resize_img(original_img, shape)
    lost_detail <- same_size_original - upscaled_shrunk_original_img   ◁──

    img <- img + lost_detail      ◁── 잃어버린 세부 내용을 꿈에 재주입한다.
    shrunk_original_img <- resize_img(original_img, shape)
    save_img(img, fname = sprintf("dream_at_scale_%s.png",      이 둘의 차이점은
                        paste(shape, collapse = "x")))11        배율을 키웠을 때
  }                                                          손실된 세부 내용이다.
}
```
이 크기로 원본 이미지의 고품질 버전을 계산한다.

이 코드는 다음과 같은 간단한 보조 R 함수를 사용한다. 이 R 함수는 모두 이름에 걸맞은 역할을 한다.

목록 8.13 보조 함수[12]

```
resize_img <- function(img, size) {
  image_array_resize(img, size[[1]], size[[2]])
}

save_img <- function(img, fname) {
  img <- deprocess_image(img)
  image_array_save(img, fname)
}
                                    ◁── Inception V3이 처리할 수 있는 텐서로 그림을 열고,
                                        크기를 변경하고, 포맷을 지정하는 편의(util) 함수
preprocess_image <- function(image_path) {
  image_load(image_path) %>%
    image_to_array() %>%
    array_reshape(dim = c(1, dim(.))) %>%
```

---

11 **옮긴이** 이미지는 현재 작업 디렉터리(윈도우라면 보통 '문서')에 dream_at_scale_이라는 문자로 시작하는 파일들로 생성된다.

12 **옮긴이** 주의!!! 이 목록 8.13에 나오는 스크립트(함수들)가 목록 8.12에 나오는 스크립트보다 앞 부분에 있어야 목록 8.12에 있는 스크립트를 실행할 때 오류가 발생하지 않는다.

```
    inception_v3_preprocess_input()
}                                       ┌── 텐서를 유효한 이미지로
                                        │   변환하는 편의 함수
deprocess_image <- function(img) {
  img <- array_reshape(img, dim = c(dim(img)[[2]], dim(img)[[3]], 3))
  img <- img / 2      ◁──── 이미지넷_preprocess_input에
  img <- img + 0.5          의해 수행된 전처리를 취소
  img <- img * 255

  dims <- dim(img)
  img <- pmax(0, pmin(img, 255))
  dim(img) <- dims
  img
}
```

NOTE 원본 Inception V3 망은 299 × 299 크기의 이미지 개념을 인식하도록 훈련받았고, 합리적인 요인으로 이미지를 축소하는 과정을 포함하고 있기 때문에 딥드림 구현은 300×300 및 400×400 이다. 그럼에도 모든 크기와 비율의 이미지에서 동일한 코드를 실행할 수 있다.

샌프란시스코만과 구글 캠퍼스 사이의 작은 언덕에서 찍은 사진을 처리해 보기 8.5와 같은 딥드림을 얻었다.

보기 8.5 예제 이미지에서 딥드림 코드 실행

우리는 여러분이 손실 평가에 사용하는 계층을 조정함으로써 할 수 있는 일을 찾아보는 것을 권고한다. 망 내에서 더 낮은 계층은 더 국소적이고, 덜 추상적인 표현을 포함하고 더 기하학적으로 보이는 꿈 패턴을 만든다. 더 높은 계층은 개의 눈, 새의 깃털 등과 같이 이미지넷에서 발견되는 가장 일반적인 객체를 기반으로 더 알아보기 쉬운 시각적 패턴으로 이어진다. layer_contributions 사전의 파라미터를 무작위로 생성한 후 다양한 계층 조합을 빠르게 탐색할 수 있다. 보기 8.6은 다양한 층 구성을 사용해 얻은 결과의 범위를 집에서 만든 맛있는 생과자 이미지로 보여 준다.

보기 8.6 예제 이미지에서 일련의 딥드림 구성 시도

8.2.2 결론

- 딥드림은 망에서 습득한 표현을 기반으로 입력을 생성하기 위해 합성망을 역으로 실행시키는 방식으로 구성된다.

- 그 결과는 재미있고, 환각을 일으켜 시각피질을 혼동하게 하는 방식으로 인간에게서 끌어 낸 시각적 인공물과 다소 비슷하다.

- 이 과정은 이미지 모델에 특정된 것이 아니며, 합성망에도 특정되지 않는다. 이 과정은 말하기, 음악 등에서도 이뤄질 수 있다.

8.3 신경망 이용 화풍 모사

딥드림 외에도 딥러닝 주도 이미지 수정 분야의 또 다른 주요 발전은 레온 게티(Leon Gatys) 등이 2015년 여름에 소개한 **신경망 이용 화풍 모사**(neural style transfer)이다.[13] 신경망 이용 화풍 모사 알고리즘은 개량이 많이 됐고, 처음으로 도입된 이후에 많은 변형 알고리즘이 나왔으며, 많은 스마트폰 사진 애플리케이션에 적용됐다. 이번 절에서는 원래 논문에서 설명한 공식에 중점을 둔다.

---

13 Leon A. Gatys, Alexander S. Ecker, and Matthias Bethge, "A Neural Algorithm of Artistic Style," https://arxiv.org/abs/1508.06576.

신경망 이용 화풍 모사는 표적 이미지의 내용을 보존하면서 참조 이미지의 화풍을 표적 이미지에 적용하는 방식으로 이뤄진다. 보기 8.7은 그 예이다.

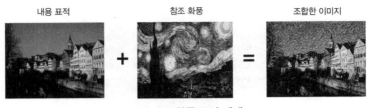

보기 8.7 화풍 모사 예제

이 맥락에서 **화풍(style)**이란, 본질적으로 다양한 공간 규모에서 이미지의 질감, 색상 및 시각적 패턴을 의미한다. 그리고 **내용(content)**은 이미지의 상위 수준의 육안적 구조(macrostructure)이다. 예를 들어, 파란색과 노란색 원형 붓질은 보기 8.7에서 화풍(빈센트 반 고흐의 별이 빛나는 밤 사용)에 해당하고, 튀빙겐 지역 사진 속 건물들은 내용으로 간주된다.

질감 생성과 밀접하게 관련된 화풍 모사라는 아이디어는 2015년에 신경망 이용 화풍 모사를 개발하기 전부터 이미지 처리 커뮤니티에서 오랜 역사를 간직해 왔다. 그러나 화풍 학습을 딥러닝을 바탕으로 구현하는 일은 고전적인 컴퓨터 비전 기술을 사용해 이전에 달성했던 결과와 비교할 수 없을 만한 결과를 제공하며, 컴퓨터 비전과 관련된 창의적인 응용에 놀라운 르네상스를 촉발했다.

화풍 모사를 구현하는 핵심 개념은 모든 딥러닝 알고리즘의 핵심 아이디어와 동일하다. 달성하려는 목표를 지정하기 위해 손실 함수를 정의하고, 이 손실을 최소화한다. 여러분은 참조 이미지의 화풍을 채택하면서 원본 이미지의 내용을 보존하는 것을 달성하고자 하는 것을 알고 있다. 내용 및 화풍을 수학적으로 정의할 수 있는 경우, 최소화할 수 있는 손실 함수는 다음과 같다.

```
loss <- distance(style(참조_이미지) - style(생성_이미지)) +
        distance(content(원본_이미지) - content(생성_이미지))
```

여기에서 distance(즉, 거리)는 L2 노름과 같은 표준 함수, content(즉, 내용)는 이미지를 가져와 해당 내용의 표현을 계산하는 함수, style(즉, 화풍)은 이미지를 받아 해당 화풍의 표현을 계산하는 함수이다. 이 손실을 최소화하면 style(생성_이미지)가 style(참조_이미지)에 가까워질 것이고, content(생성_이미지)는 content(원본_이미지)에 가까워지면서 화풍 모사가 정의한 대로 이뤄진다.

게티 등이 기본적으로 관찰한 바에 따르면, 심층 합성곱 신경망이 화풍과 내용에 관한 함수들을 수학적으로 정의할 수 있는 방법을 제공한다는 것이었다. 이 방법을 살펴보자.

8.3.1 내용 손실

여러분이 이미 알고 있듯이 망 내의 이전 계층에서 활성화하면 이미지에 대한 국소적인 정보가 포함되지만, 상위 계층에서 활성화하면 점점 더 전역적이고 추상적인 정보가 포함된다. 다른 방식으로 공식화된 합성망의 다른 계층을 활성화하면 이미지의 내용을 여러 가지 배율로 분해할 수 있다. 따라서 더 포괄적이고, 추상적인 이미지의 내용을 합성망의 상위 계층 표현에 의해 담아낼 것으로 기대할 수 있다.

따라서 내용 손실과 관련해 좋은 후보 대상은 표적 이미지를 훈련 대상으로 사전 훈련한 합성망의 상위 계층 활성과 생성된 이미지로 계산한 동일 계층 활성 간의 L2 노름이다. 이렇게 하면 상위 계층에서 볼 수 있듯이 생성된 이미지가 원본 표적 이미지와 비슷하게 보인다. 합성망의 상위 계층이 실제로 입력 이미지의 내용이라고 가정하면, 이미지 내용을 보존하는 방법으로 작동한다.

8.3.2 화풍 손실

내용 손실은 하나의 상위 계층만 사용하지만, 게티 등이 정의한 화풍 손실(style loss)은 합성망의 다중 계층을 사용한다. 여러분은 단일 배율뿐 아니라 합성망으로 추출한 모든 공간 배율에서 화풍 참조 이미지의 겉모습을 담아내려고 한다. 화풍 손실의 경우, 게티 등은 계층 활성의 **그램 행렬**(Gram matrix), 즉 주어진 계층에 대한 특징 지도의 곱(product)을 사용한다. 이 내적(inner product)은 계층 특징들 사이의 상관관계 지도를 나타내는 것으로 이해할 수 있다. 이러한 특징 상관 관계는 이 배율에서 발견된 질감의 외관과 경험적으로 일치하는 특정 공간 배율의 패턴 통계를 담아낸다.

따라서 화풍 손실은, 화풍을 참조한 이미지와 생성된 이미지에 걸쳐서, 서로 다른 계층들의 활성 간에 유사한 내부 상관관계를 유지하는 것을 목표로 한다. 결과적으로 화풍을 참조한 이미지와 생성된 이미지에 걸쳐 공간적 배율이 달라도 질감이 서로 비슷하게 보일 수 있게 한다.

간단히 말해, 사전 훈련 합성망을 사용하면 다음을 수행할 손실을 정의할 수 있다.

- 표적의 내용 이미지와 생성된 이미지 간에 유사한 상위 수준의 계층 활성을 유지해 내용을 유지한다. 합성망은 표적 이미지와 생성된 이미지를 모두 '볼' 수 있어야 한다.

- 하위 수준 계층과 상위 수준 계층에 대한 활성화 내에서 유사한 상관관계를 유지함으로써 화풍을 유지한다. 특징의 상관관계가 질감을 좌우한다. 생성된 이미지와 화풍 참조 이미지는 서로 다른 공간적 계량으로 동일한 질감을 공유해야 한다.

이제 2015년 처음으로 발표된 신경적 화풍 모사 알고리즘의 케라스 구현을 살펴보자. 이는 이전 절에서 개발한 딥드림 구현과 비슷한 점이 많다.

8.3.3 케라스의 신경망 이용 화풍 모사

신경망 이용 화풍 모사는 사전 훈련 합성망을 사용해 구현할 수 있다. 여기서는 게티가 사용하는 VGG19 망을 사용한다. VGG19는 5장에서 소개된 VGG16 망의 단순한 변형이며, 세 개합성곱 계층을 추가로 가진다.

다음은 일반적인 과정이다.

1. 화풍 참조 이미지, 표적 이미지 및 생성 이미지에 대한 VGG19 계층 활성화를 동시에 계산하는 망을 설정한다.
2. 이 세 이미지별로 계산된 계층 활성을 사용해 앞에서 설명한 손실 함수를 정의한다. 이 함수를 사용하면 화풍 모사를 최소화할 수 있다.
3. 이 손실 함수를 최소화하기 위해 경사 하강 과정을 설정한다.

먼저 화풍 참조 이미지와 표적 이미지의 경로를 정의해 보자. 처리된 이미지가 비슷한 크기(서로 크기가 다르면 화풍을 모사하기가 어려워지기 때문)인지 확인하려면, 나중에 공통 높이를 400픽셀 크기로 조정한다.

목록 8.14 초기 변수 정의

```
library(keras)

target_image_path <- "img/portrait.png"          ◁── 변환하려는 이미지의 경로

style_reference_image_path <- "img/transfer_style_reference.png"     ◁── 화풍 이미지의
                                                                          경로
img <- image_load(target_image_path)    ◁── 생성된 그림의 크기를
width <- img$size[[1]]                        계산한다.
height <- img$size[[2]]
img_nrows <- 400
img_ncols <- as.integer(width * img_nrows / height)
```

VGG19 전환 경로로 들어오고 나가는 이미지를 적재, 전처리 및 사후 처리하기 위한 보조 함수가 필요하다.

목록 8.15 **보조 함수**

```
preprocess_image <- function(path) {
  img <- image_load(path, target_size = c(img_nrows, img_ncols)) %>%
    image_to_array() %>%
    array_reshape(c(1, dim(.)))
  imagenet_preprocess_input(img)
}

deprocess_image <- function(x) {
  x <- x[1,,,]
  x[,,1] <- x[,,1] + 103.939          이미지넷에서 평균 픽셀 값을 제거해 영점 조정한다.
  x[,,2] <- x[,,2] + 116.779          이것은 imagenet_preprocess_input에 의해
  x[,,3] <- x[,,3] + 123.68           수행된 변환을 되돌린다.
  x <- x[,,c(3,2,1)]  ◁─────── 이미지를 'BGR'에서 'RGB'로 변환한다.
  x[x > 255] <- 255                  이것은 imagenet_preprocess_input의
  x[x < 0] <- 0                      역전의 일부이기도 하다.
  x[] <- as.integer(x)/255
  x
}
```

VGG19 망을 설정하자. 화풍 참조 이미지, 표적 이미지 및 생성된 이미지를 포함할 자리 표시자의 세 가지 이미지 배치를 입력으로 사용한다. 자리 표시자는 상징적인 텐서이며, 그 값은 R 배열을 통해 외부로 제공된다. 화풍 참조 이미지 및 표적 이미지는 정적이며, 따라서 k_constant를 사용해 정의되지만, 생성된 이미지의 자리 표시자에 포함된 값은 시간이 지남에 따라 변경된다.

목록 8.16 **사전 훈련 VGG19 망 적재 및 세 개 이미지에 적용하기**

```
target_image <- k_constant(preprocess_image(target_image_path))
style_reference_image <- k_constant(
  preprocess_image(style_reference_image_path)
)

combination_image <- k_placeholder(c(1, img_nrows, img_ncols, 3))  ◁── 생성된 이미지를 포함할
                                                                       자리 표시자

input_tensor <- k_concatenate(list(target_image, style_reference_image,    세 개의 이미지를 단일
                                   combination_image), axis = 1)           배치로 결합한다.

model <- application_vgg19(input_tensor = input_tensor,    세 개의 이미지 배치를 입력으로 삼아 VGG19 망을
                           weights = "imagenet",           구축한다.
                           include_top = FALSE)            이 모델에는 사전 훈련된 이미지넷 가중치가 적재된다.
cat("Model loaded\n")
```

내용 손실을 정의해 VGG19 합성망의 최상위 계층이 표적 이미지와 생성된 이미지를 비슷하게 볼 수 있도록 한다.

목록 8.17 내용 손실

```
content_loss <- function(base, combination) {
  k_sum(k_square(combination - base))
}
```

다음은 화풍 손실이다. 보조 함수를 사용해 입력 행렬의 그램 행렬을 계산한다. 이 행렬은 원래 행렬에서 발견되는 상관관계를 나타내는 지도이다.

목록 8.18 화풍 손실

```
gram_matrix <- function(x) {
  features <- k_batch_flatten(k_permute_dimensions(x, c(3, 1, 2)))
  gram <- k_dot(features, k_transpose(features))
  gram
}

style_loss <- function(style, combination){
  S <- gram_matrix(style)
  C <- gram_matrix(combination)
  channels <- 3
  size <- img_nrows*img_ncols
  k_sum(k_square(S - C))/(4 * channels^2 * size^2)
}
```

이 두 가지 손실 구성 요소에 세 번째를 추가한다. **총 변동 손실(total variation loss)**은 생성된 조합 이미지의 픽셀에서 작동한다. 생성 이미지에서 공간적인 연속성을 장려해 지나치게 픽셀화된 결과를 피한다. 이는 정칙화된 손실로 여길 수 있다.

목록 8.19 총 변동 손실

```
total_variation_loss <- function(x) {
  y_ij <- x[,1:(img_nrows - 1L), 1:(img_ncols - 1L),]
  y_i1j <- x[,2:(img_nrows), 1:(img_ncols - 1L),]
  y_ij1 <- x[,1:(img_nrows - 1L), 2:(img_ncols),]
  a <- k_square(y_ij - y_i1j)
  b <- k_square(y_ij - y_ij1)
  k_sum(k_pow(a + b, 1.25))
}
```

최소화한 손실은 이 세 가지 손실의 가중평균이다. 내용 손실을 계산하려면 하나의 상위 계층(block5_conv2 계층)만 사용하는 반면, 화풍 손실의 경우 하위 계층과 상위 계층보다 많은 계층 목록을 사용한다. 마지막으로 전체 변동 손실을 추가한다.

사용 중인 화풍 참조 이미지 및 내용 이미지에 따라 content_weight 계수(전체 손실에 대한 내용 손실의 기여도)를 조정할 수 있다. content_weight가 더 높으면 표적 내용이 생성된 이미지에서 더 잘 인식된다.

목록 8.20 최소화할 최종 손실 정의하기

```
outputs_dict <- lapply(model$layers, '[[', "output")        ←┐ 계층 이름을 활성화 텐서로
names(outputs_dict) <- lapply(model$layers, '[[', "name")     │ 사상하는 명명형 리스트

content_layer <- "block5_conv2"        ←┐ 내용 손실에 사용되는 계층
style_layers = c("block1_conv1", "block2_conv1",
                 "block3_conv1", "block4_conv1",        ┐ 화풍 손실에 사용되는 계층
                 "block5_conv1")

total_variation_weight <- 1e-4
style_weight <- 1.0             ┐ 손실 구성 요소의 가중 평균에
content_weight <- 0.025         ┘ 있는 가중치

                                          ┐ 이 스칼라 변수에 모든 구성 요소를
loss <- k_variable(0.0)   ←───────────────┘ 추가해 손실을 정의한다.
layer_features <- outputs_dict[[content_layer]]
target_image_features <- layer_features[1,,,]                  ┐ 내용 손실을
combination_features <- layer_features[3,,,]                   │ 추가한다.
loss <- loss + content_weight * content_loss(target_image_features,
                                             combination_features)

for (layer_name in style_layers) {   ←┐ 각 표적 계층에 화풍 손실 구성
  layer_features <- outputs_dict[[layer_name]]   요소를 추가한다.
  style_reference_features <- layer_features[2,,,]
  combination_features <- layer_features[3,,,]
  sl <- style_loss(style_reference_features, combination_features)
  loss <- loss + ((style_weight / length(style_layers)) * sl)
}

loss <- loss +                                                              ┐ 총 변동 손실을
  (total_variation_weight * total_variation_loss(combination_image))        │ 더한다.
```

마지막으로 경사 하강 과정을 설정한다. 게티 등의 논문에서 최적화는 L-BFGS 알고리즘을 사용해 수행됐으므로 여기에서도 사용할 것이다. 이것은 8.2절의 딥드림 예제와의 주요 차이점이다. L-BFGS 알고리즘은 optim() 함수를 통해 사용할 수 있지만, optim() 구현에는 두 가지 제한 사항이 있다.

- 손실 함수 값과 경사 값을 두 개의 개별 함수로 전달해야 한다.

- 3D 이미지 배열을 가지고 있을지라도 평평한(flat) 벡터에만 적용할 수 있다.

손실 함수 값과 경사 값을 독립적으로 계산하는 것은 비효율적이다. 그렇게 하면 두 함수 사이에 많은 중복 계산이 생길 수 있기 때문이다. 이 과정은 공동으로 계산하는 것보다 거의 두 배나 느릴 것이다. 이를 피하기 위해 손실 값과 경사 값을 동시에 계산하고, 첫 번째 호출 시 손실 값을 반환하고, 다음 호출에 대비해 경사를 임시 저장해 두는 Evaluator라는 R6 클래스를 설정한다.

목록 8.21 경사 하강 과정 설정하기

```
grads <- k_gradients(loss, combination_image)[[1]]   ◁───┐ 손실과 관련해 생성된 이미지의
                                                          │ 경사를 가져 온다.
fetch_loss_and_grads <-
      k_function(list(combination_image), list(loss, grads))
                                         ┌─── 현재 손실 및 현재 경사의 값을 가져오는 함수
eval_loss_and_grads <- function(image) { ◁─┘
  image <- array_reshape(image, c(1, img_nrows, img_ncols, 3))
  outs <- fetch_loss_and_grads(list(image))
  list(
    loss_value = outs[[1]],
    grad_values = array_reshape(outs[[2]], dim = length(outs[[2]]))
  )
}

library(R6)
Evaluator <- R6Class("Evaluator",  ◁───┐ 이 클래스는 fetch_loss_and_grads를
  public = list(                        │ 별도의 메서드 호출을 통해
                                        │ 손실 및 경사를 검색할 수 있는 방식으로
    loss_value = NULL,                  │ 래핑하는데, 이것이 여러분이 사용할
    grad_values = NULL,                 │ 최적화기에 필요하다.

    initialize = function() {
      self$loss_value <- NULL
      self$grad_values <- NULL
    },

    loss = function(x) {
      loss_and_grad <- eval_loss_and_grads(x)
      self$loss_value <- loss_and_grad$loss_value
      self$grad_values <- loss_and_grad$grad_values
      self$loss_value
    },

    grads = function(x) {
      grad_values <- self$grad_values
      self$loss_value <- NULL
```

```
      self$grad_values <- NULL
      grad_values
    }
  )
)
evaluator <- Evaluator$new()
```

마지막으로 L-BFGS 알고리즘을 사용해 경사 상승 과정을 실행할 수 있다. 알고리즘의 각 반복마다 현재 생성된 이미지를 그려 낼 수 있다(여기서는 단일 반복이 20단계의 경사 상승을 나타낸다).

목록 8.22 화풍 모사 루프

```
iterations <- 20

dms <- c(1, img_nrows, img_ncols, 3)

x <- preprocess_image(target_image_path)    ◁──  이것은 초기 상태,
                                                  즉 표적 이미지이다.
x <- array_reshape(x, dim = length(x))    ◁──
                                              optim은 평평한 벡터만 처리할 수 있기
                                              때문에 이미지를 평평하게 만든다.
for (i in 1:iterations) {

  opt <- optim(
    array_reshape(x, dim = length(x)),
    fn = evaluator$loss,                    신경 이미지 손실을 최소화하기 위해 생성된
    gr = evaluator$grads,                   이미지의 픽셀에 대해 L-BFGS를 실행한다.
    method = "L-BFGS-B",                    손실을 계산하는 함수와 경사를 계산하는
    control = list(maxit = 15)              함수를 별도의 두 인수로 전달해야 한다.
  )

  cat("Loss:", opt$value, "\n")

  image <- x <- opt$par
  image <- array_reshape(image, dms)

  im <- deprocess_image(image)
  plot(as.raster(im))
}
```

보기 8.8은 여러분이 얻어낸 이미지를 보여 준다. 이 기법이 달성하는 것은 이미지 질감 재구성(retexturing) 또는 질감 모사(texture transfer)의 한 형태일 뿐이다. 질감을 도드라지게 하고 자기 유사성이 높은 화풍 참조 이미지 및 인식하기 쉽도록 고수준 세부 정보가 필요 없는 내용 표적을 사용하면 가장 효과적이다. 이 기법은 일반적으로 한 초상화의 화풍을 다른 초상화로 옮기는 것과 같은 아주 추상적인 묘기까지 부릴 수는 없다. 이 알고리즘은 인공지능보다 고전 신호 처리에 가깝기 때문에 마술처럼 작동하지 않을 것이다!

보기 8.8 **몇 가지 예제 결과**

또한 이 화풍 모사 알고리즘을 실행하는 속도가 느리다. 그러나 설정으로 작동되는 변환은 적절한 훈련 데이터를 사용할 수 있는 한 작고 빠르며, 피드포워드 컨베이어로 학습할 수 있을 정도로 간단하다. 빠른 화풍 모사는 고정된 화풍 참조 이미지에 대한 입출력 훈련 예제를 생성하기 위해 먼저 여기에 설명된 방법을 사용해 많은 계산 주기를 소비한 후, 간단한 합성망을 훈련해 이 화풍별 변형을 학습하는 방식으로 얻을 수 있다. 일단 학습이 완료된 후에는 주어진 이미지에 화풍을 순식간에 입힐 수 있다.

8.3.4 결론

- 화풍 모사는 참조 이미지의 화풍을 캡처하면서 표적 이미지의 내용을 보존하는 새 이미지를 만드는 것으로 구성된다.

- 내용은 합성망의 고수준 활성화에 의해 캡처될 수 있다.

- 화풍은 합성망의 서로 다른 계층의 활성화에 대한 내부 상관관계로 파악할 수 있다.

- 따라서 딥러닝은 사전 훈련 합성망으로 정의한 손실을 사용해 화풍 모사를 최적화 과정으로 공식화할 수 있다.

- 이처럼 기본적인 생각을 바탕으로 이미지를 여러 가지로 변형해 본다거나 화풍 모사를 많이 개선해 볼 수 있을 것이다.

8.4 가변 오토인코더로 이미지 생성하기

이미지의 잠재 공간을 표본 추출해 완전히 새로운 이미지를 만들거나 기존 이미지를 편집하는 일은 현재 가장 널리 사용되고 있으며, 창의적인 인공지능을 잘 적용한 예이다. 이번 절과 다음 절에서는 이 분야의 두 가지 주요 기술과 관련된 구현 세부 사항과 함께 이미지 생성과 관련된 몇 가지 고수준 개념을 검토한다. **가변 오토인코더**(variational autoencoders, VAE)[14] 및 **생성적 적대 망**(generative adversarial network, GAN)과 같은 다양한 망 프로토콜을 지원한다. 여기서 제시하는 기술을 이미지에만 적용할 수 있는 게 아니고 GAN 및 VAE를 사용해 소리나, 음악 또는 문장의 잠재 공간을 개발할 수 있지만, 실제로는 가장 흥미 있는 결과를 이미지 형태로 얻었으므로 우리는 여기에 집중한다.

8.4.1 이미지의 잠재 공간에서 표본 추출하기

이미지 생성의 핵심 아이디어는 사실적으로 보이는 이미지에 어떤 점을 사상할 수 있는 저차원 표현의 잠재 공간(자연스럽게 벡터 공간)을 개발하는 것이다. 이 사상을 실현할 수 있는 모

---

14 옮긴이 개념을 잘 나타내게 번역하자면 '가변 자체 부호기' 정도가 적당할 것이다.

듈은 잠재 점을 입력으로 해 이미지(픽셀 격자)를 출력하는 부분을, GAN의 경우에는 **생성기** **(generator)**, VAE의 경우에는 **복호기(decoder)**라고 한다. 그러한 잠재 공간이 개발되면 의도적으로든 무작위로든 그 점을 표본 추출하고, 이미지 공간에 사상해 이전에 보지 못한 이미지를 생성할 수 있다(보기 8.9 및 8.10 참조).

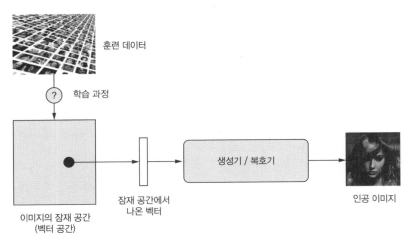

보기 8.9 **이미지의 잠재적인 벡터 공간 학습 및 새로운 이미지 표본 추출**

GAN과 VAE는 이미지 표현의 잠재 공간을 학습하기 위한 두 가지 전략이며, 각기 자체 특성을 갖고 있다. VAE는 특정 방향에서 데이터의 의미 있는 변화 축을 부호화하는 구조화된 잠재 공간을 학습하는 데 적합하다. GAN은 잠재적으로 매우 현실적일 수 있는 이미지를 생성하지만, 잠재 공간에는 많은 구조와 연속성이 없을 수 있다.

보기 8.10 **Tom White가 VAE를 사용해 생성한 얼굴의 연속 공간**

8.4.2 이미지 편집을 위한 개념 벡터

우리는 6장에서 단어 매장을 다룰 때 **개념 벡터**(concept vector)에 대한 아이디어를 이미 암시했다. 아이디어는 여전히 동일하다. 즉, 표현의 잠재 공간, 즉 매장 공간이 주어진 경우, 공간의 특정 방향은 원래 데이터에서 흥미로운 변화의 축을 부호화할 수 있다. 예를 들어, 얼굴 이미지의 잠재 공간에서 미소 벡터(smile vectors) s가 있을 수 있다. 즉, 잠재 점 z가 특정 얼굴의 매장 표현인 경우, 잠재 점 z + s는 웃고 있는 동일한 얼굴의 매장된 표현이다. 그런 벡터를 식별하면 잠재 공간으로 투영하고, 표현을 의미 있는 방식으로 이동한 후 이미지 공간으로 재복호화해 이미지를 편집할 수 있게 된다. 근본적으로 얼굴의 변화에 독립적인 차원의 개념 벡터가 있다. 얼굴의 경우 얼굴에 선글라스를 씌우거나 안경을 제거하거나 남성 얼굴을 여성 얼굴로 바꾸는 등의 작업을 할 수 있다. 보기 8.11은 유명인 얼굴 데이터셋(CelebA 데이터셋)으로 훈련받은 VAE를 사용해 생성한 개념 벡터(뉴질랜드에 있는 빅토리아 대학교 디자인 대학의 톰 화이트가 발견한 것)인 미소 벡터의 한 예이다.

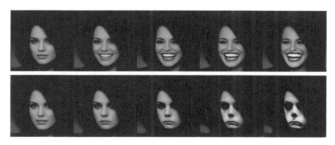

보기 8.11 **미소 벡터**

8.4.3 가변 오토인코더

2013년 6월의 킹마 및 웰링(Kingma and Welling)과 2014년 1월의 레젠데(Rezende), 모하메드(Mohamed) 및 비에스트라(Wierstra)가 동시에 발견한 가변 오토인코더 프로그램은 개념 벡터를 통한 이미지 편집 작업에 적합한 생성 모델의 일종이다. 오토인코더는 현대적인 것이다. 저차원 잠재 공간에 대한 입력을 부호화한 후 재해독하는 것을 목표로 하는 망의 종류로, 딥러닝에서 나온 아이디어를 베이즈 추론과 혼합한다.

기존에 있던 이미지 오토인코더는 이미지를 가져와 부호기 모듈을 통해 잠재 벡터 공간에 사상한 후, 원본 이미지와 동일한 크기의 출력으로 복호기 모듈을 통해 재복호화한다(보기 8.12 참조). 그런 다음 입력 데이터와 동일한 이미지를 표적 데이터로 사용해 훈련받는다. 즉, 오토인코더가 원본 입력을 재구성하는 방법을 학습한다. 부호(부호기의 출력)에 다양한 제약 조건을 적용하면, 자기 부호화(auto encoding)를 통해 더 흥미롭고 흥미로운 잠재 데이터 표현을 익힐 수 있다. 일반적으로 부호를 저차원으로(주로 0으로) 희박하게 지정한다. 이 경우, 부호기는 입력 데이터를 더 적은 비트로 압축하는 역할을 한다.

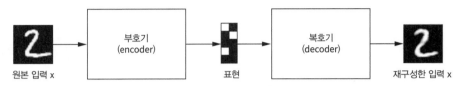

원본 입력 x   부호기 (encoder)   표현   복호기 (decoder)   재구성한 입력 x

보기 8.12 오토인코더: 입력 x를 압축된 표현으로 사상한 후 x'로 재복호화한다.

실제로, 그러한 고전적인 오토인코더는 유용하거나 잘 구조화된 잠재 공간으로 이어지지 않는다. 그것들은 압축도 잘하지 못한다. 이러한 이유로 유행에서 크게 벗어났다. 그러나 VAE는 오토인코더에 약간의 통계적 마술을 추가해 지속적이고, 고도로 구조화된 잠재 공간을 학습하도록 한다. VAE는 이미지 생성을 위한 강력한 도구로 밝혀졌다. VAE는 입력 이미지를 잠재 공간의 고정된 부호로 압축하는 대신, 이미지를 통계 분포의 파라미터(평균 및 분산)로 바꾼다. 기본적으로 이것은 입력 이미지가 통계적 과정에 의해 생성됐다고 가정하고, 부호화 및 복호화 중에 이 과정의 무작위성을 고려해야 한다는 것을 의미한다. 그런 다음, VAE는 평균 및 분산 파라미터를 사용해 분포의 한 요소를 무작위로 표본 추출하고, 해당 요소를 원래 입력으로 재복호화한다(보기 8.13 참조). 이 과정에서 확률론이 견고함을 높이며 잠재 공간을 사방에 의미 있는 표현으로 부호화한다. 잠재 공간에서 표본 추출된 모든 점은 유효한 출력으로 복호화된다.

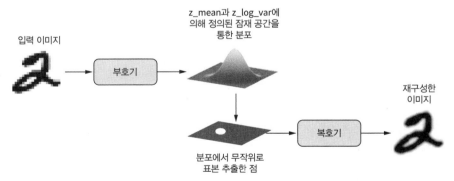

입력 이미지   부호기   z_mean과 z_log_var에 의해 정의된 잠재 공간을 통한 분포   분포에서 무작위로 표본 추출한 점   복호기   재구성한 이미지

보기 8.13 VAE는 이미지를 두 개 벡터, 즉 z_mean과 z_log_sigma로 사상한다. 이 벡터는 잠재 공간에서의 확률 분포를 정의하며, 복호화할 잠재 점을 표본 추출하는 데 사용된다.

기술적인 측면에서 보면 VAE의 작동 방식은 다음과 같다.

1. 부호기 모듈은 입력 표본 input_img를 표현의 잠재 공간인 z_mean 및 z_log_variance 의 두 파라미터로 바꾼다.

2. z = z_mean + exp (z_log_variance) * epsilon을 통해 입력 이미지를 생성한다고 가 정한 잠재 정규분포에서 임의로 점 z를 표본 추출한다. 여기서 엡실론(epsilon)은 값이 작은 임의의 텐서이다.

3. 복호기 모듈은 이 지점을 잠재 공간에서 원래 입력 이미지로 재사상한다.

엡실론은 무작위이기 때문에 input_img(z-mean)를 부호화한 잠재적인 위치에 가까운 모든 점 을 input_img와 비슷한 것으로 복호화할 수 있으므로 잠재 공간을 계속 의미 있게 유지해야 한다. 잠재 공간에 있는 가까운 점 두 개는 매우 유사한 이미지로 복호화된다. 연속성은 잠재 공간의 낮은 차원과 결합해 잠재 공간의 모든 방향을 의미 있는 데이터 변형 축으로 부호화해 잠재 공간을 크게 구조화하고, 개념 벡터를 통한 조작에 매우 적합하게 만든다.

VAE의 파라미터는 복호화된 표본을 초기 입력과 일치하는 재구성 손실과, 잘 형성된 잠재 공 간을 학습하고 훈련 데이터에 대한 과적합을 줄이는 데 도움이 되는 정규화 손실이라는 두 가 지 손실 함수를 통해 학습된다.

VAE의 케라스 구현을 빠르게 살펴보자. 대략 다음과 같이 보인다.

```
c(z_mean, z_log_variance) %<% encoder(input_img)
입력을 평균 및 분산 파라미터로 부호화한다.                    임의의 작은 엡실론을 사용해
                                                        잠재 점을 그린다.
z <- z_mean + exp(z_log_variance) * epsilon

reconstructed_img <- decoder(z)                         z를 이미지로 재복호화한다.
                                                        입력 이미지를 재구성한 것에
model <- keras_model(input_img, reconstructed_img)      사상하는 자동 부호화 모델을 인스턴스화한다.
```

그런 다음, 재구성 손실과 정규화 손실을 사용해 모델을 훈련할 수 있다. 다음 목록은 잠재 공간에서 확률 분포의 파라미터에 이미지를 사상해 사용할 부호기 망을 보여 준다. 이는 입력 이미지 x를 두 벡터, z_mean 및 z_log_var에 사상하는 간단한 합성망이다.

목록 8.23 VAE 부호기 망

```
library(keras)

img_shape <- c(28, 28, 1)
batch_size <- 16
latent_dim <- 2L        <──┐  잠재 공간의 차원: 2D 평면

input_img <- layer_input(shape = img_shape)

x <- input_img %>%
  layer_conv_2d(filters = 32, kernel_size = 3, padding = "same",
                activation = "relu") %>%
  layer_conv_2d(filters = 64, kernel_size = 3, padding = "same",
                activation = "relu", strides = c(2, 2)) %>%
  layer_conv_2d(filters = 64, kernel_size = 3, padding = "same",
                activation = "relu") %>%
  layer_conv_2d(filters = 64, kernel_size = 3, padding = "same",
                activation = "relu")

shape_before_flattening <- k_int_shape(x)

x <- x %>%
  layer_flatten() %>%
  layer_dense(units = 32, activation = "relu")


z_mean <- x %>%
  layer_dense(units = latent_dim)       입력 이미지는 이 두 파라미터로
z_log_var <- x %>%                      부호화된다.
  layer_dense(units = latent_dim)
```

다음은 잠재 공간 점 z를 생성하기 위해 input_img를 생성했다고 가정한 통계 분포의 파라미터인 z_mean과 z_log_var를 사용하기 위한 코드이다. 여기에서는 R 함수를 계층에 래핑(wrapping, 즉 감싸는)하는 layer_lambda에 임의의 코드(케라스 백엔드 기본 요소 위에 빌드됨)를 래핑한다. 케라스에서는 모든 것이 계층이어야 하므로 내장 계층의 일부가 아닌 코드는 layer_lambda(또는 사용자 정의 계층)에 래핑돼야 한다.

목록 8.24 잠재 공간 표본 추출 함수

```
sampling <- function(args) {
  c(z_mean, z_log_var) %<-% args
  epsilon <- k_random_normal(shape = list(k_shape(z_mean)[1], latent_dim),
                             mean = 0, stddev = 1)
  z_mean + k_exp(z_log_var) * epsilon
}
```

```
z <- list(z_mean, z_log_var) %>%
  layer_lambda(sampling)
```

다음 목록은 복호기 구현을 보여 준다. 벡터의 크기를 이미지의 크기에 맞게 변경한 후, 몇 가지 합성곱 계층을 사용해 원본 input_img와 동일한 크기를 갖는 최종 이미지 출력을 얻는다.

목록 8.25 VAE 복호기 망, 잠재 공간 점을 이미지에 사상

```
decoder_input <- layer_input(k_int_shape(z)[-1])     z를 공급할 위치를 입력한다.

x <- decoder_input %>%
  layer_dense(units = prod(as.integer(shape_before_flattening[-1])),   입력을 상향 표본
              activation = "relu") %>%                                  추출한다.
  layer_reshape(target_shape = shape_before_flattening[-1]) %>%
  layer_conv_2d_transpose(filters = 32, kernel_size = 3, padding = "same",
                          activation = "relu", strides = c(2, 2)) %>%
  layer_conv_2d(filters = 1, kernel_size = 3, padding = "same",
                activation = "sigmoid")
decoder <- keras_model(decoder_input, x)     "decoder_input"을 복호화된 이미지로
                                             바꾸는 복호기 모델을 인스턴스화한다.
z_decoded <- decoder(z)
```

원래 입력과 같은 크기의   이것을 z에 적용해 복호화된   layer_conv_2d_transpose 및 layer_
특징 지도가 완성된다.   z를 복구한다.   conv_2d를 사용해 z를 원본 이미지 입력과
                                                                동일한 크기의 특징 지도로 복호화한다.

부호기 모델의 마지막 layer_flatten 직전의 특징
지도와 모양이 같은 특징 지도로 z 모양을 변경한다.

VAE의 이중 손실은 loss(input, target) 형태로 된 표본별 함수에 대한 전통적인 기대에 부합하지 않는다. 따라서 내부적으로 내장된 add_loss 계층 메서드를 사용해 임의의 손실을 생성하는 사용자 정의 계층을 작성해 손실을 설정한다.

목록 8.26 VAE 손실을 계산하는 데 사용되는 사용자 정의 계층

```
library(R6)

CustomVariationalLayer <- R6Class("CustomVariationalLayer",

  inherit = KerasLayer,

  public = list(

    vae_loss = function(x, z_decoded) {
      x <- k_flatten(x)
      z_decoded <- k_flatten(z_decoded)
      xent_loss <- metric_binary_crossentropy(x, z_decoded)
```

```
      kl_loss <- -5e-4 * k_mean(
        1 + z_log_var - k_square(z_mean) - k_exp(z_log_var),
        axis = -1L


      )
      k_mean(xent_loss + kl_loss)
    },

    call = function(inputs, mask = NULL) {          ◁── 사용자 정의 계층은 "call"
      x <- inputs[[1]]                                   메서드를 작성해 구현된다.
      z_decoded <- inputs[[2]]
      loss <- self$vae_loss(x, z_decoded)
      self$add_loss(loss, inputs = inputs)

      x  ◁──    이 출력을 사용하지는 않지만,
    }          계층은 뭔가를 반환해야 한다.
  )
)

layer_variational <- function(object) {         │ 표준 케라스 계층 함수에서
  create_layer(CustomVariationalLayer, object, list())  │ R6을 래핑한다.
}

y <- list(input_img, z_decoded) %>%    │ 최종 모델 출력을 얻기 위해 입력 및
  layer_variational()                   │ 복호화된 출력에서 사용자 정의 계층을 호출한다.
```

마침내 모델을 인스턴스화하고 훈련할 준비가 됐다. 사용자 정의 계층에서 손실이 처리되기 때문에 컴파일 시의 외부 손실을 지정하지 않는다(loss = NULL). 이는 학습 중에 표적 데이터를 전달하지 않는다는 것을 의미한다(보다시피, 여러분은 fit()에서 x_train만을 모델로 전달하고 있다).

목록 8.27 VAE 훈련

```
vae <- keras_model(input_img, y)

vae %>% compile(
  optimizer = "rmsprop",
  loss = NULL
)

mnist <- dataset_mnist()
c(c(x_train, y_train), c(x_test, y_test)) %<-% mnist

x_train <- x_train/255
x_train <- array_reshape(x_train, dim =c(dim(x_train), 1))

x_test <- x_test/255
x_test <- array_reshape(x_test, dim =c(dim(x_test), 1))
```

```
vae %>% fit(
  x = x_train, y = NULL,
  epochs = 10,
  batch_size = batch_size,
  validation_data = list(x_test, NULL)
)
```

일단 그러한 모델이 MNIST상에서 훈련되면 (이 경우) 복호기 망을 사용해 임의의 잠재 공간 벡터를 이미지로 변환할 수 있다.

목록 8.28 2D 잠재 공간에서 점의 격자를 표본 추출해 이미지에 복호화

```
n <- 15              │ 15 × 15자리(총 255자리)의 격        qnorm 함수를 사용해 선형으로 구간을 둔 좌표를
digit_size <- 28     │ 자가 표시된다.                       변환해 잠재 변수 z의 값을 생성한다(잠재 공간의
                                                            사전 확률이 가우스이기 때문).
grid_x <- qnorm(seq(0.05, 0.95, length.out = n))
grid_y <- qnorm(seq(0.05, 0.95, length.out = n))

op <- par(mfrow = c(n, n), mar = c(0,0,0,0), bg = "black")
for (i in 1:length(grid_x)) {
  yi <- grid_x[[i]]
  for (j in 1:length(grid_y)) {
    xi <- grid_y[[j]]                                      z를 여러 번 반복해
    z_sample <- matrix(c(xi, yi), nrow = 1, ncol = 2)      전체 배치 만들기
    z_sample <- t(replicate(batch_size, z_sample, simplify = "matrix"))
    x_decoded <- decoder %>% predict(z_sample, batch_size = batch_size)
    digit <- array_reshape(x_decoded[1,,,], dim = c(digit_size, digit_size))
    plot(as.raster(digit))
  }                                                        배치의 첫 번째 자릿수를
}                                                          28 × 28 × 1에서
par(op)                                                    28 × 28 모양으로 바꾼다.
```

해당 배치를 숫자 이미지로 복호화한다.

표본 추출된 숫자 격자망(보기 8.14 참조)은 다른 숫자 클래스가 완전 연속으로 분포돼 있음을 보여 준다. 잠재 공간을 통과하는 경로를 따라가면서 한 자리가 다른 자리로 합성(morphing)[15] 된다. 이 공간에서의 특정 방향에는 의미가 있다. 예를 들어, "네 가지", "한 가지" 등의 방향 이 있다.

---

15 옮긴이 보통 '모핑' 또는 '몰핑'이라고 부르지만, 개념을 명확히 알 수 있는 '합성'이라는 말로 번역했다.

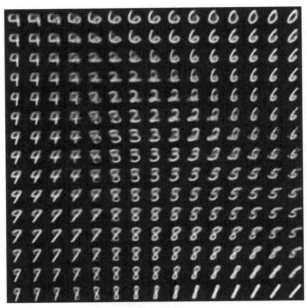

보기 8.14 잠재 공간에서 복호화된 자릿수 격자망

다음 절에서는 인공 이미지 생성을 위한 그 밖의 주요 도구인 생성적 적대 망을 자세히 다룰 것이다.

8.4.4 결론

- 딥러닝을 통한 이미지 생성은 이미지의 데이터셋에 대한 통계 정보를 포획하는 잠재 공간을 학습함으로써 수행된다. 잠재 공간에서 점을 표본 추출하고 복호화함으로써 이전에 본 적 없는 이미지를 생성할 수 있다. 이에는 VAE와 GAN이라는 두 가지 주요 도구가 있다.

- VAE는 고도로 체계화된 연속적인 잠재 표현을 제공한다. 이 때문에 잠재 공간에서의 이미지 편집용으로 잘 작동한다. 얼굴을 바꾼다거나, 찡그린 얼굴을 웃는 얼굴로 바꾸는 것 등이 그것이다. 또한 잠재 공간의 단면을 따라 걷듯이 연속적인 방식으로 다른 이미지로 천천히 변형되는 시작 이미지를 보여 주는 것과 같이 잠재 공간 기반 애니메이션을 수행하는 데 적합하다.

- GAN은 사실적인 단일 프레임 이미지를 생성할 수 있게는 하지만, 잠재 공간을 견고한 구조와 높은 연속성으로 유도하지는 않을 것이다.

우리가 이미지로 본 가장 성공적이고 실용적인 애플리케이션은 VAE에 의존하지만, GAN은 적어도 2016~2017년경 학술 연구의 세계에서 매우 인기가 있다. 다음 절에서는 이것들이 어떻게 작동하는지 알아볼 것이다.

> **TIP** 이미지 생성을 더 진행하려면 Large Celeb Faces Attributes(CelebA) 데이터셋으로 작업하는 것이 바람직하다. 무료로 내려받을 수 있는 이미지 데이터셋으로, 20만 개가 넘는 유명인 초상화가 포함돼 있다. 특히, 이는 개념 벡터를 실험해 보는 것이 바람직하다. 이 데이터셋은 분명히 MNIST보다 뛰어나다.

8.5 생성적 적대 망 소개

굿펠로우(Goodfellow) 등에 의해 2014년에 소개된[16] 생성적 적대 망[17]은 잠재적인 이미지 공간을 학습하기 위한 VAE의 대안이다. 생성된 이미지를 통계적으로 진짜 이미지와 거의 구별할 수 없게 함으로써 상당히 사실적인 합성 이미지를 생성할 수 있다.

GAN을 이해하는 직관적인 방법은 가짜 피카소 그림을 만드는 위조범을 상상하는 것이다. 처음에 위조범은 그 일에 무척이나 서툴렀다. 그는 가짜 작품 중 일부를 인증받은 피카소 작품과 섞어 예술가들에게 보여 준다. 미술상은 각 작품에 대한 신뢰성을 평가하고 피카소 작품을 피카소 작품답게 보이게 만드는 것에 대한 의견을 위조범에게 제공한다. 위조범은 새로운 가짜 작품을 준비하기 위해 화실로 돌아간다. 시간이 지남에 따라 위조범은 피카소의 화풍을 모사하는 일에 점점 능숙해지고, 미술상은 모조품을 발견하는 일에 점점 더 전문화된다. 결국 그들은 훌륭한 피카소 모조품을 지니게 된다.

이게 바로 GAN이다. 이는 위조범 망과 전문가 망으로 구성되며, 각 망은 상대방에게 최선을 다하며, 훈련을 받는다. 이와 같이 GAN은 두 부분으로 구성된다.

- **생성기 망**: 임의의 벡터(잠재 공간의 임의 지점)를 입력으로 가져와 합성 이미지로 복호화한다.[18]

---

16 Ian Goodfellow et al., "Generative Adversarial Networks," https://arxiv.org/abs/1406.2661.

17 옮긴이 'adversarial'을 '적대적'이라고 번역할 수도 있지만, 이 알고리즘의 개념에 비춰 볼 때 '대항적'이라는 말이 적절하다. 군대에서 대항군을 운용함으로써 훈련 대상 부대의 실력을 키우는 일을 생각하면 이 망의 개념을 이해하기 쉽다.

18 옮긴이 이 생성기 망이 앞에 나온 모조품 비유에서 '위조범'에 해당한다.

■ **판별기 망(즉, 적대 망):** 이미지(진짜 이미지 또는 합성 이미지)를 입력하고, 이미지가 훈련 집합에서 왔는지, 생성기 망에서 생성됐는지를 예측한다.[19]

생성기 망은 판별기 망을 속일 수 있도록 훈련돼 있으므로 훈련이 진행됨에 따라 현실감 있는 이미지가 생성되도록 진화한다. 즉, 인공적인 이미지와 진짜 이미지가 서로 구분하기 어려워짐으로써 판별기 망이 진짜와 가짜를 서로 다르다고 말할 수 없는 정도까지 이른다. 한편, 판별기는 점진적으로 개선되는 생성기의 능력에 지속적으로 대응하며, 생성된 이미지가 진짜인지를 가려내는 능력을 높인다. 일단 훈련이 끝나면 생성기는 입력 공간의 어떤 지점이든지 믿게 할 만한 이미지로 전환할 수 있다. 이 잠재 공간은 VAE와는 달리, 의미 있는 구조에 대한 확실한 보장이 거의 없다. 특히, 이것은 연속적이지 않다.

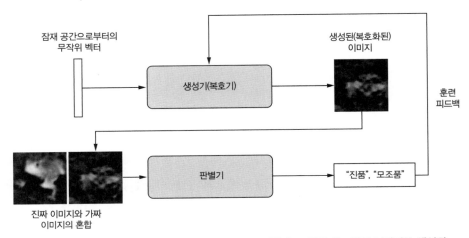

보기 8.15 생성기는 임의의 잠재적인 벡터를 이미지로 변환하고, 판별기는 진짜 이미지를 생성된 이미지와 구별하기 위해 노력한다. 생성기는 판별기를 속일 수 있도록 훈련됐다.

GAN은 이 책에서 만난 다른 훈련 설정과 달리, 최적화된 최솟값들이 고정돼 있지 않은 시스템이다. 일반적으로 경사 하강은 정적 손실 환경에서 언덕을 굴러 내려오는 식으로 구성된다. 그러나 GAN을 사용하면 언덕에서 한 걸음씩 내려설 때마다 풍경 전체가 조금씩 바뀐다. GAN은 최적화 과정이 최솟값들이 아닌 두 가지 힘 사이의 평형을 추구하는 역동적인 시스템이다. 이러한 이유로 GAN을 훈련하기 어렵기 때문에 GAN이 동작하게 하려면 모델 아키텍처와 훈련 파라미터를 주의 깊게 조정해야 한다.

---

19 [옮긴이] 이 판별기 망이 앞에 나온 모조품 비유에서 '미술상'에 해당한다.

보기 8.16 잠재 공간 거주자들. 다단식 GAN을 사용해 Mike Tyka가 생성한 이미지는 얼굴 데이터셋(www.miketyka.com)으로 학습하게 해 생성한 것이다.

8.5.1 도식적인 GAN 구현

이번 절에서는 케라스에서 GAN을 구현하는 방법을 가장 단순한 형태로 설명하려 하는데, GAN이 진보한 기술이어서 세부 기술을 심도 있게 다루는 일은 이 책의 범위를 벗어난다. 우리가 구현하려고 특정해 둔 구현은 **심층 합성곱 GAN(deep convolutional GAN, DCGAN)**이다. GAN은 생성기와 판별기가 심층 합성망으로 구성된다. 특히, 생성기에서 이미지를 상향 표본 추출하기 위해서는 layer_conv_2d_transpose를 사용한다.

열 개 클래스(클래스당 5,000개 이미지)에 속하는 5만 개 32×32 RGB 이미지의 데이터셋인 CIFAR10의 이미지에서 GAN을 훈련한다. 일을 더 쉽게 하려면 'frog' 클래스에 속한 이미지만 사용하면 된다.

GAN은 다음과 같이 보인다.

1. 생성기 망은 (latent_dim) 모양으로 된 벡터를 (32, 32, 3) 모양으로 된 이미지에 사상한다.

2. 판별기 망은 (32, 32, 3) 모양으로 된 이미지를 이미지가 실제일 가능성을 추정하는 이진 점수에 사상한다.

3. GAN 망은 gan(x) <- discriminator(generator(x))로 생성기와 판별기를 함께 연결한다. 따라서 이 GAN 망은 잠재 공간 벡터를 판별기가 생성기에 의해 복호화된 잠재 벡터의 사실 여부를 평가하는 것과 연결한다.

4. 일반 이미지 분류 모델을 학습하는 것처럼 "real" / "fake" 레이블과 함께 진품 이미지 및 모조품 이미지의 예를 사용해 판별기를 학습한다.

5. 생성기를 훈련하려면 GAN 모델의 손실과 관련해 생성기의 가중치 경사를 사용해야 한다. 즉, 모든 단계에서 생성기의 가중치를 판별기가 생성기에서 복호화한 이미지를

"real"로 분류할 가능성이 큰 방향으로 이동한다. 즉, 판별기를 속일 수 있도록 생성기를 훈련한다.

8.5.2 꾀 보따리

GAN을 훈련하고 GAN 구현을 조정하는 과정은 매우 어렵다. 여러분이 명심해야 할 요령은 많이 알려져 있다. 대부분의 딥러닝 작업과 마찬가지로 이런 요령은 과학이라기보다는 연금술에 가깝다. 이러한 요령들은 '이론을 배경으로 하는' 지침이 아니라 시행착오를 거쳐 알게 된 것들이다. 이런 요령들은 손에 잡히는 현상에 대한 직관적인 이해 정도에 맞춰 뒷받침되고, 이런 요령이 모든 상황에서 반드시 필요한 것은 아니지만, 경험한 바에 따르면 잘 작동하는 것으로 알려져 있다.

이번 절에서는 GAN 생성기 및 판별기의 구현에 사용된 몇 가지 요령을 소개한다. 이것이 GAN과 관련된 조언을 모두 담고 있지는 않다. 여러분은 GAN과 관련된 문헌에서 더 많은 것을 발견할 것이다.

- 우리는 생성기에서 마지막 활성으로 시그모이드 대신 tanh를 사용하는데, tanh는 다른 모델 유형에서 더 흔히 사용한다.
- 우리는 균일 분포가 아닌 정규 분포(가우스 분포)를 사용해 잠재 공간에서 점을 표본 추출한다.
- 확률성(randomness, 즉 무작위성)은 로버스트성(robustness)을 유도하는 데 좋다.[20] GAN 훈련은 역동적인 균형을 이루기 때문에 GAN은 여러 가지 방법으로 문제를 겪을 수 있다. 훈련 중 확률성을 도입하면 이를 예방할 수 있다. 우리는 두 가지 판별기에 드롭아웃을 사용하는 방법과 판별기에 대한 레이블에 마구잡이 잡음(random noise)을 추가하는 방법으로 확률성을 도입한다.
- 희박한 경사는 GAN 훈련을 방해할 수 있다. 딥러닝에서 희박성(sparsity)은 종종 바람직한 속성이기도 하지만, GAN에서는 그렇지 않다. 경사 희박성을 유도할 수 있는

---

20 **옮긴이** '로버스트성'은 통계학 용어이다. '견고함' 또는 '강직성'이라고 직역할 수 있는데, 그 의미는 '이상점의 영향을 덜 받는 정도'이다. '통계량의 적절성' 정도로 이해하는 게 알맞다. 예를 들어, 이상점이 있는 경우에 평균값 대신 중앙값이 더 대표성을 띄고 있다면 중앙값을 이용한 통계량은 로버스트성을 갖추고 있다고 말할 수 있다. 예를 들어, 자산이 1억 원인 시민 1,000명과 자산이 1조 원인 시민 1명(이것이 이상점에 해당한다)이 있을 때 평균값은 평균적인 시민의 자산을 제대로 나타내지 못하지만, 중앙값은 1억 원이므로 평균적인 시민의 자산을 잘 나타낸다. 그러므로 중앙값으로 처리한 통계량이 로버스트성을 띄고 있다고 말할 수 있을 것이다. 이와 마찬가지로 표본을 기계적으로 생성하는 과정에서 임의로 표본을 지정해야 할 때 사람이 지정하기보다는 기계 등을 동원해 무작위로 지정해 확률적이게 하면(확률성을 갖추게 하면) 로버스트성도 강화된다. 저자는 이 점을 설명하고 있는 것이다.

두 가지는 최대 풀링 연산과 ReLU 활성이다. 최대 풀링 대신 하향 표본 추출을 위해 보폭 처리 합성곱(strided convolution)을 사용하는 것이 좋다. ReLU 활성 대신 layer_activation_leaky_relu를 사용하는 게 바람직하다. ReLU와 유사하지만, 작은 음수 활성 값을 허용해 희박성 제한을 완화한다.

- 생성된 이미지에서는 생성기의 픽셀 공간이 동일하지 않은 범위에서 발생하는 바둑판 꼴로 된 인공 작품을 보게 되는 일이 흔하다(보기 8.17 참조). 이를 해결하기 위해 생성기와 판별기 모두에서 보폭 처리된 layer_conv_2d_transpose 또는 layer_conv_2d를 사용할 때마다 보폭 크기(stride size)로 나눌 수 있는 핵 크기(kernel size)를 사용한다.

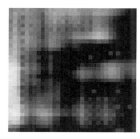

보기 8.17 **보폭과 핵 크기가 일치하지 않음으로 인해 바둑판 꼴로 된 인공 작품이 발생해 픽셀 공간이 다르게 적용된다. 이는 GAN의 많은 문제점 중 하나이다.**

8.5.3 생성기

먼저, 벡터를 (잠재 공간에서부터 훈련 중에 무작위로 표본 추출될) 후보 이미지로 전환하는 생성기 모델을 개발해 보자. 일반적으로 GAN에서 발생하는 많은 문제 중 하나는 생성된 이미지가 잡음처럼 보이기 때문에 생성기가 어려움을 겪는다는 점이다. 이를 해결할 수 있는 방법은 판별기와 생성기 모두에 드롭아웃을 사용하는 것이다.

목록 8.29 **GAN 생성기 망**

```
library(keras)

latent_dim <- 32
height <- 32
width <- 32
channels <- 3

generator_input <- layer_input(shape = c(latent_dim))

generator_output <- generator_input %>%
```

```
        layer_dense(units = 128 * 16 * 16) %>%          ┃ 입력을 16×16, 128 채널 특징 지도로
        layer_activation_leaky_relu() %>%               ┃ 변환한다.
        layer_reshape(target_shape = c(16, 16, 128)) %>%

        layer_conv_2d(filters = 256, kernel_size = 5,
                      padding = "same") %>%
        layer_activation_leaky_relu() %>%

        layer_conv_2d_transpose(filters = 256, kernel_size = 4,
                                strides = 2, padding = "same") %>%   ┃ 32×32로 상향
        layer_activation_leaky_relu() %>%                            ┃ 표본 추출

        layer_conv_2d(filters = 256, kernel_size = 5,
                      padding = "same") %>%
        layer_activation_leaky_relu() %>%

        layer_conv_2d(filters = 256, kernel_size = 5,
                      padding = "same") %>%
        layer_activation_leaky_relu() %>%                (CIFAR10 이미지의 모양)

        layer_conv_2d(filters = channels, kernel_size = 7,           (latent_dim) 모양으로 된
                      activation = "tanh", padding = "same")         입력을 (32, 32, 3) 모양으로
                                                                     된 이미지로 사상하는 생성기
generator <- keras_model(generator_input, generator_output) <──     모델을 인스턴스화한다.
```

8.5.4 판별기

다음으로, 후보 이미지(실제 또는 합성)를 입력으로 사용해 두 클래스("생성된 이미지" 또는 "훈련 집합에서 오는 진품 이미지") 중 하나로 분류하는 판별기 모델을 개발한다.

목록 8.30 GAN 판별기 망

```
discriminator_input <- layer_input(shape = c(height, width, channels))

discriminator_output <- discriminator_input %>%
  layer_conv_2d(filters = 128, kernel_size = 3) %>%
  layer_activation_leaky_relu() %>%
  layer_conv_2d(filters = 128, kernel_size = 4, strides = 2) %>%
  layer_activation_leaky_relu() %>%
  layer_conv_2d(filters = 128, kernel_size = 4, strides = 2) %>%
  layer_activation_leaky_relu() %>%
  layer_conv_2d(filters = 128, kernel_size = 4, strides = 2) %>%
  layer_activation_leaky_relu() %>%
  layer_flatten() %>%                                            판별기 모델을
  layer_dropout(rate = 0.4) %>%  <── 드롭아웃 계층 한 개: 중요한 요령이다!   인스턴스화하면,
  layer_dense(units = 1, activation = "sigmoid")  <── 분류 계층    (32, 32, 3) 입력
                                                                 을 이항 분류
discriminator <- keras_model(discriminator_input, discriminator_output) <──  결정(가짜/진짜)으
                                                                 로 바꾼다.
```

```
discriminator_optimizer <- optimizer_rmsprop(
  lr = 0.0008,
  clipvalue = 1.0,     ◁ ─── 최적화기에서 경사 클리핑[21](값에 따라) 사용
  decay = 1e-8   ◁ ─┐
)                    │ 훈련을 안정화하기 위해 학습
                     └ 속도 약화를 이용한다.
discriminator %>% compile(
  optimizer = discriminator_optimizer,
  loss = "binary_crossentropy"
)
```

8.5.5 적대 망

마지막으로 생성기와 판별기를 연결하는 GAN을 설정한다. 훈련을 받으면 이 모델은 판별기를 속일 수 있는 방향으로 생성기를 움직일 것이다. 이 모델은 잠재 공간 점을 '모조품(fake)' 또는 '진품(real)'이라는 분류 결정으로 바꾸며, 항상 "이것들이 진품 이미지"인 레이블로 훈련되도록 의도됐다. 그래서 훈련 중인 GAN은 모조품 이미지를 볼 때 판별기가 '진품'을 예측할 수 있게 만드는 방식으로 생성기의 가중치를 갱신한다. 판별기가 훈련 중에 동결되도록(훈련할 수 없도록) 설정하는 게 중요하다. 이러면 훈련 중에는 가중치가 갱신되지 않는다. 훈련 과정에서 판별기가 가중치를 갱신할 수 있게 되면, 여러분은 여러분이 원하는 게 아닌 늘 '진품'만 예측하도록 훈련하는 셈이 되고 만다!

목록 8.31 **적대 망**

```
freeze_weights(discriminator)  ◁ ─── 판별기 가중치를 훈련 불가능한 것으로 설
                                     정한다(GAN 모델에만 적용됨).
gan_input <- layer_input(shape = c(latent_dim))
gan_output <- discriminator(generator(gan_input))
gan <- keras_model(gan_input, gan_output)

gan_optimizer <- optimizer_rmsprop(
  lr = 0.0004,
  clipvalue = 1.0,
  decay = 1e-8
)

gan %>% compile(
  optimizer = gan_optimizer,
  loss = "binary_crossentropy"
)
```

---

21 옮긴이 gradient clipping. '경사 오려냄' 또는 '경사 잘라내기'라는 뜻이다.

8.5.6 DCGAN 훈련 방법[22]

이제 훈련을 시작할 수 있다. 요약하면, 다음 내용은 훈련 루프를 도식적으로 정리한 것이다. 여러분은 에포크마다 다음을 수행한다.

1. 잠재 공간에 임의의 점을 그린다(마구잡이 잡음).

2. 이 마구잡이 잡음을 사용해 생성기로 이미지를 생성한다.

3. 생성된 이미지를 진짜 이미지와 혼합한다.

4. 이러한 혼합 이미지를 사용해 판별기를 훈련한다. 해당 표적은 "진품"(진짜 이미지의 경우) 또는 "모조품"(생성된 이미지의 경우)이다.

5. 잠재 공간에 새로운 점을 임의로 그린다.

6. 이 무작위 벡터를 사용해 GAN을 훈련한다. 목표는 모두 "이것은 진품 이미지이다"이다. 이렇게 하면 생성기의 가중치가 갱신된다(판별기가 GAN 내부에 고정돼 있기 때문에). 생성된 이미지의 "진품 이미지이다"를 예측하기 위해 판별기를 가져오는 방향으로 이동한다. 이 경우, 생성기가 판별기를 속일 수 있다.

이를 구현해 보자.

목록 8.32 GAN 훈련 구현

```
cifar10 <- dataset_cifar10()        <──┤ CIFAR10 데이터 적재
c(c(x_train, y_train), c(x_test, y_test)) %<-% cifar10

x_train <- x_train[as.integer(y_train) == 6,,,]    <──┤ 개구리 이미지를 선택한다(클래스 6).
x_train <- x_train/255       <──────────┤ 데이터 표준화


iterations <- 10000
batch_size <- 20
save_dir <- "your_dir"      <─┐ 생성된 이미지를 저장할
                              │ 위치를 지정한다.
start <- 1

for (step in 1:iterations) {                          잠재 공간에서
                                                      임의의 점들을
  random_latent_vectors <- matrix(rnorm(batch_size * latent_dim),  <─ 표본 추출한다.
                            nrow = batch_size, ncol = latent_dim)

                                                      그것들을 모조품
  generated_images <- generator %>% predict(random_latent_vectors)  <─ 이미지들로
                                                      복호화한다.
```

---

22 [옮긴이] DCGAN은 심층 합성곱 GAN(deep convolutional GAN)을 말하며 8.5.1 단원에서 설명한 바 있다.

```
    stop <- start + batch_size - 1
    real_images <- x_train[start:stop,,,]
    rows <- nrow(real_images)                                          진품
    combined_images <- array(0, dim = c(rows * 2, dim(real_images)[-1]))   이미지와
    combined_images[1:rows,,,] <- generated_images                     결합
    combined_images[(rows+1):(rows*2),,,] <- real_images


    labels <- rbind(matrix(1, nrow = batch_size, ncol = 1),       레이블을 조립. 모조품 이미지들에서
                    matrix(0, nrow = batch_size, ncol = 1))       진품 이미지 가려내기

                                                                  레이블에 잡음을 추가
    labels <- labels + (0.5 * array(runif(prod(dim(labels))),     한다. 중요한 요령이다!
                                    dim = dim(labels)))
                                                                  판별기를 훈련
    d_loss <- discriminator %>% train_on_batch(combined_images, labels) <-

    random_latent_vectors <- matrix(rnorm(batch_size * latent_dim),   잠재 공간에서
                                    nrow = batch_size, ncol = latent_dim)  임의의 점을
                                                                          표본 추출한다.

    misleading_targets <- array(0, dim = c(batch_size, 1))  <-
                                                                  "이것들은 모두
    a_loss <- gan %>% train_on_batch(                             진품 이미지"(거짓말이다!)라고
      random_latent_vectors,          생성기 훈련(판별기 가중치들이    하는 레이블을 조립한다.
      misleading_targets               동결된 GAN 모델을 통해)
    )

    start <- start + batch_size
    if (start > (nrow(x_train) - batch_size))
      start <- 1

    if (step %% 100 == 0) {  <-  이미지를 간혹 저장한다.

      save_model_weights_hdf5(gan, "gan.h5")  <-  모델 가중치들을 저장
      cat("discriminator loss:", d_loss, "\n")
      cat("adversarial loss:", a_loss, "\n")     계량값을 출력

      image_array_save(                                          생성된
        generated_images[1,,,] * 255,                            이미지
        path = file.path(save_dir, paste0("generated_frog", step, ".png"))   한 개를
      )                                                          저장


      image_array_save(
        real_images[1,,,] * 255,                                 비교해 볼 수 있게
        path = file.path(save_dir, paste0("real_frog", step, ".png"))  실제 이미지 한 개를
      )                                                          저장
    }
  }
}
```

훈련하면 적대 손실이 상당히 증가하기 시작하고, 판별기 손실은 0이 되는 경향이 있다. 즉, 판별기가 생성기를 지배하게 된다. 이런 경우에는 판별기의 학습 속도를 줄이고, 판별기의 드롭아웃 비율을 높여라.

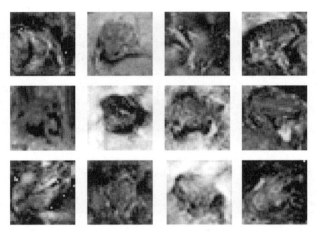

보기 8.18 판별기 재생: 각 행에서 두 개 이미지가 GAN에 의해 꿈꿔졌고, 하나의 이미지가 훈련 집합에서 나온다. 이것들을 구분해 언급할 수 있는가?(답변: 각 열의 진짜 이미지는 중간, 위, 아래, 중간이다).

8.5.7 결론

- GAN은 판별기 망과 연결된 생성기 망으로 구성된다. 판별기는 학습 데이터셋의 진품 이미지와 생성기의 출력을 구별하도록 훈련되며, 생성기는 판별기를 속일 수 있도록 훈련된다. 놀랍게도, 생성기는 훈련 집합의 이미지를 직접 볼 수 없다. 데이터에 관한 정보는 판별기로부터 온다.

- GAN을 훈련하는 일은 고정된 손실 환경에서 단순한 경사 하강 과정이 아닌 동적 과정이기 때문에 GAN을 훈련하기가 어렵다. GAN을 올바르게 훈련하려면 폭넓은 조율이 필요할 뿐 아니라 경험에서 배운 요령을 많이 사용해야 한다.

- GAN은 잠재적으로 매우 사실적인 이미지를 생성할 수 있다. 그러나 VAE와 달리, GAN이 배우는 잠재 공간은 깔끔한 연속 구조로 돼 있지 않으므로 잠재 공간 개념 벡터를 통한 이미지 편집과 같은 특정 실용 애플리케이션에는 적합하지 않을 수 있다.

8.6 요약

- 심층 망은 딥러닝을 창조적으로 응용해 기존 내용에 주석을 추가하고, 자체 내용을 생성하기 시작한다. 여러분은 다음과 같은 내용을 배웠다.

  - 한 번에 하나의 시간대에 맞춰 시퀀스 데이터를 생성하는 방법. 이것은 텍스트 생성 및 음표 단위 음악 생성 또는 다른 유형의 시계열 자료에 적용할 수 있다.

  - 딥드림의 작동 방식. 입력 공간에서 기울기 상승을 통해 합성망 계층 활성화를 극대화한다.

  - 흥미로운 결과를 내기 위해 내용 이미지와 화풍 이미지가 결합된 화풍 모사를 수행하는 방법

  - GAN과 VAE가 무엇인지, 새로운 이미지를 꿈꾸기 위해 어떻게 사용될 수 있는지 그리고 잠재 공간 개념 벡터가 이미지 편집에 어떻게 사용될 수 있는지를 배웠다.

- 이 몇 가지 기술은 빠르게 확장되는 해당 분야의 기본 사항만 다루고 있다. 더 많은 것은 외부 자료에서 발견할 수 있다. 생성적 딥러닝 자체만으로 책 한 권의 분량이 된다.

결론

9장에서 다루는 내용

- 이 책에서 배워야 할 중요 사항
- 딥러닝의 한계
- 딥러닝, 머신러닝 및 인공지능의 미래
- 현장 학습 및 추가 학습을 위한 자료

이 책의 거의 끝부분에 도달했다. 9장에서는 핵심 개념을 요약하고 검토하면서 지금까지 배운 비교적 기본적인 개념을 넘어 시야를 확장한다. 딥러닝과 인공지능을 이해하는 일은 여행과 같고, 이 책을 완독하는 일은 단지 그러한 여정 중 첫걸음을 뗀 것일 뿐이다. 나는 여러분이 이것을 현실화하고, 이 여정의 다음 걸음을 스스로 완수할 수 있다고 확신할 수 있기를 바란다. 나는 여러분이 이 책에서 꼭 배워야 할 것을 조망해 보려고 한다. 이를 통해 여러분이 배웠던 몇 가지 개념과 관련해 여러분의 기억을 새롭게 해야 한다. 그런 다음, 딥러닝의 몇 가지 주요 한계점을 대략적으로 살펴본다. 도구를 적절하게 사용하려면 도구로 할 수 있는 일을 이해해야 할 뿐 아니라 도구로 할 수 없는 일도 알고 있어야 한다. 마지막으로 나는 딥러닝, 머신러닝 및 인공지능 분야의 미래 발전상 몇 가지를 예상해 볼 생각이다. 여러분이 기초 연구에 참여하기를 바란다면 이러한 예측에 특별히 관심을 기울이게 될 것이다. 9장은 인공지능을 더 배우고 새로운 발전 상황에 대한 최신 정보를 얻는 데 필요한 자원과 전략을 간단히 나열하면서 끝을 맺는다.

9.1 핵심 개념 검토

이번 절에서는 이 책에서 배워야 할 핵심 내용을 간략하게 요약한다. 학습한 내용을 기억하는데 도움이 되는 빠른 재생 장치가 필요한 경우라면 여기에 나오는 몇 페이지를 읽으면 된다.

9.1.1 인공지능에 대한 다양한 접근법

제일 먼저 하고 싶은 말은 딥러닝은 인공지능 또는 머신러닝과 동의어가 아니라는 점이다. **인공지능**(artificial intelligence)은 일반적으로 "인지 과정을 자동화하려는 모든 시도", 즉 생각의 자동화라고 정의할 수 있는, 오래되고 광범위한 분야이다. 이것은 엑셀 스프레드 시트와 같은 매우 기초적인 것에서 걷기와 말하기가 가능한 휴머노이드 로봇과 같은 고급에 이르기까지를 다양하게 아우르는 분야이다.

머신러닝(machine learning)은 훈련 데이터에 노출되기만 하면 프로그램(머신러닝 분야에서는 모델이라고 부름)이 자동으로 형성되게 하는, 인공지능의 특정 하위 분야이다. 데이터를 프로그램으로 변환하는 이 과정을 **학습**이라고 한다. 머신러닝은 오랜 기간 동안 있어 왔지만, 1990년대에야 비로소 떠오르기 시작했다.

딥러닝(deep learning)에서 모델은 사슬처럼 길게 연결된 기하학적 함수들이 서로 영향을 주고받는 것인데, 이 딥러닝은 머신러닝의 여러 가지 분야 중 하나이다. 이러한 연산 단위들은 **계층**이라는 모듈로 구성된다. 일반적으로 딥러닝 모델을 계층을 쌓아올린 것이라고 할 수 있고, 또는 더 일반적으로 말하면 계층으로 이뤄진 그래프라고 할 수 있다. 이 계층은 **가중치**(weights)로 파라미터화되는데, 여기서 가중치란 훈련 중에 학습되는 파라미터를 말한다. 모델의 **지식**(knowledge)은 모델의 가중치에 저장되며, 학습이란 이러한 가중치를 적절한 값이 되게하는 일에 다름아니다.

딥러닝은 다양한 머신러닝 접근법 중 하나일 뿐이지만, 다른 학습 방식과 높이가 같은 디딤돌이라고 할 수 없다. 딥러닝은 갑작스럽게 성공했다. 그 이유는 다음과 같다.

9.1.2 머신러닝 분야에서 딥러닝이 특별한 이유는?

딥러닝은 단 몇 년 만에 역사적으로 컴퓨터, 특히 기계 인식(이미지, 비디오, 소리 등에서 유용한 정보를 뽑아 내는 일) 영역에서 매우 어려운 것으로 인식돼 온 광범위한 작업 전반에 걸쳐 엄청난 혁신을 이루었다. 충분한 훈련 데이터(특히, 인간에 의해 적절하게 분류된 훈련 데이터)가 주어지기만 하면, 인간이 추출할 수 있는 거의 모든 것을 지각 데이터에서도 추출할 수 있다. 그러므로 딥러닝이 **인지 문제를 해결했다**(solved perception)는 식으로 일컫기도 하지만, 이는 **인지**(perception)를 매우 좁게 정의한 경우에만 적절한 말이다.

딥러닝은 전례 없는 기술적 성공으로 인해 인공지능 분야의 큰 관심과 투자 및 과장 보도의 세 번째 시기, 즉 훨씬 더 나은 인공지능 성수기를 가져왔다. 우리는 그 성수기의 한가운데 있다. 이 기간이 가까운 미래에 끝날지, 그것이 끝난 후에 무슨 일이 일어날지는 논쟁거리이다. 한 가지 확실한 점은 이전 인공지능 성수기와는 대조적으로 딥러닝이 인간 수준의 음성 인식, 스마트 보조 장치, 인간 수준의 이미지 분류, 대폭 향상된 기계 번역 등을 가능하게 하는 수많은 대기업 수준 기술 기업에 엄청난 사업적 가치를 제공한다는 것이다. 이러한 탁월함이 후퇴할 수는 있겠지만, 딥러닝의 지속적인 경제적 영향 및 기술적 영향은 앞으로도 유지될 것이다. 그런 의미에서 딥러닝은 인터넷과 유사할 수 있다. 수년 동안은 과대 선전을 하는 것처럼 여겨질 수 있지만, 장기적으로 우리의 경제와 삶을 변화시킬 주요한 혁명이 될 것이다.

나는 앞으로 10년 안에 더 이상 기술적 진보를 하지 않더라도 적용 가능한 모든 문제에 기존 알고리즘을 적용하는 일이 대부분의 산업에서 게임 체인저가 될 것이기 때문에 딥러닝을 특별히 낙관하고 있다. 딥러닝은 혁명과 다름 없는 수준으로, 자원과 인원에 대한 기하급수적인 투자로 인해 현재 빠른 속도로 발전하고 있다. 단기적으로는 다소 지나치게 낙관하는 것이기는 해도, 미래는 밝아 보인다. 딥러닝이 내포하고 있는 잠재력을 모두 펼치기까지는 10년이 넘게 걸릴 것이다.

9.1.3 딥러닝을 보는 관점

딥러닝과 관련해서 감탄할 만한 점은 무척 단순하다는 것이다. 10년 전에는 경사 하강으로 훈련한 간단한 파라미터화된 모델을 사용해 기계 인지 문제에서 놀라운 결과를 얻을 수 있을 것으로 예상한 사람이 없었다. 자, 여러분이 필요로 하는 것은 충분하게 많은 사례(examples)[1]를 사용해 경사 하강으로 훈련한, 충분히 크게 파라미터화된 모델이다. 파인만(Feynman)은 한번은 우주란 "복잡하지 않고 단지 많은 것일 뿐"이라고 말했다.[2]

딥러닝에서는 만물이 벡터이고, **기하 공간**(geometric space)의 한 **점**(point)이다. 모델 입력(텍스트, 이미지 등)과 표적은 먼저 **벡터화**(vectorized)돼 초기 입력 벡터 공간과 표적 벡터 공간으로 변환된다. 딥러닝 모델의 각 계층은 이를 거치는 데이터를 대상으로 한 가지 간단한 기하학적

---

1   옮긴이 인스턴스(instances)라고도 하며, 이는 스프레드 시트에서 각 행에 담긴 데이터라고 이해하면 된다. 파일 개념의 사례로는 각 레코드(records)를 들 수 있다.

2   Richard Feynman, interview, The World from Another Point of View, Yorkshire Television, 1972.

변환을 수행한다. 모델을 이루는 여러 계층이 사슬처럼 이어진 부분이 복합한 기하학적 변환을 수행하는 한 개 부분이 돼 간단한 것들로 이뤄진 연속체(a series)로 분해한다. 이와 같은 복잡한 변환을 담당하는 이 부분은 한 번에 한 점씩 입력 공간을 표적 공간에 사상하려고 시도한다. 이 변환은 모델의 현재 성능에 따라 반복적으로 갱신되는 계층의 가중치로 파라미터화된다. 이 기하학적 변환의 주요 특성은 **미분 가능(differentiable)**해야 한다는 것이다. 이는 우리가 경사 하강을 통해 파라미터를 학습할 수 있도록 하는 데 필요하다. 이것은 입력에서 출력으로의 기하학적 모핑(morphing)[3]이 부드럽고 연속적이어야 한다는 것을 의미한다.

이 복잡한 기하학적 변환을 입력 데이터에 적용하는 전체 과정은 사람이 종이공을 펴려고 시도하는 장면으로 상상해 볼 수 있다. 구겨진 종이공은 모델이 받아들이는 입력 데이터의 다양체(manifold)를 비유한 것이다. 사람이 종이공을 펴려고 하는 동작은 하나의 계층에서 작동하는 단순한 기하학적 변환과 비슷하다. 구부러진 종이를 펴려는 동작의 전체 시퀀스는 전체 모델의 복잡한 변형이다. 딥러닝 모델은 고차원 데이터로 된 복잡한 다양체를 펴기 위한 수학적 기계이다.

이것이 딥러닝의 마술이다. 딥러닝 모델은 의미를 벡터나 기하 공간으로 전환한 후, 한 공간을 다른 공간으로 사상하는 복잡한 기하학적 변환을 단계적으로 학습한다. 원본 데이터에서 발견되는 모든 범위의 관계를 포착하려면 차원이 충분히 큰 공간만 있으면 된다.

모든 것이 단일하고 핵심적인 아이디어로 통한다. **의미라는 것이 사물 사이**(언어 내의 단어 사이, **이미지 내의 픽셀 사이 등)의 쌍방향 관계로부터 유도되며, 이러한 관계들은 거리 함수에 의해 포착될 수 있다**는 아이디어 말이다. 그러나 두뇌가 기하 공간을 통해 의미를 구현하는지는 완전히 별개인 질문이다. 벡터 공간은 계산 측면에서 보면 작업하기에 효율적이어서, 지능을 위한 다양한 자료 구조, 특히 그래프를 쉽게 구성할 수 있다. 신경망은 처음에는 의미를 부호화하기 위한 기법으로 그래프를 사용한다는 생각에서 비롯된 것이다. 이것이 이름을 **신경망(neural networks)**이라고 지은 이유이다. 관련 연구 분야를 **연결주의(connectionism)**라고 불렀다. 요즈음에는 신경망이라는 이름이 역사적인 이유로 순수하게 존재한다. 이 이름은 신경도 아니고 망도 아니기 때문에 오해의 소지가 있다. 특히, 신경망은 뇌와 아무런 관련이 없다.[4] 더 적

---

3 옮긴이 어떤 모양을 다른 모양으로 서서히 변환시키는 방법

4 옮긴이 바로 이 문장들에 담긴 생각이 이 책 내용의 근간을 이루고 있다. 저자는 이 문장 속에서 내비친 철학을 바탕으로 이 책 내용을 뇌와 관련짓기보다는 위상기하학의 관점에서 설명한다. 그러나 이는 어디까지나 저자의 소신일 뿐 실상은 그렇지 않다. 딥러닝에 쓰이는 각 계층을 이루는 유닛들이 신경세포를 모방한 것이며, 각 계층 사이의 연결 구조는 두뇌의 신경망을 모방한 것이다. 기술이 발전하고 보니 신경세포와 신경망이 위상기하학 구조로 되어 있고, 이에 따라 딥러닝에 쓰이는 모든 단위 요소를 그래프로 치환할 수 있다는 점을 알게 된 것이지, 위상 기하학 구조를 바탕으로 딥러닝 신경망을 고안해 낸 게 아니다. 어쨌든 옮긴이는 저자의 소신에 맞춰 번역했다.

절한 이름으로는 연속적인 기하학적 공간 조작이 핵심에 있다는 사실을 강조하기 위해, **계층화 표현 학습**(layered representations learning) 또는 **위계적 표현 학습**(hierarchical representations learning)이 적절했거나 심지어 **심층 미분가능 모델**(deep differentiable models) 또는 **연쇄 기하 변환**(chained geometric transforms)이 적절했을 것이다.

9.1.4 주요 실현 기술

현재 펼쳐지고 있는 기술 혁명은 획기적인 발명으로 시작되지 않았다. 오히려 다른 혁명과 마찬가지로 천천히, 그리고 나서 갑자기 돌입하는 요인들을 광대하게 축적한 데서 비롯된 것이다. 딥러닝의 핵심 요인은 다음과 같다.

- 점진적인 알고리즘 혁신들이 처음에는 20년 이상 확산됐고(역전파로 시작), 2012년 이후에 더 많은 연구 역량이 딥러닝에 투입됨에 따라 점점 더 빠르게 진행된다.
- 우리에게는 대량 인지 데이터에 대한 가용성(충분히 큰 데이터를 갖고 충분히 훈련된 모델을 실현하는 데 필요한 사항)이 필요하다. 이것은 소비자 인터넷의 부상과 저장 매체에 적용되는 무어의 법칙에 따른 결과이다.
- 저렴한 가격, 특히 엔비디아의 최초 게임용 GPU처럼 처음부터 딥러닝용으로 설계된 칩을 사용하면 빠르고 높은 병렬 계산 하드웨어를 구성해 사용할 수 있다. 초기에 엔비디아 CEO인 젠슨 황(Jensen Huang)이 딥러닝 붐에 주목해 회사의 미래를 맡기기로 했다.
- 사람들에게 이 계산 능력을 제공할 수 있는 복잡한 소프트웨어 스택이 필요한데, 이러한 것들로는 CUDA 언어, 자동 미분을 수행하는 텐서플로와 같은 프레임워크 그리고 대다수 사람들이 딥러닝을 해 볼 수 있게 하는 케라스 등이 있다.

미래에는 오늘날의 웹 기술과 마찬가지로 딥러닝이 전문가(연구원, 대학원생 및 대학 근무 경험이 있는 기술자 등)뿐 아니라 모든 개발자의 필수 도구가 될 것이다. 누구든 지능형 애플리케이션을 구축할 수 있어야 한다. 현재 모든 사업에는 웹 사이트가 필요하듯이 모든 제품이 사용자 생성 데이터를 지능적으로 이해해야 한다. 이러한 미래를 다가오게 하려면 기본적인 코딩 기능만 갖춘 사람이더라도 누구나 쉽고 익숙하게 사용할 수 있는 딥러닝 도구를 구축해야 한다. 케라스는 그런 방향으로 가기 위한 첫 번째 발걸음이다.

9.1.5 일반적인 머신러닝 작업 흐름

입력 공간을 표적 공간에 사상하는 모델을 만들기 위해 아주 강력한 도구를 사용할 수 있게 되었지만, 종종 그러한 모델을 설계하고 훈련하기 전에 오는 모든 것(그리고 프로덕션 모델의 경우에는 그 후에 오는 것) 때문에 머신러닝 작업 흐름이 난해해진다. 문제를 해결하기 위해 무엇을 예측할 것인지, 어떤 데이터를 제공했는지, 성공을 측정하는 방법을 결정할 수 있는 영역을 이해하는 게 머신러닝의 성공적인 적용을 위한 전제 조건이며, 도움이 되는 케라스나 텐서플로와 같은 고급 도구가 전제 조건은 아니다. 4장에서 설명하는 일반적인 머신러닝 작업 흐름을 간략히 요약하면 다음과 같다.

1. 문제를 정의한다. 어떤 데이터를 사용할 수 있으며, 무엇을 예측하려고 하는가? 수동으로 데이터셋에 레이블을 지정하려면 더 많은 데이터를 수집하거나 사람을 고용해야 하는가?

2. 목표 달성의 성공 여부를 신뢰성 있게 측정하는 방법을 식별한다. 작업이 간단하다면 예측 정확도라는 측정 방법이 쓰이겠지만, 일반적으로는 정교하고 해당 분야에 특정된 (domain specific) 계량 방식이 필요하다.

3. 모델을 평가하는 데 사용할 검증 과정을 준비한다. 특히 훈련 집합, 검증 집합 및 테스트 집합을 정의해야 한다. 검증 집합 레이블 및 테스트 집합 레이블이 훈련 데이터로 새어 나가서는 안 된다. 예를 들어, 시간에 따른 예측을 하는 경우라면, 검증 데이터 및 테스트 데이터가 훈련 데이터보다 시간상 후순위인 것이어야 한다.

4. 데이터를 벡터로 변환하는 식으로 데이터를 벡터화하고, 데이터를 신경망이 접근하기 더 쉽도록 하는 방식으로 전처리(정규화 등)한다.

5. 사소하고 상식적인 기준선을 넘어서는 첫 번째 모델을 개발해 머신러닝이 문제에 효과가 있음을 증명한다. 그렇지만, 늘 이런 경우여야 하는 건 아니다!

6. 하이퍼파라미터를 조정하고 정칙화를 더해 모델 아키텍처를 단계적으로 조정한다. 테스트 데이터 또는 훈련 데이터가 아닌 검증 데이터의 성능만을 기반으로 변경한다. 여러분이 모델을 과적합되게 한 후에(여러분에게 필요한 수준보다 더 큰 모델 용량 수준을 식별하라) 비로소 모델을 정칙화하거나 모델 크기를 줄이기 시작해야 한다.

7. 하이퍼파라미터를 조율할 때는 검증 집합의 과적합을 알고 있어야 한다. 즉, 하이퍼파라미터가 검증 집합에 지나치게 특화될 수 있다. 별도의 테스트 집합을 갖는 이유는 바로 이 때문이다.

9.1.6 주요 망 아키텍처

잘 알고 있어야 하는 세 가지 망 아키텍처 계열은 **조밀 연결 망**(densely connected networks), **합성곱 망**(convolutional networks) 및 **재귀 망**(recurrent networks)이다. 망의 각 유형은 특정 입력 양식을 의미한다. 망 아키텍처(조밀, 합성곱, 재귀)는 자료 구조에 대한 가정, 즉 좋은 모델 검색이 진행되는 가설 공간을 부호화한다. 주어진 아키텍처가 주어진 문제에서도 작동할지 여부는 전적으로 자료 구조와 망 아키텍처에 대한 가정이 일치하는지에 달려 있다.

이러한 다양한 망 유형을 결합해 레고 블록을 결합할 때와 같이 더 큰 다중 모듈 망을 쉽게 구현할 수 있다. 여기서 딥러닝 계층이란, 정보 처리를 위한 레고 블록이라고 할 수 있다. 다음은 입력 양식과 적절한 망 아키텍처 간의 대응을 간략하게 정리한 내용이다.

- **벡터 데이터**: 조밀 연결 망(조밀 계층)
- **이미지 데이터**: 2D 합성망
- **사운드 데이터(메 파형)**: 1D 합성망(선호) 또는 RNN 중 하나
- **텍스트 데이터**: 1D 합성망(선호) 또는 RNN
- **일기 예보 데이터**: RNN(선호) 또는 1D 합성망 중 하나
- **데이터 형(data type)이 서로 다른 시퀀스 데이터**: RNN 또는 1D 합성망 중 하나. 데이터 순서가 매우 중요하다면 RNN을 채택하는 편이 낫다(예를 들어, 시계열의 경우. 텍스트의 경우는 제외).
- **비디오 데이터**: 3D 합성망(모션 효과를 캡처해야 하는 경우)을 사용하거나, 프레임 수준 2D 합성망으로 특징을 추출하고 나서 RNN이나 1D 합성망으로 결과로 나온 시퀀스를 처리하는 조합 방식을 사용하는 방법 중 하나
- **부피 측정 데이터**: 3D 합성망

이제 각 망 아키텍처의 특수성을 간략히 살펴보자.

조밀 연결 망

조밀 연결 망은 벡터 데이터(벡터 배치)를 처리하기 위한 조밀 계층 스택이다. 이러한 망은 입력 특징에 특별한 구조가 없다고 가정한다. 조밀 계층의 유닛이 다른 모든 유닛에 연결돼 있기 때문에 **조밀하게 연결돼 있다**(densely connected)라고 한다. 계층은 두 입력 특징 간의 관계를 사상하려고 시도한다. 이것은 예를 들어, 지역 관계만 보는 2D 합성곱 계층과는 다르다.

조밀 연결 망은 3장에서 사용된 보스턴 주택 가격 데이터와 같이 범주형 데이터(예 입력 기능이 속성 목록인 경우)에 가장 흔히 사용된다. 또한 대부분의 망에서 최종 분류 또는 회귀 단계로 사용된다. 예를 들어, 5장에서 다루는 합성망들은 일반적으로 한 개 또는 두 개의 조밀 계층으로 끝나며, 6장에 나오는 재귀 망들도 이와 마찬가지이다.

이항 분류(binary classification)를 수행하려면 단일 유닛과 시그모이드 활성화 조밀 계층으로 계층 스택을 끝내고 손실을 binary_crossentropy로 사용해야 한다. 목표는 0 또는 1이어야 한다.

```
library(keras)
model <- keras_model_sequential() %>%
  layer_dense(units = 32, activation = "relu",
              input_shape = c(num_input_features)) %>%
  layer_dense(units = 32, activation = "relu") %>%
  layer_dense(units = 1, activation = "sigmoid")

model %>% compile(
  optimizer = "rmsprop",
  loss = "binary_crossentropy"
)
```

단일 레이블 범주형 분류(single-label categorical classification)를 수행하려면(각 표본에 정확히 하나의 클래스가 있는 경우) 클래스 수, 동일한 유닛 수, 소프트맥스 활성이 있는 조밀 계층으로 계층 스택을 끝내라. 표적이 원핫 인코딩이 된 경우, categorical_crossentropy를 손실로 사용한다. 이것들이 정수라면, sparse_categorical_ crossentropy를 사용하라.

```
model <- keras_model_sequential() %>%
  layer_dense(units = 32, activation = "relu",
              input_shape = c(num_input_features)) %>%
  layer_dense(units = 32, activation = "relu") %>%
  layer_dense(units = num_classes, activation = "softmax")

model %>% compile(
  optimizer = "rmsprop",
  loss = "categorical_crossentropy"
)
```

다중 레이블 범주형 분류(multilabel categorical classification)를 수행하려면 (각 표본에 여러 클래스가 있을 수 있는 경우) 클래스 수 및 시그모이드 활성화와 동일한 유닛 수의 조밀 계층으로 계층 스택을 끝내고 손실을 binary_crossentropy로 사용해야 한다. 즉 표적이 원핫 인코딩돼야 한다.

```
model <- keras_model_sequential() %>%
  layer_dense(units = 32, activation = "relu",
              input_shape = c(num_input_features)) %>%
  layer_dense(units = 32, activation = "relu") %>%
  layer_dense(units = num_classes, activation = "sigmoid")

model %>% compile(
  optimizer = "rmsprop",
  loss = "binary_crossentropy"
)
```

연속 값의 벡터를 향한 **회귀(regression)**를 수행하려면 예측하려고 하는 값(종종 주택 가격과 같은 단일 값)의 수와 동일한 수의 유닛이 있는 조밀 계층과 활성 없이 계층의 스택을 끝내라. 많은 손실 기준이 회귀에 사용될 수 있는데, 가장 일반적으로 사용하는 것은 mean_squared_error(MSE, 평균제곱근오차) 및 mean_absolute_error(평균절대오차)이다.

```
model <- keras_model_sequential() %>%
  layer_dense(units = 32, activation = "relu",
              input_shape = c(num_input_features)) %>%
  layer_dense(units = 32, activation = "relu") %>%
  layer_dense(units = num_values)

model %>% compile(
  optimizer = "rmsprop",
  loss = "mse"
)
```

합성망

합성곱 계층은 입력 텐서의 서로 다른 공간 위치(조각)에 동일한 기하학적 변형을 적용해 공간적으로 국부적인 패턴을 조사한다. 이로 인해 **변환 불변(translation invariant)**[5]인 표현이 만들어지며, 회귀 계층을 데이터에 대해 크게 효율적이고, 모듈화되게 한다. 이 아이디어를 1D(시퀀스), 2D(이미지), 3D(볼륨)[6] 등과 같은 모든 차원의 공간에 적용할 수 있다. layer_conv_1d를 사용해 시퀀스를 처리할 수 있고(특히, 텍스트-변환 불변 가정을 따르지 않는 시계열에서는 잘 작동하지 않음), 이미지 처리용으로는 layer_conv_2d, 볼륨 처리용으로는 layer_conv_3d를 사용할 수 있다.

합성망, 즉 **합성곱 망**은 합성곱 및 최대 풀링 계층들의 스택으로 구성된다. 풀링 계층을 사용하면 데이터를 공간적으로 하향 표본 추출할 수 있는데, 특징 수가 늘어남에 따라 특징 지도

5 　옮긴이 수학 용어이다. A 공간에서 B 공간으로 사상할 때도 변하지 않는 것들의 특성을 나타내는 말이다.

6 　옮긴이 즉, 입체

를 적절한 크기로 유지하고, 후속 합성곱 계층들이 보다 넓은 입력 범위를 '볼' 수 있게 해 준다. 합성망은 종종 layer_flatten 계층 또는 전역 풀링 계층으로 끝나며, 공간적 특징 지도를 벡터로 변환한 후 조밀 계층으로 분류 또는 회귀를 수행한다.

정칙화된 합성곱은 곧(또는 완전히), **깊이별 분리 가능 합성곱**(depthwise separable convolution)(layer_separable_conv_2d)이라고 하는, 동등하지만 더 빠르고 표현이 효율적인 대안으로 대체될 가능성이 매우 높다. 이것은 3D, 2D 및 1D 입력에 해당한다. 새로운 망을 밑바닥에서부터 구축할 때는 깊이별 분리 가능 합성곱을 사용하는 게 바람직하다. layer_separable_conv_2d는 layer_conv_2d에 대한 드롭인(drop in) 대체품으로 사용될 수 있으므로 결과적으로 작고 빠른 망이 더 잘 수행된다.

다음은 일반적인 이미지 분류 망이다(이 경우, 범주 분류).

```r
model <- keras_model_sequential() %>%
  layer_separable_conv_2d(filters = 32, kernel_size = 3,
                          activation = "relu",
                          input_shape = c(height, width, channels)) %>%
  layer_separable_conv_2d(filters = 64, kernel_size = 3,
                          activation = "relu") %>%
  layer_max_pooling_2d(pool_size = 2) %>%

  layer_separable_conv_2d(filters = 64, kernel_size = 3,
                          activation = "relu") %>%
  layer_separable_conv_2d(filters = 128, kernel_size = 3,
                          activation = "relu") %>%
  layer_max_pooling_2d(pool_size = 2) %>%
  layer_separable_conv_2d(filters = 64, kernel_size = 3,
                          activation = "relu") %>%
  layer_separable_conv_2d(filters = 128, kernel_size = 3,
                          activation = "relu") %>%
  layer_global_average_pooling_2d() %>%
  layer_dense(units = 32, activation = "relu") %>%
  layer_dense(units = num_classes, activation = "softmax")
model %>% compile(
  optimizer = "rmsprop",
  loss = "categorical_crossentropy"
)
```

RNN

재귀 신경망은 한 번에 하나의 시간대씩 입력 시퀀스를 처리하고, 전체 상태를 유지함으로써 작동한다(상태는 일반적으로 벡터 또는 벡터의 집합이다. 여기서 벡터는 상태의 기하 공간에 있는 점이다).

관심 패턴이 시간 이동에 의해 불변하지 않는 시퀀스의 경우, 1D 합성망보다 우선적으로 사용돼야 한다(예 최근 과거가 먼 과거보다 중요한 시간 자료).

케라스에서는 세 개 RNN 계층을 사용할 수 있다. layer_simple_rnn, layer_gru, 그리고 layer_lstm이 그것이다. 가장 실용적인 목적으로 layer_gru 또는 layer_lstm을 사용해야 한다. layer_lstm은 둘 중에 더 강력하지만, 더 비싸다. layer_gru를 간단하고 저렴한 대안으로 생각할 수 있다.

RNN 계층을 서로 포개 여러 개를 쌓으려면 스택의 맨 끝 계층보다 더 앞쪽에 자리 잡은 각 계층이 해당 출력의 전체 시퀀스를 반환해야 한다(각 입력 시간대는 출력 시간대에 해당한다). 이후의 RNN 계층을 적층하지 않으면 전체 시퀀스에 대한 정보가 들어 있는 마지막 출력만 반환하는 게 일반적이다.

다음은 벡터 시퀀스의 이항 분류를 위한 단일 RNN 계층이다.

```
model <- keras_model_sequential() %>%
  layer_lstm(units = 32, input_shape = c(num_timestamps, num_features)) %>%
  layer_dense(units = num_classes, activation = "sigmoid")

model %>% compile(
  optimizer = "rmsprop",
  loss = "binary_crossentropy"
)
```

그리고 이것은 벡터 시퀀스의 이항 분류를 위해 적층한 RNN 계층이다.

```
model <- keras_model_sequential() %>%
  layer_lstm(units = 32, return_sequences = TRUE,
             input_shape = c(num_timestamps, num_features)) %>%
  layer_lstm(units = 32, return_sequences = TRUE) %>%
  layer_lstm(units = 32) %>%
  layer_dense(units = num_classes, activation = "sigmoid")

model %>% compile(
  optimizer = "rmsprop",
  loss = "binary_crossentropy"
)
```

9.1.7 확률 공간

딥러닝으로 무엇을 구축할 것인가? 딥러닝 모델을 구축하는 것은 레고 블록을 사용하는 일과 같다. 적절한 훈련 데이터를 사용할 수 있고, 합리적인 복잡성의 기하학적 변환을 통해 사상할 수 있다는 점을 감안할 때, 계층들을 서로 연결하면 본질적으로 모든 것을 사상할 수 있다. 확률 공간은 무한하다. 이번 절에서는 전통적으로 머신러닝의 생필품처럼 여겨지는 기본 분류 및 회귀 작업 이외에 생각해 볼 수 있는 몇 가지 예를 제시한다.

나는 입력 및 출력 양태로 제안된 응용 사례들을 정리했다. 이것들 중 상당수는 가능성의 한계를 넓혀 준다. 모델이 이러한 모든 과제를 대상으로 삼아 훈련될 수는 있지만, 어떤 경우에는 그러한 모델이 훈련 데이터로부터 멀어져 일반화되지 않을 수도 있다. 9.2절과 9.3절은 이러한 한계를 제거할 수 있는 방법을 다룰 것이다.

- 벡터 데이터를 벡터 데이터에 사상
  - **예측 가능한 건강 관리**: 환자의 의료 기록을 환자에 대한 진찰 예측에 사상
  - **행동 타깃팅**: 웹 사이트의 속성들로 이뤄진 집합을 사용자가 웹 사이트에 얼마나 머물 것인지에 관한 데이터에 사상
  - **생산 품질 관리**: 생산한 제품의 사례와 관련된 속성 집합을 내년까지 제품이 실패할 확률에 사상
- 이미지 데이터를 벡터 데이터에 사상
  - **의사 보조**: 의료 영상 슬라이드를 종양의 존재에 대한 예측에 사상
  - **자율 주행 차량**: 자동차 대시보드에 설치한 카메라의 비디오 프레임을 운전대의 각도 명령에 사상
  - **보드 게임 인공지능**: 바둑판과 체스판을 다음 대국자의 움직임에 사상
  - **다이어트 도우미**: 접시에 담긴 음식 사진을 접시에 담긴 음식의 칼로리 계산에 사상
  - **나이 예측**: 셀카 사진을 사람의 나이에 사상
- 시계열 데이터를 벡터 데이터에 사상
  - **날씨 예측**: 위치 격자 속 시계열 기상 데이터를 다음 주 날씨 예측에 사상
  - **뇌-컴퓨터 인터페이스**: 시계열 뇌파(MEG) 데이터를 컴퓨터 명령에 사상
  - **행동 타깃팅**: 웹 사이트에서 이뤄지는 사용자 상호 작용 시계열을 사용자가 뭔가를 할 가능성에 사상

- 텍스트를 텍스트에 사상
  - **지능형 답신**: 이메일에 있을 법한 한 줄 답신에 사상
  - **질문에 응답하기**: 상식에 관한 질문을 응답에 사상
  - **요약**: 긴 기사문을 짧은 기사문에 사상
- 이미지를 텍스트에 사상
  - **캡션**: 이미지를 이미지의 내용을 설명하는 짧은 그림 제목에 사상
- 텍스트를 이미지에 사상
  - **조건부 이미지 생성**: 텍스트로 된 짧은 설명을 설명과 일치하는 이미지에 사상
  - **상표 생성/선택**: 회사의 이름과 설명을 회사의 상표에 사상
- 이미지를 이미지에 사상
  - **초고해상도**: 축소된 이미지를 동일한 이미지의 고해상도 버전으로 사상
  - **시각적 깊이 감지**: 실내 환경 이미지를 깊이 예측 지도로 사상
- 이미지와 텍스트를 텍스트에 사상
  - **시각적 질의응답**: 이미지와 이미지 내용에 관한 자연어로 된 질문을 자연어로 된 대답에 사상
- 비디오와 텍스트를 텍스트에 사상
  - **비디오 질의응답**: 짧은 영상과 영상 내용에 관한 자연어로 된 질문을 자연어로 된 대답에 사상

거의 모든 것을 할 수는 있지만, 그렇다고 해서 다 바람직한 것은 아니다. 다음 절에서는 우리가 딥러닝으로 할 수 없는 것을 살펴본다.

9.2 딥러닝의 한계

딥러닝으로 구현할 수 있는 애플리케이션 공간은 거의 무한하다. 그러나 아직까지는 많은 응용 분야가 딥러닝 기술(심지어 사람이 주석을 첨부한 방대한 데이터가 있음에도)에서 멀리 벗어나 있다. 예를 들어, 제품 관리자가 작성한 소프트웨어 제품의 기능을 영문으로 설명한 내용이 수십만 개, 심지어 수백만 개에 이르는 데이터셋을 준비하고, 이러한 요구 사항에 맞추기 위해 기술자 팀이 개발한 대응 소스 코드를 서로 조합할 수 있다고 가정해 보자. 이 데이터를 갖고

도 제품 설명을 읽고 적절한 코드 베이스를 생성하기 위해 딥러닝 모델을 훈련할 수 없다. 이런 일은 많은 사례 중 한 가지일 뿐이다. 일반적으로 추론(프로그래밍이나 과학적 방법의 적용), 장기 계획, 알고리즘 데이터 조작이 필요한 일을 딥러닝 모델로는 도달할 수 없다. 아무리 많은 데이터를 집어넣더라도 마찬가지이다. 정렬 알고리즘을 학습하는 일조차도 심층 신경망으로 구현하기는 엄청나게 어렵다.

이는 딥러닝 모델이 하나의 벡터 공간을 다른 벡터 공간에 사상하는 **단순하고 연속적인 기하학적 변환의 연쇄**(a chain of simple, continuous geometric transformations)에 불과하기 때문이다. 딥러닝이 할 수 있는 일이라고는 X에서 Y로 학습 가능한 연속 변환이 존재한다고 가정한 상태에서 하나의 데이터 다양체 X를 다른 다양체 Y로 사상하는 것뿐이다. 딥러닝 모델도 일종의 프로그램이라고 여길 수 있지만, 이와 반대로 **대다수 프로그램을 딥러닝 모델로 표현할 수는 없다.**

대다수 과제에서 과제를 해결하는 일에 상응하는 심층 신경망이 존재하지 않거나 존재하더라도 딥러닝이 학습하지 못할 수도 있다. 상응하는 기하학적 변환이 너무 복잡하거나 그것을 배우기 위해 이용 가능한 적절한 데이터가 없을 수도 있기 때문이다.

더 많은 계층을 쌓고 더 많은 훈련 데이터를 사용해 현재의 딥러닝 기술을 확장하면 이러한 문제 중 일부는 표면적으로 완화될 수 있다. 딥러닝 모델은 표현할 수 있는 한계가 있으며, 여러분이 배우기를 희망하는 대부분의 프로그램을 데이터 다양체의 연속되는 기하학적 변형(continuous geometric morphing)으로 표현할 수 없다는 문제는 해결되지 않는다.

9.2.1 머신러닝 모델을 신과 같은 인간으로 여기는 위험

현대 인공지능의 위험 중 하나는 딥러닝 모델이 하는 일을 오해하고, 인공지능의 능력을 과대평가하는 것이다. 인간의 근본적인 특징을 **마음 이론**(theory of mind)으로 설명할 수 있다. 마음 이론이란, 우리 주변의 것들에 의도와 신념 및 지식을 투영하려는 경향을 말한다. 바위에 웃는 얼굴을 그리면 우리 마음속에서는 바위가 갑자기 "행복해졌다"고 여기게 된다. 예를 들어, 그림을 설명하는 사진 제목을 생성하게 한 모델을 다소 성공적으로 훈련할 수 있을 때, 우리는 이 모델이 사진의 내용과 생성된 그림 제목을 '이해'한다고 믿게 된다. 그런 일이 있고 난 후에, 훈련 데이터에 있는 일종의 이미지와 약간의 차이가 있어 모델이 아주 합리적이지 않은 그림 제목을 생성하게 되면 놀라게 된다(보기 9.1 참조).

소년이 야구 방망이를 들고 있다.

보기 9.1 딥러닝을 기반으로 한 그림 제목 부여 시스템의 실패

특히 이것은 모델을 속여 모델을 잘못 분류하도록 고안한 딥러닝 망에 공급한 **대항 사례** (adversarial examples)에 의해 강조된다. 예를 들어, 여러분은 일부 합성망 필터의 활성화를 최대화하는 입력을 생성하기 위해 입력 공간에서 경사 상승을 수행할 수 있다는 것을 이미 알고 있다. 이것은 5장에서 소개한 필터-시각화 기법의 기초이며, 8장에 나오는 딥드림 알고리즘도 이와 마찬가지이다. 여러분은 주어진 클래스에 대한 클래스 예측을 최대화하기 위해 이미지를 경사 상승을 통해 약간 수정할 수 있다. 판다 사진을 찍은 후, 긴팔원숭이 경사를 추가하면 판다를 긴팔원숭이로 분류할 수 있는 신경망을 얻을 수 있다(보기 9.2 참조). 이는 이러한 모델의 불확실성과 입력-출력 사상과 인간 인식의 깊은 차이를 입증한다.

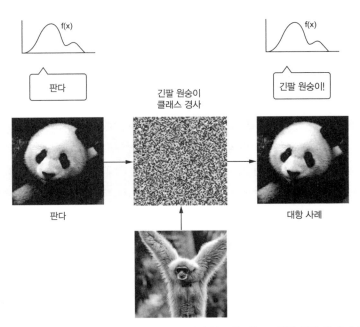

보기 9.2 대항 사례: 인지할 수 없는 이미지 변화는 이미지 분류를 하는 모델을 착각에 빠지게 할 수 있다.

간단히 말해 딥러닝 모델은 자신의 입력을 이해하지 못한다. 적어도 인간다운 감각은 아니다. 이미지, 소리 및 언어에 대한 우리 자신의 이해는 인간으로서의 감각 운동 경험에 근거한다. 머신러닝 모델은 그러한 경험에 접근할 수 없으므로 인간과 관련이 있는 방식으로 입력을 이해할 수 없다. 모델들에 공급하기 위해 많은 훈련 사례에 주석을 달아 데이터를 특정 개념 집합에 대한 인간 개념에 사상하는 기하학적 변환을 배울 수 있지만, 이 사상은 우리의 마음(육체를 부여받은 대리자인 우리의 경험을 바탕으로 발전한 것)에 있는 원래 모델의 단순한 스케치에 불과하다. 이것은 거울에 비치는 희미한 이미지와도 같다(보기 9.3 참조).

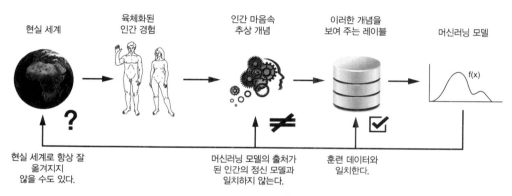

보기 9.3 현재 머신러닝 모델: 거울의 희미한 이미지와 같다.

머신러닝 전문가라면 이 점에 항상 신경 써야 하며, 신경망이 수행하는 작업을 이해한다고 생각하는 함정에 빠지지 말아야 한다. 적어도 우리에게는 의미 있는 방식이 아니다. 머신러닝 모델은 우리가 가르치고 싶었던 것(훈련 점 단위로 훈련 입력을 훈련 표적에 사상하는 일에 관한 것)보다 훨씬 좁고, 다른 일에 맞게 훈련받았다. 훈련 자료에서 벗어난 것을 머신러닝 모델에게 보여 주면, 머신러닝 모델은 터무니없는 방법으로 길들여질 것이다.

9.2.2 국소적 일반화 대 극단적 일반화

딥러닝 모델이 입력에서 출력으로 기하학적 변형(geometric morphing)을 직접적으로 하는 방식과 인간이 생각하고 배우는 방식에는 근본적인 차이점이 있다. 인간이 명백한 훈련 사례를 제시받는 대신, 체화된 경험으로부터 스스로 배우는 것만이 유일한 차이점은 아니다. 각기 다른 학습 과정 외에도 근원적인 표현의 본질에는 기본적인 차이점이 있다.

인간에게는 갑작스러운 자극에 즉각 반응하는 일(심층 망이나 곤충이 그러듯이)보다 훨씬 큰 능력이 있다. 우리는 현재 상황, 자신과 타인에 대한 복잡하고 추상적인 모델을 유지 관리하며, 이러한 모델을 사용해 있을 법한 미래를 예측하고 장기 계획을 수행할 수 있다. 예를 들어, 청바지를 입는 말 사진을 떠올리거나, 로또에 당첨되면 무엇을 할지를 상상하는 것과 같이, 전에 경험하지 못했던 것을 표현하기 위해 알려진 개념들을 통합할 수 있다. 가설을 다루는 능력, 즉 우리가 직접 체험할 수 있는 것 이상으로 우리의 정신 모델 공간을 확장해 **추상화(abstraction)**하고 **추론(reasoning)**하는 능력은 인간 인지의 정의적인 특징일 것이다. 나는 이것을 **극단적 일반화(extreme generalization)**라고 부른다. 데이터를 거의 사용하지 않거나 신규 데이터를 전혀 사용하지 않은 상태에서 신기하고 결코 경험해 보지 못한 상황에 적응하는 능력 말이다.

이것은 심층 망과 대조를 이룬다. 나는 이것을 **국소적 일반화(local generalization)**라고 부른다 (보기 9.4 참조). 심층 망에 의해 수행되는 입력에서 출력으로의 사상은 망이 훈련 시간에 봤던 것과 새로운 입력이 조금이라도 다를 경우, 즉시 의미를 잃게 된다. 예를 들어, 로켓을 달에 착륙시키는 데 적합한 발사 파라미터에 대해 학습하는 문제를 생각해 보라. 이 작업을 위해 심층 망을 사용하고 지도학습 또는 강화학습을 사용해 훈련을 하려는 경우, 수천 또는 수백만 건에 이르는 출시 시험을 수행해야 한다. 또한 입력 공간의 **조밀한 표본 추출(dense sampling)**에 노출해야 한다. 입력 공간에서 출력 공간으로의 신뢰성 있는 사상을 학습하게 하기 위해서이다. 이와 대조적으로, 우리는 추상적인 힘을 사용해 물리적 모델(로켓 과학)을 도출할 수 있으며, 한두 번의 시도를 통해 달에 로켓을 착륙시킬 **정확한(exact)** 해결책을 도출할 수 있다. 이와 마찬가지로 인체를 제어하는 심층 망을 개발하고 자동차에 부딪히는 일 없이 도시를 안전하게 누비는 방법을 심층 망이 학습하게 되기를 원한다면, 심층 망이 자동차가 위험하다는 것으로 추론하고, 적절한 회피 행동을 할 수 있을 때까지 심층 망은 다양한 상황에서 수천 번 죽어야 할 수 있다. 새로운 도시로 투입돼 주행을 해야 할 때, 망은 자신이 아는 것을 대부분 다시 배워야 할 것이다. 반면, 인간은 가상의 상황을 추상적으로 모델링하는 능력이 있기 때문에 다시 한번 죽지 않고도 안전하게 행동하는 법을 배울 수 있다.

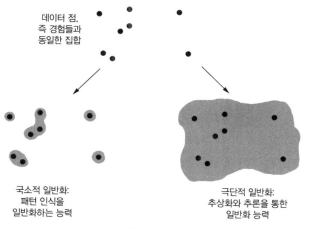

데이터 점,
즉 경험들과
동일한 집합

국소적 일반화:
패턴 인식을
일반화하는 능력

극단적 일반화:
추상화와 추론을 통한
일반화 능력

보기 9.4 국소적 일반화 대 극단적 일반화

즉, 기계 인지 분야의 발전에도 불구하고 우리는 여전히 인간 수준의 인공지능에서는 멀리 떨어져 있다. 우리의 모델은 과거의 데이터와 유사해야 하는 새로운 상황에 적응하는 국소적 일반화만 수행할 수 있지만, 인간의 인지는 극단적 일반화가 가능하며, 새로운 상황에 빠르게 적응하고 장기적인 미래 상황을 계획한다.

9.2.3 결론

지금까지 딥러닝의 유일하고 진정한 성공은 인간이 주석을 단 데이터가 대량으로 제공되는 경우에만 연속적인 기하 변환을 사용해 공간 X를 공간 Y에 사상하는 능력이었다. 이 일을 잘 해낼 수 있다면 모든 산업 분야에서 게임 체인저가 될 수도 있겠지만, 인간 수준 인공지능에 이르려면 여전히 갈 길이 멀다.

인간의 두뇌와 경쟁할 수 있는 인공지능의 한계점을 극복하려면, 직접적인 입출력 사상에서 **추론(reasoning)**과 **추상화(abstraction)**로 넘어갈 필요가 있다. 다양한 상황과 개념을 추상적으로 모델링하기에 적절한 것은 컴퓨터 프로그램의 지지층이다. 우리는 이전에 머신러닝 모델을 학습 가능 프로그램으로 정의할 수 있다고 말했다. 현재 우리는 가능성 있는 모든 프로그램의 좁고 구체적인 하위 집합에 속하는 프로그램만 학습할 수 있다. 그러나 모듈화되고 재사용 가능한 방식으로 배울 수 있는 프로그램이 있다면 어떨까? 다음 절에서 어떤 길이 보이는지 살펴보자.

9.3 딥러닝의 미래

이번 절에서 우리는 연구 프로그램에 참여하거나 독립적인 연구를 시작하려는 사람의 시야를 넓히기 위해 더 깊이 생각해 본다. 우리가 심층 망의 작동 방식, 한계점 및 연구 환경의 현재 상태를 알고 있다면 중기적으로 어떤 방향으로 나아갈지를 예측할 수 있을까? 다음은 순전히 개인적인 생각이다. 내게는 미래를 볼 수 있게 하는 수정 구슬이 없으므로 내가 예상하는 많은 것이 현실이 되지 못할 수도 있다. 나는 예측이 미래에 완전히 적중하리라고 예상하기 때문이라기보다는 현재 시점에서도 예측이 흥미롭고 실용적이기 때문에 이러한 예측을 공유하고 있다.

다음 내용은 내가 바라보는 주요 방향이다.

- 현재의 미분 가능 계층보다 훨씬 풍부한 근본 요소(primitives)[7] 위에 구축된 범용 컴퓨터 프로그램에 더 가까운 모델. 이것이 우리가 추론과 추상화에 도달하는 방법이며, 이와 같은 것이 결여돼 있다는 점이 현재 모델의 근본적인 약점이다.
- 위에 언급한 핵심 내용을 가능하게 하는 새로운 학습 형식을 도입하면, 미분 가능 변환이라는 한계에서 벗어난 모델이 될 수 있다.
- 인간 기술자의 개입이 덜 필요한 모델. 끝없이 조절기를 잡고 조율하는 게 여러분의 일이 돼서는 안 된다.
- 재사용 가능하고 모듈화된 프로그램의 서브 루틴을 기반으로 하는 메타 학습 시스템과 같이, 이전에 학습한 특징 및 아키텍처를 더 훌륭하게 체계적으로 재사용한다.

또한 이러한 고려 사항은 지금까지 딥러닝의 생필품 같은 역할을 한 지도학습 종류에 국한되지 않고, 비지도학습과 자율 지도학습 및 강화학습을 포함하는 모든 유형의 머신러닝에 적용할 수 있다. 레이블이 어디에서 왔는지 또는 훈련 루프가 어떻게 생겼는지는 중요하지 않다. 머신러닝의 이러한 서로 다른 분지는 동일한 아키텍처의 다른 측면이다. 빠져들어 보자.

9.3.1 프로그램으로서의 모델

이전 절에서 언급했듯이 머신러닝 분야에 기대할 수 있고, 필요한 변혁적 개발은 순수한 **패턴 인식(pattern recognition)**을 수행하는 모델이나 **국소적 일반화(local generalization)**만 달성할

---

7 옮긴이 뭔가를 파생하는 원래의 것, 예를 들면 언어학의 어근, 수학의 원식, 컴퓨터 과학의 원시 함수나 원시 자료형을 들 수 있다. 보통 '프리미티브'나 '원시' 등으로 부르기도 하지만, 이 책에서는 개념을 잘 드러내기 위해 '근본 요소'라는 말로 번역했다. 무엇인가의 '근원'이라고 말할 때의 바로 그 '근원'에 해당하는 개념이다.

수 있는 모델에서 벗어나 **추상화(abstraction)** 능력과 **추론(reasoning)** 능력이 있어 **극단적 일반화** (extreme generalization)를 달성할 수 있는 모델을 지향하는 것이다. 기본적인 추론을 할 수 있는 인공지능 프로그램은 검색 알고리즘, 그래프 조작 및 형식 논리에 의존하는 소프트웨어와 같이 인간인 프로그래머가 하드코딩한다. 예를 들어, 딥마인드가 개발한 알파고에서는 대부분의 디스플레이 인텔리전스를 전문가 프로그래머가 설계해 하드코딩한다(**역자** Monte Carlo Tree Search). 이때 데이터를 이용한 학습은 특수한 서브 모듈(가치 망 및 정책 망)에서만 발생한다. 그러나 미래에는 인공지능 시스템이 인간의 개입 없이 모든 것을 배울 수 있을 것이다.

어떤 길로 가야 이런 일이 가능해질까? 잘 알려진 망 종류인 RNN을 생각해 보라. RNN은 피드포워드 망보다는 제약 사항이 약간 더 적다. 이는 RNN이 단순한 기하학적 변환(한 for 루프 내에 반복적으로 적용되는 기하학적 변환)보다 좀 더 낫기 때문이다. 임시 for 루프는 그 자체가 인간 개발자에 의해 하드코딩된다. 이는 망의 기본 가정이다. 당연히 RNN은 표현할 수 있는 범위가 극히 제한돼 있다. 주로 각 단계가 수행하는 일이 미분 가능한 기하학적 변환이므로 연속 기하 공간(상태 벡터)의 점을 통해 단계별로 정보를 전달한다. 이제 하드코딩한 기하학적 메모리가 있는 단일한 하드코딩 루프 대신, 프로그램의 근본 요소(primitives)와 비슷한 방식으로 보강된 신경망을 상상해 보자.

이런 망에는 망의 처리 기능을 확장하는 데 필요한, 모델을 자유롭게 다룰 수 있는 프로그래밍의 근본 요소를 많이 포함한다. 이러한 근본 요소로는 if 분기문, while 문, 변수 생성문, 장기 저장용 디스크 저장 장치, 정렬 연산자, 고급 자료 구조(리스트, 그래프, 해시 테이블과 같은 것들)뿐 아니라 그 밖의 많은 것이 있다. 이와 같이 된 망이 표현할 수 있는 프로그램 공간은 현재의 딥러닝 모델로 표현할 수 있는 공간보다 훨씬 광범위할 것이며, 이러한 프로그램 중 일부는 더 우수한 일반화 능력을 얻을 수 있다.

한편, 우리는 하드코딩된 알고리즘적 지능(프로그래머가 직접 작성한 소프트웨어)을 지니는 일에서 벗어날 것이고, 다른 한편으로는 기하학적 지능(딥러닝)을 지니는 일에서 벗어날 것이다. 그 대신, 우리는 합리적인 추상화 기능을 제공하는 형식 알고리즘 모듈과 비형식적인 직관 및 패턴 인식 기능을 제공하는 기하학적 모듈을 혼합할 것이다. 전체 시스템은 거의 또는 전혀 인간의 개입 없이 학습될 것이다.

우리가 생각할 수 있는 인공지능의 관련 하위 분야는 **프로그램 합성(program synthesis)**, 특히 신경 프로그램 합성이다. 프로그램 합성은 가능성 있는 프로그램이라는 넓은 공간을 탐색하기 위해 검색 알고리즘(유전적 프로그래밍에서 유전자 검색을 하듯이)을 사용해 자동으로 간단한 프로그램을 생성하는 것으로 구성된다. 검색은 필요한 사양(종종 입력-출력 쌍들의 집합으로 제공되는 것)과 일치하는 프로그램이 발견될 때 중지된다. 이는 머신러닝을 연상시킨다. 입력-출력 쌍으로 된 훈련 데이터가 주어지면, 우리는 입력을 출력과 일치시켜 새로운 입력으로 일반화할 수 있는 프로그램을 찾는다. 이 둘의 차이점은 하드코딩된 프로그램(신경망)에서 파라미터 값을 학습하는 대신, 개별 검색 과정을 통해 소스 코드를 생성한다는 것이다.

나는 이 하위 분야가 앞으로 몇 년 동안 새로운 물결을 일으킬 것으로 기대한다. 특히, 딥러닝과 프로그램 합성 간에 교차하는 하위 분야가 등장할 것으로 기대하는데, 해당 분야에서는 범용 언어로 프로그램을 생성하는 대신, 알고리즘적 근본 요소의 풍부한 집합(예를 들면, 루프나 그 밖의 것들)으로 보강된 신경망(기하학적 데이터 처리 흐름)을 생성할 것이다. 이는 소스 코드를 직접 작성하는 방식보다 훨씬 다루기 쉽고 유용해야 하며, 해당 분야는 적절한 학습 데이터가 주어지면 자동으로 생성할 수 있는 프로그램 공간인 머신러닝으로 해결할 수 있는 문제의 범위를 대폭 확대할 것이다. 현대의 RNN은 이러한 알고리즘-기하학 혼성 모델의 조상이라고 할 수 있다.

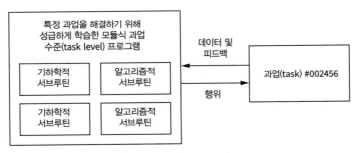

보기 9.5 기하학적 근본 요소(패턴 인식, 직관) 및 알고리즘적 근본 요소 (추론, 검색, 메모리)에 의존해 학습한 프로그램

9.3.2 역전파 및 미분 가능 계층을 넘어

머신러닝 모델이 프로그램과 유사해지면 대부분 미분이 불가능해진다. 이러한 프로그램은 기하학적 계층을 서브루틴으로 사용하므로 미분 가능하기는 하지만, 모델 전체로 보면 그렇지 못하다. 결과적으로 하드코딩돼 고정된 망에서 역전파를 사용해 가중치 값을 조정하는 게 향후 훈련 모델에서 선택하는 방법이 될 수는 없으며, 적어도 전체 스토리가 될 수는 없다. 우리는 미분 불능 시스템을 효과적으로 훈련하는 방법을 찾아야 한다. 현재 접근법에는 유전 알고리즘, 진화 전략, 특정 강화학습 방법 및 **승수의 교번 방향 방법**(alternating direction method of multipliers, ADMM)이 포함된다. 경사 하강은 어디에도 끼지 못한다. 경사 정보는 항상 미분 가능한 모수 함수(parametric function)[8]를 최적화하는 데 유용하다. 그러나 우리의 모델은 단순한 미분 가능 모수 함수보다 훨씬 더 나은 것이 돼야 하므로 개발(머신러닝에서의 학습)에는 역전파 이상의 것이 필요할 것이다.

역전파는 끝에서 끝으로 이어지므로 잘 연쇄된 변환을 학습하는 데는 좋지만, 심층 망의 모듈성을 충분히 활용하지 않기 때문에 계산상 비효율적이다. 좀 더 효율적으로 만들려면 보편적인 방법 중 하나인 모듈화 및 위계 구조를 도입해야 한다. 따라서 우리는 분리된 훈련 모듈을 동기화된 메커니즘과 함께 도입하고 위계적 방식으로 조직함으로써 역전파를 더 효율적으로 만들 수 있다. 이 전략은 딥마인드의 최신 합성 경사 작업에 다소 반영돼 있다. 가까운 시일 내에 이런 계통을 따라 더 많은 것이 이뤄지기를 기대한다. 경사를 사용하지 않고 효율적으로 검색 과정을 사용해 전역적으로는 미분 불능인 모델(그러나 미분 가능 부분이 특징인 모델)이면서도, 한편으로 더 효율적인 역전파 버전을 사용해 경사를 활용함으로써 더 빨리 학습되는 모델을 훈련하는 미래를 상상할 수 있다.

9.3.3 자동화 머신러닝

미래에는 모델 아키텍처를 장인 수준 기술자가 손수 만들기보다는 학습될 것이다. 학습되는 아키텍처는 풍부한 근본 요소 집합과 프로그램과 유사한 머신러닝 모델이 제휴하는 꼴이 될 것이다.

현재 대부분의 딥러닝 기술자는 데이터를 개조(munging)[9]한 후, 심층 망의 아키텍처 및 하이퍼파라미터를 세밀하게 조율해 작업 모델을 얻거나 심지어 최첨단 모델을 얻을 수도 있다. 두말할 필요 없이 이런 식의 설정은 최적이 아니다. 그러나 인공지능이 도움이 될 수 있다. 유감스럽게도 기술자가 달성하고자 하는 것에 대한 명확하고 높은 수준의 이해는 물론, 해당 분야의 지식이 필요한 경우가 많으므로 데이터 개조 작업 부분을 자동화하기는 어렵다. 그러나 하이퍼파라미터 튜닝은 간단한 검색 절차에 불과하다. 이 경우, 우리는 기술자가 달성하기를 바라는 바가 무엇인지를 안다. 이는 조율 중인 망의 손실 함수에 의해 정의된다. 대부분의 모델 조

---

8 옮긴이 '매개변수 함수'로도 알려져 있다.

9 옮긴이 이미 출간된 도서들을 보면 보통 적절한 번역어를 찾지 못해 '먼징'이라고 번역하거나 '멍잉'이라고 번역돼 있는 경우가 다수이지만, '개조'라는 적절한 낱말이 있으므로 이 단어를 사용했다. 데이터 사육(wrangling, 이것도 주로 '랭글링'으로 부름)과 더불어 데이터 준비 과정에 있음직한 주요 작업이다. 또 다른 적절한 번역어로는 '정리'가 있다. 정리란 무언가를 보태거나 덜어내는 작업을 말한다. 정돈(tyding)이 단지 배치를 바꾸는 소규모 개조라면, 정리란 구성 성분까지 바꾸는 대규모 개조라고 할 수 있다. 이와 같은 '정리(munging 또는 wrangling)'와 '정돈(tyding)'을 합친 개념이 정제(cleasing 또는 cleaning)라고 봐도 무방할 것이다.

절기 조율을 담당하는 기본 AutoML 시스템을 설정하는 것은 이미 일반적인 관행이다. 심지어 나는 몇 년 전에 캐글 경진 대회에서 승리하기 위해 나만의 설정을 구성해 두기도 했다.

이러한 시스템은 가장 기본적인 수준에서 스택의 계층 수, 계층의 순서 및 각 계층의 유닛 또는 필터 수를 조율한다. 이것은 7장에서 논의한 바와 같이 일반적으로 행해지고 있다. 그러나 우리는 훨씬 더 야심을 지닐 수 있으며, 가능한 한 적은 제약 조건을 통해 적절한 아키텍처(圈 강화학습 또는 유전 알고리즘)를 밑바닥에서부터 배울 수 있다.

또 다른 중요한 자동화 머신러닝(automatic machin learning, AutoML) 방향은 모델 가중치와 함께 모델 아키텍처를 학습하는 것이다. 약간 다른 아키텍처를 시도할 때마다 새로운 모델을 밑바닥에서부터 훈련하는 게 매우 비효율적이기 때문에 진정으로 강력한 AutoML 시스템은 훈련 데이터를 역전파함으로써 모델의 특징들을 조율하면서 동시에 아키텍처를 발전시킬 것이다. 이러한 접근법이 우리가 이 문장들을 작성하고 있는 동안에 등장하기 시작했다.

이러한 일이 발생하기 시작하면 머신러닝 기술자의 업무가 중단되지 않고 기술자가 가치 사슬을 따라 움직일 것이다. 기술자들은 업무 목표를 실제로 반영하고 모델이 배포된 디지털 생태계에 미치는 영향을 이해하는 복잡한 손실 함수를 만드는 데 더 큰 노력을 기울일 것이다(圈 모델의 예측을 소비하고 모델의 훈련 데이터를 생성하는 사용자). 이런 문제는 현재 대기업만이 고려할 수 있는 수준의 문제이다.

9.3.4 평생 학습 및 모듈식 서브루틴 재사용

모델이 더욱 복잡해지고 풍부한 알고리즘 근본 요소 위에 구축되면, 새로운 과업이나 새 데이터셋이 생길 때마다 새 모델을 밑바닥에서부터 훈련하기보다는 복잡성이 증가하므로 작업 간 재사용에 대한 필요성이 커진다. 많은 데이터셋에는 새롭고 복잡한 모델을 밑바닥에서부터 개발하기에 충분한 정보가 포함돼 있지 않으며, 이전에 발생한 데이터셋의 정보를 사용해야 한다(새 책을 열 때마다 밑바닥에서부터 영어를 배우지 않는 것과 마찬가지이다. 이런 일은 불가능할 것이다). 모든 신규 작업마다 모델을 밑바닥에서부터 훈련하는 일은 현재 과업과 이전에 발생한 과업이 크게 겹치기 때문에 비효율적이다.

최근 몇 년 동안 주목할 만한 일이 거듭 관찰됐다. 동일한 모델을 훈련해 느슨하게 연결된 여러 개 과업을 동시에 수행하면 각 과업에서 더 나은 모델이 만들어진다는 점이다. 예를 들어, 영어-독일어 번역과 프랑스어-이탈리아어 번역을 모두 수행하기 위해 동일한 신경 기계 번역 모델을 훈련하면 각 언어 쌍에서 더 나은 모델이 생성된다. 마찬가지로 이미지 분류 모델을 이미지 분할 모델과 공동으로 훈련하고 동일한 합성곱 기반을 공유하면 두 가지 과업 모두에서 더 나은 모델이 된다. 이는 무척 직관적이다. 연결되지 않은 과업 간에 겹치는 정보가 항상 어느 정도 있게 마련이며, 공동 모델은 개별 과업에 대한 정보에, 각 과업에 대한 훈련을 받은 모델보다 더 많이 액세스할 수 있다.

현재 과업을 통한 모델 재사용에 관해서는 시각적 특징 추출과 같은 공통 기능을 수행하는 모델에 사전 훈련 가중치를 사용한다. 여러분은 5장에서 실제로 이것을 봤다. 앞으로는 일반화된 버전이 흔하게 될 것으로 기대한다.

그러므로 우리는 이전에 학습한 특징(하위 모델 가중치)뿐 아니라 모델 아키텍처 및 훈련 절차를 사용할 것이다. 모델이 프로그램과 비슷해짐에 따라 사람이 사용하는 프로그래밍 언어에서 발견되는 함수 및 클래스와 같은 **프로그램 서브루틴**(program subroutines)을 재사용하기 시작한다.

소프트웨어 개발 과정을 생각해 보라. 기술자가 특정 문제(⑩ HTTP 쿼리)를 해결하고 난 후에는 추상화되고 재사용 가능한 라이브러리로 꾸려 넣는다. 미래에 비슷한 문제를 만난 기술자는 기존 라이브러리를 검색하고 내려받아 자신의 프로젝트에서 사용할 수 있다. 이와 비슷한 방식으로 미래에 나올 메타 학습 시스템은 고수준의 재사용 가능 블록들로 구성된 전역 라이브러리를 통해 새로운 프로그램을 구성할 수 있게 될 것이다. 시스템이 여러 가지 다른 작업을 위해 유사한 프로그램 서브루틴을 개발할 때, 서브루틴의 추상적이고 재사용 가능한 버전을 만들어 전역 라이브러리에 저장할 수 있다(보기 9.6 참조). 그러한 과정은 **추상화**(극단적 일반화를 달성하기 위한 필수 구성 요소)를 구현할 것이다. 서로 다른 과업(task)과 분야(domain)[10]에서 유용하게 사용할 수 있는 서브루틴은 문제 해결의 일부 측면을 추상화한다고 말할 수 있다. 이 추상화 정의는 소프트웨어 공학의 추상화 개념과 비슷하다. 이러한 서브루틴은 기하학적(사전 표현이 포함된 딥러닝 모듈) 또는 알고리즘적(현대 소프트웨어 기술자가 조작하는 라이브러리에 더 가깝다)일 수 있다.

---

10 ▮옮긴이▮ 정보 통신 분야, 그중에서도 프로그래밍 분야에서는 각기 '태스크'와 '도메인'이라는 이름이 더 널리 알려져 있지만, 이 책에서는 이 용어들을 단지 프로그래밍에만 결부시켜 지칭하는 게 아니라 거의 모든 과업과 분야를 지칭하고 있으므로 개념이 가리키는 범위를 덜 한정하는 용어인 '과업'과 '분야'로 번역했다.

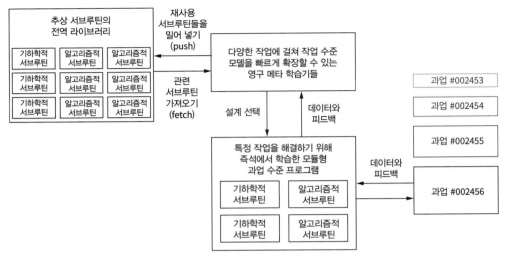

보기 9.6 재사용 가능한 근본 요소(알고리즘적 및 기하학적)를 사용해 과업에 특화된 모델을 신속하게 개발하는 능력을 갖춘 메타 학습기. 따라서 극단적 일반화를 성취한다.

9.3.5 장기 전망

머신러닝을 장기적으로 전망하면 다음과 같다.

- 모델은 프로그램과 더 유사해질 것이며, 우리가 현재 작업하고 있는 입력 데이터의 지속적인 기하학적 변환을 훨씬 능가하는 성능을 갖추게 될 것이다. 이 프로그램은 인간이 주변 환경과 자신을 바라보는 추상적인 정신적 모델에 훨씬 더 가깝고, 알고리즘 특성이 강하기 때문에 일반화를 더 잘할 수 있을 것이다.

- 특히, 이런 모델은 공식적인 추론과 검색 및 추상화 기능을 제공하는 **알고리즘적 모듈(algorithmic modules)**과 비공식 직관 및 패턴 인식 기능을 제공하는 **기하학적 모듈(geometric modules)**을 혼합해 사용한다. 알파고(많은 수작업 소프트웨어 공학과 인간이 만든 디자인 결정이 필요한 시스템)는 기호적 인공지능(symbolic AI)과 기하학적 인공지능(geometric AI)이 어떻게 혼합됐는지에 대한 초기 사례이다.[11]

- 이러한 모델은 재사용 가능한 서브루틴의 전역 라이브러리에 저장된 모듈 부품을 사용해 이전의 수천 개 과업 및 데이터셋에 대한 고성능 모델을 학습해 발전해 온 라이브러리이기 때문에 인간 공학자가 하드코딩하지 않아도 자동으로 성장한다. 빈번한 문제

---

11 옮긴이 여기서 저자는 인공지능의 두 가지 큰 사상인 기호주의와 연결주의의 결합을 얘기하고 있다. 기호주의에 따른 구현 사례로는 '알고리즘적 모듈'과 '기호적 인공지능', 연결주의에 따른 구현 사례로는 '기하학적 모듈'과 '기하학적 인공지능'을 들고 있다.

해결 패턴이 메타 학습 시스템에 의해 식별된 다음에 소프트웨어 공학의 함수 및 클래스와 같은 재사용 가능 서브루틴으로 변환돼 전역 라이브러리에 추가된다. 이런 식으로 **추상화**가 성취될 것이다.

■ 이 전역 라이브러리 및 이것과 관련된 모델 성장 시스템은 인간과 유사한 극단적 일반화를 달성할 수 있을 것이다. 이는 새로운 일이 부여되거나 새로운 상황에 부딪혔을 때에도, 시스템이 아주 적은 양의 데이터를 사용해 일을 처리하는 데 적합한 새로운 작업 모델을 조합할 수 있다는 것을 의미한다. 이는 일반화된 풍부한 프로그램과 같은 근본 요소와 유사한 과업에 대한 광범위한 경험 덕분이다. 이전의 많은 게임에 경험이 있다면 인간은 복잡하고 새로운 비디오 게임을 빨리 배울 수 있다. 이전의 경험에서 파생된 모델은 자극과 행동 간의 기본 사상이라기보다는 더 추상적이고, 프로그램과 유사하기 때문이다.

■ 이와 같이 끊임없이 학습하는 모델 성장 시스템이 **인공 일반 지능**(artificial general intelligence, AGI)이라고 해석할 수 있다. 그러나 어떤 특이점을 넘은 로봇의 묵시록이 잇따라 일어날 것이라고 기대하지는 마라. 그것은 단순한 환상에 불과하며, 정보와 기술을 크게 오해해서 생긴 환상이다. 그렇지만 이런 비평을 이 책의 주제로 삼기에는 적당하지 않다.

9.4 빠르게 변화하는 현장 따라잡기

이제 작별 인사로서 나는 여러분이 이 책의 마지막 쪽을 넘긴 후에라도 계속 지식과 기술을 배우며 보충하는 방법에 관한 몇 가지 지침을 말하려 한다. 오늘날 우리가 알고 있는 현대 딥러닝 분야는 수개 년 정도밖에 되지 않았고, 길게 본다면 '선사시대'까지 감안해 역사를 늘린다고 해도 수십 년 정도밖에 되지 않았다. 2013년부터 재정적인 자원과 연구 인력이 기하급수적으로 증가하면서 이제는 이 분야가 미친 듯한 속도로 움직이고 있다. 이 책에서 배운 내용이 영원히 관련성을 유지할 수는 없을 것이고, 여러분의 남은 경력에 필요한 것을 모두 제공할 수도 없다.

다행히도 최신 정보를 얻고 시야를 확장하는 데 사용할 수 있는 무료 온라인 자료는 우리 주변에 많다. 다음은 몇 가지 예이다.

9.4.1 캐글을 사용해 실제 문제를 연습한다

실전 경험을 얻는 효과적인 방법 중 하나는 캐글에서 개최하는 머신러닝 대회에 참여하는 것이다. 실제로 학습하는 유일한 방법은 코드를 작성해 보는 것뿐이다. 이는 이 책의 철학이며, 캐글 경진 대회는 이런 철학에 자연스럽게 잇닿아 있다. 캐글에서는 끊임없이 갱신되는 데이터 과학 경진 대회를 많이 볼 수 있다. 그중 다수는 가장 까다로운 머신러닝 문제를 푸는 새 방법을 찾으려고 하는 회사가 준비한 딥러닝이다. 최우수 입상자에게는 상당히 큰 상금이 제공된다.

대부분의 경진 대회는 XGBoost 라이브러리(얕은 머신러닝용) 또는 케라스(딥러닝용) 중 하나를 사용해 수상한다. 그러므로 여러분도 참여해 볼 만하다! 팀의 일원으로 몇 가지 대회에 참여해 보면 이 책에서 설명한 고등 모범 사례의 실용적인 측면, 특히 검증 집합에 대한 과적합을 피하고 모델을 앙상블하면서 하이퍼파라미터를 조율하는 일에 더 익숙해질 것이다.

9.4.2 아카이브에서 최신 개발 정보를 본다

여타 과학 분야와 다르게 딥러닝 연구는 완전히 개방돼 있다. 논문을 펴낼 수 있고, 논문 출판이 끝나면 자유롭게 열람할 수 있으며, 많은 관련 소프트웨어가 오픈소스로 돼 있다. arXiv(https://arxiv.org, "아카이브"라고 읽으면 되는데, X가 그리스어로 'Chi'를 의미하기 때문이다)는 물리, 수학 및 컴퓨터 과학 연구 논문을 위한 자유 접근 견본 인쇄 서버이다. 사실상 머신러닝 및 딥러닝의 최첨단 정보를 최신 상태로 유지하는 방법이 됐다. 대부분의 딥러닝 연구원은 그들이 작성한 논문이 완성된 직후에 바로 arXiv에 올려놓는다. 이를 통해 그들은 신속한 연구와 치열한 현장 경쟁을 고려해 논문 게재 회의 수락(수개월 소요)을 기다리지 않고도 깃발을 꽂아 특정 발견을 주장할 수 있다. 또한 현장이 무척 빠르게 움직일 수 있게 해 준다. 모든 새로운 발견 사항을 즉시 살펴보고, 그것을 바탕으로 쌓아올릴 수 있다.

중요한 단점은 아카이브에 매일 게시되는 새로운 논문의 수가 너무 많아 모두 대충 훑어볼 수도 없다는 것이다. 그리고 논문이 동료 평가를 받지 않는다는 중요한 사실 때문에 고품질 논문을 식별하기 어렵다. 이 문제는 점점 더 심화되고 있다. 현재 이 문제에 대한 좋은 해결책은 없다. 그러나 일부 도구가 도움이 될 수 있다. arXiv Sanity Preserver(http://arxiv-sanity.com)라는 보조 웹 사이트는 새로운 논문의 추천 엔진 역할을 하며, 구체적인 학습 범위 내에서 새로운 개발 상황을 추적하는 데 도움이 된다. 또한 구글 학술 검색(https://scholar.google.com)을 사용해 선호하는 저자가 펴낸 논문을 추적할 수도 있다.

9.4.3 케라스 생태계 탐색

2017년 11월 현재 사용자가 약 20만 명이고, 빠르게 성장하고 있는 케라스는 자습서 안내서 및 관련 오픈소스 프로젝트가 있는 대규모 생태계를 갖추고 있다.

- 케라스 R 인터페이스 작업에 대한 주요 참고 자료는 https://keras.rstudio.com에 실려 있는 온라인 문서이다.
- 주된 케라스 웹 사이트인 https://keras.io에는 추가 문서와 토론이 포함돼 있다.
- R 언어용 케라스의 소스 코드는 https://github.com/rstudio/keras에서 찾을 수 있다.
- 케라스 블로그인 https://blog.keras.io에서는 케라스 자습서 및 딥러닝과 관련된 기타 소재를 제공한다.
- 'TensorFlow for R'이라는 블로그(https://tensorflow.rstudio.com/blog.html)에서는 R 인터페이스를 케라스 및 텐서플로에 사용하는 방법에 대한 소재를 제공한다.
- 트위터 주소 @fchollet에서 나를 만날 수 있다.

9.5 맺는말

이제 이 책을 마칠 때이다. 여러분이 머신러닝, 딥러닝, 케라스와 함께 인지 과학에 관해서도 한두 가지 배웠으면 한다. 학습은 평생에 걸친 여행으로, 특히 인공지능 분야에서는 우리가 확신하는 내용보다 알려지지 않은 것들이 훨씬 더 많다. 따라서 배우고 묻고 탐구하기를 계속하기를 간절히 바란다. 멈추지 말아야 한다. 지금까지 진전이 있었음에도 인공지능의 근본적인 질문 중 대부분에는 답이 없다. 심지어 많은 내용과 관련해서는 아직 질문조차 받지 못했다.

APPENDIX

A

우분투에서 케라스와 필요한 것들 설치하기

부록 A에서는 우분투에서 GPU를 지원할 수 있게 해 딥러닝 워크스테이션을 구성하기 위한 단계별 안내를 제공한다. 모든 플랫폼의 로컬 GPU 구성에 대한 최신 안내서인 https://tensorflow.rstudio.com/tools/local_gpu도 참조해야 한다.[1]

A.1 설치 과정 개요

딥러닝 워크스테이션을 설정하는 과정은 상당히 복잡하다. 이 과정은 다음과 같은 단계로 구성돼 있다. 자세한 단계는 다음과 같다.

1. 모델이 CPU에서 빠르게 실행될 수 있도록 BLAS(Basic Linear Algebra Subprogram) 라이브러리를 포함해 일부 시스템 레벨 필수 구성 요소 설치

2. CUDA 드라이버와 cuDNN을 설치해 GPU가 딥러닝 코드를 실행할 수 있는지 확인

3. 케라스 및 텐서플로 백엔드 설치

이 과정이 어려워 보일 수 있다. 사실, GPU 지원을 설정하는 게 유일하게 어려운 부분이다.

---

1 **옮긴이** 주의!!! 역자가 따라 해 본 결과에 의하면 우분투에서 R 개발 환경을 구성하기가 만만치 않다. 특히 GPU와 관련해서 의존성 문제가 있어 보인다. 그러므로 학습만이 목적이라면 차라리 윈도우에서 CUDA와 CuDNN, RStudio, 케라스와 텐서플로를 설치하는 편이 바람직하다. 이 설치 방법을 http://blog.daum.net/geoscience/1161라는 블로그에서 가장 쉽게 설명하고 있다. 역자가 이 책에 나오는 스크립트들을 윈도우에서 다 실행해 봤지만 큰 문제는 없었다. 다만, 딱 한 군데에서 문제가 생겼는데, 해당 문제 해결 방법도 역주로 달아 뒀으니 염려하지 않아도 된다.

그 외에는 전체 과정을 몇 가지 명령으로 수행할 수 있으며, 몇 분밖에 걸리지 않는다.

우리는 여러분이 엔비디아 GPU를 사용할 수 있는 우분투를 새로 설치했다고 가정한다.

A.2 시스템 필수 구성 요소 설치

케라스는 파이썬으로 구현되며, 설치를 위해 파이썬 패키지 관리자 pip에 의존한다. 착수하려면 pip가 설치돼 있는지, 패키지 관리자가 최신 버전인지 확인한다.

```
$ sudo apt-get update
$ sudo apt-get upgrade
$ sudo apt-get install python-pip python-dev
```

또한 CPU에서 빠른 텐서 연산을 수행할 수 있도록 BLAS 라이브러리(이 경우, OpenBLAS)를 설치해야 한다.

```
$ sudo apt-get install build-essential cmake git unzip \
    pkg-config libopenblas-dev liblapack-dev
```

A.3 GPU 지원 설정

꼭 GPU를 사용해야만 하는 건 아니지만, 적극 권장한다. 이 책에 나오는 모든 코드 예제는 노트북에 들어 있는 CPU에서도 실행할 수 있지만, 좋은 GPU를 사용하기 위해 투자하는 시간을 아낀다면 모델을 훈련하는 중에 몇 시간을 기다려야 할 수도 있다. 최신 엔비디아 GPU가 없는 경우, 이 단계를 건너뛰고 A.4절로 직접 이동할 수 있다.

딥러닝용 엔비디아 GPU를 사용하려면, 다음 두 가지를 설치해야 한다.

- **CUDA**: 병렬 컴퓨팅을 위한 저수준 프로그래밍 언어를 실행할 수 있게 해 주는 GPU용 드라이버 집합이다.
- **cuDNN**: 딥러닝을 위해 고도로 최적화된 근본 요소인 cuDNN을 사용해 GPU에서 실행하는 경우, 일반적으로 모델의 훈련 속도를 50~100% 높일 수 있다.

텐서플로는 CUDA 및 cuDNN 라이브러리의 특정 버전에 의존한다. 이 글을 쓰는 당시에는 CUDA 버전 8과 cuDNN 버전 6이 사용됐지만, 여러분이 이 책을 읽는 시점에서는 변경돼 있을 수 있다. 현재 권장되는 버전에 대한 자세한 지침은 텐서플로 웹 사이트(www.tensorflow.org/install/install_linux)를 참조하기 바란다.

A.3.1 CUDA 설치

우분투(및 기타 리눅스 버전)의 경우, 엔비디아는 https://developer.nvidia.com/cuda-downloads 에서 내려받아 즉시 사용할 수 있는 패키지를 제공한다.

```
$ wget http://developer.download.nvidia.com/compute/cuda/repos/ubuntu1604/
➡x86_64/cuda-repo-ubuntu1604_9.0.176-1_amd64.deb
```

CUDA를 설치하는 가장 쉬운 방법은 이 패키지상에서 우분투의 apt 패키지를 사용하는 것이다. 이렇게 하면 apt를 사용할 수 있게 될 때 쉽게 업데이트 내역을 설치할 수 있다.

```
$ sudo dpkg -i cuda-repo-ubuntu1604_9.0.176-1_amd64.deb
$ sudo apt-key adv --fetch-keys
➡http://developer.download.nvidia.com/compute/cuda/repos/ubuntu1604/
➡x86_64/7fa2af80.pub
$ sudo apt-get update
$ sudo apt-get install cuda-8-0
```

A.3.2 cuDNN 설치

무료 엔비디아 개발자 계정에 등록하라(cuDNN 내려받기에 액세스하려면 필요함). https://developer.NVIDIA.com/cudnn에서 cuDNN을 내려받는다(텐서플로와 호환되는 cuDNN 버전 선택). 엔비디아는 CUDA와 마찬가지로 다양한 리눅스 버전을 위한 패키지를 제공한다. 우리는 우분투 16.04용 버전을 사용할 것이다. EC2를 설치해 작업하고 있다면, 여러분의 인스턴스에 cuDNN 아카이브를 직접 내려받기를 바라지 않을 것이다. 그 대신 여러분의 로컬 컴퓨터에 내려받은 후 scp를 통해 EC2 인스턴스에 업로드하라.

```
$ sudo dpkg -i dpkg -i libcudnn6*.deb
```

A.3.3 CUDA 환경

리눅스에서 CUDA 라이브러리 설정 작업 중 일부는 PATH 및 LD_LIBRARY_PATH에 CUDA 바이너리 경로를 추가하고, CUDA_HOME 환경 변수를 설정하는 일이다. 단일 사용자 워크스테이션 또는 다중 사용자 서버에 텐서플로를 설치하는지 여부에 따라 이러한 변수를 별개의 방법으로 설정한다. RStudio Server를 사용하고 있다면 몇 가지 추가 설정이 필요한데, 이것을 따로 다룬다.

여기서 추가 설정 내역이란, 텐서플로가 필요한 CUDA 라이브러리를 찾기 위해 설정 / 수정해야 하는 환경 변수를 말한다. 경로는 CUDA의 특정 설치에 따라 다르다.

```
export CUDA_HOME=/usr/local/cuda
export LD_LIBRARY_PATH=${LD_LIBRARY_PATH}:${CUDA_HOME}/lib64
PATH=${CUDA_HOME}/bin:${PATH}
export PATH
```

데스크톱 설치

데스크톱 설치에서는 ~/.profile 파일에 환경 변수를 정의해야 한다. ~/.bashrc는 데스크톱 애플리케이션(⑨ RStudio)과 터미널 세션에서 읽을 수 있기 때문에 ~/.bashrc 대신 ~/.profile을 사용해야 하는 반면, ~/.bashrc는 터미널 세션에만 적용된다.

~/.profile 파일을 편집한 후에 변경 사항을 적용하려면 시스템을 재시작해야 한다는 점에 주의하라. ~/.bash_profile 또는 ~/.bash_login 파일이 있는 경우, ~/.profile 파일은 bash에서 읽을 수 없다.

다음은 이러한 권장 사항을 요약한 것이다.

- ~/.bashrc가 아닌 ~/.profile에 CUDA 관련 환경 변수를 정의한다.
- ~/.bash_profile 파일이나 ~/.bash_login 파일이 없는지 확인한다(bash가 ~/.profile에 추가한 변수를 볼 수 없기 때문).
- ~/.profile을 편집한 후 시스템을 재시작해 변경 사항이 적용된다.

서버 설치

서버 설치에서는 모든 사용자가 액세스할 수 있도록 시스템 전체 bash 시작 파일(/etc/profile)에 환경 변수를 정의해야 한다. RStudio Server를 실행 중인 경우, RStudio Server는 R 세션에 대한 시스템 프로필 스크립트를 실행하지 않으므로 RStudio 전용 방식으로 이러한 변수 정의를 제공해야 한다.

LD_LIBRARY_PATH를 수정하려면 /etc/rstudio/rserver.conf 구성 파일에서 rsession-ld-library-path를 사용해야 한다.

```
rsession-ld-library-path=/usr/local/cuda/lib64
```

/usr/lib/R/etc/Rprofile.site 구성 파일에서 CUDA_HOME 및 PATH 변수를 설정해야 한다.

```
Sys.setenv(CUDA_HOME="/usr/local/cuda")
Sys.setenv(PATH=paste(Sys.getenv("PATH"), "/usr/local/cuda/bin", sep = ":"))
```

A.4 케라스 및 텐서플로 설치

텐서플로라는 백엔드와 더불어 핵심 케라스 라이브러리를 설치하려면 케라스 R 패키지의 install_keras() 함수를 사용해야 한다. 이 코드는 케라스 R 패키지, 코어 케라스 라이브러리 및 텐서플로 백엔드의 GPU 버전을 설치한다.

```
> install.packages("keras")
> library(keras)
> install_keras(tensorflow = "gpu")
```

시스템이 텐서플로의 GPU 설치와 관련해 앞에서 설명한 요구 사항을 충족하지 못하면 다음과 같이 CPU 버전을 설치할 수 있다.

```
> install_keras()
```

install_keras() 함수는 핵심 케라스 라이브러리를 의존하는 것들과 함께 r-tensorflow라는 파이썬 가상 환경에 설치한다. 이 환경은 시스템의 다른 파이썬 라이브러리와 분리돼 있다.

케라스 R 패키지를 사용하려면 install_keras()를 사용해 케라스 및 텐서플로를 설치하지 않아도 된다. 케라스 웹 사이트(https://keras.io/#installation)에 설명된 대로 케라스 및 원하는 백엔드의 사용자 정의 설치를 수행할 수 있으며, 케라스 R 패키지는 해당 버전을 찾아 사용한다.

케라스를 적어도 한 번 실행하면 ~/.keras/keras.json에서 케라스 구성 파일을 찾을 수 있다. 케라스가 실행되는 백엔드를 선택하도록 편집할 수 있다. 텐서플로, 씨애노 또는 cntk. 구성 파일은 다음과 같아야 한다.

```
{
    "image_data_format": "channels_last",
    "epsilon": 1e-07,
    "floatx": "float32",
    "backend": "tensorflow"
}
```

케라스가 실행되는 동안 다른 셸(shell) 창에서 GPU 사용률을 살펴볼 수 있다.

```
$ watch -n 5 nvidia-smi -a --display=utilization
```

모든 설정을 마쳤다! 축하한다. 이제 딥러닝 애플리케이션을 만들 수 있다.

B

EC2 GPU 인스턴스에서 RStudio Server 실행하기

부록 B에서는 AWS GPU 인스턴스[1]에 있는 RStudio Server에서 딥러닝을 수행하는 방법을 단계별로 안내한다. 이 방법은 로컬 컴퓨터에 GPU가 없는 경우에 딥러닝을 위한 완벽한 방안이다. 또한 https://tensorflow.rstudio.com/tools/cloud_gpu를 참조한다. 이 지침에는 항상 최신 버전의 지침과 기타 클라우드 GPU 옵션에 대한 세부 정보가 포함돼 있다.

B.1 딥러닝용 AWS를 사용해야 하는 이유는 무엇인가?

많은 딥러닝 애플리케이션은 계산 집약적이며, 노트북의 CPU 코어에서 실행될 때 수 시간에서 수일이 걸릴 수 있다. GPU를 사용하면 훈련 및 추론 속도가 현저히 빨라진다(최신 CPU에서 단일한 최신 GPU로 전환할 때 종종 5~10배). 그러나 여러분의 로컬 컴퓨터에 GPU가 없을 수도 있다. AWS에서 RStudio Server를 실행하면 로컬 시스템에서 실행하는 것과 동일한 환경을 제공하는 동시에, AWS상에서 한 개나 여러 개의 GPU를 사용할 수 있다. 또한 사용하는 만큼만 비용을 지불하기 때문에 가끔씩 딥러닝을 사용한다면 자신만의 GPU에 투자하는 것과 비교해 볼 만하다.

---

1 [옮긴이] 미국 아마존 사에서 제공하는 클라우드 서비스로, 다양한 클라우드 서비스 중 한 가지이다. GPU가 달린 컴퓨터 시스템을 따로 구입하지 않고도 인터넷이 연결된 곳이면 어디에서든 사용하는 효과를 누릴 수 있다.

B.2 딥러닝용 AWS를 사용하지 않는 이유는 무엇인가?

AWS GPU 인스턴스는 금방 비싸질 수 있다. 우리가 제안하는 서비스의 요금은 시간당 0.90 달러이다. 이 정도 요금이라면 때때로 사용할 만하다. 하지만 매일 수 시간씩 실험을 진행한다면 TITAN X 또는 GTX 1080 Ti를 구입해 딥러닝용 머신을 꾸리는 게 바람직하다.[2]

로컬 GPU에 액세스할 수 없거나 특정 GPU 드라이버에서 케라스 종속성을 처리하지 않으려는 경우라면, RStudio-Server-on-EC2 설정을 사용하고, 로컬 GPU를 사용할 수 있는 경우라면 모델을 로컬로 실행하는 게 바람직하다. 이 경우, 부록 A의 설치 안내서를 사용한다.

> **NOTE** 활성화된 AWS 계정이 필요하다. AWS EC2를 잘 알고 있으면 도움이 되지만, 필수는 아니다.

B.3 AWS GPU 인스턴스 설정

다음 설치 과정에는 5 ~ 10분이 소요된다.

1. https://console.aws.amazon.com/ec2/v2에서 EC2 제어판으로 이동한 후, 인스턴스 시작 링크를 클릭한다(보기 B.1 참조).

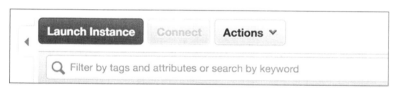

보기 B.1 EC2 제어판

---

2 **옮긴이** 역자의 경우에는 저가형 GPU인 GTX1060이 달린 그래픽카드를 사용했는데, 실행하는 데 별 문제가 없었다. 게다가 CPU가 겨우 인텔 코어 i3에 불과했다. 덕분에 CPU 성능의 약 50%~70%가 사용되는 경험을 하기는 했지만 말이다. 2018년 11월 현재 필자가 사용한 그래픽카드는 약 40만 원 이내에서 구입할 수 있다. 이 책을 검증해 보면서 느낀 것은 역시 그래픽카드 메모리가 무척 중요하다는 점이었다. GTX1060의 경우에는 3GB 짜리와 6GB 짜리가 나오는데, 기왕이면 6GB 짜리를 구입하기 바란다.
그리고 이것보다 좋은 성능을 내는 GTX1070, GTX1080 계열도 있기는 하지만 몇 십만 원이나 더 비싼 것을 구입하지 않아도 되리라고 생각한다. 이 책에 나오는 스크립트 중에서 가장 많은 시간이 걸렸던 텍스트 생성 프로그램도 몇 시간 만에 완료되었고, 대부분 수 분에서 수십 분이면 훈련을 마친다. 한 시간 넘게 걸린 스크립트는 몇 개 되지 않았다. 이런 면을 생각해 볼 때 더 최신판인 RTX 시리즈는 더욱 더 필요하지 않을 것이다.
아마존 서비스도 이 책에서 제안하는 p2.xlarge 인스턴스의 서비스 가격(시간 당 0.9달러 = 약 1,000원으로 산정)을 감안하면 15일 정도 매일 24시간씩 사용한다고 해도 그래픽카드 가격인 40만 원보다 싸므로 경제성이 있어 보이기는 하는데, 책을 거듭해서 학습하려 한다거나(그래서 최소한 360시간 이상 스크립트를 돌려 보려 한다면) GPU를 그 밖의 용도(4K 동영상을 끊김 없이 시청하거나, 고화질 게임이 끊김 없이 돌아가게 하는 일 등)로도 사용하려 하면 그래픽 카드를 장착하는 편이 더 바람직할 수 있다.

2. AWS Marketplace(보기 B.2 참조)를 선택한 후, 검색 상자에서 "deep learning"을 검색한 다. Deep Learning AMI Ubuntu Version이라는 AMI를 찾을 때까지 아래로 스크롤 하라(보기 B.3 참조). 그리고 그것을 선택한다.

보기 B.2 EC2 AMI 마켓 플레이스

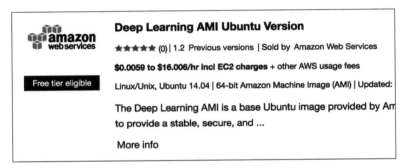

보기 B.3 EC2 딥러닝 AMI

3. p2.xlarge 인스턴스를 선택한다(보기 B.4 참조). 이 인스턴스 유형은 단일 GPU에 액세스 할 수 있게 하며, 요금은 시간당 0.90달러(작성 시점 기준)이다.

1. Choose AMI	2. Choose Instance Type	3. Configure Instance	4. Add Storage

Step 2: Choose an Instance Type

☐	GPU instances	g2.8xlarge	32
☑	GPU compute	p2.xlarge	4
☐	GPU compute	p2.8xlarge	32

보기 B.4 p2.xlarge 인스턴스

4. 인스턴스 구성, 저장소 추가, 태그 추가 및 보안 그룹 구성 단계의 기본 구성을 유지할 수 있다.

5. 인스턴스에 연결하려면 EC2 제어판에서 인스턴스를 선택하고 연결을 클릭한 후 지시 사항을 따르라(보기 B.5 참조). 인스턴스가 부팅하는 데 몇 분 정도 걸릴 수 있다. 처음에 연결할 수 없으면 잠시 기다렸다가 재시도한다.

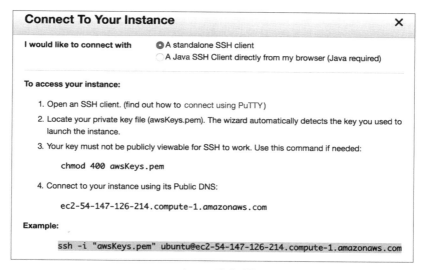

보기 B.5 **연결 지침**

B.3.1 R 및 RStudio 서버 설치

R의 최신 버전을 설치해 시작한다.

```
$ sudo /bin/bash -c "echo 'deb http://cran.rstudio.com/bin/linux/ubuntu \ xenial/' >>
/etc/apt/sources.list"
$ sudo apt-key adv --keyserver keyserver.ubuntu.com --recv-keys E084DAB9
$ sudo apt-get update
$ sudo apt-get install r-base
```

그런 다음, RStudio Server를 내려받고 서명을 확인한다.

```
$ gpg --keyserver keys.gnupg.net --recv-keys 3F32EE77E331692F
$ sudo apt-get install gdebi dpkg-sig
$ wget https://www.rstudio.org/download/latest/stable/server/ubuntu64/\
rstudio-server-latest-amd64.deb
```

```
$ dpkg-sig --verify rstudio-server-latest-amd64.deb
Processing rstudio-server-latest-amd64.deb...
GOODSIG _gpgbuilder FE8564CFF1AB93F1728645193F32EE77E331692F 1513664071
```

출력의 두 번째 줄에 있는 GOODSIG는 서명이 유효함을 나타낸다. 이 출력이 표시되지 않으면 패키지의 서명이 없거나 서명이 잘못된 것이므로 패키지를 설치하면 안 된다. 서명의 유효성을 검사했으면 다음 명령을 사용해 RStudio Server를 설치한다.

```
$ sudo gdebi rstudio-server-latest-amd64.deb
```

설치를 끝낸 후, 실행 중인 세션을 일시 중지하지 않도록 RStudio Server를 구성한다. 이렇게 하면 일시 중단 중에 텐서플로 객체에 대한 참조가 손실되지 않는다.

```
$ sudo /bin/bash -c "echo 'session-timeout-minutes=0' >> \
/etc/rstudio/rsession.conf"
```

그런 다음, RStudio Server에 로그인할 수 있는 대화형 사용자를 추가한다.

```
$ sudo adduser <username>
```

마지막으로 RStudio Server를 재시작해 새 설정을 적용한다.

```
$ sudo rstudio-server restart
```

B.3.2 CUDA 구성

케라스 및 텐서플로에 필요한 CUDA 라이브러리를 찾기 위해 RStudio Server를 구성하려면 다음을 실행한다.

```
$ CUDA="/usr/local/cuda-8.0/lib64:/usr/local/\
cuda-8.0/extras/CUPTI/lib64:/lib/nccl/cuda-8"
$ sudo /bin/bash -c "echo 'rsession-ld-library-path=${CUDA}' >> \
/etc/rstudio/rserver.conf"
```

이 지침은 텐서플로 1.4(이 글을 쓰는 시점에서 가장 최신 버전의 텐서플로)를 사용하기 위한 것이다. 최신 버전의 텐서플로에는 CUDA 9가 필요할 수 있다. CUDA 경로를 정의할 때는 CUDA 8 대신 CUDA 9를 사용해야 한다. 예를 들면 다음과 같다.

```
$ CUDA="/usr/local/cuda-9.0/lib64:/usr/local/\
cuda-9.0/extras/CUPTI/lib64:/lib/nccl/cuda-9"
```

최신 텐서플로 버전에서 필요한 CUDA 버전을 확인하려면 www.tensorflow.org/install/install_linux의 설명서를 참조한다.

B.3.3 케라스 선행 요건

R과 함께 사용할 케라스 및 텐서플로 라이브러리를 설치하려면 virtualenv라는 유틸리티 프로그램을 설치해야 한다. 다음과 같이 설치할 수 있다.

```
$ sudo apt-get install python-virtualenv
```

인스턴스에 기존의 케라스 구성 파일이 있는 경우(존재해서는 안 되지만, 작성된 이후로 AMI가 변경됐을 수 있음), 이것을 삭제해야 한다. 케라스는 처음 시작할 때 표준 구성 파일을 재생성한다. 다음 명령을 실행할 때 파일이 존재하지 않는다는 오류를 표시하더라도 무시하면 된다.

```
$ rm -f ~/.keras/keras.json
```

B.4 RStudio Server에 액세스하기

SSH 터널을 사용해 원격 AMI의 RStudio Server에 액세스하는 게 바람직하다. 이를 구성하려면 먼저 RStudio Server에 대한 로컬이 아닌 액세스를 비활성화하고, 서버를 재시작해 새 설정을 적용해야 한다.

```
$ sudo /bin/bash -c "echo 'www-address=127.0.0.1' >> /etc/rstudio/rserver.conf"
$ sudo rstudio-server restart
```

그런 다음, 로컬 시스템의 셸(원격 인스턴스가 아닌)에서 로컬 포트 8787(HTTP 포트)을 원격 인스턴스의 포트 8787로 전달한다.

```
$ ssh -i awsKeys.pem -N -L local_port:local_machine:remote_port remote_machine
```

우리의 경우, 이것은 다음과 같이 보인다.

```
$ ssh -i awsKeys.pem -N -L 8787:127.0.0.1:8787 \
ubuntu@ec2-54-147-126-214.compute-1.amazonaws.com
```

그런 다음, 로컬 브라우저에서 원격 인스턴스(https://127.0.0.1:8787)로 전달할 로컬 주소로 이동한다. RStudio Server를 구성할 때 생성한 사용자 이름과 암호로 로그인하라는 메시지가 나타난다.

SSH 터널을 사용하지 않으면 인스턴스의 공용 IP 주소인 포트 8787에서 서버에 액세스할 수 있다. 이렇게 하려면 AWS 인스턴스에서 포트 8787을 허용하는 사용자 정의 TCP 규칙을 만들어야 한다(보기 B.6 참조).

이 규칙은 현재 공개 IP(☐ 노트북 컴퓨터의 IP) 또는 이전 IP가 불가능한 경우 어떤 IP(☐ 0.0.0.0/0)도 허용될 수 있다. 어떤 IP가 됐든지 포트 8787을 허용한다면, 사실상 모든 사람이 인스턴스의 포트(RStudio Server를 실행할 포트)를 들을 수 있다는 것을 의미한다. 낯선 사람이 서버를 사용하지 못 하게 하려고 RStudio Server에 암호 보호 기능을 추가했지만, 보안 수준이 매우 낮을 수 있다. 가능하다면 특정 IP에 대한 액세스를 제한하는 것을 고려해야 한다. 그러나 IP 주소를 지속해서 변경하는 방식은 실용적이지 않다. 어떤 IP라도 접근할 수 있게 권한을 부여하고 싶다면, 그 인스턴스에 중요한 데이터를 남기지 말아야 한다는 점을 기억하기 바란다.

Step 6: Configure Security Group
A security group is a set of firewall rules that control the traffic for your instance. On this page, you can add rules to allow specific traffic to reach your instance. For example, if you want to set up a web server and allow Internet traffic to reach your instance, add rules that allow unrestricted access to the HTTP and HTTPS ports. You can create a new security group or select from an existing one below. Learn more about Amazon EC2 security groups.

Assign a security group: ● Create a **new** security group
◯ Select an **existing** security group

Security group name: Deep Learning AMI Ubuntu Version-1-2-AutogenByAWSMP-1

Description: This security group was generated by AWS Marketplace and is based on recom

Type ⓘ	Protocol ⓘ	Port Range ⓘ	Source ⓘ	
SSH ⬍	TCP	22	Custom ⬍ 0.0.0.0/0	✖
Custom TCP Rule ⬍	TCP	8787	Anywhere ⬍ 0.0.0.0/0, ::/0	✖

Add Rule

보기 B.6 새 보안 그룹 구성

이것을 구성하면 인스턴스의 공용 IP 주소인 8787번 포트에서 RStudio Server에 액세스할 수 있다. 이 경우, http://ec2-54-147-126- 214.compute-1.amazonaws.com:8787이 된다(RStudio 서버를 구성할 때 생성한 사용자 이름과 암호로 로그인하라는 메시지가 표시된다).

B.5 케라스 설치

여러분이 일단 웹 브라우저에서 RStudio Server에 성공적으로 로그인했다면, R용 케라스 패키지를 설치해야 한다.

```
> install.packages("keras")
```

그런 다음, 텐서플로 백엔드와 함께 핵심 케라스 라이브러리를 설치한다.

```
> libary(keras)
> install_keras(tensorflow = "gpu")
```

이제 AWS GPU 인스턴스에서 케라스를 사용할 준비가 됐다.

찾아보기